스마트 경영학

SMART MANAGEMENT

개정판

최진남 · 성선영 지음

생능

스마트 경영학

초판발행 2019년 7월 12일
제2판3쇄 2025년 7월 31일

지은이 최진남, 성선영
펴낸이 김승기, 김민정
펴낸곳 (주)생능 / **주소** 경기도 파주시 광인사길 143
출판사 등록일 2014년 1월 8일 / **신고번호** 제406-2014-000003호
대표전화 (031)955-0761 / **팩스** (031)955-0768
홈페이지 www.booksr.co.kr

책임편집 이종무 / **편집** 신성민, 최동진 / **디자인** 유준범, 노유안
마케팅 최복락, 김민수, 심수경, 차종필, 백수정, 송성환, 최태웅, 명하나
인쇄 천일문화사 / **제본** 일진제책사

ISBN 979-11-86689-50-9 93320
정가 30,000원

머리말

이 책은 경영학을 배우고자 하는 학생들이 꼭 알아야 할 지식을 "엑기스"만 쪽! 뽑아서 학생들의 눈높이에 맞춰 쉽고 재미있게 풀어낸 책이다. 특히 유튜브, SNS 등 새로운 방식의 의사소통과 정보교류에 익숙한 밀레니얼 세대 학생들이 4차 산업혁명 등의 새로운 도전에 직면하여 효과적으로 새로운 환경에 대응할 수 있도록 경영학의 핵심지식과 이론들을 경쾌하게 전달하고자 기획되었다.

경영학의 다양한 이론들을 학습하면서 각각의 이론을 제시한 학자들과 당시의 현장 사진들을 보면서 이론이라는 것이 형이상학적으로 존재하는 것이 아니라, 현재의 우리와 똑같은 사람들이 그 당시의 시대와 현실에 대해서 어떤 고민을 했고, 어떻게 현실을 해석했으며, 어떤 주장을 펼치면서 경영학을 발전시켰는지를 피부에 와닿게 풀어나갔다.

또한 각 이론을 설명하면서 관련 사례와 더불어 매우 쉽고 현실적인 예를 제시함으로써 이론이 막연하고 어려운 것이 아니라 우리의 실생활과 밀접하게 연결되어 있음을, 그리고 어디에든 쉽게 적용할 수 있는 것임을 보여줌으로써 경영학을 쉽게 이해하고 접근할 수 있도록 하였다.

이와 더불어 각 장마다 그룹토론문제들을 제시하여 각 장에서 학습한 이론과 개념에 대해서 논의하고, 그 이론과 개념들을 현실에 적용해봄으로써 사고력과 이해력을 높일 수 있도록 하였다. 각 장의 마지막에는 연습문제와 핵심용어를 통해서 각 장에서 배운 것을 다시 한번 정리할 수 있도록 하였다.

이 책은 총 네 부분으로 구성되어 있다.

(1) 제1부 "경영학과 기업"에서는 경영학이란 무엇인지, 경영학이 어떤 역사를 바탕으로 발전되어 왔는지, 그 역사 속에서 어떤 사람들이 어떤 이론들을 주장하며 경영학을 어떻게 발전시켰는지를 알려준다. 또한 기업이란 과연 무엇인지, 어떤 역할을 하고 있으며, 어떤 역할을 해야 하는지에 대한 논의를 통해서 앞으로 기업이 나아가야 할 방향에 대해서 고민하도록 하였다.

(2) 제2부 "기업과 경영"에서는 경영학의 화두인 경영전략과 경영자의 리더십, 그리고 국제경영에 대해서 다루었다. 1부와 마찬가지로 당시 역사와 상황에 대한 이

해를 바탕으로 경영전략, 리더십, 국제경영이 어떤 식으로 발전해왔고, 어떤 이론들이 제기되었으며, 어떤 문제들을 고민해야 하는지를 제시하였다.

(3) 제3부 "기업과 사람"에서는 '기업 속의 사람', '사람들의 구성체로서의 기업'이란 주제를 심도있게 다루었다. 기업이란 사람들이 모인 곳이고, 사람들이 함께 더불어 일하면서 성과를 이루어 내는 곳이라는 점에 주목하여, 아무리 인공지능 로봇이 나오는 세상으로 변해간다고 해도 그 중심에 있는 것은 여전히 사람이며, 사람에 대한 이해 없이는 기업을 운영할 수 없다는 점을 강조하였다. 이를 위해 구성원 개인과 팀, 그리고 기업 전체를 보면서 기업 내의 사람들에 초점을 맞추었다.

(4) 제4부 "경영의 세부 기능"에서는 경영의 각 세부 기능들인 인적자원관리, 마케팅관리, 생산/서비스관리, 회계/재무관리에 대해서 다룸으로써 경영의 세부 기능에 대한 이해를 돕도록 하였다.

(5) 제5부 "스타트업 창업"에서는 스타트업의 개념과 특징, 다양한 형태, 스타트업의 비즈니스 모델과 전략, 그리고 어떻게 팀을 구성하고 펀딩을 해야 하는 지에 대한 이해를 다룸으로써 앞으로 창업 및 스타트업에 관심이 있는 학생들에게 도움을 주고자 하는 목적으로 작성되었다.

이 책은 20여 년 동안 저자들이 학생들에게 경영학을 가르치면서 쌓은 경험을 바탕으로 학생들에게 보다 친근하게 다가가고, 더욱 효과적으로 소통하면서, 서로 즐겁고 재미있게, 하지만 경영학에서 꼭 배워야 할 것은 확실히 다 배울 수 있도록 저자들의 찐 노하우를 담은 책이다. 스마트 경영학의 개정 작업을 위한 자료 수집과 정리에 많은 도움을 준 조한규, 박수빈, 이성욱, 신정우 학생에게 감사의 마음을 전한다. 특히, 조한규 학생은 스타트업 챕터를 새로 준비하는 과정에서 많은 인사이트를 제공해 주었다. 이 책을 통해서 더 많은 학생들이 경영학에 쉽게 접근하고, 관련 지식을 함양하여 한국의 기업 발전과 경제성장에 기여할 수 있길 바란다.

저자 최진남 · 성선영

강의계획안

주	강의 제목	강의 내용
1	강의 내용, 목표, 일정 소개 경영학의 개념과 역사(1장)	경영학의 개념과 역사 한국 경영학의 기원 미시적 관점과 거시적 관점에서의 기업 기업경영의 개념
2	경영학의 발전사(2장)	과학적 관리법 관리경영 인간관계론 행태과학론 Z이론 정보화시대 4차 혁명시대
3	기업과 경영전략(3장)	경영전략의 개념 장기전략 계획시대 경영전략시대 산업구조론 자원준거관점 전략결정요소
4	경영자와 리더십(4장)	경영자의 개념 한국경제와 시대 변화에 따른 경영자 역할 변화 리더성향이론 행동이론 상황모형, 상황적 리더십 경로-목표이론 리더-멤버 교환 이론 변혁적 리더십
5	국제경영의 개념과 유형(5장)	국제경영의 개념과 역사 국제기업 유형 국제기업의 주요 전략 해외시장 분석 해외시장 진입전략 및 유형
6	조직구성원의 이해(6장)	구성원 성격 분석과 업무성향 구성원 태도와 업무만족도 감정노동 인식과 선입견
7	중간고사	

8	직원 동기부여(7장)	매슬로우의 욕구이론 허츠버그의 2요인이론 XY이론 맥클레란드의 욕구이론 기대이론 공정성이론 목표설정이론 자기효능이론 자기결정이론
9	업무집단의 이해(8장)	집단의 개념 집단의 영향 집단구성원 다양성 집단 유형 집단 응집성 집단 의사 결정과 창의적 문제 해결
10	조직의 이해(9장)	조직구조 조직문화 조직변화와 혁신
11	인적자원관리 이해(10장)	인적자원확보 직원교육훈련 인력배치 성과평가와 보상 전략적 인사관리
12	마케팅관리 이해(11장)	마케팅관리의 개념 마케팅의 발전 마케팅 믹스 시장의 세분화
13	생산/서비스 관리 이해(12장)	생산관리의 개념 생산시설입지 전사적 자원계획 구매관리 적시재고관리 품질관리 생산관리의 미래
14	회계/재무관리 이해(13장)	회계관리의 개념 재무제표 재무관리 자본시장의 이해 Z세대의 재무관리
15	창업과 스타트업의 이해(14장)	스타트업의 개념과 특징 스타트업의 다양한 형태 스타트업 비즈니스 모델과 전략 스타트업 팀 구성 스타트업 펀딩
16	기말고사	

차례

PART 03 기업과 사람

CHAPTER 06 조직구성원 이해

CHAPTER 07 직원 동기부여

CHAPTER 08 업무집단의 이해

CHAPTER 11 마케팅관리

CHAPTER 12 생산/서비스관리

CHAPTER 13 회계/재무관리

PART 05 스타트업 창업

CHAPTER 14 창업과 스타트업의 이해

PART

01

경영학과 기업

CHAPTER

01

경영학과 기업의 개념

1. 경영학의 개념과 역사
2. 기업의 개념
3. 기업경영의 기본개념

학습목표

- 경영학이 무엇인지, 경영학이 어떻게 발전되어 왔는지 설명할 수 있어야 한다.
- 한국에서 경영학이 어떻게 발전해왔는지 설명할 수 있어야 한다.
- 기업의 개념에 대해서 명확한 설명이 가능해야 한다.
- 기업경영이 무엇을 위한 것인지 설명할 수 있어야 한다.

1. 경영학의 개념과 역사

1.1 경영학의 개념

경영학
실용 학문

경영학(經營學, business administration/management)이란 기업에서 발생하는 실제적 문제들을 다루는 학문으로 기업의 효율성, 수익성, 개선책을 추구하고 이를 실천하는 **실용 학문**이다. 성과 향상이라는 궁극적이고 실용적인 목적을 토대로 경영학은 호텔경영, 외식경영, 디자인경영, 관광경영, 산업경영, 기술경영, 혁신경영, 예술경영, 문화경영 등 다양한 분야에 접목되어 발전하고 있다. 각기 다른 명칭과 분야에도 불구하고, 경영문제를 체계적이고 과학적으로 검토하여 보다 효과적인 경영관련 의사결정을 내린다는 공통점을 가지고 있다.

사례 분석과 진단
전략 수립
지속적 성장

경영학에서는 오래되고 빛바랜 그리고 세월이 묻어 있는 강의노트가 통하지 않는다. 최신 **사례 분석과 진단**, 환경 변화에 따른 새로운 **전략 수립**, 유연한 대처를 통한 기업의 **지속적 성장**과 생존, 이를 주도할 수 있는 경영자 양성에 대한 문제를 끊임없이 연구하는 학문이 바로 경영학이다. 기업의 이윤 창출, 더 정확하게 말해서 지속 가능한 경영을 어떻게 할 것인가 그 방법론에 초점을 두는 경영학의 실용적 측면은 사람으로 하여금 경영학은 학문이 아니다 혹은 돈을 벌기 위한 학문이다라는 오해를 불러일으키기도 한다. 그러나 경영학적 지식은 이윤을 추구하는 사기업뿐 아니라 공기업 및 비영리단체의 목표 달성에도 기여할 수 있는 학문이다.

경영학은 물질만능주의를 부추긴다??

경영학에서는 기업의 목표를 효과적으로 달성하기 위해:

- 제품과 서비스의 효과적이고 효율적인 생산, 운영 및 관리방법(생산운영관리)
- 제품과 서비스를 만드는 사람들을 관리하는 방법(인사조직관리)

- '돈'의 과거와 미래에 대한 분석, 즉 기업 내부 자산의 흐름을 분석하는 방법(회계관리)
- 자산을 어떻게 운용하여 미래가치를 극대화시킬 것인가에 대한 방법(재무관리)
- 기업이 생산한 제품과 서비스를 시장에 어떻게 효과적으로 판매할 것인지, 소비자들을 어떻게 설득해서 구매로 이어지게 할 것인가에 대한 방법(마케팅관리)

등을 가르친다.

경영학의 주 연구 대상이 자본주의 시대의 대표적인 조직 유형인 기업이고, 위에 제시된 모든 활동들이 기업의 이윤극대화를 위한 방법이니 "경영학은 돈을 벌기 위한 학문이다"라는 말들을 흔히 한다.

실용적 응용 학문

그러나 경영학은 이윤 추구가 목적인 영리기업뿐 아니라 공기업, 비영리기업 및 개인에 이르기까지 다방면에 도움을 줄 수 있는 실용적 응용 학문이다. 이윤 추구가 목적이 아닌 정부의 예를 들어보자. 정부는 한정된 자원과 예산으로 나라를 운영해야 한다. 세금은 어떤 기준으로 책정할 것인지, 예산을 어떻게 효과적으로 운용할 것인지, 운용 주체 간 관계 및 공무원들을 어떻게 관리할 것인지에 대한 지식이 필요하다. 바로 이러한 실용적 특성으로 인하여 경영학은 오늘날 다양한 분야에 접목되어 발전하고 있다.

경영학과 경제학은 같은 학문이다?

경영학과 경제학은 둘 다 상경계열 학과에 속한다. 따라서 이 둘이 같은 것이라 오해하는 경우가 많다. 사실 경영학과 경제학을 완전히 구분하는 것은 쉽지 않다. 단칼에 베어지지 않는다는 것! 이 둘이 혼동되는 이유는 두 학문 모두 '경제(인간의 생활에 필요한 재화를 생산, 분배, 소비하는 모든 활동)'에서 파생된 학문이기 때문이다.

경영학
실용적 응용 학문

경영학은 경영 주체의 하나인 '기업'의 목표를 효과적으로 달성하기 위해 다양한 방법을 복합적으로 연구하는 실용적 응용 학문이다.

경제학
경제활동을 분석하고 연구하는 학문

이에 반해 경제학은 경제 주체 전반에 관심을 두는 영역으로 경제가 어떻게 돌아가는지, 어떤 문제가 발생하고 있는지, 이를 어떻게 해결할 것인지에 대한 원리 이해과 문제 해결방법, 즉 '경제활동'을 분석하고 연구하는 학문이다. 통계와 수학을 바탕으로 경제 데이터를 분석하는 것을 가르치고, 경제문제 상황에 적절히 대응할 수 있는 정책을 수립하는 역량을 키워주는 것이 바로 경제학이다.

같은 상경계라 하더라도 경영학과 경제학은 다르다. 경영학과 교수에게 한국/세계 경제현황을 분석해 달라고 하거나 경제학과 교수에게 경영전략이나 인사관리를 어떻게 하는 게 좋겠냐고 질문하는 것은 삽질이다.

새로운 트렌드: 디자인경영

디자인경영은 상품, 서비스, 조직에 디자인의 개념을 적용하고 구체화하여 기업의 생산성과 경쟁력을 높이는 지식경영의 한 방안이다. 이 개념은 오늘날 소비자의 미적 만족 추구 경향이 강해지면서 디자인을 경영의 전략적 수단으로 활용하여 상품미학을 구현함으로써 새로운 가치 창출을 위한 경영활동과 지식체계를 연구하는 새로운 분야로 최근에 대두되고 있다. 디자인 전문가들은 기업의 로고를 디자인하면서 색을 통해 정체성과 고유한 특성을 나타내고자 한다.

강렬한 빨강(Red)!

과학적으로 붉은 색은 신경계를 흥분시킨다. 고객을 화~~악! 한번에 강하게 끌어당기고 싶을 때:

아늑한 주황(Orange)!

너무 튀지 않으면서 편안함과 섬세함, 따뜻함을 어필하고 싶을 때:

긍정의 에너지 노랑(Yellow):

번뜩이는 아이디어, 창의적 사고, 실천과 행동 지향적 이미지를 강조하고 싶을 때:

신선한 초록(Green)!

산뜻함과 신선함, 평온과 정교함을 강조하고 싶을 때:

신뢰의 파랑(Blue)!

해외에서는 블루(blue)를 콜드(cold)라고 부르기도 한다. 차갑고 이성적이며, 차분함과 신뢰감을 전달하고 싶을 때 주로 파랑을 사용한다. 신뢰가 가장 중요한 금융권에서 파랑을 자주 사용하는 것을 볼 수 있다.

매혹적인 보라(Violet)!

매혹적인 고상함을 느끼게 해주는 색상으로 동화책 속에서 마법사들을 표현할 때 자주 사용하였다. 이와 더불어 성공과 자신감을 표현하고 싶을 때 사용하는 색상이다.

1.2 경영학의 기원

길드(guild)

중세 유럽에서는 가내수공업 형태가 주를 이루었고, 도시 상인과 수공업자들의 조합인 길드(guild)라는 조직이 있었다. 길드 내에서 상인들과 수공업자들은 친목을 도모하고 정보를 교환함과 동시에 상품 가격 및 생산량을 통제했다.

유럽중세시대 가내 수공업 형태: 물레로 실을 만드는 여인들

가내수공업 시대를 거쳐 1760년대 영국을 중심으로 산업혁명이 성공하자 산업경제는 비약적으로 발전하게 된다.

1700년대 영국에서는 면으로 된 옷감이 큰 인기를 끌었다. 1769년 제임스 와트(James Watt)가 기존의 **증기기관**을 혁신적으로 개량하여 면직물을 대량 생산하기 시작하면서 생산성을 기적적으로 끌어올렸고, 이것이 바로 **산업혁명의 시발점**이 되었다.

증기기관
산업혁명의 시발점

손을 사용하지 않고 계속 물체를 움직일 수 있는 방법은 없을까?
"그래, 바로 수증기!"

증기기관으로 산업혁명의 꽃을 피운 제임스 와트(James Watt, 1736~1819)

제임스 와트(James Watt)의 증기기관

손을 사용하지 않고 계속 물체를 움직일 수 있는 방법은 없을까? 이런 인류의 고민을 최초로 해결해 준 방법이 바로 물을 끓이면 발생하는 수증기를 이용하는 것이었다. 일정한 용기에 담긴 물을 가열하면 수증기가 발생하는데 이로 인해 용기 내의 압력이 용기 밖의 압력보다 높아지기 때문에 이렇게 생긴 압력의 차이를 이용하면 물체를 움직이는 것이 가능하다. 이것이 바로 증기기관의 기본 원리이다.

제임스 와트의 증기기관(출처: Nicolas Perez at Wikipedia.org)

와트의 증기기관

와트의 증기기관은 사람의 손을 직접 사용하지 않고 물체를 움직이고자 한 인류의 오랜 꿈을 실현시켜 주었다.

출처: https://terms.naver.com/entry.nhn?docId=3353154&cid=47307&categoryId=47307

증기기관의 출현 이후, 각종 기계가 발명되고 산업발전에 큰 영향을 미치게 되었다. 기술발전이 전 유럽으로 퍼져나가면서 공업이 빠르게 성장하고 경제생활에 혁명적인 변화가 일기 시작했다. **산업혁명**은 혁명 이전 소수의 장인들만이 소규모 가내수공업 수준으로 생산하던 방식을 **공장 시스템**으로 변화시키면서 산업사회를 만들었고, 경영에 대하여 과학적인 접근방법을 시도하게 만드는 중요한 계기가 되었다. 결국 산업혁명을 시발점으로 기업이 부각되고, 효율성을 극대화시키고자 하는 다양한 경영이론들이 본격적으로 개발되고 적용되기 시작하였다.

산업혁명
공장 시스템

산업혁명의 성공 후 20세기에 접어들어 대량생산체제로 들어간 산업은 더욱 발전하였고, 경쟁이 치열해지기 시작했다. 이러한 경쟁에서 살아남기 위해 각 기업들은 수익성, 효율성, 성과 향상을 추구하게 되었고, 실제 기업 경영에 도움이 되는 학문인 경영학이 주목을 끌기 시작했다.

산업혁명으로 인한 대량생산 현장

1.3 한국 경영학의 기원

한국의 경영학은 1876년 조선과 일본 양국의 **강화도조약**에서 시작한다. 일본과 조일수호조규를 체결한 이후 조선은 부산 지역을 개항하였고, 이후 1895년 **갑오개혁**을 통해 개화당은 보수 세력을 몰아내고 내정개혁을 단행하였는데, 이때부터 유학생들이 일본에 본격적으로 파견되기 시작하였다. 그들은 귀국하여 전문학교에서 경제학과 상업교육을 담당하며 '은행회사 상점 관리법', '상업경영론' 등 경영학의 전신인 상업학이론, 은행론, 외국무역이론을 주로 가르쳤다. 광복과 더불어 대학에 경제학, 상업학 등의 전공이 개설되었으나 이들 전공에서 경영학의 비중은 극히 일부에 불과했다. 1953년 **6.25전쟁 휴전 이후**에야 미국의 경영관리기술 원조의 일환으로 경영관리기법 등이

한국의 경영학
강화도조약
갑오개혁
6.25전쟁 휴전 이후

한국에 도입되었고, 1954년부터 독일과 미국을 중심으로 교수들과 유학생들이 파견되면서 선진경영학 이론이 본격적으로 한국에 들어오기 시작했다. 특히 미국에서 박사학위과정을 마치고 귀국하는 학자들이 점차 늘어나게 되자 미국경영학이 우리 나라 경영학계에서 주도적인 역할을 하게 되었다.

보성전문학교: 현재 고려대학교의 전신. 1920년대와 1930년대에 상사경영 및 경영경제학을 가르쳤는데, 당시에는 일본과 맹방 관계에 있던 독일 경영학의 성향이 뚜렷했다.

그룹토론문제

(1) 산업혁명이 현대경영학에 미친 영향에 대해서 논의해보자.

(2) 한국은 광복 이후에야 유학생들을 통하여 경영학이 도입되었다. 그렇다면 그 이전 조선시대의 상업조직은 어떠했는지 현대경영학의 관점에서 논의해보자. 예를 들어 유래가 깊은 개성상인들이 전통적으로 가지고 있던, 대대로 이전되어온 상거래의 노하우는 현대의 경영학 이론과 어떻게 비교될 수 있을지 논의해보자.

2. 기업의 개념

기업(corporation)

기업과 경영은 떼어놓을 수 없는 관계를 가지고 있다. 경영을 떠올릴 때에 우리는 당연히 기업도 함께 떠올리기 때문이다. **기업(corporation)**은 국민경제를 구성하는 기본적 단위로 생산수단의 소유와 노동의 분리를 기초로 영리목적을 추구하는 독립적인 생산경제단위를 이루고 있는 조직이다.

분류		목적
기업	공기업	공기업경영/관리(공공, 수익, 안정)
	영리기업	기업경영/관리(수익, 안정, 성장)
	비영리기업 (학교, 병원 등)	특정 목적의 달성 사회 공공재의 공정 · 효율적 조달 · 배분

기업의 분류

기업은 크게 공기업, 영리기업, 비영리기업으로 나뉜다. 우리가 흔히 말하는 기업은 **영리기업**으로 수익, 안정, 성장을 목표로 하는 조직이다. 기업이 존재의 당위성을 인정받기 위해서는 생존해야 하고, 변화하는 환경에 끊임없이 부합하며 존재의 의의를 가져야 하며, 목표를 추구하고 달성해 나아가야 한다.

영리기업

한국의 기업 현황

한국에는 얼마나 많은 기업이 있을까? 기업의 수명은 얼마나 될까?
2020년 통계청이 발표한 자료에 따르면 한국에는 총 432만 5천 개의 기업과 2,158만 명의 근로자가 있다. 사업체 수는 전년 대비 14만 8천 증가로 증감률 3.6%를 보였고, 종사자 수는 113만 명 감소로 증감률 -5.0%로 나타났다.

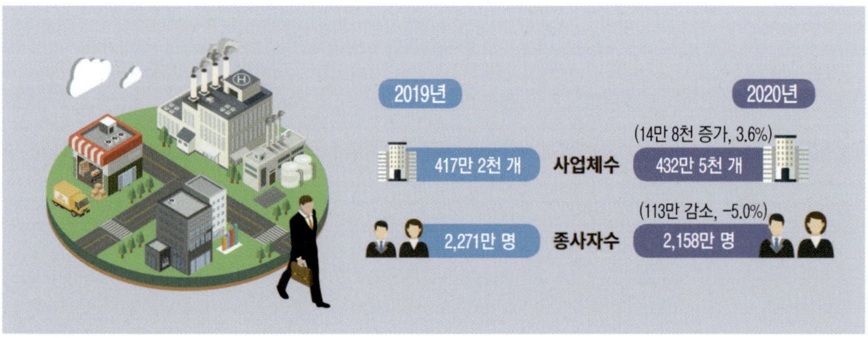

출처: 통계청

주요 산업별 사업체 수 및 구성비를 보면 도 · 소매업이 제일 많고, 이어 숙박 · 음식업, 제조업 순이다. 주요 산업별 종사자 수 및 구성비를 볼 때에는 제조업, 도 · 소매업, 그리고 숙박 · 음식업이 가장 많다.

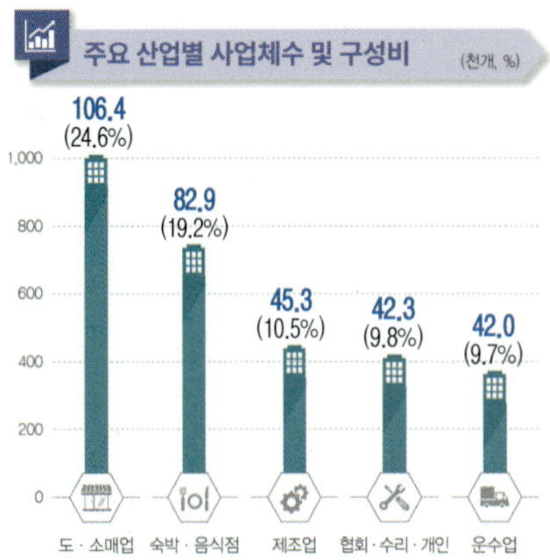

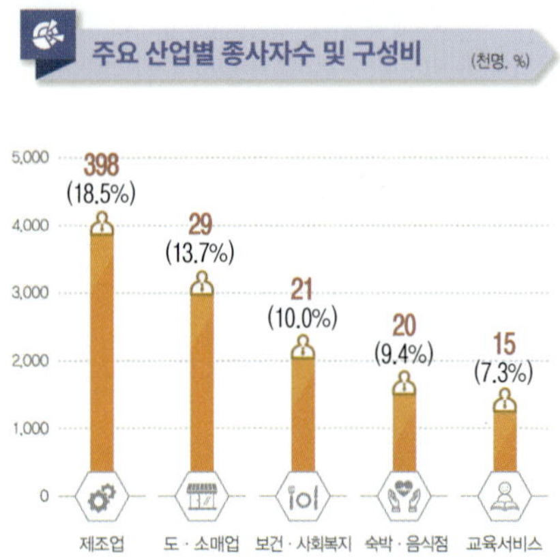

출처: 통계청

2022년 한국경영자총협회가 발표한 한국 매출 100대 기업 실적보고서에 따르면 매출액 상위 100대 기업의 3분기 총매출은 337조 3,245억 원으로 전년(285조 9316억 원) 대비 18.0% 증가한 반면, 총영업이익은 21조 4493억 원으로 전년(28조 4754억 원) 대비 24.7% 감소한 것으로 집계되었다. 보고서에 따르면 매출이 18% 성장한 것에 비해 원재료비 총액 증가율이 31.3%로 나타나 영업이익 감소 배경에는 코로나 팬데믹 이후 원자재 값이 상승한 것이 주요 요인으로 파악되었다. 증가한 생산비용을 판매 가격에 온전하게 반영하지 못하면서 영업이익이 감소한 것으로 보인다.

출처: https://www.sedaily.com/NewsView/26EV2P84W5

세계 100대 기업!!

시장조사업체인 컴퍼니즈마켓캡이 2022년 12월 발표한 세계 100대 상장기업의 시가총액과 순위를 살펴보자.

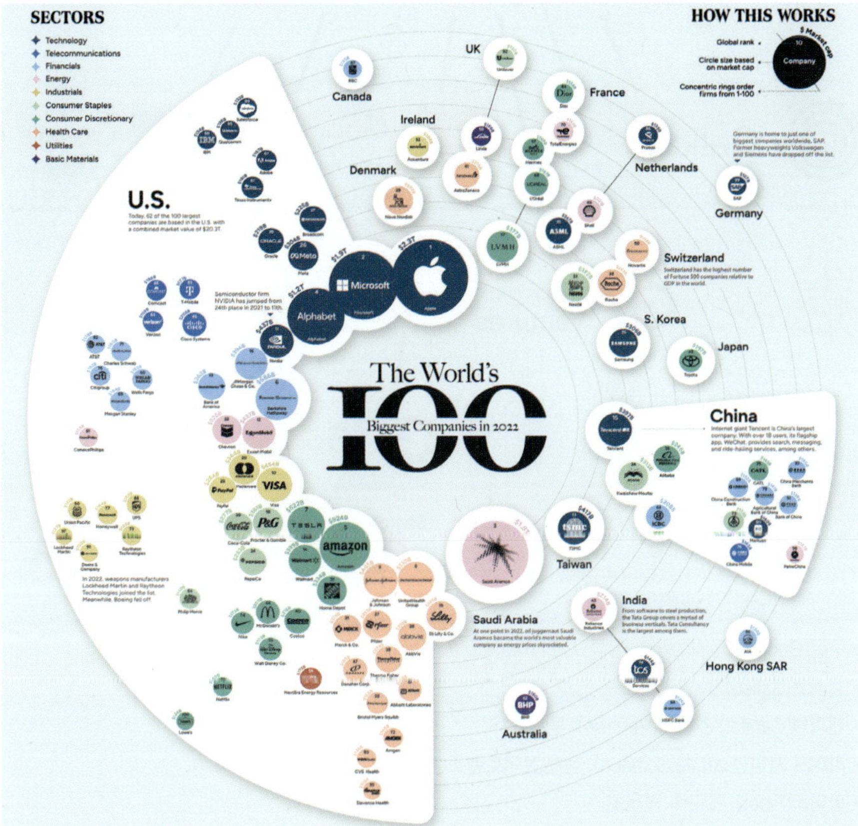

2022년 12월 기준 시가총액 1조 달러(약 1,300조 원)가 넘는 기업은 4곳으로 1위 애플(Apple: 2조 3천억 달러), 2위 마이크로소프트(Microsoft: 1조 9천억 달러), 3위 사우디아람코(Saudi Arabian Oil Company: 1조 8천억 달러), 그리고 4위 알파벳(Alphabet: 1조 2천억 달러)이다. 사우디아람코의 경우 2022년 5월 유가가 급등하면서 수익이 치솟아 잠깐, 아주 잠깐 세계 1위에 오르기도 하였다.

여기서 잠깐!!

Alphabet이란? 2015년 10월 구글(Google)의 공동설립자인 래리 페이지(Larry Page)와 세르게이 브린(Sergey Brin)이 설립한 미국 복합기업 알파벳 주식회사(Alphabet Inc). 근데 뜬금없이 웬 알파벳?

"A부터 Z까지 시작하는 모~~~든 기업들을 우리 자회사로 만들 것이야!!"라는 강~~력한 의지!

Alphabet

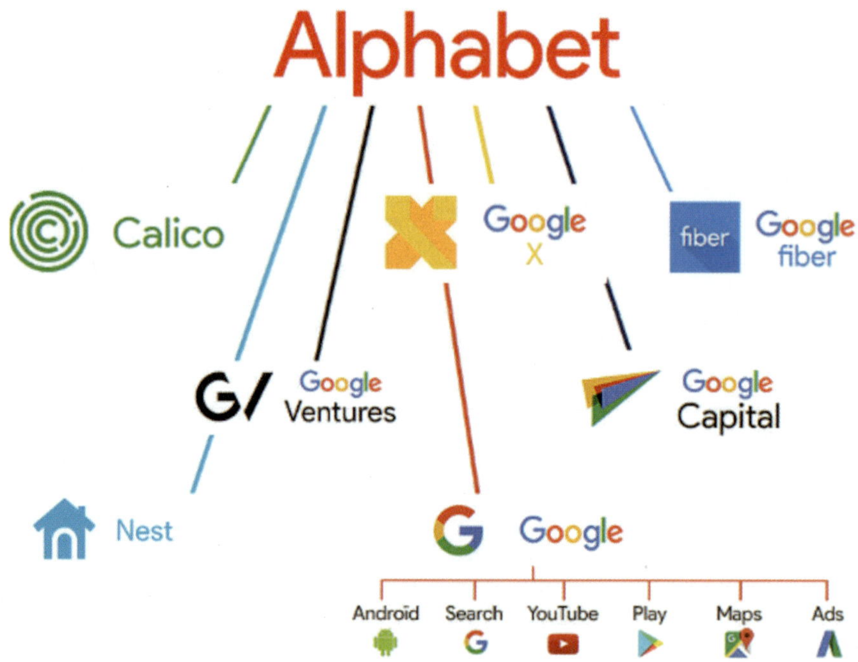

- 구글(Google): 검색, 광고, 유튜브, 안드로이드, 지도
- 캘리코(Calico): 수명 연구소
- 캐피털(Capital) & 벤처(Venture): 투자회사
- 라이프 사이언스(Life Science): 생체 콘택트렌즈 개발
- 파이버(Fiber): 초고속 인터넷
- 네스트(Nest): 온도조절장치
- X랩(X Labs): 무인자동차, 드론 배송 '윙' 등 신규 사업 개발

이제 다시 본론으로 돌아가서:

100대 기업 중 미국에 본사를 둔 기업은 64개, 중국은 11개, 프랑스는 5개이다. 삼성은 25위(3,060억 달러)를 기록하며 세계 100대 기업에 포함된 유일한 한국 기업이 되었다.

- 테슬라는 70%의 주가 하락률을 보이며 개미들에게 '이생망'의 저주를 내렸다.
- 기대를 받던 메타 역시 66%라는 주가하락률을 보이며 6위에서 26위로 떨어지는 쓴맛을 보아야만 했다.
- 테슬라와 메타에 앞발을 살포시 내밀었던 저자도 같이 홀라당 망했다.

재미있는 것은 중국 마윈(马云)의 알리바바(Alibaba: 阿里巴巴).
때는 2020년 10월. 그놈의 주x이가 화근이었다.

"중국은 금융시스템의 위기가 아니다! 중국 금융은 시스템이 없다!
중국 은행들은 전당포식 사고방식에서 벗어나지 못하고 있다~~~~!!"며!!

중국 금융당국의 규제를 강도 높게, 그것도 공개적으로 비판한 마윈! 감히 나한테 x물을 끼얹어? Deep빡친 시진핑. 이에 마윈은 바로 정부에 소환당하고, 결국은 '무질서한 자본 확장'을 이유로 무려 4조 4,700억 원이라는 과징금을 부과받는다. 소위 중국정부의 '과!징!금!철!퇴!!!'

출처: https://www.fnnews.com/news/202101051710148229

시장의 변동, 트렌드 변화와 상관없이 입 한번 잘못 놀렸다가 중국정부에 앞통수 제대로 맞은 창업자 마윈이 각종 납치설, 실종설, 사망설에 휩싸이면서 기업지배권을 상실하자 한순간에 무너져 내리는 알리바바. 1997년 창업 후 2016년 세계 전자상거래 산업에서 1위로 올라서며 한때 9위까지 기록하다가 주가가 28% 하락하며 36위로 쪼로록 추락!

알리바바를 필두로 중국 빅테크 기업은 강력한 규제망에 들어간다. 특히나 미국 증시 상장에 아주 부정적인 중국정부의 "빅테크 x지기"!!

- 2020년 11월: 마윈 사건이 터진 후 바로 한달 뒤, 세계 최대로 꼽힌 앤트그룹(알리바바의 자회사)의 기업공개(IPO: Initial Public Offerings)가 상장 바로 이틀 전에 취소되었고, 현재까지도 비상장 상태
- 2021년 6월: 미국 뉴욕증시에 상장한 '중국판 우버(Uber)'인 '디디추싱(滴滴出行)'은 모든 신규 서비스를 중단하고 상장 6개월만인 12월 자진 상장폐지
- 2021년 10월: 중국판 '배달의 민족'인 최대 음식 배달 서비스 업체 메이퇀(美团)이 불공정 행위로 연 매출의 3%인 과징금 6,500억 원 부과받음

이후, 규모가 큰 중국기업들은 너도나도 앞다투어 주식을 공익단체에 기부하고, 직원복리후생기금에 넣으며, 정부 눈치보기 작전에 들어간다. 제대로 얻어터진 알리바바 역시 중소기업지원에 적!극!(18조 9천억원) 지원하겠다는 아주 강력한 의지를 내보인다. 이대로 죽을 수는 없다는 발버둥치기!!!

문제는 이러한 빅테크 기업의 움직임에 금융시장 반응이 그닥 좋지는 않다는 것! 주가가 다 같이 하락세를 보이고 있다. 기업은 시장과 기술메커니즘으로만 굴러가는 것은 아니라는 뼈저~~~린 교훈!

출처: https://www.donga.com/news/Inter/article/all/20221123/116653442/1

기업은 어떤 곳인가?

- 돈을 버는 곳?
- 이윤을 추구하는 곳?
- 자원을 조합하여 새로운 상품과 서비스를 생산하는 곳?
- 여러 사람들이 모여 공동 목적을 이루는 곳?
- 인간의 능력을 개발하는 곳?
- 사회가 필요로 하는 것을 제공해주는 곳?
- 고용기회를 창출하는 곳?
- 국가경제 발전의 기틀이 되는 곳?

기업을 바라보는 관점에는 두 가지가 있다. 첫째는 미시적 관점, 둘째는 거시적 관점이다.

2.1 미시적 관점에서의 기업

미시적 관점에서 바라보는 기업은 크게 세 가지로 나뉜다. 생산지향 시스템으로서의 기업, 고객지향 시스템으로서의 기업, 인간지향 시스템으로서의 기업이다.

(1) 생산지향 시스템으로서의 기업

생산지향 시스템으로서의 기업
수익의 극대화

밀튼 프리드먼(Milton Friedman)은 기업의 사회적 책임이 **수익의 극대화**에 있다고 주장했다.

기업은 무엇을 하는 곳인가?

"기업의 사회적 책임은 수익극대화에 있다(The social responsibility of a corporation is to maximize profit)."

기업의 목적은 수익극대화임을 강조한 경제학자, 밀튼 프리드먼(Milton Friedman, 1912~2006)

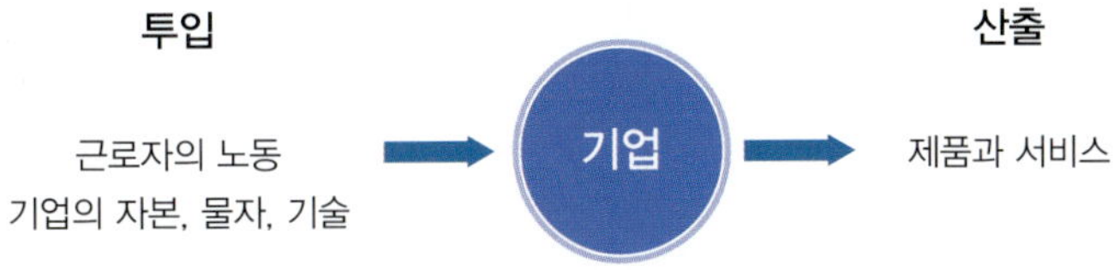

프리드먼이 정의하는 생산지향시스템으로서의 기업은 근로자들의 노동과 기업의 자본, 물자, 기술 등을 투입하고 이 요소들을 결합하여 제품과 서비스를 만들어 내는 곳이다.

(2) 고객지향 시스템으로서의 기업

피터 드러커(Peter Drucker)는 기업의 역할이 **고객을 창출**하는 것이라고 주장하며, 기업의 투입과 산출이라는 단순한 공식에서 벗어나 고객의 존재와 가치를 강조했다.

고객지향 시스템으로서의 기업
고객을 창출

기업은 무엇을 하는 곳인가?

"기업의 역할은 고객을 창출하는 것이다(The role of a corporation is to create customers)."

기업의 고객창출 역할을 강조한 현대경영의 아버지, 피터 드러커(Peter Drucker, 1909~2005)

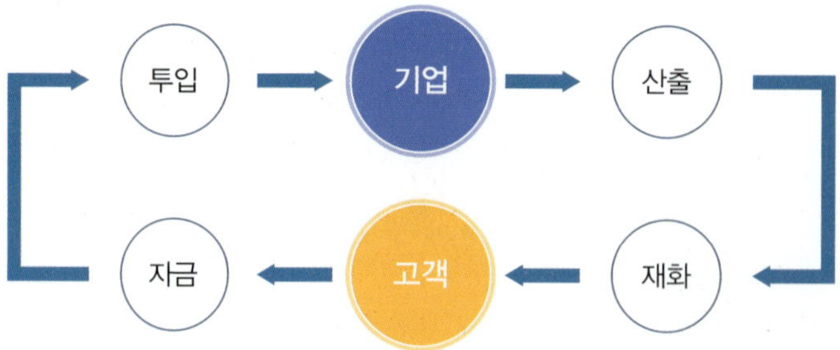

드러커가 주장하는 고객지향 시스템으로서의 기업에서는 제품과 서비스가 재화로 이어지고 고객으로부터의 자금이 기업의 제품 및 서비스 생산에 대한 재투입으로 이어지는 순환적 관계를 가진다.

(3) 인간지향 시스템으로서의 기업

인간지향 시스템으로서의 기업 인간의 능력을 개발

앨빈 토플러(Alvin Toffler)는 기업의 목적을 **인간의 능력을 개발**하는 것이라고 정의했다.

기업은 무엇을 하는 곳인가?

"기업의 임무는 인간의 능력을 개발하는 것이다(The mission of a corporation is to develop human capacity)."

기업의 목적은 인간의 능력개발임을 강조한 미래학자, 앨빈 토플러(Alvin Toffler, 1928~2016)

토플러가 말하는 인간지향 시스템으로서의 기업은 단순히 노동력과 자본을 투입해서 제품 및 서비스를 산출하고 이를 통해 이익을 추구하는 조직이 아니라 사람들이 모인 조직으로 기업활동을 통해 인재를 양성하고 인재개발을 촉진하는 사회조직으로서

의 기업을 말한다.

2.2 거시적 관점에서의 기업

기업을 바라보고 평가하는 데에 있어서 두 가지 거시적 관점이 존재하는데, 하나는 기업을 긍정적 사회 시스템으로 보는 관점이며, 다른 하나는 부정적 사회 시스템으로 보는 관점이다.

(1) 긍정적 사회 시스템(Positive Social System)으로서의 기업

기업이란 사회 내의 제한된 자원을 가장 효율적으로 배분, 활용하여 그 가치를 극대화시킴으로써 사회의 경제수준 향상에 기여하는 사회조직이 되어야만 의미있는 가치를 지니게 되고 사회에서 긍정적으로 평가될 수 있다.

긍정적 사회 시스템(positive social system)으로서의 기업

기업의 사회적 책임(CSR: Corporate Social Responsibility)이란?
"기업과 관련된 이해 당사자들의 관심사를 중요하게 고려하고 다룸으로써 사회에서 기업 활동의 정당성을 유지하는 방식이며 기업 운영의 목표이다."

윌리엄 워서(William Werther, 1947~) & 데이빗 챈들러(David Chandler)

기업의 사회적 책임은 외부의 압력이나 요구에 의해 할 수 없이 실행하는 활동이 아니라, 기업이 자발적으로

기업의 사회적 책임

- 기업과 관련된 이해관계자들과 소비자들의 윤리적 기준에 부응하고,
- 사회적 기대에 적합한 사회 공동의 이익 창출에 유익한 활동을 계획하며,
- 사회적인 책임을 반영하여,
- 궁극적으로 사회적 선(善)과 공공의 이익에 공헌하는 것이다.

"아름다운 손해"

20년째 적자 나는 특수분유를 공급하고 있는 매일유업

"한 가족은 형제가 모두 선천성 대사이상이었는데 형은 우리 분유를 몰라 지금까지 장애가 남아있다. 반면 동생은 우리 분유를 먹고 지금 정상인으로 살아오고 있다. 참 안타까웠다."

선천성 대사이상 질환은 태어날때부터 영양소를 분해하는 능력이 떨어지거나 혹은 아예 없는 희귀병으로 모유도 먹일 수가 없고, 식이요법을 통해 평생을 관리해야 하는 질병이다. 초기 대응을 못할 경우 운동발달 장애, 성장장애, 뇌세포 손상, 심할 경우 사망에까지 이를 수 있다. 따라서 영유아기 때 분유의 역할이 상당히 중요한데, 1990년대까지 이러한 특수분유는 고가(高價)의 수입분유만 있던 상태였다. 이에 매일유업 창업주 고(故) 김복용 회장이 1999년 선천성 대사이상 질환을 앓는 환아들을 위한 특수분유 제작을 지시하였고, 이후 적자가 나더라도 특수분유 생산만큼은 중단하지 말라고 당부하였다. 매일유업은 20년째 적자가 나고 있음에도 불구하고 선천성 대사이상 환아들을 위해 특수분유를 지속적으로 생산하고 있으며, 환아들의 상태에 맞추어 종류도 세분화하여 12가지 제품을 공급하고 있다.

출처: http://news.bizwatch.co.kr/article/consumer/2018/10/26/0001/naver

"희망을 나누는 착한 자동차!!" 기프트카(Gift Car)

기프트카 캠페인은 2010년부터 시행해 온 현대자동차의 대표적 사회공헌 활동으로 저소득층, 취약계층 이웃에게 자동차를 선물하고 자립을 위한 맞춤형 창업 지원을 제공하는 프로그램이다. 창업 의지가 있는 주인공을 선정해 경차, 승합차, 1톤 트럭 등 현대/기아자동차 생산 차종 중 창업 아이템에 맞는 '기프트카'를 지원할뿐 아니라 차량 취득세 및 보험료, 마케팅 비용을 포함한 창업자금과 더불어 창업전문 컨설턴트를 통한 창업교육 및 컨설팅까지 지원하고 있다.

2021년 캠페인 12회차를 맞아 Covid-19의 타격으로 오프라인에서 힘든 시간을 보내고 온라인 시장 진출에도 어려움을 겪는 소상공인 대상 지원 사업인 '기프트카 온에어'를 진행했으며, 지원을 받은 소상공인 295명의 월 평균 매출이 지원 전 대비 23.5% 증가하는 등 실질적인 성과를 보였다.

"기프트카는 복덩이예요. 기프트카로 다시 시작할 용기와 힘을 얻었고 소득도 많이 늘었고 자녀들도 밝아졌습니다. 제가 도움받은 만큼 봉사활동을 하며 베풀며 살아갈 겁니다."

- 기프트카 시즌 8 주인공 박장섭 -

- 기프트카 시즌 9 주인공 박홍덕씨 부부 -

'기프트카' 캠페인은 자동차 업종의 전문성을 살린 참신한 시도로 인정받고 있다. 시즌 9에서는 지역사회의 관심이 필요한 아이들에게 방과 후 돌봄, 교육지원 서비스 등을 제공하는 지역아동센터 차량 지원 사업인 '우리동네 기프트카 캠페인'을 추가하며 뜨거운 호응을 받았다.

출처: https://www.gift-car.kr/Achieve

(2) 부정적 사회 시스템(Negative Social System)으로서의 기업

부정적 사회 시스템(negative social system)으로서의 기업

부정적 시각에서 볼 때, 기업은 주주가치 극대화를 추구함으로써 창출한 이윤을 사회에 환원하지 않고 기업 안에 축적하면서 주주들의 사익을 추구하고, 권력을 형성하며, 이를 바탕으로 또 다른 사회집단을 지배하는 성향을 보이기도 한다. 근로자를 착취하고, 제품 생산과정에서 환경오염을 유발하기도 하며, 정경 유착의 형태로 정부를 부패시키기도 하고, 기업을 통해 축적한 부와 힘으로 다른 사회 구성원을 짓밟기도 한다. 따라서 이윤 극대화를 통해 부를 축적한 기업이 궁극적으로는 사회에 악영향을 미치고, 사회 자체를 와해시킬 수 있다는 우려 또한 존재한다.

기업은 과연 누구를 위한 곳인가?

기업은 누구를 위해 존재하는 곳인가? 사실 한번쯤은 진지하게 생각해 볼 필요가 있다. 너도나도 좋은 직장(유명하고, 연봉 높고, 시설 좋고, 분위기까지 좋으면 앗싸!)에 들어가기 위해 죽자고들 노력한다. 그런데 우리는 직장에 대해서, 기업에 대해서, 특히 기업이 가지는 의미에 대해서 깊은 고민을 할 여력은 없었던 것 같다. 앞서 우리는 생산지향, 고객지향, 인간지향 시스템으로서의 기업을 배웠다. 기업이란 것이 수익 극대화를 통해 소유주의 배를 불리고, 금방석을 깔아주기 위한 곳일까? 아님 고객들의 필요와 요구를 만족시키기 위한 곳일까? 그럼 기업은 고객과 사회를 위해 봉사하는 곳?

그건 아니다. 말이 고객지향이지 사실 이것도 수익과 연결되어 있다. 고객만족이라는 것이 결국은 매출과 직결되고 이는 기업의 수익에 바로 영향을 미치니 말이다.

그럼 인간을 개발하는 곳? 글쎄… 기업에 수많은 인간들이 모여있는 것은 맞다. 좋은 기업에서는 '인간개발'이라는 것이 단지 허황되고 뜬구름 잡는 소리는 아닐 수도 있겠다. 그러나 인간지향이라는 말이 참 서글프게 들리는 현실 속에서 우리는 살고 있다.

SBS 드라마 〈모범택시〉 5화에서는 2018년 발생한 양진호 '한국미래기술' 회장의 갑질 내용이 패러디되었다.

- **회장**: (눈 마주치자마자 일단 싸대기 한번 후려치고~!!!)
- **회장**: "아아~~~!! 이씨!! 이거 뭐야 이거!! 고객님의 문의사항에 대해 저희 유데이터(회사명)는 깊은 사과의???" 아~~~~~ (점점 고음) 진짜!! 환!! 환!!불조치???? 이거 진짜 네가 썼어??"
- **직원**: "네, 그... 그… 고객분 계정에 프로그램상 오류가…"
- **회장**: (싸대기 한번 쎄레 더 갈기고~!!! 또 갈기고 또 갈기고) "야 이 미친 새x야!! 네가 뭔데 유데이터를 대표해서! 대신해서! 사과를 해~~~?? 이 새x 이거 완전 시건방진 새x 아니야!! 네가 회사 주인이야?? 회장이야??"
- **직원**: "죄송합니다."
- **회장**: "죄송해서 될 문제가 아니지 새x야! 이거는~~! 어떻게 책임질거야? 네가 모시는 최고상사를 얼굴도 모르는 어떤 따라지 새x한테 고개 숙이게 만들어 놓고서 뭐 죄송해??? 너 술 x먹었냐??"
- **직원**: "아닙니다…."

- **회장**: "술도 안 x먹은 새x가 날 이따위로 엿먹여??? 아유 이xxxxxx" 계속 휘몰아치는 따귀 세례….

출처: https://blog.naver.com/aboutabout1234/222321808766

이게 과연 또라이 오너 단 한 명의 일탈이었을까? 수많은 갑질 의혹이 쏟아지고, 청와대 신문고를 통해 참다 못한 직원들이 고발을 하는 세상. 기업과 기업인의 역할, 그리고 책임에 대해서 깊게 고민할 필요가 있어 보인다.

그룹토론문제

(1) 미시적 관점에서의 기업은 세 가지 형태로 구분된다. 생산지향 시스템, 고객지향 시스템, 그리고 인간지향 시스템으로서의 기업. 이 세 가지 중 가장 합당한 관점은 무엇이라 생각되고, 그 이유는 무엇인가?

(2) 거시적 관점에서의 기업은 긍적적 그리고 부정적 사회 시스템 모두의 측면을 가지고 있다. 긍정적 시스템으로서 기업의 장점을 부각시키고, 부정적 시스템으로서의 기업에 대한 시각을 바꾸기 위해서 당신이 경영자라면 어떻게 하겠는가?

3. 기업경영의 기본개념

3.1 기업경영과 경영자

경영
동태적 과정(dynamic process)

경영이란 경영자가 조직의 목표을 설정하고, 그 목표를 달성하기 위하여 전략을 수립하고, 그 전략을 효과적으로 실행하기 위하여 기업을 관리하고 운영하는 **동태적 과정**(dynamic process)을 말한다.

경영은 전략, 관리, 운영으로 이루어진다.

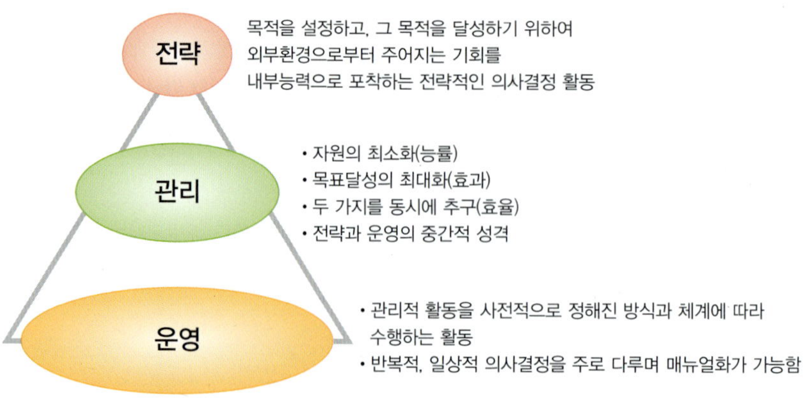

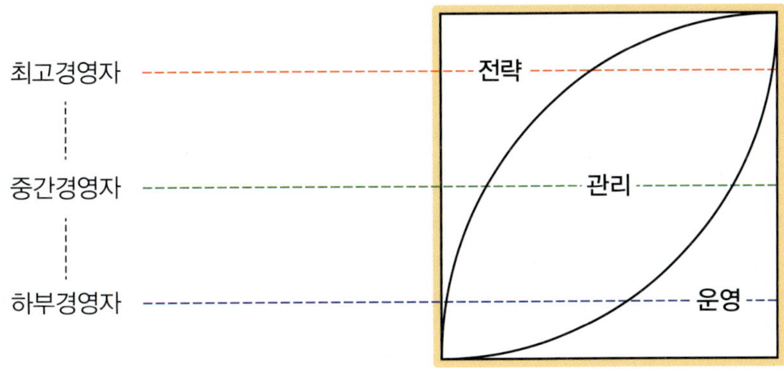

출처: 21세기를 위한 전략경영

- **최고경영자층(TMT: Top Management Team)**은 기업의 목표를 설정하고, 이를 달성하기 위해 외부환경과 내부능력을 분석하여 전략적 의사결정을 하게 된다. 전략이란 것은 상황에 따른 결정으로 일회적이므로 정형화하기가 힘들다.
- 최고경영자층에서 일단 의사결정이 내려지면 **중간 경영자**들은 최소한의 자원으로 최대한의 수익을 달성할 수 있도록 능률, 효과, 효율성을 추구하게 된다. 최고경영자층에서 결정된 전략을 집행하는 데에 있어 투입되는 자원을 최소화시키고, 주어진 자원을 활용하여 최대한의 효과를 달성해야 하며, 이 두 가지를 동시에 달성할 수 있는 효율성을 이루어내야 한다.
- **하부경영자와 근로자**들은 사전에 정해진 방식과 체계에 따라 관리적 활동을 수행하는 운영을 담당한다. 운영 단계에서는 반복적이고 일상적인 의사결정을 하게 된다.

최고경영자층(TMT: Top Management Team)

중간 경영자

하부경영자와 근로자

그러나 오늘날의 기업은 급변하는 기술과 다양한 시장수요의 요구에 실시간으로 대응해야 하는 과제를 안고 있다. 이와 같은 역동적인 기업환경하에서는 기존의 기업 내 계층수준별 역할분담의 관점보다는 최고경영자에서 하부경영자와 근로자에 이르기까지 기업의 모든 구성원이 전략적 사고과 신속한 의사결정 능력을 보유해야 한다는 관점이 힘을 얻고 있다.

2022년 주요 기업 영업이익 추정치

비상경영체제로 돌입한 CEO들: 성장전략에서 생존전략으로…

Covid-19 팬데믹 이전 CEO들은 성장전략을 수립하고 기업을 확장시키는 데 초점을 두었다. 그러나 2020년 초 팬데믹이 전 세계를 잠식하고, 경제와 사회를 와해시키는 복합적 위기를 초래하면서 CEO들의 기업 전략수립 방향은 성장이 아닌 비상경영체제 안에서의 생존으로 전환되었다.

2022년 상반기만 해도 CEO들은 팬데믹 동안 침체되어 있던 경제와 사회, 기업의 재도약을 위해 팬데믹 종식 후 전략수립의 핵심을 신성장 동력 발굴, 새로운 투자, M&A 등에 두었다. 그러나 하반기에 접어들며, 원자재 가격 폭등, 국내·외 증시의 폭락세 및 금리 인상 등으로 산업구조가 더욱 흔들리고, 수많은 대외 불확실성들(러시아-우크라이나 전쟁)이 엎치고 겹치면서 CEO들은 생존을 위한 방어적 전략을 수립하고 있다. 이에 성장을 위한 '전략회의'가 생존을 위한 '위기대응회의', '비상경영회의'로 모양새가 바뀌고 있다.

2022년 주요 기업 영업이익 추정치

	현대중공업	롯데케미칼
1월	2,140억 원	1조 5453억 원
6월	-1,603억 원	5600억 원
변동률	적자전환	-63.8%

	이마트	LG디스플레이	카카오
1월	6335억 원	1조 5465억 원	1조 372억 원
6월	3006억 원	8736억 원	8269억 원
변동률	-52.5%	-43.5%	-20.3%

삼성전자 이재용 부회장은 공급망 위기와 운송비, 원가상승, 스태그플레이션(stagflation) 등을 고려하여 글로벌 경영 현황을 점검하고 사업계획을 조정하겠다고 밝혔다. 2022년 6월 유럽 주요국가들을 순방하면서 현지 법인장들로부터 당분간 B2C(기업-소비자 간 거래) 사업전망이 낙관적이지 않다는 보고를 받은 이 부회장은 향후 B2B 거래가 어떻게 될지 걱정을 내비치면서 B2C뿐 아니라 반도체 같은 B2B 사업도 위험할 수 있다는 위기감을 내보였다.

현대자동차 역시 2022년 7월 글로벌 권역본부장회의에서 권역별 전략과 글로벌 전체 전략을 재점검했고, 핵심부서 담당자들이 참여하는 통합리스크관리 업무협의팀을 발족시켰다.

대외불확실성은 한국 주요 대기업들의 실적 전망치를 줄줄이 하향 조정시켰다. 특히 고유가로 인한 원가부담과 수요 부진에 가장 타격을 받는 석유화학업종의 경우(예: 롯데케미칼), 영업이익 전망치가 1조 5,453억 원에서 5,600억 원으로 63.8%나 하향되었다. 이 외 포스트 코로나의 수혜주로 꼽혔던 호텔, 쇼핑업계(예: 호텔신라, 이마트, 롯데쇼핑, GS리테일 등)의 주요 내수기업들마저도 영업이익 전망치를 10% 이상 하향 조정시킨 것으로 나타났다. 이 움츠림에서 언제 기지개를 펴고 다시 도약할 수 있을지 귀추가 주목된다.

출처: https://www.chosun.com/economy/industry-company/2022/06/17/TBOJCKZU2RFO5DNPACQVQ64JL4/

그룹토론문제

(1) 기업경영에 있어서 가장 중요한 요인은 무엇인지 논의해보자.

(2) 최고경영자, 중간경영자, 하부경영자의 역할이 어떻게 다르며, 각각의 경영층이 기업경영에 어떤 기여를 하는지, 어떤 면에서 중요한지 논의해보자. 그리고 기업환경의 급격한 변화에 따라 이들 각 계층의 역할분담이 어떤 식으로 변화하고 있는지에 대해서도 생각해보자.

3.2 기업경영의 목표

기업의 주요활동목표

기업의 주요활동목표는 운영의 효과성과 전략적 포지셔닝으로 나뉜다.

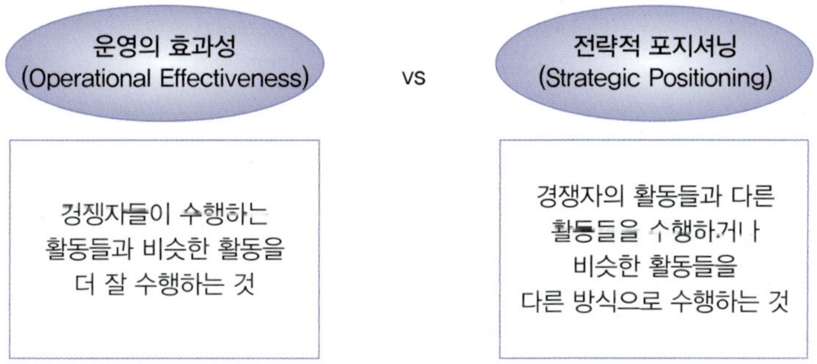

운영의 효과성(operational effectiveness)

운영의 효과성(operational effectiveness)은 어느 한 주어진 시점, 주어진 비용으로 이용이 가능한 최선의 기술, 기능, 경영기법 등 제반 투입요소를 사용해서 최대의 가치를 창출하는 개념이다. 기업들은 운영의 효과성을 달성하기 위해서 종합적 품질관리(TQM: Total Quality Management), 시간경쟁기준, 벤치마킹 등의 경영기법들을 활용하여 비효율을 제거하거나 권한부여, 변화관리, 학습조직등을 통해 지속적 개선을 도모한다. 이를 경쟁력 집중 혹은 수렴(competitiveness convergence)이라고 하는데, 1980년대와 1990년대 도요타와 같은 기업에서 채택했던 방법이다.

전략적 포지셔닝(strategic positioning)

이에 반해 전략적 포지셔닝(strategic positioning)은 다른 기업과는 '다르게 하는 것'. 기업이 제공하는 가치의 독특한 조합을 만들어 내고 이를 독특한 방식으로 전달하기 위한 방법으로 아래와 같은 세 가지 형태의 전략적 포지셔닝을 고려할 수 있다.

- **다양성중심 포지셔닝(variety-based positioning)**: 제품이나 서비스의 다양성에 초점을 맞춘다.
- **니즈중심 포지셔닝(needs-based positioning)**: 특정고객집단의 필요와 욕구 충

족에 집중한다.

- **접근중심 포지셔닝(access-based positioning)**: 다양한 고객층의 특성을 고려하여 각 고객층에 맞는 최적의 유통방법에 초점을 맞춘다.

즉, 제품이나 서비스의 다양화를 통해 고객층을 넓게 확보할 것인지, 혹은 특정 타깃고객층의 입맛에 딱 맞출 것인지, 아니면 다양한 고객층에 매력적인 유통방법으로 다가갈 것인지에 대한 선택이 필요하다.

광고를 활용한 다양한 전략적 포지셔닝

디자인 경영의 중요성이 강조되면서 경영학과 인문학의 접목, 예술적 감각을 활용한 신제품 개발과 경영 의사 결정도 활발해지는 추세이다. 이러한 디자인 경영의 트렌드는 개별상품의 개발 과정뿐 아니라 브랜드 혹은 기업 전체의 통합된 이미지(brand & corporate image)를 구축하는 방식으로도 확대 적용되고 있다.

기업들은 포지셔닝 전략의 일환으로 오랜 시간에 걸쳐 일관성 있는 광고를 통해 소비자에게 브랜드의 이미지를 전달한다. 예를 들어, 소비자들에게 "볼보 자동차 = 탱크처럼 튼튼하다."라는 이미지를 수십년 간 각인시키는 것이다.

VOLVO

꾸준하고 일관된 색상을 통해 브랜드 및 제품의 이미지를 강렬하게 남기는 경우도 있다.

관절염과 신경통에 붙이는 SK제약의 '붙이는 트라스트'. 네모난 노란색이다.

언젠가 서울 충무로 지하철 역의 긴 에스컬레이터에 노란색 손잡이가 설치된 적이 있었는데 이때 많은 사람들이 무의식적으로 '트라스트'를 떠올렸다고 한다.

브랜드와 제품을 포지셔닝하고 소비자층에게 각인시키기 위해 기업들이 가장 많이 사용하는 방법은 광고에서 유쾌한 이미지를 전달하거나 혹은 성적으로 매력적인 이미지를 만들어 전달하는 것이다. 그래야 그 이미지가 사람들에게 각인되고 오래오래 떠오르기 때문이다. 따뜻함, 정, 인간미를 강조하면서 사람들의 감성에 호소하는 경우도 있다. 혹은 비교광고를 통해서 품질, 기술적으로 앞서 있다는 것을 강하게 어필할 수도 있다. 포지셔닝은 다양한 방법을 통해서 할 수 있다. 그러나 가장 중요한 것은 경쟁업체와 확실히 차별되는 독특하고도 고유한 이미지를 구축하고 이를 전달하는 것이다.

해외 온라인 사진 공유 사이트 임거(imgur)에 올라온 합성사진. 콜롬비아에서는 에어컨 광고에 이 사진을 사용하였다. "너무 추워~~~!!!"

광고를 통해 전략적 포지셔닝을 하는 데 있어 요즈음 가장 각광받는 것은 '펀(fun) 마케팅'이다. 가성비, 가심비에 이어 가격 대비 재미를 추구하는 '가잼비'가 새로운 소비 트렌드로 자리잡으며 펀슈머(fun-sumer)가 소비의 주축으로 떠오르고 있기 때문이다. 펀슈머들은 SNS를 통해 경험을 공유하고 유행을 선도하며 자발적으로 홍보하는 특징을 보인다. 이에 오늘날의 기업들은 유머를 가미한 펀 마케팅을 기업브랜드의 전략적 포지셔닝에 적극 활용하며, 보다 젊고 친근한 이미지를 구축하기 위해 노력한다.

펀(fun) 마케팅
펀슈머(fun-sumer)

핵심용어

- 제임스 와트(James Watt)의 증기기관
- 산업혁명
- 밀튼 프리드먼(Milton Friedman)의 생산지향시스템(수익극대화)
- 피터 드러커(Peter Drucker)의 고객지향시스템(고객창출)
- 앨빈 토플러(Alvin Toffler)의 인간지향시스템(인간의 능력개발)
- 기업의 사회적 책임(CSR: Corporate Social Responsibility)
- 기업경영(전략, 관리, 운영)
- 운영의 효율성(operational effectiveness)
- 전략적 포지셔닝(strategic positioning)

연습문제

01 경영학의 기원을 간단히 요약해보자.

02 미시적 관점에서의 기업을 세 가지 형태로 제시해보자.

03 거시적 관점에서 보는 기업은 무엇을 말하는가?

04 기업의 사회적 책임이란 무엇인가?

05 경영의 정의는 무엇인가?

06 전통적 관점에서 경영의 세 가지 주요 요소는 무엇이며, 주체는 누구인가?

07 운영의 효율성과 전략적 포지셔닝의 차이에 대해서 간략히 논하라.

CHAPTER

02

경영학의 발전

1. 근대경영의 발전

2. 기술발전과 경영학의 새로운 트렌드

학습목표

- 근대경영이 어떻게 발전되어 왔는지 그 역사에 대해서 설명할 수 있어야 한다.
- 근대경영을 대표하는 주요 이론에 대해서 설명할 수 있어야 한다.
- 현대경영이 어떻게 발전되어 왔는지 설명할 수 있어야 한다.
- 현대경영을 대표하는 트렌드와 주요 경영도구들에 대해서 설명할 수 있어야 한다.

1. 근대경영의 발전

1차 산업혁명
공업사회로 변화

1차 산업혁명은 제임스 와트의 증기기관 발명을 계기로 가축과 사람으로부터 기계로의 노동력 전환을 가져왔다. 농업사회에서 **공업사회로 변화**하면서 공장에서 일을 하는 수많은 생산관련 직업들 그리고 기업들이 탄생했다.

2차 산업혁명

2차 산업혁명

1차 산업혁명으로부터 100년 정도 후인 1870년대에 2차 산업혁명의 물결이 일어났다. 1879년 토마스 에디슨(Thomas Edison)이 백열전구를 발명하면서 그동안 석탄을 사용해 기계를 돌리던 방식에서 전기에너지를 활용하는 보다 효율적 생산시스템으로의 획기적인 발전을 이루게 되었다.

백열전구의 개발로 2차 산업혁명의 꽃을 피운 토마스 에디슨(Thomas Edison, 1847~1931)

▶ 1879년 12월 3일, 토마스 에디슨은 미국 뉴저지의 먼로파크 연구소에서 탄소 필라멘트를 사용한 백열전구를 세상에 공개했다.

컨베이어 시스템(conveyer system)
대량생산체제
생산의 표준화

전기 에너지를 이용하는 컨베이어 시스템(conveyer system)이 도입되자 기업들은 대량생산체제로 들어가게 된다. 이러한 2차 산업혁명의 중심에는 헨리 포드(Henry Ford)의 T 모델이 있다. 포드가 자동차 회사를 세운 1903년 경의 자동차들은 고장이 잦고 시끄러워 소수의 부유층들만이 누리는 비실용적인 사치품이었다. 이에 포드는 서민들이 구매할 수 있는 저렴하고, 실용적인 자동차를 생산하기 위해 생산의 표준화를 시도해 디자인을 단순화한 모델 T를 개발하며, 10초마다 새로운 자동차를 만들어내어 한대당 수천 달러였던 자동차값을 300달러 이하까지 인하하였다. 또한 포디즘(Fordism)이란 경영이념 하에 당시 하루평균 2달러 30센트였던 임금을 5달러로 두 배 이상 올리며 중산층을 형성하는 데 기여하였다.

▶ 컨베이어 벨트를 이용하여 대량생산을 하는 포드(Ford)사의 당시 자동차 생산현장

포드의 모델 T는 부자들만이 고가(高價)의 자동차를 사치품으로만 사용하던 시대에 혁명을 불러일으켰다. 자동차 산업의 혁명은 석유산업 발전뿐 아니라 고속도로 건설을 촉진하였고, 도시의 규모와 역할을 바꾸어 놓으면서 인간의 풍요로운 삶에 지대한 영향을 미쳤다.

포드의 창립자, 헨리 포드(Henry Ford, 1863~1947)

1903년형 포드 999 레이싱카

1914년 포드 모델 T

1923년형 포드 모델 T Torpedo

1924년형 포드 모델 T 스피드스터

출처: https://blog.naver.com/iop8445/70163149088

2차 산업혁명을 통해 대량생산체제로 들어간 기업들에서 기업과 공장 노동자들의 생산성 향상, 효율성 극대화라는 문제가 부각되자 기업에서 발생하는 실질적 문제들을 다루는 학문인 경영학이 주목을 끌기 시작한다.

1.1 과학적 관리법

과학적 관리이론(scientific management theory)
테일러의 과학적 관리법

과학적 관리이론(scientific management theory)은 노동자들의 작업방식에 대한 과학적 접근방법을 강조한 경영이론으로 **테일러의 과학적 관리법**으로 잘 알려져 있다. 산업혁명 이후 각종 기계를 통한 대량생산이 가능해지자 종래 가내수공업 시대의 주먹구구식 작업방식으로는 도저히 대처할 수 없는 상황이 되었고, 노동자들의 능률향상을 통한 공장의 생산성 향상에 대한 체계적 방안을 모색하기 시작했다. 이에 따라 노동자들에 대한 과학적이고도 합리적인 임금률을 결정해야 할 필요성이 대두되었다.

"컨베이터 벨트! 전기에너지로 잘 돌아가고…
그런데 어떻게 하면 공장 근로자들이 더 빨리, 더 많이 생산하게 할 수 있을까?"

학구적 표현

"근로자 생산효율성을 어떻게 하면 극대화시킬 수 있을까?"

과학적 관리법의 창시자, 프레드릭 테일러(Frederick Taylor, 1856~1915)

시간과 동작 연구(time and motion study)
차별적 성과급제
과학적 임금률법

당시 기술자였던 프레드릭 테일러(Frederick Taylor)는 생산라인의 효율성 향상을 위해 1909년 **시간과 동작 연구**(time and motion study)를 시작하였다. 테일러는 스톱워치(stopwatch)법을 고안하여 표준화된 작업을 노동자에게 수행하게 하고, 각 조립 라인에 필요한 동작에 드는 시간을 계산하였다. 그는 각 업무를 수행하는데 드는 시간과 불가피하게 빠지는 식사시간 등을 참작하여 표준 작업시간을 설정하였다. 이에 따라 일당 표준작업량을 결정한 후, 성과달성에 따른 **차별적 성과급제**를 주장하였는데 이를 **과학적 임금률법**이라 한다. 이와 함께 노동자들의 업무를 세부적인 하위요소로 나누고, 각각의 업무에 대한 직무기술서를 자세히 작성하여 노동자들의 업무를 지원할 시스템적 도구를 개발하였다.

과학적 관리법의 핵심

근로자의 태업(slowdown)을 방지하고, 생산현장의 효율성을 향상시키기 위해서는 각 근로자의 일당과업을 과학적으로 결정하여 과업관리(task management)를 해야 한다.

여기서 잠깐!!

태업이란? 표면적으로만 작업을 하는 것으로 집단적 작업능률을 저하시켜 고용주에게 손해를 입히는 행위

직장인의 97.4% 업무시간에 '딴짓'한 적이 있다! 근로자들의 딴짓!! 과거와 현재!

태업

테일러의 과학적 관리법이 주름잡던 그 시절. 열심히 돌아가는 컨베이어 벨트 앞에 꼼짝없이 앉아서 기계처럼 일을 해야하니 근로자들이 할 수 있는 딴짓은 영혼은 일찌감치 다른 나라로 보내고(space out), 빈 껍데기만 자리를 지키고 있는 태업! 즉, 일을 하는 척하면서 실제로는 하지 않거나, 혹은 일부러 아주 천천히 조립을 하면서 시간을 때우는 것!

그럼 오늘날 근로자들이 할 수 있는 딴짓은?

인터넷의 혁명은 우리의 딴짓에 어마~~어마한 공헌을 했으니… 직장인들이 고백하는 딴짓 베스트 5!
인터넷 검색, 메신저, 인터넷 쇼핑, SNS 활동, TV 시청!

공허노동(empty labor)

스웨덴의 사회학자 롤란드 폴센(Roland Paulsen)은 이러한 근무시간 중 딴짓을 '공허노동(empty labor)'이라 칭하였다. 전 세계 근로자들은 적어도 하루에 1~2시간 가량 공허노동을 하고 있다고 한다.

그런데 우리는 근무 중에 왜 딴짓을 하는걸까?

설문조사 결과 직장인들이 업무 중 딴짓하는 이유의 1위는 '업무에 몰입하지 못해서'가 42.6%로 1위를 차지했다.

"우리는 직업이 단지 돈벌이가 아닌 의미있고 재미있는 것이길 원한다!"

내게 즐거움을 주고 내가 좋아할 수 있는 일은 무엇일까? 내가 즐겁게 할 수 있는 일을 찾는 것!! 그것이 바로 우리의 과제이다!

출처: https://post.naver.com/viewer/postView.nhn?volumeNo=17254956&memberNo=41396138

무기력! 무기력! 무기력! 보어아웃(Bore-Out):

똑같았던 하루, 오늘도 반복되는 하루, 앞으로도 반복될 하루.
나 지금 뭐하니? 아~ 무기력하다…
보어아웃(bore-out)
최상의! 극도의! 찐~~~!! 지루함을 뜻하는 보어아웃(bore-out)~~!!

번아웃(burn-out)

미친듯이 일을 하다가 그동안 쌓인 피로와 스트레스로 어느 날 후욱~!! 가는 번아웃(burn-out)의 반대 개념이다.

2008년 스위스의 비지니스 컨설턴트 필리페 로틀린(Philippe Rothlin)과 페터 베르더(Peter Werder)가 발간한 《일하지 않고 월급만 받는 직장인 보고서》라는 저서에서 처음 소개된 개념으로 만성적 무기력감, 스트레스, 우울증, 불안증, 두통, 불면증의 증상을 겪게 된다. 2020년 취업포털 잡코리아가 직장인 782명을 대상으로 조사한 바에 따르면 보어아웃을 경험하는 이유는 다음과 같이 나타났다.

- 동기부여가 없어서(35.2%),
- 능력에 비해 너무 쉽고 단순한 업무만 맡아서(34.9%),
- 적성에 맞지 않는 일을 해서(34.9),
- 너무 할 일이 없어서(16.2%)

너네 월급 받으면서 너무한 거 아니니??

수년 동안 보어아웃을 연구해 온 프랑스 EM 리옹 경영대학원(EM Lyon, Ecole Management de Lyon)의 로타 하르주(Lotta Harju) 교수의 연구 결과 보고에 따르면 사람들이 보어아웃을 겪는 가장 큰 요인은 바로 '무의미함'이다. 보어아웃을 겪는 직원들은 사무실 책상에 앉아서 웹 서핑, 온라인 쇼핑, 온라인 도박, 채팅 등 업무 외의 다른 일로 시간을 때운다.

그러나 이 보어아웃이라는 게 꼭 개인만의 문제이고 개인이 해결해야 하는 것인가라는 의문이 든다. 가치 있는 일을 하는 것, 인생에서 의미 있는 일을 한다는 것은 개인의 선택과 노력이다. 그러나 조직원들에게 가치 있는 일을 하고 있다고 믿게 만들고, 동기를 부여해주는 조직문화를 만드는 것 역시 경영자들의 몫이며 과제일 것이다.

출처: https://www.bbc.com/korean/features-58045517?xtor=AL-73-%5Bpartner%5D-%5Bnaver%5D-%5Bheadline%5D-%5Bkorean%5D-%5Bbizdev%5D-%5Bisapi%5D

그룹토론문제

(1) 테일러의 과학적 관리법의 장단점은 무엇인지 논의해보자.

(2) 테일러의 과학적 관리법을 적용할 경우, 당시 근로자들과 오늘날의 근로자들에게 어떤 다른 영향을 미칠 것인지 논의해보자.

1.2 관리경영

테일러의 과학적 관리법이 직원 개인의 과업을 다루는 반면, 페이욜(Fayol)의 **관리경영(administrative management)**은 조직 전체의 경영에 초점을 둔다. 페이욜은 고전적 조직이론에 대하여 가장 명확한 설명을 하였고 이 분야에 큰 공적을 남겼다. 프랑스의 기업가였던 페이욜은 1930년 《일반 및 산업경영(General and industrial management)》이라는 저서를 통해 미국에 알려졌다.

관리경영(administrative management)

프랑스의 기업가, 앙리 페이욜(Henri Fayol, 1841~1925)

페이욜은 50여년에 걸친 경영관리 경험을 토대로 경영자를 위한 지침과 방향을 체계화하고자 했고, 그 결과 효과적인 경영을 위한 14개의 관리원칙을 제시했다.

- **분업(division of labor)**: 고도의 전문화를 통한 효율성을 추구한다.
- **권한(authority)**: 공식적 지위, 지식과 경험을 고려하여 직원들에게 명령할 수 있는 권한을 부여한다.
- **규율(discipline)**: 조직구성원은 조직의 규율을 준수해야 한다.
- **명령일원화(unity of command)**: 하위직급자는 오직 1명의 상급자에게 보고한다.
- **지휘통일화(unity of direction)**: 조직활동은 1인의 경영자에 의해 통합되어야 한다.
- **전체 이익에 대한 개인의 복종(subordination of individual to the common good)**: 개

인의 이해가 조직 전체의 목적에 앞서서는 안 된다.

- 보상(remuneration): 보상은 조직원과 조직 모두에 공평해야 한다.
- 집권화(centralization): 권력과 권한은 상위계층에 집권화되어야 한다.
- 계층화의 원칙(scalar chain): 권한은 항상 위에서 아래로 준수되어야 한다.
- 질서(order): 인적 · 물적 자원은 요구되는 장소와 시간에 따라 조정되어야 한다.
- 공정(equity): 경영자는 부하직원을 다룰 때 공정해야 한다.
- 안정(stability): 조직구성원의 이직률이 높아서는 안 된다.
- 주도권(initiative): 조직구성원들은 주도권을 가지고, 일하는 자유를 가져야 한다.
- 단결(esprit de corps): 팀워크, 단체정신, 단결력이 강조되어야 한다.

일반적 관리원칙(universal guidelines)

그러나 이와 같은 원칙들은 당시 비교적 안정적이고 단순한 조직에 적합한 이론으로 급속한 기술과 시장발전에 노출되어 있는 오늘날 대부분의 기업들에게 정답을 주기는 힘든 것으로 보인다. 또한 이 이론은 모든 조직에 적용되는 **일반적 관리원칙(universal guidelines)**을 제시함으로써 각 기업이 처한 상황을 고려하지 않았다는 점에서 상황적합 이론 등으로부터 비판의 대상이 되고 있다. 또한, 조직 내에서 개인의 역할을 무시하고 있다는 비판을 받고 있다. 그럼에도 불구하고, 당시 기업의 효율적 운영을 위한 체계적인 원칙, 가이드라인을 제공하였다는 공헌만큼은 인정하지 않을 수 없다.

관리경영의 핵심

조직의 효율적 관리를 위해서는 일반적 관리원칙이라는 것이 존재해야 한다.

1.3 인간관계론

인간관계론(human relations theory)

인간관계론(human relations theory)은 메이요(Mayo)의 호손실험(Hawthorne experiment)으로 더 잘 알려져 있다. 인간관계론의 이론적 기반은 미국의 웨스턴 일렉트릭(Western Electric) 회사의 시카고 외곽에 위치한 호손 웍스(Hawthorne works) 공장에서 시작되었다. 웨스턴 일렉트릭은 1927년 직원이 3만 명에 달했던 대형 전화기 제조회사로 임금이나 근로시간 등 직원들의 업무조건이 좋았고, 직원 복지에도 큰 관심을 가진 기업이었다. 호손공장 근로자들을 대상으로 한 실험의 목적은 테일러의 과학적 관리론을 바탕으로 근무환경이 근로자들의 작업능률과 동기 유발에 미치는 영향을 분석하고자 한 것이었다.

근로자 생산효율성을 어떻게 하면 극대화시킬 수 있을까?
어떻게 하면 노동자들을 일하고 싶게 만들어서 물건을 더 많~~~이 만들게 하지?

학구적 표현

"근로자의 업무동기를 어떻게 증진시킬 것인가?"

인간관계론의 선구자, 엘튼 메이요(Elton Mayo, 1880~1949)

호손공장의 조명실험

호손공장의 조명실험

메이요가 실험 팀에 합류하기 전 첫 실험 단계에서는 웨스턴 일렉트릭의 부공장장 조지 펜녹(George Pennock)이 학술연구협의회의 협력을 받아 1924년 11월부터 1927년 4월까지 작업장의 조명 밝기와 근로자들의 생산능률 간 관계를 보는 실험을 3단계로 나누어 진행하였다.

- 1단계: 생산라인의 여러부문에서 조명의 밝기를 조절하였다. 근로자들의 생산 능률이 모든 부문에서 다 증가하였다. 역시 예상대로! ok!
- 2단계: 근로자를 두 개 그룹으로 나누어 각기 다른 장소에서 작업을 하게 하였다. 한 그룹에서는 조명의 강도를 3회에 걸쳐 증가시켰고, 다른 그룹은 조명의 강도에 변화를 주지 않았다. 두 그룹 모두 생산능률이 증가하였다. 엥?
- 3단계: 조명의 강도를 증가시켰던 그룹의 조명도를 오히려 낮추어 보았고, 다른 그룹에는 여전히 조명의 강도에 변화를 주지 않았다. 두 그룹 모두 생산능률이 증가하였다. 에~~엥??

추가실험

예상치 못한 결과가 나오자 몇 명의 근로자들을 대상으로 추가 실험을 하였다.

(1) 매일 조금씩 작업장 조명을 밝게 하였다. 실험 대상자들은 작업장의 조명이 밝아지니 기분이 좋아진다는 의견을 내었다. 어느 날 실험 대상자들이 보는 앞에서 전구를 바꾸었는데, 그 전구는 전날과 같은 밝기의 전구였다. 같은 밝기였음에도 불구하고, 근로자들은 조명이 밝아지니 기분이 좋아지고 일할 맛이 난다는 반응을 보였다.

(2) 이후 매일 조금씩 조명의 강도를 어둡게 하기 시작하였다. 그러다가 어느날 마찬가지로 실험 대상자들이 보는 앞에서 전구를 바꾸었고, 그 전구는 전날과 같은 밝기의 전구였다. 같은 밝기였음에도 불구하고, 근로자들은 조명이 어두워져서 일하기가 힘들다고 불평을 쏟았다.
이게 도대체 무슨 일? 왜 그러는거야?

조명실험 결과 작업장의 조명강도를 조절함으로써 물리적인 근무환경과 근로자들의 생산능률 간 관계를 과학적으로 규명해보고자 했던 처음의 의도는 실패하고 말았다. 그러나 실험을 통해서 깨달은 것은 근로자의 생산능률을 증가시키는 것이 작업장의 조명밝기와 같은 물리적 조건이나 근무환경이 아니라는 것이었다.

그룹토론문제

(1) 호손공장의 조명실험결과에 대해서 생각해보자. 조명을 밝게 하거나, 그대로 두거나, 혹은 오히려 어둡게 해도 근로자들의 생산능률은 증가했다. 그 이유는 무엇이었을까? 당시 실험대상에 포함되어 있던 근로자들의 생산능률을 증가시킨 요인에 대해서 논의해보자.

(2) 호손공장의 실험 결과들이 오늘날의 기업에도 적용 가능한지 생각해보자.

메이요의 호손실험

산업혁명 이후 전화기 공장의 부품 조립현장

출처: Google 이미지

조명밝기 실험 이후 메이요와 그의 동료들이 합류하면서 호손공장의 조사부서와 하버드 경영대학원의 산업조사부가 협력하여 연구팀을 만들었다. 이때가 1927년 4월이며 이때부터 정식으로 **메이요의 호손실험**이라고 칭한다.

당시 공장근로자들의 업무는 기계와 같이 반복적인 동작을 하는 조립작업으로 보통 하나를 조립하는데 1분 정도가 걸렸고, 근로자들은 하루에 평균 500개 정도를 조립하였다. 이처럼 반복적이고도 기계적인 단순작업으로 인해 공장에서는 업무의 단조로움과 근로자들의 피로도 등의 문제들이 제기되고 있었다.

(1) 연구팀은 공장의 물리적인 환경조건과 근로자들 생산능률 간 관계에 계속 초점을 두고 몇 명의 근로자들을 실험팀에 넣어 조립실험을 진행하였다. 단기간에 마치고자 했던 실험은 처음 의도와 달리 1927년 4월부터 1932년 8월까지 무려 5년에 걸쳐 계속 진행되었다. 그럼에도 불구하고 조명실험과 마찬가지로 물리적인 근무조건들(예를 들어 근로자들에게 제공하는 휴식시간, 휴식 회수 등)이 근로자 생산성을 향상시킨다는 인과관계를 도통 밝힐 수가 없었다.

호손실험 참여 근로자들의 전화계전기 조립작업 현장: 다섯 명은 부품을 조립하고 나머지 한 명은 다섯 사람에게 부품을 공급하면서 감독을 하는 역할을 맡았다. 연구팀은 공장 사정을 잘 아는 사람을 뽑아 실험실에 보내서 실험기록과 더불어 실험 참가자들의 편의 제공 및 상담 등의 역할을 맡겼다.

출처: Google 이미지

태도와 감정
사회적 요소의 중요성

그런데 실험기록을 분석하던 중 연구팀은 중요한 점을 발견하게 된다. 실험에 참여한 여섯 명의 여성 근로자들이 자신들이 중요한 실험의 참여자로 선택된 것에 대해서 상당한 자부심을 느끼고 긍지를 가지고 있다는 점, 실험실 내의 자유로운 분위기를 즐긴다는 점, 실험의 목표를 인지하고 집단목표를 공유하며 책임감을 느끼고 있다는 점이었다. 실험팀은 실험 참가자들의 태도를 통해서 물리적 작업조건보다는 근로자의 **태도와 감정**, 그리고 **사회적 요소의 중요성**을 깨닫게 되었다.

(2) 인간적, 사회적 요소가 물리적 근무환경보다 더 중요하다는 것을 깨달은 연구팀. 계전기 실험팀에 있던 대상자들이 소수이고, 실험실 내에서만 실시되었다는 것을 감안하여 현장의 많은 직원들을 대상으로 면접조사를 해보기로 한다. 처음에는 작업에 대한 느낌, 회사방침에 대한 생각 등을 물어보는 식이었다가 이후에는 방식을 바꾸어 직원이 회사에 대한 이야기를 하면 거기에 흥미를 표시하는 오픈형식의 면접방법을 취하였다. 면접을 통해 연구팀이 발견한 것은 첫째, 근로자들의 의견이 대부분 감정에 기인하는 것으로 그들의 행동은 회사에 대한 인식과 감정, 태도에 의해서 영향을 받는다는 것이었으며, 둘째, 그들의 생각과 말에 귀기울이고 이야기를 들어주는 면접 자체가 기분과 태도를 전환시키는 효과를

가진다는 점이었다.

비공식적 집단
사회적 존재

(3) 연구팀은 면접조사를 통해 근로자들의 행동이 감정에 의해 많은 영향을 받는다는 것을 알게 되었다. 그런데 감정뿐 아니라 공장 안 근로자들 간의 비공식적인 관계 역시 근로자들의 행동에 영향을 준다는 점을 발견하게 되었다. 이에 연구원을 파견하여 직접 근로자들의 작업 현장에 참여하면서 관찰과 면접을 동시에 진행하도록 하였다. 관찰 결과, 함께 일을 하는 과정 속에서 근로자들이 자연스럽게 **비공식적 집단**을 만들고, 그 비공식 집단의 행동기준과 관습에 합당한 행동양식을 보인다는 것을 발견하게 된다. 예를 들어, 일을 더 하면 회사로부터 추가보수를 받을 수 있음에도 불구하고 근로자들은 스스로 자기들만의 1일 표준작업량을 정해놓고, 생산고를 제한시키고 있었다. 1인당 하루 생산량을 합의한 상태에서 더 많이 만드는 사람은 반칙! 배신자! 따라서 근로자들 간 능력 차이를 절대 만들지 않는다는 노동자들 간 비공식적 집단의 규칙이 존재한다는 것이다. 이를 통해 연구팀은 인간이 **사회적 존재**라는 것을 깨닫게 된다.

호손실험을 통한 연구팀의 발견과 깨달음은 이후 경영학을 연구하는 데에 있어서 인간중심적 사고를 전개하게 된 주요한 계기가 되었다. 때문에 이를 인간관계론이라 정의한다.

인간관계론의 핵심

인간의 행동을 결정하는 것은 물리적 요소보다는 사회 심리적 요소이다. 인간은 심리적인 만족을 추구하는 심리적 존재이며, 감정의 논리에 의해 행동한다. 또한 조직 안에서 사람들은 개인으로서가 아니라 사회집단 구성원으로서 행동한다.

1.4 행태과학론

행태과학론(behavioral science theory)

행태과학론(behavioral science theory)이란 인간의 행동을 과학적으로 연구하기 위한 학문으로 사회적 현상을 연구함에 있어 개인이나 집단의 행동에 초점을 두는 연구방법을 말한다. 인간관계론이 지나치게 심리적이며 감정적 방향으로 전개되자 이러한 한계를 보완하려는 노력의 일환으로 체스터 버나드(Chester Barnard), 허버트 사이먼(Herbert Simon) 등에 의해 제안된 이론이다. 조직 속에서 사람들이 어떻게 행동하는가(the way people behave in the organization)를 연구하여 조직 내에서의 인간에 대한 견해, 인간 행위를 분석적, 체계적으로 기술하려는 이론화 운동으로 전개되었다.

조직 속에서 사람들은 어떤 행동들을 보일까?

조직관리 이론가, 체스터 버나드(Chester Barnard, 1886~1961) & 허버트 사이먼 (Herbert Simon, 1916~2001)

인간행동에 대한 체계적이고 분석적 접근방법을 통하여 행태과학론은 이전의 조직적 측면과 구성원의 측면, 혹은 기계적 측면과 인간적 측면 중 한쪽 측면만을 강조한 과학적 관리법과 인간관계론 사이에서 균형점을 찾아줌으로써 조직과 구성원 모두에게 합리적인 길을 찾게 해주는 데 공헌을 하였다. 또한, 인간의 성격 연구를 통하여 조직 구성원들의 감수성, 심리적 안정 등과 같은 정서적 측면에 대한 통찰로 조직과 구성원간 발생하는 긴장과 갈등을 효율적으로 관리하는 데 기여하였다.

의사결정론
제한된 합리성(bounded rationality)

사이먼은 특히 **의사결정론**을 최초로 정립했는데, 의사결정론의 핵심 내용인즉, 조직의 의사결정자들은 완벽한 객관적 합리성을 충족시키는 결정이 아니라 **제한된 합리성(bounded rationality)** 내에서 적당~~히 만족할 만한 수준이면 결정을 내린다는 것!

왜냐하면 실제 현실에서는 여러 제약들이 복합적으로 작용하면서 완벽한 합리성의 상황을 기대하기 어렵기 때문이다. 따라서 기업경영과 관련되는 문제들, 예를 들어 수요예측, 재고관리, 생산량 조정, 작업일정의 문제들을 해결하기 위해서는 관련 변수를 계량화해서 자료를 입력하고 계산 결과를 바탕으로 의사결정을 하는 것이 가장 합리적이다.

그러나 행태과학론에서는 대부분의 조직 내의 결정들이 계량적이고 과학적 접근을 따르기 보다는 인간행동적 특성에 좌우되는 것에 초점을 두고 있다. 따라서 조직이론과 관련해서는 계량적이고 경영과학적인 의사결정보다 실제의 인간행동을 바탕으로 한 개인과 집단의 의사결정이 주요 연구주제가 되었다.

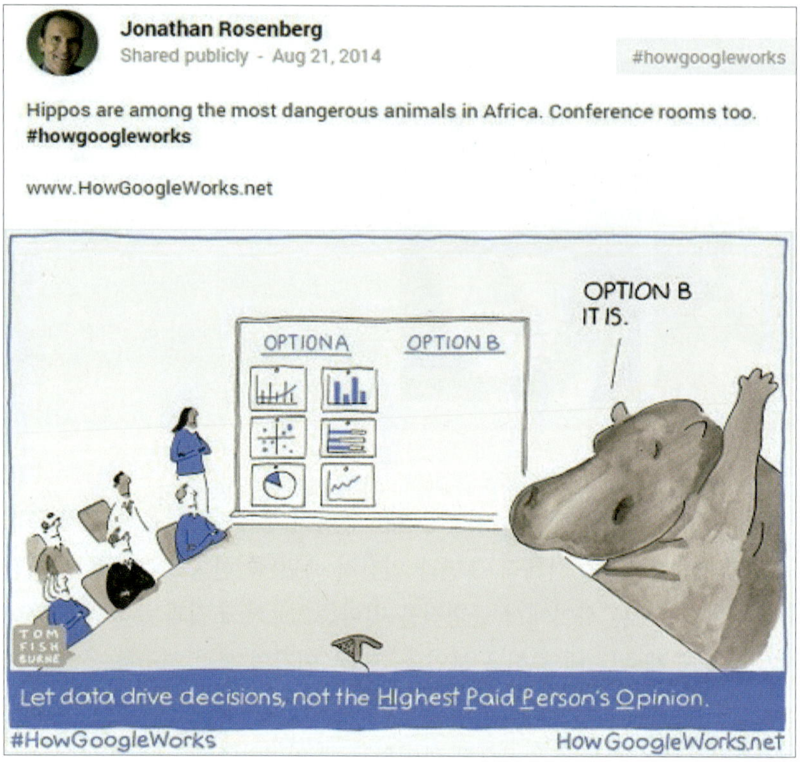

현대사회의 정보화 혁명은 각종 수리적 모형의 개발, 더욱이 사회심리적인 요소까지도 객관화된 계량지표로 변환시켜 의사결정 시에 참고자료로 사용할 수 있도록 턱하니 제시를 하니 우리는 참으로 편리한 세상에 살고 있다. 그럼에도 불구하고 조직 내 의사결정의 비합리성과 사회적 영향에 의한 의사결정과정의 편향성은 오늘날의 조직에서도 끊임없이 나타나고 있다. 기업은 결국 인간에 의해 움직이는 것이다.

행태과학론의 핵심

조직 내 인간의 행동을 단지 감성에 치우쳐 관찰할 것이 아니라 체계적이고 분석적인 접근방법을 써야 한다.

1.5 Z 이론

1970년대 이후 일본 경제의 눈부신 성장은 많은 사람들의 관심의 대상이 되었고, 특히 미국에 진출하기 시작한 일본기업들의 놀라운 생산성 및 경쟁력은 상대적으로 침체되어 있던 미국시장에 큰 반향을 불러일으켰다. 나라도 작고, 자원도 부족한 일본이라는 나라. 일본기업들의 눈부신 성장과 성공은 당시 미국 경영인들을 충분히 자극할 만했다.

미국기업들은
일본기업의 문화를 배워야 한다!

1970년대 이후 일본 경제의 눈부신 성장
미국기업들의 의문!
어라? 쟤네 뭐야? 우리는 죽 쑤는데 쟤네는 왜 잘 나가?

Z 이론 창시자, 일본계 미국인, 윌리엄 오우치(William Ouchi, 1943~)

일본식 경영이론
Z 이론

1980년대에 미국의 경기침체와 일본의 급속한 경제발전으로 많은 미국기업들이 일본기업의 경영방식을 모방하게 되는데, 이를 관찰하면서 귀납적으로 대두된 이론이 윌리엄 오우치(William Ouchi)의 **일본식 경영이론**인 **Z 이론**으로 제3의 이론이라고도 불리운다. 오우치는 미국과 일본 기업을 연구하면서 경영방식을 비교, 규명하였다. 그는 미국식 경영을 A, 일본식 경영을 J, 일본식 경영을 채택한 미국기업의 경영을 Z라고 명칭하면서, 미국기업들이 성공하기 위해서는 일본 기업들이 가지고 있는 내부 문화를 배워야한다고 주장했다. 다시말해 미국에서 성공하고 있는 기업들은 Z형 조직으로, 이들은 일본기업들과 마찬가지로 조직원의 장기고용, 승진속도의 완만함, 참여적 의사결정, 집단적 문제해결, 상호신뢰와 협력을 주축으로 하는 등의 일본 조직의 특성을 가지고 있고, 이러한 일본식 경영철학과 문화가 성공의 핵심 요인이라는 것이다.

오우치가 주장한 미국기업과 일본기업의 차이는 다음과 같다.

	미국기업	일본기업
조직원 고용관행	단기간 고용	종신고용
평가와 승진	단기 평가, 빠른 승진	장기 평가, 느린 승진
경력	전문화	비전문화
통제	가시적 결과에 의해 통제	간접적 통제
의사결정과 책임	개인적 의사결정, 개인 책임	집단적 의사결정, 집단 책임
조직원 복지	제한적	광범위적

오우치의 Z 이론은 미국경영자들의 관심을 단순한 기술향상이 아닌 기업 안에서 인간관계의 형성이라는 중요한 계기를 만들며, 1980년대 일본기업들의 경쟁우위의 원천을 설명할 수 있는 이론으로 알려지게 되었다.

오우치 Z 이론의 핵심

기업은 상호신뢰와 협력을 주축으로 해야 하는 조직으로 믿음과 상호 이해가 조직의 문화에 흡수되어 있어야 하고, 그것이 조직철학의 핵심이 되어야 한다.

2. 기술발전과 경영학의 새로운 트렌드

2.1 정보화 시대와 새로운 경영도구들의 출현

3차 산업혁명
컴퓨터와 인터넷의 등장
정보화 혁명

1990년대 이후 **3차 산업혁명**은 기업들에게 새로운 도전 과제를 안겨주었다. 3차 산업혁명은 **컴퓨터와 인터넷의 등장**에서 시작했다. 컴퓨터와 인터넷은 **정보화 혁명**을 불러 일으켰고, 이에 따라 사람들의 직업과 생활에 많은 변화가 생겼다. 3차 산업혁명에 기여를 한 인물은 마이크로소프트(Microsoft)사의 빌 게이츠(Bill Gates)로 그는 윈도우(Windows)와 인터넷 익스플로러(internet explorer)를 개발하여 삶의 방식과 질을 완전히 바꾸어 놓았다.

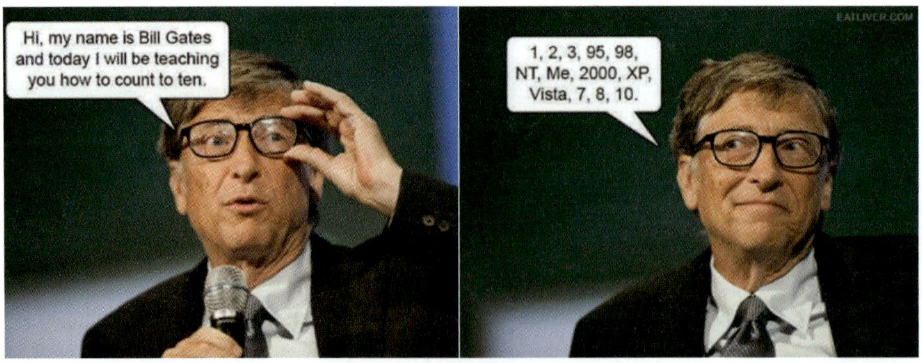

마이크로소프트(Microsoft)의 창업자, 빌 게이츠(Bill Gates, 1955~)

3차 산업혁명 도래로 인한 기술 발전으로 오늘날의 기업들에는 가상팀(virtual team)이 생겨나고, 기업 내 업무 효율성을 제고시킬 수 있는 업무재설계(BPR: Business

Process Reengineering) 및 전사적 자원관리(ERP: Enterprise Resource Planning)와 같은 새로운 경영도구들이 경영의 필수적인 요소가 되었다.

(1) 가상팀

가상팀(virtual team)

가상팀(virtual team)은 정보화 혁명 이후 인터넷이 보편화되자 물리적으로 떨어져 있는 팀원들이 직접 대면할 필요 없이 정보통신, 인터넷을 이용하여 운영하는 팀을 말한다. 예를 들어 한국, 미국, 중국, 독일, 이탈리아에 있는 팀원들은 스카이프를 통해 화상회의를 진행한다. 직접 만나지 않아도 되기 때문에 시간과 비용 절감의 효과가 있으며, 사회적 압력 혹은 지위 불평등에 따른 차별에서 어느 정도 자유롭다. 전세계적으로 기업활동을 전개하는 다국적 기업과 다양한 문화권의 소비자를 위해 제품을 기획, 개발하는 연구개발 프로젝트에 흔히 활용되는 조직구성 방식이기도 하다.

나와~!! vs 못 나가~~!!

1990년대 중반 이후 인터넷 혁명과 내중화로 인터넷을 활용하여 전 세계에 퍼져 있는 다양한 전문가들이 실시간으로 의사소통하고 모든 업무를 신속하게 처리할 수 있는 글로벌 가상팀에 대한 장밋빛 전망과 기업들의 기대가 폭발적으로 분출되었다.

2020년 초기에 발생한 Covid-19 팬데믹은 이를 가속화하는 울트라 슈퍼 엔진 역할을 하였고, 재택근무라는 새로운 업무 형태가 전 세계에 걸쳐 현실화되었다. 자유의지와 상관없이 우리는 가상의 세계에서 일을 하고, 가상의 세계에서 수업을 받았다.

재택근무(remote work)

기업활동은 물리적 공간의 제약을 벗어나게 되고, 사람들이 동일한 공간에 모여서 협업하는 기존의 방식을 탈피하게 되며, 집에서 일할 수 있는 재택근무(remote work)의 꿈!이 얼떨결에 이루어진 것!!

업무성과만 내면 되는 것이니 씻을 필요도, 옷을 갈아입을 필요도, 버스 · 지하철에서 시달릴 필요도, 상사 혹은 동료라고 불리는 피곤한 인간들에게 방해받을 필요가 없어진 사람들.

그러나…

- 재택근무를 하니 업무능력을 단지 숫자로 판단하는 정량평가시스템이 부담스럽다.
- 가상팀으로 운영해도 여전히 왕따와 직장 괴롭힘이 있다.
- 회사만 못 하다. 답답하다. 회사에 가서 일하는 게 낫다.
- 돌발상황에 대한 신속한 대처가 어렵다.
- 논의가 필요한 일에 대한 회의 운영이 불편하다.

는 재택근무에 대한 불만도 있다. 그럼에도 근로자들 사이에서는 코로나 팬데믹 이후 맛본 재택근무의 맛이 제법 쏠쏠한 듯하다.

"월급 더 올려 준다고 해도 재택근무 아니면 안 다니려고요."
"줬다 뺏는 게 어디 있어요?"

2023년 1월 KPR 인사이트 트리의 조사에 따르면 코로나 팬데믹 이후 직장인의 이직과 퇴사 사유가 급변하는 것으로 나타났다. 이는 코로나 이후 비대면, 재택근무를 경험한 까닭. 재택근무의 효율성과 만족감을 체감한 사람들은 연봉보다 재택근무 여부를 더 중요시한다는 결과까지 나왔다. "난 재택에 찐~~~~!!이라고.."

기업들과 기업의 임원들은 재택근무의 종료와 코로나 이전으로의 회귀를 원하고 직원들은 재택근무의 유지를 원한다. 코로나 팬데믹을 몇 년간 경험하면서 이러한 충돌은 어쩌면 예상되었던 것이었을지도 모르겠다. 엔씨소프트, 넥슨 등 주요 게임업체들도 2022년부터 재택근무를 종료했고, 카카오의 경우 재택근무 종료 방침에 근로자들의 노조 가입률이 급증했다.

달라지는 정보기술(IT) 기업의 재택근무

자료: 각 사 취합

기업	기존	변화
카카오	·상시 원격근무	·오피스 퍼스트 근무(2023년 3월부터)
카카오엔터테인먼트	·재택근무	·오피스 퍼스트 근무(2023년 2월부터)
SK텔레콤	·집, 회사, 거점오피스 등에서 제한 없이 근무	·재택근무 주 1회로 제한(2023년 2월부터)
당근마켓	·재택근무(필요시 주 1회 사무실 출근)	·주 3회 사무실 출근(2023년 1월부터)
엔씨소프트	·재택근무와 주 2, 3일 출근 혼합	·전원 사무실 근무(2022년 6월부터)
넥슨	·재택근무와 주 3, 4일 출근 혼합	·전원 사무실 근무(2022년 6월부터)
넷마블	·재택근무와 주 3일 출근 혼합	·전원 사무실 근무(2022년 6월부터)
네이버	·재택근무와 주 3일 출근 중 직원 선택(2022년 6월부터)	
우아한형제들	·주 32시간(월요일 오후 출근) 근무 및 주 1회 출근	·근무지 자율선택제(2023년 1월부터)

사무실 출근 대비 재택근무 체감 업무생산성 변화

단위: %

매출액 상위 100대 기업 (공기업 제외) 중 응답 기업 62곳 인사담당자의 주관 평가

자료: 한국경영자총협회

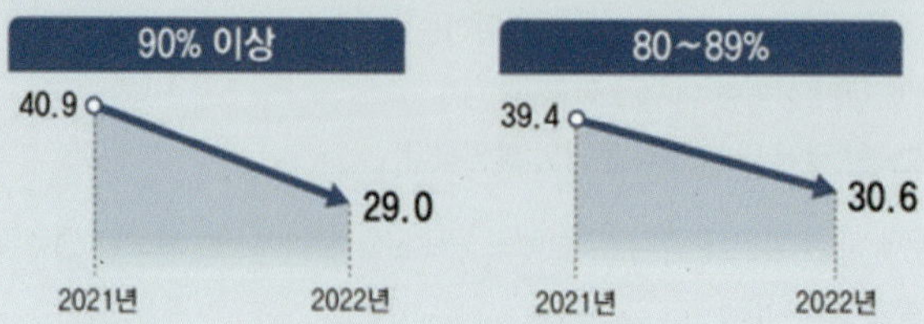

출처: KPR 인사이트 트리

기업 입장에서는 재택근무의 업무 효율성이 떨어졌다는 것이 주 원인이다. 한국경영자총협회가 매출액 상위 100대 기업(응답 62개사) 인사담당자를 대상으로 조사한 결과, 재택근무 시 체감 업무생산성이 정상 출근했을 때의 '90% 이상'이라고 답한 비율이 2021년 40.9%에서 지난해 29.0%로 감소하는 경향을 보였다. 물론 주관적 평가이기는 하지만, 기업 입장에서는 재택근무의 업무 효율성에 신뢰를 갖지 않고 있다는 것을 반증하는 증명이기도 하다.

"집에서 일을 한다??
일을 하는지, 노는지, 자빠져 자는지 내가 어떻게 알아??"

이와 더불어 조직분위기 쇄신을 위해서는 다같이 나와서 일을 해야 한다는 생각이 강하다.

"다같이 나와서 말이야!! 손잡고 으쌰으쌰도 하고 말이야!! 응!!
그래야 뭐가 되지!!"

물론 이와 달리 재택근무가 효율적이라고 확신을 가지고 이를 확대하려는 사례도 있다. 배달의민족을 운영하는 우아한형제들은 2023년 1월부터 근무지 자율선택제를 도입하고 근무지 제한을 두지 않는다. 그 이유는 직원들에게 주어진 자율과 그에 따른 책임에 대한 신뢰가 생겼다는 것. 이외 CJ올리브네트웍스도 주 2회 재택근무 방침을 지키고, 삼성SDS, LG CNS, SK(주), C&C 등의 기업들도 기존 유연근무체계를 유지한다.

이러한 기싸움은 단지 한국에서만 일어나는 것은 아니다. 테슬라(Tesla)와 트위터(twitter)의 최고경영자인 일론 머스크(Elon Musk)는 트위터를 인수한 뒤 주당 최소 40시간의 사무실 근무를 하라고 전 직원들에게 메일을 보냈고, 테슬라에도 40시간 출근을 하든지 아니면 새로운 일자리를 찾아야 할 것이라는 협박성 메일을 보냈다. 디즈니(Disney)의 로버트 앨런 밥 아이거(Robert Allen Bob Iger) 디즈니 최고경영자도 '하이브리드' 근무 중인 직원들에게 2023년 3월부터 일주일에 4일은 회사에서 일을 하라고 지시했다. 반면, 메타(meta), 마이크로소프트(Microsoft) 등은 여전히 재택 중심의 근무제 체계를 운영하고 있다.

재택근무가 근로자들의 업무집중도와 효율성을 올릴 수도 있지만, 집에서 업무할 환경과 공간이 마련되지 않는다면, 일하는 것도 노는 것도 아닌 애매모호한 상태가 되어 직장인에게나 조직에게나 모두 부정적 결과를 초래할 수 있다는 것 또한 명심해야 한다.

재택근무를 종료하고 팬데믹 이전으로 돌아가고자 하는 기업들 vs 재택근무를 계속 원하는 직원들. 이 팽팽한 기싸움의 결과가 어떠한 방향으로 타협점을 찾을지 기대된다.

출처: https://m.post.naver.com/viewer/postView.naver?volumeNo=30457377&memberNo=24828427&vType=VERTICAL

"탈" 사무실의 거센 바람~~!!

SK텔레콤 워커힐호텔 거점 오피스

LG U+ 재택근무 중 아바타들이 가상공간에서 대화

SK텔레콤은 2022년 4월부터 신도림, 분당, 일산에 거점 오피스를 운영하기 시작했고, 직원들의 만족도가 높고 업무 향상에 긍정적이자 서울 워커힐호텔에 거점 오피스를 추가했다. LG CNS는 서울, 경기 지역에 51개의 거점 오피스와 메타버스(3차원 가상오피스)까지 오픈했다. 이외 삼성전자, KG, 포스코 그룹도 공유 오피스를 속속 만들고 있다.

기업들의 새로운 바람 '탈 오피스'! 이런저런 용어들을 쓰는 데 좀 헷갈린다. 정리해보자.

거점 오피스
하이브리드
전면원격근무

- 거점 오피스: 고객사 밀집 지역 혹은 임직원 거주지 주변에 공유오피스를 마련해 놓는 것(삼성전자, SK, LG, 포스코 등)
- 하이브리드: 주 5일 근무 중 사무실 출근과 사외근무를 병행(현대차, 네이버, NHN 등)
- 전면원격근무: 사무실에 나오지 않고 100% 원격근무(카카오, 라인, 우아한 형제들, 직방 등)

"요즈음 개발자들은 재택을 할 수 없으면 아예 오려고 하지 않고, 경쟁사가 100% 재택을 도입하면 우리도 인재를 뺏기지 않기 위해 재택 + '금요 휴무제'까지 추가로 시행하고, 이런 제도가 경쟁적으로 번져가는 상황이다."라는 게 업계의 설명이다. 사실 이러한 정책은 경기불황 속 비용 절감에도 도움이 된다. 출근 인원이 줄면, 강남 도심 노른자위에 마련한 본사의 비싼 임차료를 줄일 수 있기 때문이다. 지난해 메타버스 오피스 '메타폴리스'에 100% 입주한 부동산 플랫폼 업체 직방은 서울 강남 한복판에 있던 본사를 없앴다.

'눈앞에 보여야 안심이 되는 한국식 업무 문화'도 바뀌어 가는 추세이다. 재택, 거점 오피스 근무가 확산되면 기본적인 근태 관리보다는 성과 중심의 평가 체계를 하면 된다.

2023년 1월 1일부터 배달의 민족을 운영하는 우아한형제들 전 직원은 출근으로부터 해방되었다. 국내 뿐 아니라 전 세계 어디에서 일해도 되는 '근무지 자율선택제'를 도입했기 때문이다. 전 세계 어느 나라에 있든 한국 시각 오전 10시 30분에서 오후 4시의 필수 근무시간만 지키면 된다. 따라서 공간적 제약에서 벗어나는 자유로움을 만끽할 수 있다.

재택근무의 초기 목적이 코로나 팬데믹으로 인한 '안전'이었다면 이제는 '인재 유치'와 '비용 절감'과 같은 현실적인 이유가 작용하고 있는 것이다. 추이를 지켜보아야겠지만, 새로운 시대, 새로운 시스템 도입으로 기업과 조직원들 모두 더 많은 긍정적 효과를 얻을 수 있기를 기대해 본다.

출처: https://www.chosun.com/economy/tech_it/2022/12/10/RJPEL7HJCJEDZLXEUJR7WALLNU/

(2) 업무재설계

1990년대 일본의 신생 기업들에 위협을 받던 미국 기업들은 다양한 노력에도 불구하고 만족스러운 성과를 얻지 못했다. 정보기술에도 투자를 했지만 컴퓨터로 단순히 기존 작업을 대체하는 수준이었기 때문에 성과는 미미했다.

어떻게 하면 일본 기업들을 이길 수 있을까? 뭔가 새로운 혁신기법은 없을까?

업무 재설계(BPR: Business Process Reengineering)의 창시자들

마이클 해머(Michael Hammer, 1948~2008) & 제임스 챔피(James Champy, 1942~)

일본 기업들의 위협 속에서 자국의 기업 생존을 위해 매사추세츠공과대학교(MIT, Massachusetts Institute of Technology)의 마이클 해머(Michael Hammer)와 경영 컨설턴트 제임스 챔피(James Champy)는 1993년 《기업을 리엔지니어링하다: 기업혁명 선언(Reengineering the corporation: A manifesto for business revolution)》이라는 저서를 통해 업무재설계를 처음 소개했다.

업무재설계(BPR: Business Process Reengineering)의 핵심은 기존의 구태의연한 업무 규칙과 방식을 과감하게 개선하는 것으로 기존 프로세스를 컴퓨터화, 자동화하는 것

업무재설계(BPR: Business Process Reengineering)

이 아니라 처음부터 새로운 프로세스를 만드는 것이다. 기업의 활동과 업무 흐름을 최초단계부터 재분석하여 이를 최적화하는 것으로, 반복적이고 불필요한 과정들을 제거하기 위해 업무 상의 여러 단계들을 통합하고 단순화하여 재설계하는 경영혁신 기법이다. 즉, 비용, 품질, 서비스, 속도와 같은 핵심적 부분에서 극적인 성과를 이루기 위해 기업의 업무 프로세스를 근본적으로 재설계하는 것. 업무재설계는 모든 부분에 걸쳐 개혁을 하는 것이 아니라 중요한 핵심(core) 프로세스를 선택하여 그것들을 중점적으로 개혁해 나가는 것이다. 당시, 일본 기업의 발전에 고전하던 미국 기업들이 이 경영기법을 도입해 일본 기업보다 크게 뒤처져 있던 생산성을 끌어올리는 성과를 거두자 유럽 · 아시아 등 전 세계 주요 기업들이 이를 적용하면서 업무재설계는 기업혁신의 주요 이론으로 인정받게 되었다.

(3) 전사적 자원관리

전사적 자원관리(ERP: Enterprise Resource Planning)
전사적 통합시스템

전사적 자원관리(ERP: Enterprise Resource Planning)는 제조업체의 핵심이라고 할 수 있는 생산 부문의 효율적인 관리를 위한 시스템인 자재 소요량 계획(MRP: Material Requirement Planning)에서 비롯되었다. 전사적 자원관리는 기업 내 생산, 물류, 재무, 회계, 영업, 구매, 재고 등 경영 전반에 걸친 활동 프로세스들을 통합적으로 연계, 관리해 주며, 기업에서 발생하는 정보들을 서로 공유하고 새로운 정보의 생성과 빠른 의사결정을 도와주는 전사적 자원관리시스템 또는 **전사적 통합시스템**으로 생산(제조) 업무뿐만 아니라 재무와 회계, 고객, 상품, 공급사슬, 기업 서비스, 인적자원 등 순수 관리 업무와 경영지원 등 다방면의 기능을 포함하고 있다.

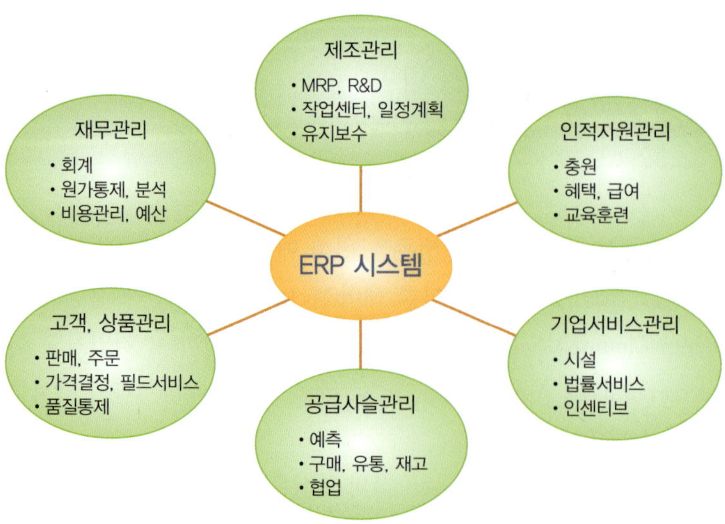

출처: Turban & Volonino, 2010

- 제조관리에서는 연구개발, 작업 센터 관리, 일정 계획, 자재 흐름과 생산과 관련되는 정보의 흐름을 최적화하는 데에 필요한 기능을 제공하고,
- 고객 · 상품 관리에서는 고객의 주문, 가격 결정, 고객 현장 서비스, 서비스 품질 관리 등의 업무에 필요한 기능을 제공하며,
- 재무관리 측면에서는 원가 통제, 재무 분석, 비용 관리와 예산 수립 업무 지원 등의 기능을 제공하고,
- 회계관리 측면에서는 수익, 비용과 관련되는 의사결정에 필요한 정보를 제공한다.
- 공급망관리는 자재 예측, 구매, 유통, 재고, 협업 등의 업무에 필요한 정보 흐름을 최적화하는 데에 필요한 기능을 제공하고,
- 기업 서비스 측면에서는 부동산과 시설 관리, 환경과 법, 건강과 안전 관련 사항들, 수수료 관리 등의 기능을 제공하며,
- 인적자원관리 측면에서는 기업의 경영 자원인 조직 구성원에 대한 인사 계획, 인적정보 관리, 급여, 교육훈련 등 모든 인적자원관리 업무를 지원한다.

2.2 4차 산업혁명 시대

4차 산업혁명 / 스마트 공장 시스템 / 초연결(hyperconnectivity) / 초지능(superintelligence)

4차 산업혁명은 **초연결**(hyperconnectivity)과 **초지능**(superintelligence)으로 특징지어진다. 기술적 범용화와 생산성의 향상을 통한 질적 변화가 핵심으로 독일의 Industry 4.0에서 시작되었다. 독일의 Industry 4.0은 제조업에 IT시스템을 결합하여 스마트 공장을 육성하는 독일의 제조업 정책으로 기존의 생산시스템을 완벽하게 자동화하는 시스템으로 생산현장을 극적으로 변화시켰다. 제조업과 컴퓨터를 연결하여 소프트웨어와 각종 센서와 측정 장치로 불량률을 줄이고, 생산성의 향상을 이루는 것이다. 이 새로운 시스템에서는 500명이 필요하던 작업을 10명만으로도 충분히 처리할 수 있게 되었다. 즉, 소수 전문인력으로 대량생산이 가능해진 것이다. **스마트 공장 시스템**에서는 궁극적으로 무인공장을 지향하는데, 이미 한국의 삼성전자 반도체 공장에서는 무인공장으로 전 공정이 운용되고 있다.

스마트공장 자동차부품 조립현장

출처: 아우디

무인화

생산공정뿐 아니라 요식업이나 소매업 등의 서비스 제공 분야에서도 전반적인 **무인화**가 급속하게 자리 잡고 있다.

출처: 네이버 이미지

인공지능(AI: Artificial Intelligence)
빅데이터(big data)

4차 산업혁명은 **인공지능**(AI: Artificial Intelligence)과 대용량 **빅데이터**(big data)를 기반으로 자원의 효율적 사용을 통해 생산성을 극대화하는 것이 핵심으로 제품과 서비스 제공을 위한 노동력의 필요성을 감소시킨다.

AI는 모두 알고 있다!!

2002년 개봉한 영화 〈마이너리티 리포트〉.
범죄가 일어나기 전
이를 예측해 범죄자를
미리 체포하는 치안시스템을 보여주었다.

살인미수 전과자 30대 A씨. 슈퍼에서 식칼과 검은 봉지 구매. 인터넷에서 시체 유기방법도 검색해 봤다. 그는 집으로 돌아가는 길에 경찰에 체포되었다. 소비행태와 인터넷 검색 내용을 분석한 AI가 A씨의 잠재적 범죄 가능성을 90% 이상으로 판단했기 때문.

떨리는 마음으로 면접장에 들어섰다. 목소리도 가다듬고 면접관에게 내 능력과 회사와의 부합성을 최대한 차분히 설명했다. 결과는 탈락! AI가 입사 후 3년 내에 퇴사할 가능성이 70% 이상이라고 예측했기 때문.

이 이야기는 이제 영화에서나 가능한 허구가 아니다. 'AI 예언자' 시대는 점차 현실화되고 있다. 데이터를 축적하고 이를 학습하는 AI 기술이 고도화하면서 AI 예측의 정확도가 신뢰할 수 있는 수준으로 높아지고 있는 것이다. 날씨부터 생산, 수요 예측, 채용, 판결 등으로 그 활용도가 다양해지고 있다.

채용 과정이나 업무 평가, 승진자 결정 등의 분야에서는 AI가 이미 폭넓게 관여하고 있다. 프랑스 화장품 업체 로레알은 채용 과정에 AI 프로그램을 도입했다. AI가 지원자 경력이나 비자 종류 같은 질문을 던져 기본 사항을 검증하고, 면접 답변을 바탕으로 지원자가 회사와 얼마나 잘 어울리는지도 평가한다.

AI 너!! 하다 하다 이제 니가 우리 해고까지 하냐?

AI가 직원을 해고한다는 사실을
공식 인정한 기업은 아직 없지만,
AI가 만든 자료를 인원 감축에
자료로 활용하는 기업은 이미 적지 않다.

2023년 소프트웨어 평가 업체인 캡테라가 미국 기업 인사담당자 300명을 조사한 결과, 응답자 98%가 올해 인건비를 줄이기 위해 소프트웨어와 알고리즘을 활용할 것이라고 답했다.

알고리즘

미국에서는 최근 구글이 1만 2,000명을 감원하는 과정에서 알고리즘으로 해고 대상자를 골라냈다는 의혹이 불거졌다. 고용 과정을 돕던 AI가 이제는 누구를 해고할지 고르기 시작했다는 것인데, 구글은 직원 해고에 알고리즘이 개입하지 않았다고 해명했지만, 이러한 의혹은 단지 구글만 있었던 것이 아니다.

2019년 IT 전문 매체 더버지(The Verge)는 아마존이 자동화 프로그램으로 직원들의 움직임을 추적해 생산성을 측정하고, 생산성이 떨어지면 경고를 보낸 후, 그 경고가 누적되면 해고한다고 보도했다. 아마존은 최종적으로 관리자가 해고에 동의해야 한다는 애매한 답변을 함으로써 결국 직원 추적 프로그램 활용을 인정한 셈이 되었다. 이 외에도 미국 전략컨설팅회사 액센추어(Accenture: 전 Arthur Andersen)와 메타(Meta: 전 Facebook) 역시 알고리즘이 무작위 해고 선택에 관여하고 있다는 짙은 의혹을 받고 있다.

사실 뭐라고 할 것도 아니다. 세상이 변한 것을 어찌하겠는가? 사람이 사람을 평가하는 것과 AI가 성과기록을 바탕으로 데이터를 제공해서 평가하는 게 기본적으로 큰 차이가 있는 것이 아니다. 단지 아직은 AI가 전체 맥락을 고려하지 못할 수도 있다는 허점이 있다는 것이다. 예를 들어, 회사가 나이 많은 사람들을 차별해서 나이 많은 사람들의 이직률이 높아졌다고 가정해보자. AI는 이직률이라는 수치만 보고 "나이 많은 사람들의 퇴직률이 높으니 우선 해고자로 삼아야 한다."는 오류를 낼 수도 있다는 것이다.

출처: 위클리 비즈 & https://www.hankyung.com/it/article/202209147863i

오프쇼어링(offshoring)
리쇼어링(reshoring)

이로 인해 노동력 시장의 판도가 바뀌어 낮은 인건비 때문에 해외에 나가있던 **오프쇼어링(offshoring)** 자국기업들을 본국으로 불러들이는 선진국 제조업의 **리쇼어링(reshoring)**을 촉진시켰다. 구태여 노동인건비가 저렴한 중국이나 베트남, 인도에 공장을 짓고, 그곳에서 생산을 해서 다시 본국으로 운반을 하는 복잡한 물류과정을 거칠 필요가 없어졌기 때문이다. 4차 산업혁명의 일부인 자율주행자동차로 유명한 기업인 테슬라(Tesla)는 공장이 전부 미국에 있다. 결과적으로 4차 산업혁명의 도래로 인하여 노동집약적 산업으로 득을 보던 개발도상국에게는 불리하고, 제조 기술과 IT가 강한 선진국에게는 유리한 시대가 된 것이다.

테슬라(Tesla)의 자율주행자동차

출처: Tesla

볼보(Volvo)의 자율주행자동차

출처: Volvo

내가 널 지켜보고 있다! 누구냐 넌?

카메라, 확성기, 사이렌을 장착하고, 치안과 질서 유지를 위해 중국 북경 거리를 순찰하고 있는 그 이름도 당당한 로봇경찰관. 특히나 중국의 로봇경찰관들은 국경절, 춘절(설날) 등 큰 행사가 있을 때 거리에 대량으로 투입되어 혹시 발생할 지 모르는 돌발 사고에 대한 경계를 강화하며 순찰에 열을 올린다. 거리에만 로봇경찰관들이 있는 게 아니다. 공항, 기차역에 배치된 로봇경찰관들은 화재 적발, 얼굴 인식을 통한 수배자 검거 등 더욱 업그레이드된 세밀한 기능을 장착하고 업무를 수행한다.

2022년 미국 샌프란시스코 당국은 치안 유지 목적의 '킬러로봇' 사용을 허가했다. 이는 킬러로봇이 군사 안보 영역을 넘어 시민 안전 영역으로 확장해 가고 있다는 것을 뜻한다.

킬러로봇

사실 미국에서 경찰의 킬러로봇 사용 논란이 수면 위로 떠오른 것은 2016년이다. 당시 텍사스주 댈러스 경찰은 원격조종 로봇으로 5명의 경찰관을 살해한 용의자를 사살한 바 있다. 이후 무기를 탑재한 로봇들이 잇따라 등장하자 2021년 로봇 기업 6개 사는 로봇을 무기화하지 않겠다고 선언하였다. 그러나 2022년 샌프란시스코 당국이 킬러로봇 사용에 대한 합법적 근거를 부여함으로써, 킬러로봇 논란이 새 국면에 들어설 것

원격조종 로봇

으로 보인다. 샌프란시스코 경찰국은 현재 폭탄 감지나 사각지대 감시용 등으로 12대의 원격조종 로봇을 보유하고 있다. 물론 경찰국 대변인은 "무장하거나 위험한 용의자를 무력화하거나 혼란에 빠뜨리기 위해 폭발물을 장착한 로봇을 배치할 수 있다."며, "이 로봇은 무고한 생명을 구하거나 더 큰 손실을 막기 위해 극한 상황에서만 사용될 것"이라고 조건적 사용을 강조했다.

그러나 이러한 조치에 대한 우려의 목소리도 적지 않은 것 또한 사실이다. 터미네이터인가? 킬러로봇이 죽이겠다고 달려들면 소름 끼칠 것 같긴 하다. 영화 같은 세상이 열리려나? 로봇과 인간의 공존!! 어디까지 가능할까?

출처: https://www.hani.co.kr/arti/science/science_general/1069906.html

챗GPT(Generative Pre-trained Transformer) 전성시대

챗GPT

어느 날 GPT 리포트 제출 사건이 인터넷을 뜨겁게 달구었다. 모 대학교수가 자기 수업의 리포트는 무조건 챗GPT를 사용하라고 했기 때문이다. "챗 GPT를 활용해서 리포트를 작성 · 제출할 것! 본인이 쓰면 안 됨!!" 챗GPT를 활용해 보라는 취지였을 것이다.

챗GPT가 뭐길래?

인공지능 챗봇(chatter robot)

세계 최대 AI 연구소 오픈 에이아이(Open AI, openai.com)가 2022년 12월 출시한 대화 전문 인공지능 챗봇(chatter robot)으로 질문을 하면 온라인에서 정보를 모아 대답을 막~ 해준다. 자연어 처리와 트랜스포머 딥러닝 기술을 이용해 인간 수준의 문장 생성 능력을 갖추었다. 대화의 숨은 맥락도 이해하고, 과거 질문 내용이나 대화까지 기억해서 답변에 활용하는 등 기존의 챗봇과는 비교가 되지 않을 정도로 똑똑하다.

- 챗GPT를 활용한 논문 초록이 독창성 점수 100%로 표절검사를 통과하고 전문가들과 거의 같은 수준의 능력 과시
- 미국 와튼스쿨 MBA, 미국 의사면허시험, 로스쿨 시험 통과

사람과 챗GPT의 대결!!

블라인드 실험:

동아일보 기자가 대학 졸업생이라고 가정하고 일부러 어색하게 쓴 1,000자 분량의 자기소개서를 유료업체

와 챗GPT에 각각 수정을 요청했다.

- 누가 수정했는지 공개하지 않고 전문가 4명에게 평가 의뢰
- 유료업체는 취준생들이 가장 많이 찾는 대표 업체 선정

결과:

1명: 우열을 가리기 어려움, 1명: 유료업체 승!, 2명: 챗GPT 승!

챗GPT와 유료 업체가 첨삭한 자기소개서 주요 문구 비교

챗GPT 수정	초안	유료 업체 수정
댄스 동아리 관련 내용 삭제	대학에 들어간 후 댄스 동아리에 들어가 춤이란 새 취미를 갖게 됐습니다.	대학 입학 후 댄스 동아리에서 활동했는데, 활동 중 자연스레 공동의 목표를 향해 노력하는 경험을 쌓았습니다.
(해당 문구 뒤에) 이런 역량을 바탕으로 A사에서 고객과의 의사소통을 원활하게 하겠습니다.	어릴 때부터 소통이라면 자신 있습니다. 말솜씨로는 따라올 사람이 없습니다.	타인과의 소통 및 설득 역량에서 저를 따라오는 사람을 본 적이 없습니다.

참고: 챗GPT에게 더 높은 점수를 준 전문가들의 의견은 불필요한 내용 삭제 및 의사소통능력을 회사업무와 관련시켜 회사에서 그 역량을 발휘함 수 있음을 보여주었다는 것이다.

여러분의 평가는?

출처: 네이처(Nature)지 2023년 1월; The PR Times ; https://www.donga.com/news/Society/article/all/20230317/118384581/1

그룹토론문제

(1) 4차 산업혁명으로 인하여 전 세계의 산업구조가 어떻게 변화해 갈 것인지 논의해보자.

출처: 매경이코노미

그룹토론문제

(2) 인공지능과 제조/서비스의 무인화가 급격하게 추진되면서 없어지게 될 직업과 더욱 중요하게 부각될 직업, 그리고 인간의 능력은 무엇인지 논의해보자.

출처: 채널 A

경영학의 역사와 시대에 따른 변천

시대	특징
1차 산업혁명	1769년 와트(Watt)가 증기기관을 발명하면서 가내수공업 형태가 공장 시스템으로 변화되면서 산업사회 형성
2차 산업혁명	1879년 에디슨(Edison)이 백열전구를 발명하면서 전기 에너지와 컨베이어 시스템을 이용하여 포드(Ford)를 중심으로 대량 생산체제로 진입
1900~1919년	2차 산업혁명 후, 대량생산체제와 대기업의 출현으로 인한 효율적 생산관리에 초점
1919~1940년	제1차 세계대전(1914~1918)으로 인한 노동력 부족과 민권의식 강화로 인간 중심적 사고와 근로자 동기부여에 초점
1945년 전	기업규모가 커지면서 조직구조가 복잡해지자 조직관리에 초점
1945~1959년	제2차 세계대전(1939~1945) 종전 이후 경제가 안정화되면서 소비자들의 소득이 증가하자 마케팅관리에 초점
1959~1972년	지속적으로 경기가 침체하면서 미국기업들이 어려움을 겪게 되자 기획실 등을 도입하여 경영계획을 짜면서 서서히 전략경영시대로 이동
1973~1980년대 중반	오일쇼크사태로 생산, 사람, 조직관리보다는 기업이 어느 산업에 속해있는가, 시장경쟁은 어떠한가 등의 기업 외부환경에 초점(전략경영의 산업조직론 발전)
1980년대 중반~1990년대 중반	일본기업들의 두각과 경쟁심화로 기업내부의 자원연구에 초점(전략경영의 자원준거관점 발전)
1990년대 중반~2015년	3차 산업혁명시대로 컴퓨터, 인터넷 등 정보화 혁명
2016년 이후	세계경제포럼(WEF: World Economic Forum)에서 향후 세계가 직면할 화두로 4차 산업혁명을 강조하면서 인공지능시대로 진입

핵심용어

- 2차 산업혁명
- 헨리 포드의 T 모델
- 테일러의 과학적 관리이론(scientific management theory)
- 페이욜의 관리경영(administrative management)
- 인간관계론(human relations theory)
- 행태과학론(behavioral science theory)
- 메이요의 호손실험(Hawthorne experiment)
- 오우치의 Z 이론(theory Z)
- 3차 산업혁명: 컴퓨터, 인터넷
- 가상팀(virtual team)
- 업무재설계(BPR: Business Process Reengineering)
- 전사적 자원관리(ERP: Enterprise Resource Planning)
- 4차 산업혁명: 인공지능, 빅데이터
- 스마트공장
- 무인화

연습문제

01 2차 산업혁명이 경영학에 미친 영향에 대해서 요약해 보자.

02 테일러의 과학적 관리법의 핵심 내용은 무엇인가?

03 페이욜이 주장한 관리경영의 핵심 내용은 무엇인가?

04 페이욜이 주장한 관리원칙 14가지 중 다섯 가지만 제시해 보자.

05 인간관계론의 핵심 내용은 무엇인가?

06 행태과학론은 무엇이며, 이론으로서의 공헌점은 무엇인가?

07 오우치의 Z 이론의 핵심 내용은 무엇인가?

08 오우치의 Z 이론이 주목을 받을 수 있었던 배경은 무엇인가?

09 정보화시대를 특징지을 수 있는 대표적인 조직형태 및 기술을 열거해 보라.

10 4차 산업혁명에 대해 간략히 서술하라.

PART

02

기업과 경영

CHAPTER

03

기업과 경영전략

1. 경영전략의 개념
2. 경영전략의 시대적 발전
3. 전략결정 요소

학습목표

- 경영전략이 무엇인지 명확하게 설명할 수 있어야 한다.
- 경영전략이 시대적으로 어떻게 발전되어 왔는지 체계적으로 설명할 수 있어야 한다.
- 경영전략을 대표하는 주요 이론에 대해서 설명할 수 있어야 한다.
- 전략을 결정하는 주요 요소들에 대해서 설명할 수 있어야 한다.

1. 경영전략의 개념

경영전략

기업의 활동은 기본적인 기능인 생산, 영업, 마케팅뿐 아니라 재무, 회계 등 여러 가지 활동으로 구성되어 있으며, 기업은 수익창출을 위해서 이러한 여러 활동들을 효과적으로 연결시켜야 한다. 광범위한 의미에서의 **경영전략**이란 기업의 각 기능을 상호연결시켜 기업이 이익을 창출할 수 있도록 하는 제반 활동이며, 구체적으로는 경영목적을 달성하기 위한 포괄적인 수단과 방책을 의미한다.

경영전략(business strategy)이란 무엇일까?

"기업의 기본적, 장기적 목표를 결정하고, 목표를 실행하기 위하여 필요한 일련의 행동계획을 채택하고, 자원배분을 결정하는 것"

경영전략 이론가, 알프레드 챈들러(Alfred Chandler, 1918~2007)

기업의 기본은 전략! "치킨집도 전략이 있어야 살아남는다!"

한국인의 치킨 사랑은 유명하다.

특히, 치맥(치킨+맥주)은 한류 문화 중에서도 '핫한' 음식 아이템으로 떠올랐다.

"눈 오는 날엔 치맥(치킨에 맥주)인데…"

"제가요. 치맥이라면 환장을 하거든요."

2014년 한국 드라마 〈별에서 온 그대(별그대)〉의 주인공 대사가 중국 대륙에 '치맥 열풍'을 불러왔다. 드라마 방영 후, 중국 상하이에서는 한국식 닭튀김을 사먹으려면 치킨집 앞에서 3시간은 줄을 서서 기다려야 했다.

출처: 동아일보

군소업체들이 많아 정확하게 파악이 되지는 않지만, 치킨 브랜드만해도 300개 이상의 프랜차이즈가 성업 중인 것으로 추정되고 있다. 치킨집도 어디까지나 사업! 치킨 프랜차이즈는 상당한 매출의 기업활동으로 치킨집도 전략이 필요하다.

호식이두마리치킨의 경우 비교적 저렴한 가격에 양이 많다는(두 마리!) 가격경쟁력(cost leadership strategy)을 내세웠다.

교촌치킨의 경우 강렬한 매운 맛의 치킨으로 기존 제품과는 확실히 차별화된 제품으로 젊은 층을 유인하는 전략(differentiation strategy)을 취하고 있다.

최근에 이슈가 되고 있는 기업의 사회적 책임(CSR: Corporate Social Responsibility) 물결을 타고, BHC에서는 판매되는 치킨 한 마리당 일정액을 적립하는 희망펀드를 통해 BSR(BHC+CSR) 캠페인을 함으로써 소비자의 관심을 끄는 새로운 전략을 쓰고 있다.

치킨집, 분식집(예: 스쿨푸드)까지 일상적인 소규모의 업종들에서도 적절한 전략을 수립하고 실행해야만 생존과 성장이 가능하다.

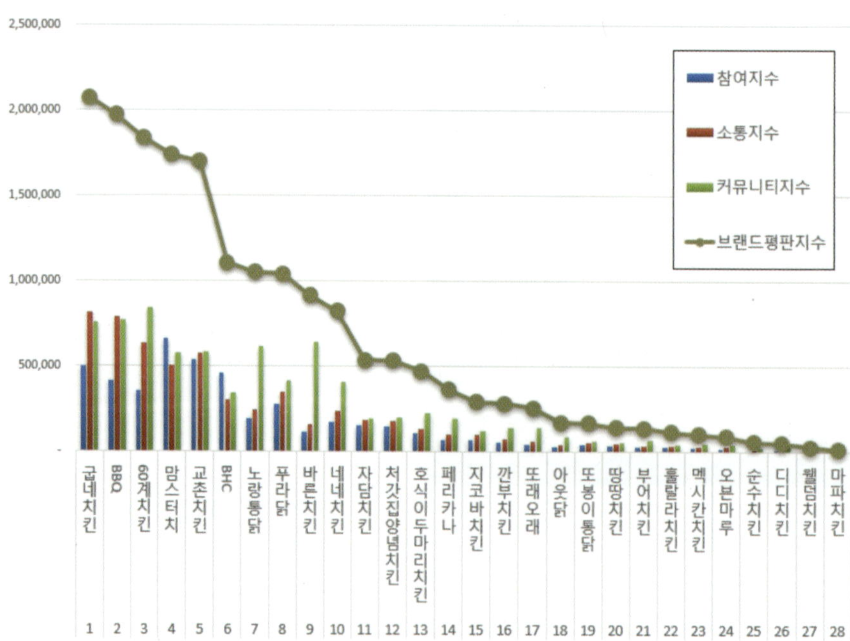

2023년 기준 국내 치킨 브랜드 평판순위

출처: blog.naver.com/koocci/222980101585

2. 경영전략의 시대적 발전

전략(strategy)은 원래 장군이나 장교를 의미하는 그리스어 '스트라테지아(strategia)'에서 유래한 용어로 주로 전쟁론, 군사학 등의 영역에서 사용되던 개념이다. 군사학의 영역에 있던 전략이라는 개념이 기업의 영역으로 확대되어 경영학의 중요한 일부분이 된 것은 1950년대와 1960년대 미국에서 사업다각화와 대량생산으로 인해 거대해진 기업을 어떻게 효율적으로 통합하고 운영해야하는 지에 대한 현실적인 문제에 직면하게 된 직후부터이다.

전략(strategy)

전략경영의 시대적 발전과정은 다음과 같다.

	1911년 이후 장기전략계획	1960년대 말 경영전략	1970년대 말 산업구조론	1980년대 말 자원준거관점
시대 특징	조직규모 비대화 및 복잡성 증가	환경의 불확실성 증가	장기전략계획 실행의 어려움	외부환경관점 전략의 한계
주요 내용	기업의 기능적 활동을 통합하고 의사결정정책 수립	환경과 연결하여 전략을 수정	산업구조분석을 통하여 전략을 수립. 경쟁요인 분석으로 환경 예측	전략수립의 근거를 기업 내부 자원으로 변환
한계	미래 환경의 위협을 예측하지 못함	전략수준이 명확하지 않음	전략실행을 위한 자원이 무한하며, 쉽게 획득할 수 있다고 가정	환경 변화에 따라 자원의 가치가 달라짐

2.1 장기전략계획 시대

전략경영 시대가 도래하기 전에는 기업 전체의 통합과 운영을 지칭하기 위하여 전략경영이라는 다소 공격적인 용어보다는 **경영정책(business policy)**이라는 용어가 사용되었다. 이 시기의 주요 관심사는 기업의 세부기능, 즉 생산, 물류, 인사 및 조직, 마케팅, 재무, 목표관리 등의 기능별 활동을 총괄하는 수준의 **통제 · 조정활동**에 초점이 맞추어졌고, 기업의 전체적 전략 계획보다는 세부기능 중심의 중장기에 걸친 **효율적 예산 편성과 집행**이 최대 관심사였다.

경영정책(business policy)
통제 · 조정활동
효율적 예산 편성과 집행

이와 같이 세분화된 기능별 분야를 통합적으로 관리하기 위한 조직적 접근 방법이 기업의 **장기전략계획**이다. 1960년대 중반까지 미국 대부분의 기업들은 본사 내의 기획조정실을 통해 다각화된 사업과 **세부기능들을 총괄**하는 장기전략계획을 수립하였다. 이와 유사하게, 한국의 대기업집단, 소위 재벌 기업들도 회장비서실 혹은 종합기

장기전략계획
세부기능들을 총괄

획실에서 그룹 전체의 기획총괄업무를 담당하였다. 실장님이 먹어주던 시대!!

2.2 경영전략 시대

전략적 분석과 사고
실천적 접근 방법

1960년대 중반 이후 기업들은 사업다각화가 기업 성장의 최선의 방법이라고 생각했고, 다각화 전략에 초점을 맞추어 시장의 성장성과 매력도 등 외부 환경에 대한 분석을 바탕으로 전략을 수립하는 것이 중요함을 인식하게 되었다. 특히나 1970년대 오일쇼크 등 환경변화가 심화되고 예측 불가능한 경제상황의 영향으로 경제기복이 심해짐에 따라 장기전략계획적 접근 방법의 유용성이 떨어지게 되었다. 전략은 장기적으로 수립해야 하고 비교적 변화가 없는 기업 전체의 큰 그림이라고 생각했지만 시대 변화가 빠르고 예측이 불가능해지자 시시각각 변하는 외부 환경과 경기 상황에 보다 민첩하게 대응하는 능력이 필요해졌다. 따라서 경영자들은 **전략적 분석과 사고**를 가능케 하는 경영전략에 더 큰 매력을 느끼게 되었고, 기업의 경영전략은 환경분석적이고 **실천적 접근 방법**으로 변화되었다.

순발력이 떨어지는 단순한 미래의 비전이나 장기적 성장전략보다는 구체적인 사업구조와 환경적응성, 그리고 경쟁우위를 창출하고 유지할 수 있는 유연성 있는 경쟁전략에 대한 분석능력 향상 등에 초점이 맞추어졌다. 이러한 요구에 맞추어 개발된 BCG(Boston Consulting Group's Growth-share) 매트릭스, SWOT(Strength, Weakness, Opportunity, Threat) 분석 등의 전략결정 기법이 중요한 도구로 활용되었다.

SWOT 분석

SWOT 분석은 기업의 내부상황을 분석하여 기업 고유의 강점(strength)과 약점(weakness)을 찾고, 외부 환경에서의 기회(opportunity)와 위협(threat)요소를 분석하는 기법이다. SO(Strength Opportunity), ST(Strength Threat), WO(Weakness Opportunity), WT(Weakness Threat)의 네 가지 환경분석 결과에 기반한 전략 수립을 통해 조직의 방향성을 제시하는 데에 도움을 주었다.

BCG(Boston Consulting Group) 매트릭스

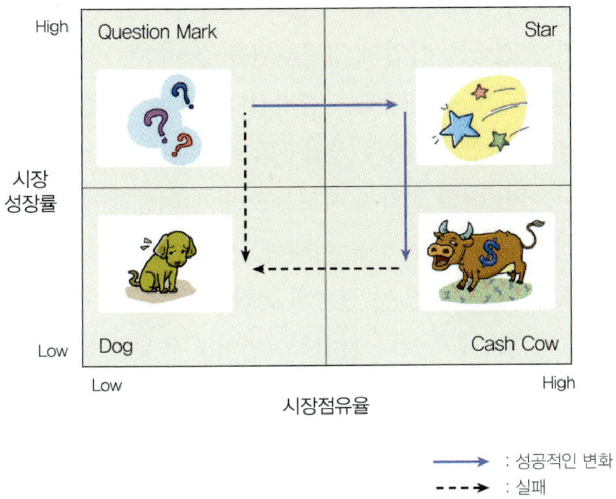

BCG 매트릭스에 의한 전략개발

BCG 매트릭스

- question mark 제품은 가능한 한 빨리 star 제품으로 육성한다.
- star 제품은 집중투자전략을 통해 시장점유율을 증가시켜 cash cow 제품으로 육성한다.
- cash cow 제품에 대해서는 수익창출 극대화를 위해서 시설 유지와 생산원가 절감에 도움이 되는 최소한의 투자만을 하고, 추가 투자는 가능한 자제한다.
- dog 제품은 가능한 빨리 처분, 정리한다.

포트폴리오 접근법

이러한 포트폴리오 접근법은 기업활동을 사업의 집합으로 분류하는 데 있어서 간단하고 효과적인 방법으로 전략적 분석의 본질을 이해하는 실용적 접근이었다. 최고경영자는 기업전체 수준에서 이를 적용함으로써 사업전략 평가와 자원할당에 대한 통찰력을 얻고, 사업부 수준의 전략을 수립하는 데 활용한다.

잠재적인 기회파악
사업에 대한 진입과 철수

BCG의 이러한 분석기법은 경영자들이 기업의 전체 사업 현황을 하나의 틀 안에서 분석하여 잠재적인 기회파악 및 사업에 대한 진입과 철수 등의 전략적 결정을 이끌어 내는데 유용한 수단으로 활용되어 왔다.

2.3 산업구조론 시대

산업구조론

1970년대 오일 쇼크 이후 산업 환경의 중요성이 대두되었고, 기업이 어떤 산업에 속해 있는가, 어떤 사업을 하고 있는가가 결국은 기업의 경쟁우위를 결정하는 중요한 요소로 등장하였다. 이에 1970년대 후반과 1980년대에는 장기전략 계획이 힘을 잃고, 그 대안으로 **산업구조론**이 등장하였다. 산업구조론의 산업구조 분석기법은 기업이 처해 있는 외부환경을 이해하는데 있어 어떤 식의 전략적 사고를 어떻게 적용해야 하는가에 초점을 두고 있다. 이에 따라 산업의 구조적 특징을 이해하고 산업 내에서 적절한 위치를 점하는 것이 기업이 경쟁우위를 가질 수 있는 전략의 근간이 된다고 주장하였다.

파이브 포스 모델(five-force model)
경쟁구도
사업 및 전략의 타당성

이에 따라, 기업전략 관점에서 경영자에게 보다 현실적이면서도 유용한 산업구조에 대한 분석의 틀을 제공하고자 하는 시도가 이루어졌다. 대표적으로 하버드대 경영대학 교수인 마이클 포터(Michael Porter)는 1980년 《경쟁전략(Competitive strategy)》이라는 저서를 통해 산업구조분석모형인 **파이브 포스 모델**(five-force model)을 선보였다. 이 모델에 의하면, 각 산업의 경쟁 정도는 우연히 결정되는 것이 아니라 산업 경쟁을 유발하는 주요 요인들이 있으며, 이러한 근본적인 산업의 구조와 경쟁자들 간 상호 대응방식에 의해 **경쟁구도**와 **사업 및 전략의 타당성**이 결정된다.

"어떤 산업에, 어떤 환경에 있느냐가 기업의 성과를 결정한다!"

산업구조론의 창시자, 마이클 포터(Michael Porter, 1947~)

산업의 매력도

산업의 매력도는 경쟁(competition)에 달려 있는데 경쟁이 치열한 정도에 따라 산업의 수익성이 결정된다. 경쟁이 치열하다는 것은 수익성 하락을 뜻하므로, 수익성을 올리기 위해서는 경쟁을 줄여야 하는 것이 관건인데, 이러한 경쟁을 결정하는 요인들이 무엇인지를 설명하는 것이 바로 파이브 포스 모델이다.

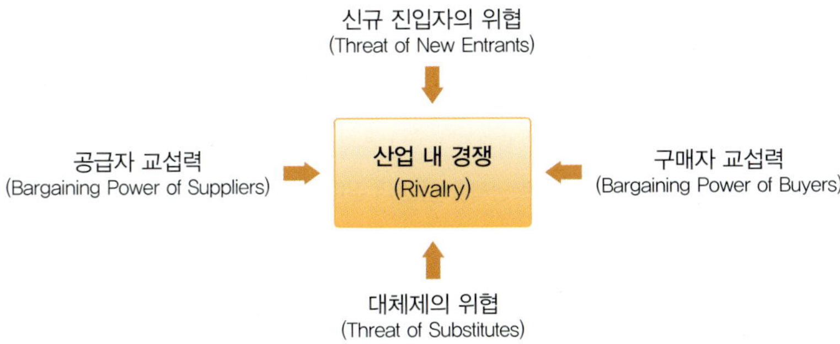

포터의 파이브 포스 모델에 의하면 특정 **산업의 수익성 및 매력도**는 산업의 구조적 특성에 의해 영향을 받고, 이는 (1) 신규 진입자의 위협, (2) 산업 내 경쟁, (3) 대체제의 위협, (4) 공급자의 교섭력, (5) 구매자의 교섭력이라는 다섯 가지 요소에 의해서 결정된다.

산업의 수익성 및 매력도

(1) 신규 진입자의 위협(Threat of New Entrants)

수익성이 높은 산업일수록 그리고 유망한 산업일수록 많은 기업들이 그 산업에 참여하고자 한다. 이미 소수의 특정 기업들이 그 산업에서 초과 이익을 누리고 있더라도 다수의 신규 기업들이 한정된 시장에 진출하여 경쟁을 벌인다면 기존 기업의 수익성도 저하될 수 밖에 없다. 따라서 새로운 경쟁기업의 진출 가능성을 낮추는 것, 즉 **신규 진입장벽**을 높이는 것이 경쟁강도를 좌우하는 핵심적인 요소가 될 것이다. 신규 진입장벽에 영향을 주는 요인들에는 규모의 경제, 제품 차별화, 자본, 브랜드 파워, 고객이 다른 브랜드로 바꾸려고 할 때 발생하는 전환비용(switching costs), 유통경로에의 접근, 원가 우위, 정부 정책 등이 있다.

신규 진입장벽

규모의 경제란?

대량생산에서 오는 이익으로 생산량이 증가함에 따라 그 단위당 평균비용이 낮아지는 것을 말한다. 처음에 일정하던 단위당 비용은 생산량이 증가함에 따라 낮아지게 되고, 일정 생산량에 달하면 단위당 평균비용이 다시 올라간다. 단위당 평균비용이 저하되다가 다시 오르는 지점까지가 최적규모이고, 이 최적규모 내에서 대량생산의 이익이 발생하게 된다.

LG전자의 트롬 스타일러 vs 삼성전자의 에어 드레서

LG전자는 2011년 '트롬 스타일러'를 출시하여 스팀, 살균이 가능한 의류 관리기를 선보이고, 시장을 선점, 장악하였다. 이에 대응하여 2018년 삼성전자가 의류청정기 시장 진출을 공식화하면서 '에어 드레서'를 출시하였고, '냄새분해필터'를 이용한 광촉매 반응으로 냄새를 한번 더 잡아줌으로써 LG 트롬 스타일러와의 차별화를 시도하였다.

LG전자의 '트롬 스타일러'는 '무빙행거'라는 미세먼지 제거 기술을 가지고 있어, 옷걸이가 빠르게 진동하면서 옷에 묻은 미세먼지를 털어내는 방식을 사용한다. 이는 LG가 특허를 보유하고 있는 부분이다.

출처: LG전자 광고

이에 반해 삼성전자는 '제트에어'라고 이름 붙인 강력한 바람으로 미세먼지와 냄새를 불어서 제거하는 방식을 활용한 의류 청정을 강조한다.

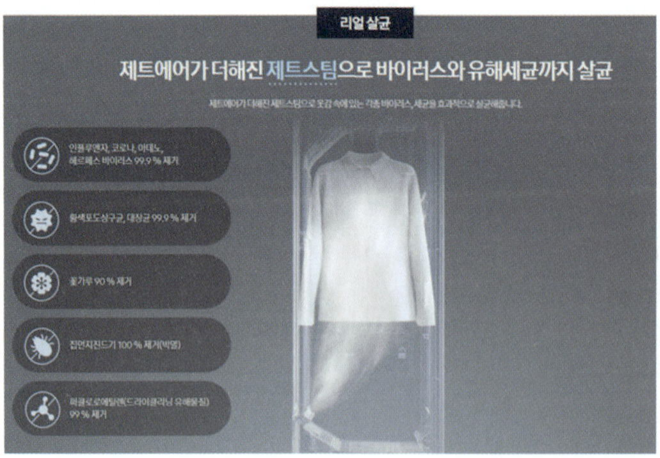

출처: 삼성전자 광고

LG와 삼성, 두 경쟁사의 "털기"와 "불기"의 정면대결!!

그룹토론문제

(1) LG전자가 선점하고 있던 의류관리기 시장에 삼성전자는 보란듯이 진입하였다. 삼성전자의 의류관리기 시장 진출을 신규진입장벽의 개념을 활용해 논의해보자.

(2) 산업 내 경쟁

산업 내 경쟁(rivalry)이라 함은 특정 산업에서 발생하는 기존 기업 간 경쟁을 말한다. 기존 기업 간의 전쟁은 가격경쟁으로부터 시작하여 신제품 출시, 광고, 대고객 서비스 등 다양한 분야에서 다양한 형태로 진행된다. 특히 가격에 의한 경쟁이 주를 이룰 경우 산업 내 기업들은 수익성에 큰 타격을 받게 된다. 기존 기업 간 경쟁강도에 영향을 미치는 요인들로는 산업의 성장율, 고정비용, 설비 등의 효율성, 제품 차별성 등이 있다.

산업 내 경쟁(rivalry)

경쟁우위(Competitive Advantage)

경쟁우위는 특정 기업이 제공하는 제품이나 서비스가 시장에서 구매자들로부터 우선적으로 선택될 수 있도록 하는 역량, 즉 시장 경쟁, 기업 간 경쟁에서 경쟁자를 이길 수 있는 능력을 말한다.

경쟁우위 확보를 위해서는 시장에서의 핵심 성공요인을 가지고 있어야 하며, 기업성과에도 차별을 가져올 정도로 뚜렷하게 구별되어야 하며, 이는 환경변화 혹은 경쟁자의 대응조치에도 불구하고 지속될 수 있어야 한다.

경쟁우위에는 두 가지 종류가 있는데 하나는 원가우위(cost advantage)이고, 다른 하나는 차별화 우위(differentiation advantage)이다.

원가우위(cost advantage)는 여러 가지 세부기능을 수행하는 정책과 관리활동들을 통해서 특정 산업에서 낮은 원가를 확보하는 것, 즉 비용상의 우위를 달성하는 것을 말한다. 한마디로 박리다매(薄利多賣: 이익을 적게 보더라도 많이 파는 것)!

원가우위(cost advantage)

그러나 기술상의 변화가 생긴다거나, 신규진입자들이 저원가를 이룰 수 있는 기술을 터득한 경우, 원가에 지나치게 치우쳐 생산과 마케팅의 변화를 깨닫지 못하는 경우, 경쟁기업의 비가격 경쟁요인을 상쇄시켜 주던 자사의 원가우위 능력이 감소하는 경우, 원가우위라는 경쟁력을 잃을 수 있는 위험이 있다.

차별화 우위(differentiation advantage)는 기업이 제공하는 제품을 서비스, 품질, 기능, 디자인, 상표이미지 등의 측면에서 차별화함으로써 경쟁기업에 비해 우위를 차지하는 것을 의미한다. 그러나 저원가 전략을 채택하고 있는 경쟁기업의 상품 및 서비스와의 가격 차이가 심하게 나는 경우, 구매자들의 제품차별화에 대한 욕구가 줄어드는 경우, 혹은 경쟁기업이 모방을 하는 경우 기업은 차별화 우위를 잃게 된다.

차별화 우위(differentiation advantage)

(3) 대체제의 위협(Threat of Substitutes)

대체제 위협

특정 산업의 제품을 대체할 수 있는 대체 제품은 그 산업제품의 가치를 떨어뜨리고 적정가격을 책정하는 데 제약조건으로 작용한다. 예를 들어, 석유를 활용한 내연기관 자동차를 전기자동차가 대체할 것으로 보이며, 화력발전을 통한 전기에너지는 풍력, 태양광, 수력발전으로 대체될 수도 있다. 또한 인터넷의 발달로 오프라인 거래는 감소하고 온라인 거래, 모바일 거래가 증가하고 있다. 대체 제품의 위협이 있을 때 기업이 선택 할 수 있는 전략은 제품을 새로운 방식으로 차별화시키던지 혹은 원가를 절감하는 것이다. **대체제 위협**의 강도를 결정하는 요인으로는 대체제의 선택 범위와 가격, 대체제에 대한 구매자의 선호도, 구매자가 대체제로 전환 시 소요되는 비용 등이 있다.

(4) 공급자의 교섭력(Bargaining Power of Suppliers)

공급자의 교섭력

공급자의 교섭력이라 함은 공급자가 구매자에 대해 행사할 수 있는 힘으로 공급자는 가격 인상을 통하여 수익성 향상을 기할 수 있다. 그러나 공급자의 교섭력이 강한 경우 기업은 상당히 불리한 위치에 놓이게 된다. 석유수출국기구(OPEC)가 회원국의 단합을 바탕으로 원유가격을 인상하는 것은 공급자의 교섭력을 보여주는 대표적인 예이다. 또한, 한 기업이 원자재 조달을 특정 공급자에게만 의존하는 경우 공급자의 교섭력은 상당히 강해지고, 공급기업이 원자재 조달을 거부하는 경우 기업의 존립까지 위태로울 수 있다.

(5) 구매자의 교섭력(Bargaining Power of Buyers)

구매자의 교섭력

구매자 역시 가격인하, 고품질, 양질의 서비스 등을 요구하며 공급자에게 압력을 행사할 수 있다. 구매자는 제품의 구매비중, 대량구매 능력, 동종 공급업체와 거래할 수 있는 능력 등이 있을 때 교섭력이 강화된다. 또한, 제품 자체가 별 차별성이 없이 표준화된 제품이라서 어느 곳에서든 구매가 가능한 경우, 다른 공급업체로 바꿔도 교체 비용이 없는 경우 **구매자의 교섭력**은 강해진다.

산업구조론의 핵심

기업의 궁극적인 목표는 성과 향상이며, 매력적인 기업환경에 있어야 좋은 성과를 얻을 수 있다. 또한, 지속적인 경쟁우위를 유지하기 위해서는 산업 내의 높은 진입장벽을 구축해야 한다.

그룹토론문제

(1) 산업구조론은 기업의 환경을 체계적으로 분석함으로써 특정산업의 매력도와 성장가능성을 예측할 수 있는 유용한 분석기법을 제시하였다. 기업의 경쟁우위를 설명하는 데에 있어 산업구조론의 한계는 무엇이 있을지 논의해보자.

마이클 포터의 본원적 경쟁전략(Generic Strategies)

보통 시장점유율과 투자수익과는 획일적인 정(+)의 상관관계가 존재한다고 가정한다. 즉, 시장점유율이 높으면 기업의 투자 수익이 높아진다는 것인데, 현실적으로는 각 기업이 수립하는 전략이 얼마나 효과적인가에 따라 투자수익율이 결정된다.

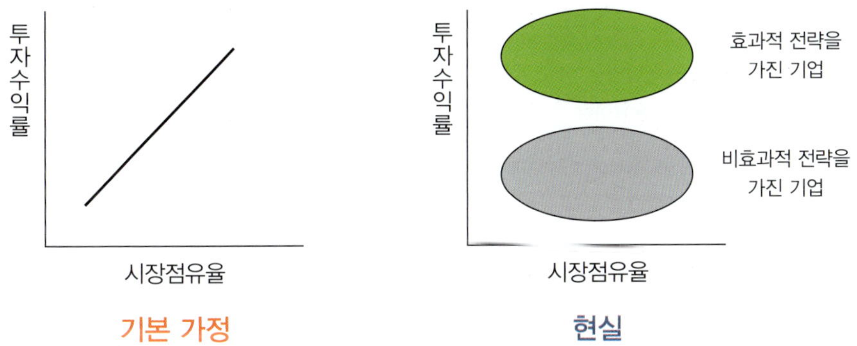

마이클 포터는 1985년 《경쟁우위(Competitive advantage)》라는 저서에서 경쟁우위를 얻기 위한 세 가지 본원적 경쟁전략(three generic strategies)으로 차별화 전략(differentiation strategy), 비용우위 전략(cost leadership strategy), 집중 전략(focus strategy)을 제시하였다.

본원적 경쟁전략(three generic strategies)

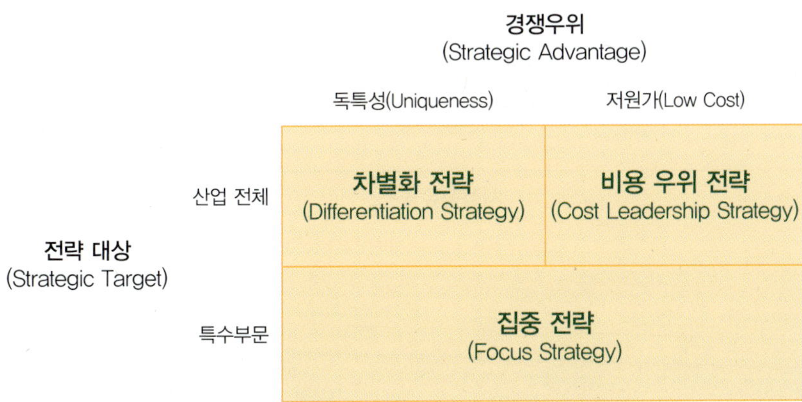

마이클 포터(Michael Porter)의 본원적 경쟁전략

차별화 전략(differentiation strategy)

차별화 전략(differentiation strategy)은 경쟁회사와는 차별화된 상품 및 서비스를 제공하여 고객의 충성도를 높힘으로써 시장 안정성을 확보하고, 이를 통해 수익성을 향상시키는 전략이다. 그러나 차별성을 잃게 되는 순간 비용우위 전략을 사용하는 경쟁회사에게 경쟁력을 잃을 수도 있다. 또한, 경쟁회사들이 언제든지 자신의 차별성을 모방할 수 있으므로 제품 및 서비스에 대한 끊임없는 차별화 노력이 필요하다.

비용 우위 전략(cost leadership strategy)

비용 우위 전략(cost leadership strategy)은 경쟁회사보다 낮은 비용으로 제품과 서비스를 공급하는 것이 주된 전략이다. 비용 우위 전략이라함은 단순히 최저비용만 달성해야 하는 것이 아니다. 새로운 경쟁자가 낮은 비용으로 시장에 진입했을 때 쉽게 시장 점유율을 빼앗기기 때문에 빠른 시장점유율 확대를 통해 규모의 경제를 달성하고, 여러 차원에서 비용절감 효과를 우선 확보해야만 한다. 따라서, 규모의 경제로 이룬 이득을 통해 지속적으로 비용우위를 위한 투자를 하여 경쟁기업보다 저비용을 유지할 수 있는 능력을 갖추어야만 한다.

집중 전략(focus strategy)

집중 전략(focus strategy)은 틈새 시장을 집중공략해서 경쟁력을 얻는 전략이다. 집중 전략은 다시 차별화 전략과 비용 우위 전략으로 나뉜다. 특정 고객 집단에 집중하여 적용하는 전략으로서 목표고객층을 명확히 파악하고 확보하는 것이 중요하다.

어중간한 상태(stuck in the middle)

마이클 포터는 어중간한 상태(stuck in the middle)를 언급하면서 이를 가장 경계해야 한다고 경고했다. 즉, 둘 이상의 전략을 동시에 추구하다 보면 상호 모순으로 인해 어느 하나도 제대로 달성하지 못하는 이도저도 아닌 상황이 되어 전략적 우위를 달성할 수 없기 때문이다. 기업전략에 있어서 양다리의 결과는 해피엔딩 혹은 윈윈(win-win)이 아니라 폭망이다.

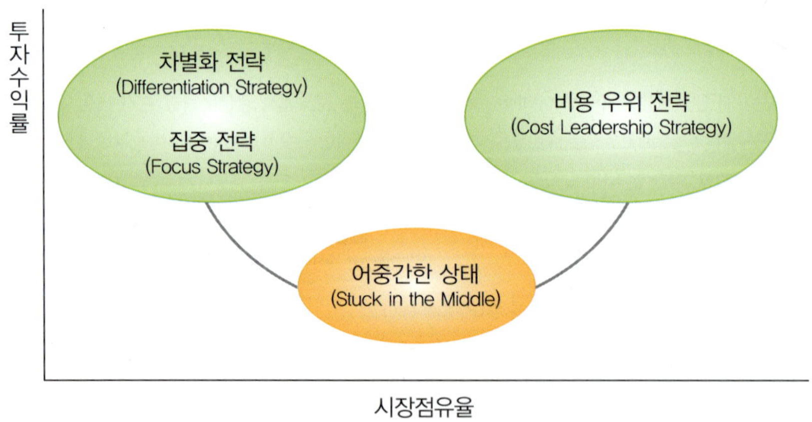

비용 우위 전략! 또는 차별화 전략! 둘 중 하나만!
"어중간하게 둘 다 하겠다고 하는 건 자폭의 지름길!!"

마이클 포터(Michael Porter)

그룹토론문제

(1) 성공적인 기업들은 차별화, 비용우위, 그리고 집중 전략을 적절하게 구사하여 수익성을 극대화하고 있다. 어떤 기업들이 각 전략을 활용하고 있는지 논의해보자. 예를 들어 스마트폰 시장의 주요 기업들인 삼성, 애플, 엘지, 화웨이, 샤오미에서 각각 어떤 전략을 핵심으로 삼고 있는지 논의해보자.

2.4 자원준거관점 시대

1990년대 중반 이후 기업들간 경쟁은 심화되었고 일본, 중국, 한국 등 아시아권 국가의 기업들이 독특한 자체 역량을 발휘하며 세계경제에서 두각을 나타내기 시작했다. 이에 따라 전략을 형성하는 데에 있어 기업의 외부적 환경요인과 더불어 기업 내부 역량에 대한 관심이 고조되기 시작하였다. 산업구조론의 환경분석은 기업의 수익성을 예측하고 특정산업의 매력도와 성장가능성을 평가하는 데에는 유용했지만, 동일한 산업에 속한 기업들 간 발생하는 성과차이 혹은 성과가 좋은 기업의 경쟁우위의 원천을 설명하기에는 한계가 있었다. 즉, 동일한 산업에 속해있는 기업들의 평균 수익성을 설명할 수는 있으나, 개별 기업 수익성의 차이를 설명하지 못하는 한계에 봉착한 것이다. 자원준거관점(RBV: Resource-Based View)은 동일 산업에 속하는 기업이라 할지라도 이질적 전략자원을 보유하고 있고, 개별 기업의 수익성 차이는 기업의 내부 자원과 역량에 의해 결정된다고 주장한다.

자원준거관점(RBV: Resource-Based View)

자원준거관점의 기본 가정은 자원의 이질성(resource heterogeneity)과 자원의 비이동성(resource immobility)이다. 기업은 유형자원(재무자본: 모든 금전적 자본, 물적자본: 공장, 설비, 지리적 입지, 원재료에 대한 접근성 등)과 무형자원(인적자본: 구성원들의 능력, 경험, 판단, 통찰력 등, 조직자본: 공식적, 비공식적 체계, 문화 등)의 집합체이며, 기업은 장기간에 걸쳐 그 기업만의 독특한 자원과 역량을 구축한다. 이렇게 구축한 기업 내부의 차별적 자원과 역량에 근거하여 기업은 자신만의 독특한 경쟁우위를 보유하게 되는 것이다.

자원의 이질성(resource heterogeneity)
자원의 비이동성(resource immobility)

기업경쟁력의 원천을 규정함에 있어, 자원준거관점은 조직능력, 핵심역량, 기업 문화 등의 보이지 않는 무형자산을 중요하게 다루고 있다. 경쟁우위의 원천인 이 내부자원이라는 것은 무형적이고 암묵적인 특성을 지니고 있기 때문에 시장에서 구매를 할 수도 없고, 다른 기업을 모방하는 것 또한 쉽지 않다. 따라서 자원준거관점에서는 기업 간 자원의 완전한 이동은 불가능하다고 가정한다. 이러한 이유로 자원의 이질성은 장기간 지속될 수 있고, 기업 특유의 독특한 자원이 기업의 지속적인 경쟁우위의 원천이 되는 것이다.

무형자산
내부 자원
암묵적인 특성

지속적 경쟁우위의 원천이라는 기업 특유의 자원이란 과연 어떤 자원을 말하는 것일까?

"가치 있고(valuable), 희소성 있고(rare), 모방할 수 없고(inimitable), 조직화할 수 있는(organized) 것"

자원준거관점 이론가, 제이 바니(Jay Barney, 1954~)

VRIN(Valuable, Rare, Inimitable, Non-substitutable) & VRIO(Valuable, Rare, Inimitable, Organized)

VRIN

VRIN은 제이 바니(Jay Barney)가 1991년 〈기업자원과 지속적 경쟁우위(Firm resources and sustained competitive advantage)〉라는 논문을 통해 제시한 기업의 지속적 경쟁우위를 창출하는 내부 자원과 역량의 네 가지 특성을 말한다.

즉, 기업이 지속적으로 경쟁우위를 창출하기 위해서는

- 가치 있고(Valuable)
- 희소성이 있으며(Rare)
- 모방할 수 없고(Inimitable)
- 대체 불가능한(Non-substitutable)

기업 고유의 자원을 보유해야 한다는 것이다.

아무리 기업이 이윤창출을 할 수 있는 가치있는 자원을 가지고 있다 하더라도 이러한 자원과 역량을 시장에서 쉽게 구할 수 있다면, 경쟁자들이 쉽게 모방할 수 있는 것이라면, 혹은 다른 유사한 자원이 그 역할을 대체할 수 있다면 자원의 가치는 떨어질 수 밖에 없다.

VRIO

이후, 1995년 〈경쟁우위를 들여다보다(Looking inside for competitive advantage)〉라는 논문을 통해 제이 바니는 VRIN(valuable, rare, inimitable, non-substitutable)의 I(inimitable)와 N(non-substitutable), 즉 모방이 어려운 특성을 I(inimitable)로 통합하고, O(organized)를 추가하여 VRIO(가치 있고, 희소성이 있으며, 모방이 어렵고, 조직화할 수 있는 자원: valuable, rare, inimitable, organized)로 모델을 수정하였다.

가치(value)

(1) 가치(Value)의 측면에서 기업 내부자원의 가치는 기업으로 하여금 얼마나 외부의 기회를 활용하고 위협을 줄일 수 있게 해주는가에 의하여 결정된다. 여기서 주목할 부분은 어떤 자원이 과거에 가치가 있었다는 사실이 미래에도 그 자원이 지속적인 가치를 가지게 해주지는 않는다는 것이다. 고객의 기호,

산업구조, 또는 기술이 변하게 되면 과거의 자원과 능력은 가치가 떨어지게 된다. 따라서 지속적으로 가치 있는 자원과 능력을 개발하고, 기업의 전통적 강점을 새로운 영역에 적용할 수 있는 역량을 배양하는 것이 중요하다.

기업이 보유하고 있는 자원으로 경쟁사보다 비용을 줄이고 수익을 증대시킬 수 있을 때 기업은 가치 있는 자원으로 경제적 성과를 향상시킬 수 있다.

(2) 희소성(Rarity)은 얼마나 많은 경쟁기업들이 이를 보유하고 있는가에 의해서 결정된다. 가치는 있지만 희소하지 않은 자원과 능력은 일시적 경쟁우위의 요인이 될 수는 있으나 지속적 경쟁우위를 창출할 수는 없다. 즉, 특정 자원과 능력이 나 이외의 다른 경쟁기업들에 의해 통제될 때 내가 보유하고 있는 자원의 가치는 바로 하락하게 되고 경쟁우위를 잃게 된다.

희소성(rarity)

(3) 모방불가능성(Inimitability)은 특정 자원을 보유하고 있지 않은 기업이 가치 있는 자원을 획득하거나 개발하고자 할 때 얼마나 더 많은 비용을 감내해야 하는가에 의해 결정된다. 자원과 능력을 보유하지 못한 기업은 성공한 기업과 경쟁하기 위해 해당기업의 자원을 복제하며 모방하려고 할 것이다. 물리적 기술은 모방하기가 그나마 용이하고, 비용도 적게 든다. 하지만, 자원 복제와 능력 모방에 있어서 가장 어려운 점은 바로 경로의존성(path-dependence)과 인과관계의 모호성(causal ambiguity)에 있다. 첫째, 기업 특유의 자원이라는 것이 하루아침에 생긴 것이 아니라 기업이 발전하는 과정 속에서 초기부터 오랜 시간에 걸쳐서 형성, 개발되었기 때문에 모방이 쉽지 않다. 둘째, 수많은 형태의 자원과 능력 중에서 어떤 것이 성과와 경쟁우위에 바로 영향을 준 요인인지 그 인과관계를 알아내기가 어렵다는 것이다. 이는 보통 기업 특유의 자원이라는 것이 조직문화, 고객 및 공급자와의 관계, 조직원 간 신뢰, 협력 등 무형자산(invisible assets)의 형태를 띄기 때문이다. 이러한 무형자산들은 해당기업에 있어 당연한 일상이기 때문에 그 기업의 경영자나 직원들조차 자신들이 보유한 특이 자원과 핵심역량이 무엇인지 인식하지 못하는 경우도 많다.

모방불가능성(inimitability)
경로의존성(path-dependence)
인과관계의 모호성(causal ambiguity)

(4) 조직화(Organized)의 정도는 기업이 자신이 보유하고 있는 자원과 경쟁력을 충분히 활용할 수 있게끔 잘 조직화되어 있는가에 의해 결정된다. 조직화는 공식적 보고체계, 관리통제시스템, 그리고 보상정책 등 조직관리 혹은 내부업무절차나 관행들을 포함한다. 이들 조직 절차와 관행들은 기업이 보유하고 있는 자원과 능력들을 조직 내에서 효과적으로 결합시킴으로써 경쟁우위의 잠재력을 현실로 실현시킨다.

조직화(organized)

자원준거관점의 핵심

기업의 지속적 경쟁우위를 가능케하는 것은 기업의 내부 자원이며, 이러한 내부 자원은 시간에 걸쳐 기업 내부에서 형성되는 것으로, 차별적이고 독특하며, 다른 기업으로의 완전이동이 불가능하다.

블루오션전략

블루오션을 찾아라! 산업구조론과 자원준거관점의 오묘한 조합!

2004년 INSEAD의 김위찬 교수와 르네 마보안(Renee Mauborgne) 교수가 출간한 《블루오션전략》은 학술적으로 보면 포터의 경쟁우위전략 이론과 바니의 자원준거관점에서 나온 이야기들을 섞어놓은 느낌으로, 이론적으로는 특별한 것이 없어 보이기도 한다.

출처: http://mandegar.info/?l=W+Chan+Kim++Wikipedia

레드오션(red ocean)
블루오션(blue ocean)

기존시장에서 경쟁이 치열하여 서로 물어뜯는 출혈경쟁을 하는 레드오션(red ocean)을 거부하고, 새로운 소비자들의 독특한 요구를 찾아서 경쟁 자체가 무의미한 혹은 아예 현재 존재하지 않는 새로운 제품과 시장인 블루오션(blue ocean)에서 혼자 쿨하게 사업하라는… 어찌 들으면 뻔한 얘기.

그럼에도 불구하고, 블루오션전략은 빅 히트를 쳤다.

아마도 지나친 경쟁으로 피 터지게 싸워야 하는 기존시장과 비교할때, 혼자 평화롭게 유유자적 놀 수 있는 유아독존의 새로운 시장이라는 극명한 대조가 실무자들에게 큰 반향을 일으킨 경우라고나 할까?

그래! 바로 이거야! 부대끼지 말고 나 혼자 편하게 좀 살자!!

경영은 역시 디자인인가? 전략적으로 한 방에 팍! 와닿는 이미지로 승부하라!

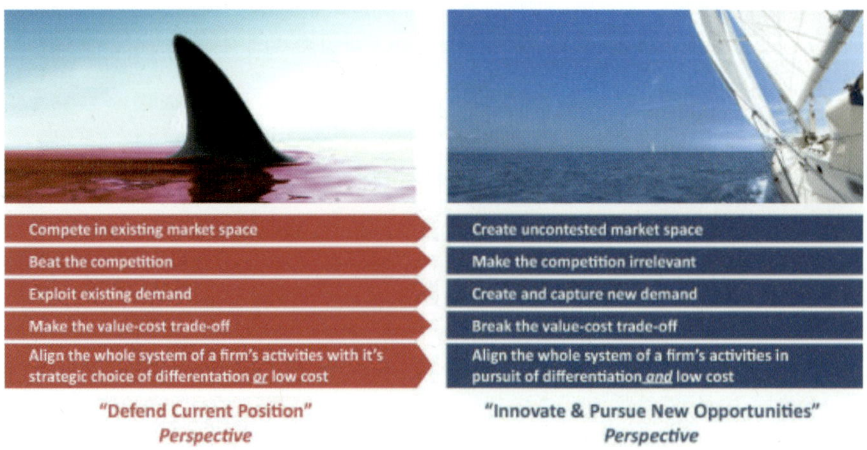

출처: https://lloydmelnick.com/2016/03/30/why-blue-ocean-is-actually-the-safe-route/

3. 전략결정 요소

앞서 경영전략의 시대적 발전을 살펴보았다. 오늘날 기업의 전략을 결정하는 주요 요소에는 기업철학, 외부여건(기회), 내부여건(능력, 자원), 그리고 사회적 책임이 있다.

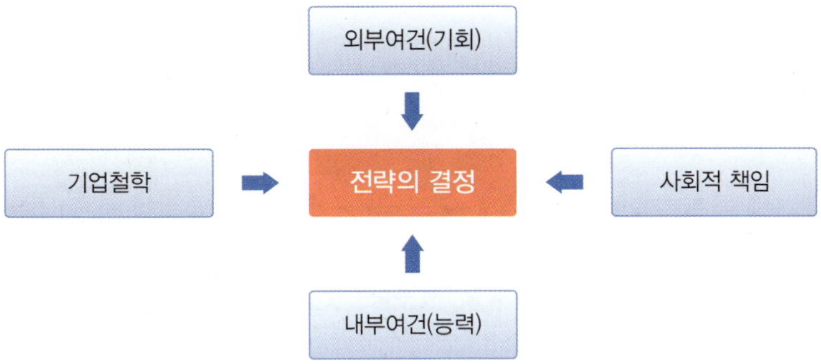

3.1 기업철학

기업철학이라는 것은 보통 설립자로부터 시작해 최고경영자들에 의해 구축된다. 최고경영자들이 기업경영에 대해 가지는 기본적인 가치, 신념, 태도 등에 의해 구축되는 기업철학. 이러한 기업철학은 기업활동의 전체적인 방향, 목표를 설정해주고, 이는 기업상으로 연결된다. 한 기업이 이루고자 하는 기업상은 전략에도 반영되게 마련이다.

기업철학

한국 대기업집단(재벌) 3, 4세들의 기업철학과 경영방식

한국 대기업집단의 3, 4세들. 예전의 보수적인 경영방식 대신 자신들만의 독특한 경영방식을 보이며, 소위 '그사세(그들이 사는 세상)'라는 이미지를 탈피하고자 하는 모습들을 보이고 있다.

LG 구광모 회장. 젊은 나이에 회장직에 올라서 왠지 할아버지 느낌이 나는 회장이라는 호칭이 어색했을까? 속마음이야 어땠는지 모르겠지만 호칭의 변화를 통해 딱딱하고 관습적 분위기를 탈피하고자 한다는 평가를 받고 있다. 또한 경영진 회의도 기존의 일방적 보고 형식에서 토론 형태로 바꾸어 진행하면서 다양한 의견을 공유할 수 있도록 분위기 쇄신을 하고 있으며, 회의 내용 측면도 실적보고 형식보다는 강점, 약점 분석을 통한 문제해결방식에 초점을 두고 있다.

신세계 정용진 부회장. 쉽게 논란거리가 될 수 있는 SNS를 기피하는 대기업집단 사람들. 신세계 정용진 부회장은 트위터, 페이스북, 인스타그램까지 섭렵!! 유머, 홍보, 평소의 소탈한 모습을 올리며 '공감'에 포인트를 맞추고 있다. 그가 제시한 2018년 경영화두는 '스토리가 있는 콘텐츠 개발', '진솔하고 재밌는 스토리로 고객들과 공감'.

신라호텔 이부진 사장. 2014년 어느 날, 한 고령의 택시기사가 신라호텔 회전출입문을 들이받으며 우장창창! 헉! 4억 원에 이르는 배상액이 발생! 이에 이부진 사장이 배상액을 면제해주어 화제가 되었다. 2015년 7월 서울 시내 면세점 신규 운영권 입찰에서 승리하기 전 임직원들에게 사업 선정이 잘 되면 여러분 덕이고, 떨어지면 내 탓이니 걱정하지 말라고 다독이면서 직원들을 이해하고 배려하는 모습을 보이며, 갑질 언행으로 종종 문제를 일으키는 다른 대기업집단 패밀리들과 달리 차별화된 인간적 경영자의 모습을 보여 주목을 끌었다.

가장 호감가는 여성 CEO TOP10 (단위: %)

순위	2017년		2018년		
1위	이부진 호텔신라 사장	34.4	이부진 호텔신라 사장	29.2	❶
2위	한성숙 네이버 대표	23.2	한성숙 네이버 대표	23.6	❷
3위	윤송이 앤씨소프트 사장	13.0	윤송이 앤씨소프트 사장	12.0	❸
4위	김여진 공차코리아 대표	11.0	이명희 신세계그룹 회장	8.0	❹
5위	현정은 현대그룹 회장	6.2	이미경 CJ그룹 부회장	6.4	❺
6위	이서현 삼성물산 패션부문 사장	5.0	이화경 오리온그룹 부회장	3.8	❻
7위	장영신 애경그룹 회장	4.0	장영신 애경그룹 회장	3.6	❼
8위	이화경 오리온그룹 부회장	3.0	이서현 삼성물산 패션부문 사장	3.4	❽
9위	기타	0.2	정유경 신세계백화점 총괄사장	3.2	❾
10위			현정은 현대그룹 회장	3.0	❿

출처: http://www.yeowonnews.com/sub_read.html?uid=7919&section=sc12#09J9

이부진 사장은 2018년 국내 대학생들이 뽑은 호감가는 여성 CEO로 2년 연속 1위(29.2%)에 오르며 삼성가(家) 로열 패밀리의 일원이라는 울타리를 뛰어 넘어 사업 감각과 능력에서도 탁월하다는 평가를 받고 있다. 그것이 기업철학인지 똑똑한 기업전략과 사업수단인지 확인된 바는 없지만 긍정적 평가를 받고 있는 것은 사실이다. 재벌세습에 대한 인식이 마냥 좋지만은 않은 현 세태에서 현대의 대기업집단, 재벌경영인들은 자신들만의 경영방식으로 새로운 경영철학을 구축해 가고 있는 모습을 보이고 있다.

출처: https://post.naver.com/viewer/postView.nhn?volumeNo=17206863

3.2 외부여건

앞서 산업구조론에서도 나왔지만, 외부여건, 즉 기업의 외부환경은 기업의 전략결정에 큰 영향을 미치는 주요 요소이다. **외부환경분석**은 전략결정의 선행과정으로 기업전략 수립 및 핵심 성공 요인에 영향을 미칠 수 있는 기회, 위협, 그리고 전략적 의문점을 발견하기 위한 분석을 의미한다.

외부환경분석

(1) 거시환경분석

변화 추세 및 사건의 발생가능성을 파악하고 그 영향을 평가하는 분석으로 기술, 경제, 문화, 인구통계적 특성 및 정부정책 등을 분석한다.

(2) 산업구조분석

기업들이 형성하고 있는 산업의 구조적인 요인과 경쟁기업의 특성, 역량 및 전략에 대한 분석을 말한다. 산업구조를 구성하는 주요 요인에는 집중도와 진입장벽이 있다.

- **집중도**: 특정 산업 내 과점의 정도를 의미하는 것으로 집중도가 높을수록(그 산업에 참여하고 있는 기업의 수가 적을수록) 산업의 전반적인 수익률은 높아지게 되며, 집

집중도

중도가 낮을수록(많은 기업들이 경쟁에 참여할수록) 산업의 수익률은 낮아지게 된다.

진입장벽

- **진입장벽**: 다수의 산업에서는 새로운 기업이 들어오는 것을 어렵게 하는 진입장벽이 존재하며, 이것이 산업의 구조적인 성격을 크게 좌우한다. 기존 기업들은 진입장벽의 높이에 따라 일정한 범위 내에서 시장지배력을 행사하는데 이 진입장벽을 결정하는 요소들로는 규모의 경제, 제품차별화, 법률적 보호 등이 있다.

(3) 경쟁기업분석

경쟁기업의 상황은 가장 직접적으로 기업의 활동에 영향을 미치는 요소이다.

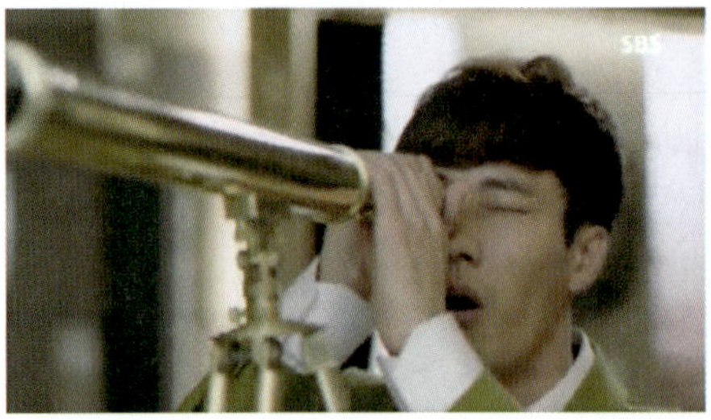

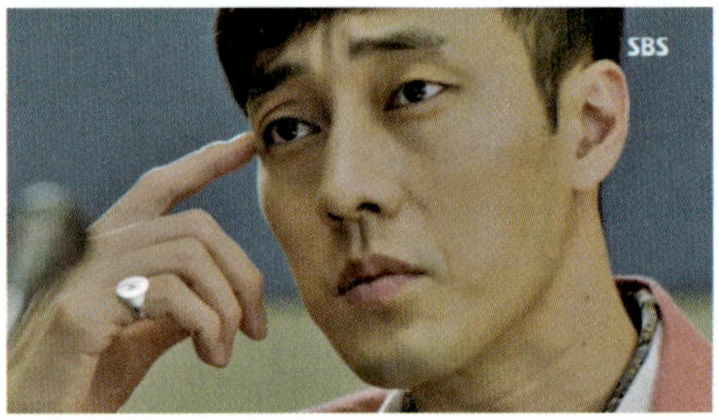

드라마 '주군의 태양'에서 매일 망원경으로 길 건너 경쟁기업 자이언트의 쇼핑몰 건물이 올라가고 있는 상태를 염탐하며, 어떻게 이겨먹을까 전략적 고민을 하던 킹덤사장 주중원(소지섭).

웬수 같던 두 사장들 간
나름 화해의 분위기가 무르익은 무렵
갑자기 경쟁기업 자이언트 쇼핑몰 사장 이재석(이종혁) 曰:
"아, 근데 저도 있습니다!! 그 망!원!경!!"

경영자는 경쟁자가 누구인지, 각 경쟁자가 취할 것으로 예상되는 전략변화의 특성, 성공 여부, 실현 가능한 전략적 조치에 대한 경쟁자들의 대응 형태, 주변환경의 변화에 대한 경쟁자들의 대처 방향 등을 분석해야 한다. 경쟁기업을 분석할 때, 가장 중요한 것은 경쟁회사의 전략을 파악하는 것. 경쟁기업의 전략은 경영활동을 담당하는 각 업무 부문의 핵심적인 운영방침과 업무 간의 상관성을 파악할 수 있는 가장 유용한 수단이다. 경쟁기업의 입장에서 생각해보라.

- 경쟁기업들이 현재의 상황에 만족하고 있는지?
- 경쟁기업들이 앞으로 취할 대응책이나 전략 전환은?
- 경쟁기업들의 취약점은?
- 경쟁기업들이 취할 가장 효율적인 대응책은?

전략집단도를 활용한 경쟁기업분석!

동일 산업에 있으면 산업 내 모든 기업들이 내 경쟁자?

정답은?

아니다!

같은 물에서 놀지 않으면 경쟁자가 아니다. 무슨 말이냐?

예를 들어보자.

중앙일보의 경쟁자는 누구일까?

1) 벼룩시징, 2) 조선일보, 3) 대학신문

전략집단(strategic group)이란? 특정 산업 내에 속해 있는 기업들 중에서 전략적 차원에서 동일하거나 유사한 전략을 추구하는 기업군을 말한다. 위에서 예를 든 것과 비슷하게 삼성/LG, GM/Ford, BMW/Mercedes-Benz로 항상 짝으로 묶이는 기업들이 있다. 이렇게 같이 묶이는 기업군을 전략집단이라고 한다.

전략집단(strategic group)

- 현실적으로 동일한 산업에 속하더라도 기업들은 각기 고유한 특성을 가지고 다른 기업들이 넘어올 수 없게 자신을 보호하는 이동장벽을 구축한다. 같은 전자 산업에 속해 있어도 중소기업들이 삼성전자나 LG전자와는 비교가 안 되는 것은 삼성, LG가 대기업집단으로서 다른 중소기업들이 넘을 수 없는 거대하고 막강한 이동장벽을 구축하고 있기 때문이다. 이런 이동장벽의 개념을 이용하면 동일 산업 내의 특정 전략집단이 어떻게 산업 내의 다른 기업들보다 지속적으로 높은 수익을 올릴 수 있는가 하는 질문에 아주 간단히 해답을 얻을 수 있다.

전략집단도

• 전략집단도란? 산업 내 기업들을 특징 짓는 두 가지의 포괄적인 변수인 제품다양성(product variety)과 차별화(differentiation)를 각각 횡축과 종축에 표시한 후, 산업 내 기업들을 대상으로 이들 두 가지 전략 변수의 활용 정도를 측정하여 그 기준으로 기업들을 몇 개의 전략집단으로 그룹화시킨 것을 말한다.

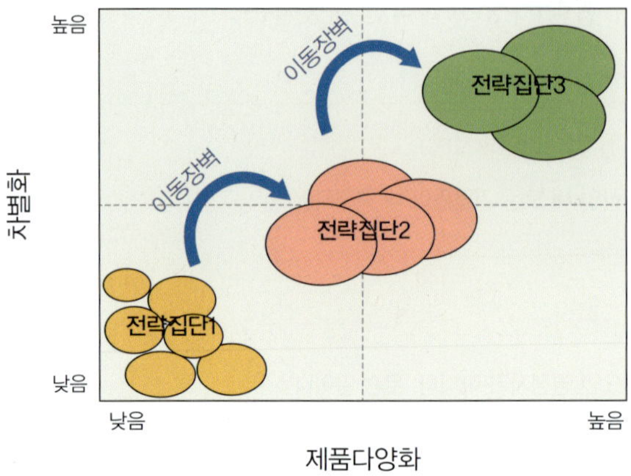

전략집단도는 현재 자신이 어떤 전략집단에 속해 있는지를 명확하게 보여줌으로써 현재의 경쟁기업과 미래에 어떤 방향으로 나아가야 하는지, 어떤 이동장벽을 극복해야 하며, 미래의 경쟁자가 누구인지를 한눈에 파악할 수 있게 해준다.

3.3 내부여건

기업의 내부 자원은 핵심역량, 조직능력, 관리유산의 형태로 나눌 수 있다.

핵심역량(core competence)

(1) **핵심역량(Core Competence):** 특정 기업이 보유하고 있는 우월적 내부역량으로 이는 경쟁사와 차별화되는 사업 성공의 핵심요인을 일컫는다.

조직능력(organizational capability)

(2) **조직능력(Organizational Capability):** 기업이 경영조직으로서 습득하고 구축해온 고유의 특성, 무형자산을 말한다. 그 기업 특유의 경영능력 등이 이에 속한다.

관리유산(administrative heritage)

(3) **관리유산(Administrative Heritage):** 조직이 보유한 무형적 문화자산과 물질적인 유산 등을 말한다. 특히 한국의 대기업집단, 소위 재벌이 보유하고 있는 대대로 내려오는 어마어마한 물질적 유산은 다른 기업들이 대기업집단을 따라가지 못하게 하는 울트라파워 이동장벽의 기반이 된다.

앞서 자원준거관점에서 우리는 바니가 제시한 기업 내부 자원의 특성 VRIO (Valuable, Rare, Inimitable, Organized: 가치, 희소성, 모방불가능성, 조직화)를 배웠다. VRIO 중 어떤 형태의 자산을 가지고 있는가는 기업의 경쟁우위를 결정짓는다.

경쟁지위	내부 자원의 특성			
	가치	희소성	모방 불가능성	조직화
경쟁 열위	×	×	×	×
동등한 경쟁	○	×	×	×
일시적 경쟁 우위	○	○	×	×
경쟁 우위	○	○	○	×
지속적 경쟁 우위	○	○	○	○

3.4 기업의 사회적 책임

오늘날은 전략결정에 있어서도 기업의 사회적 책임을 고려해야 하는 시대. 고도 산업사회로의 발전과 함께 기업이 사회의 주역으로 등장함과 동시에 기업의 사회에 대한 영향력이 증대함에 따라 자기 중심적인 경향을 보이던 기업의 책임 의식은 일반 대중들에 의하여 비판을 받게 되었다. 기업들로서는 참 피곤한 세상이 되었다. 기업의 사회적 책임은 사회 전체에 긍정적인 영향을 미치기도 하지만, 기업 입장에서는 사회적 책임을 적절히 전략적으로 활용해 기업 이미지를 제고하고 이를 통해 기업의 성과와 수익창출의 효과도 꾀할 수 있다. 따라서 현대를 살아가는 기업들은 사회적 책임을 주요 기업 전략으로 활용하기도 한다.

ESG(Environment, Social, Governance)

기업의 사회적 책임: 세 개의 핵심축 ESG(Environment, Social, Governance)

사회가 달라졌다. 과거 기업들의 사회적 책임이라 함은 좋은 기업이라는 이미지 구축을 위한 '분기별 자선사업' 혹은 사고친 후 물타기 작전으로서의 홍보용 '일회용 선심쓰기 쇼' 형태였다. 그러나 현대를 살아가는 기업에 있어서 기업의 사회적 책임은 사회가 부과하는 기업이 꼭 실행해야 하는 필수적인 경영활동의 일부로 그 성격이 변화하고 있다.

지속적 생존과 이해관계자들의 가치 · 이윤 창출을 위해 이제는 좋든 싫든 무조건 해야 한다는 소리! 우리가 기업들에 요구하는 사회적 책임은 다음 세 가지 측면이다.

환경(Environment), 사회(Social), 지배구조(Governance)

자료: UN, 「Principles for Responsible Investment」

사실 단순하다.

- 물건 싸게 만들겠다고 환경 파괴하지 말고,
- 근로자들은 너네 하인들이 아니니 제발 인권 좀 존중하고,
- 제발 뒷거래, 지저분한 짓 좀 하지 말라는 것!

이게 얼마나 안 지켜지면 사회적 책임! 사회적 책임! 노래를 부를까?

인증

기업의 사회적 책임은 이제 '권고' 수준이 아니라 ESG 정보에 대한 '인증'이 표준 관행이 되고 있다. ESG 경영정보공개 기업이 확대되고, 관련 규제가 강화되고 있으며, 투자기관의 ESG 경영정보 확인이 의무화되어 가고 있는 추세이다. 2021년 1월 금융위원회는 'ESG 정보공개 가이던스'를 통해 2025년부터 자산총액 2조 원 이상 기업의 ESG 공시 의무화를 공지했고, 2030년부터 모든 코스피 상장사로 확대 시행될 것이라 발표했다.

소비자들의 가치소비가 사회적 책임에 진심인 기업을 향하고 있다!

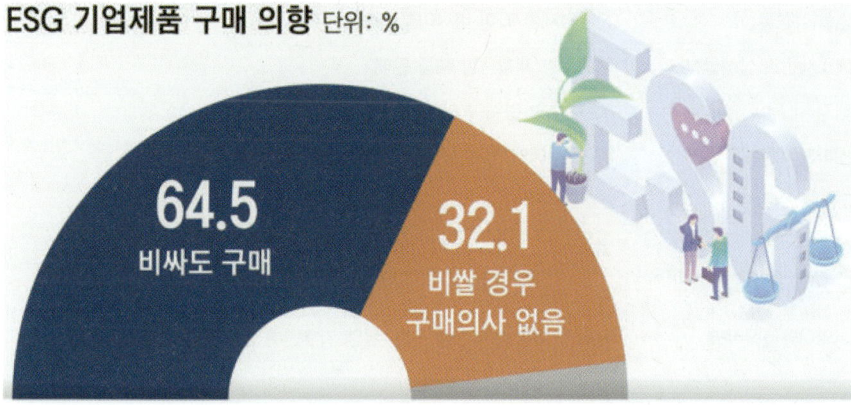

2022년 대한상공회의소가 MZ세대 380명을 대상으로 실시한 설문조사 결과에 따르면 MZ세대 10명 중 6명은 "비싸더라도 ESG 실천 제품을 구매한다."고 답변했다.

- 기부템과 공익패키지를 구매하고,
- 제로웨이스트를 실천하며,
- 비건의 삶을 체험해 보고,
- 착한 소비와 불매운동을 해보고,
- 돈쭐을 내주기도 한다.

환경오염이 적은 소재를 사용한 제품, 거품을 뺀 합리적인 가격에 판매하는 제품, 지역사회와 이윤을 공유하는 제품을 구매하고 이를 공유한다.

기술 발전으로 제품의 차별화는 어려워지고, 새로운 제품을 선보이면 유사 제품이 눈깜짝할 사이에 쏟아진다. 오늘날의 소비자들은 비슷한 제품과 서비스라면 '가치소비'를 선택한다. 그리고 그 중심에 서고자 한다.

1년만 입고 버린다던 이 브랜드… '양심적 패션' 시장규모 10조로!

패션기업 중 특히 SPA(생산 · 유통 · 판매 일괄) 브랜드는 환경오염의 주범으로 가장 큰 비난을 받는다. 자라, 유니클로, H&M 등 세계적 브랜드와 스파오, 에잇세컨즈 등 국내 브랜드가 대표 SPA 브랜드인데, 최신 스타일과 유행에 맞는 옷을 소비자에게 저렴하게 공급해 주지만, 소비자에게 옷은 쉽게 사서 입고 버리는 것이란 인식을 심어줬다는 비판에 직면했다.

이에 SPA 브랜드들은 지속 가능 패션을 강화하기 위해 2023년까지 데님 라인 전체를 친환경 소재로 생산하겠다면서 적극적으로 대응하고 있다.

친환경 행보 보폭 넓히는 국내 패션 기업들

빈폴(삼성물산)	친환경제품 라이 비싸이클 확대
에잇세컨즈(삼성물산)	폐페트병 재활용한 제품 판매
헤지스(LF)	3D 버추얼 런웨이 시행
스파오(이랜드)	2023년 데님 전체 상품을 친환경 소재로 생산
코오롱스포츠	2023년 전 상품 50% 친환경 소재로 생산
네파	멸종 위기 침엽수종 보전을 위한 기부 활동
노스페이스	2022 베이징동계올림픽 단복에 친환경 소재 적용
비와이엔블랙야크	페트병 재활용 시스템 구축, 유엔 기후변화협약 총회 참가

"Alexa, grow a tree(알렉사, 나무 심어줘)".

AI 스피커 알렉사에게 이 한마디를 말하면 환경단체에 1달러가 기부된다. 아마존(Amazon)이 지구의 날을 맞아 비영리단체인 원트리 플랜티드(One Tree Planted)와 협력하여 진행한 캠페인이다. 아마존페이 계정을 활용하여 자신의 기부금으로 몇 그루의 나무가 심어졌는지 확인할 수 있다.

진화하는 사회적 책임: 다양한 형태의 사회공헌 프로그램

사회봉사, 연탄 나눔, 기부, 환경오염 줄이기 등이 주를 이루었던 과거와 달리 오늘날의 기술 발전은 다양한 형태의 CSR을 가능하게 하고 있다.

SM 엔터테인먼트는
유튜브 SM 사회공헌 채널을 통해
'스마일뮤직 페스티벌'을 생중계하고,
온라인 교육을 제공함으로써
음악을 통해 꿈을 키워가는
청소년을 지원하는
사회공헌 프로그램을 하고 있다.

CJ올리브네트웍스는 'CJ SW창의캠프' 일부를 메타버스(metaverse)로 진행하였다. 지역 교육격차 해소를 위해 전국의 아동과 학생들에게 SW 교육을 제공하는 사회공헌 프로그램으로 실리콘밸리의 메타버스 기반 가상 오피스 플랫폼 '개더타운'에 건물을 구축한 후, CJ올리브네트웍스 사옥을 연결하여 대표가 학생들과 직접 질의 응답하는 시간을 가졌다. 드론과 로봇으로 꾸며진 체험 공간에서 AI 머신러닝(machine learning)을 활용한 챗봇, 마스크 착용 체크 장치 제작 등 AI 특화과정 커리큘럼을 제공하기도 하였다.

출처: https://blog.hyosung.com/5740

사회적 책임: 기업 현실

앞의 사례에서 본 바와 같이 오늘날의 사회와 소비자들은 “돈 많이 벌잖아!! 그만큼 책임을 져야지!! 돈을 곱게 벌어야지!!” 하면서 기업들을 향해 책임을 다하라고 하면서 마구마구 등을 떠밀고 있다.

진심인지 아닌지는 모르겠지만,

참! 돈을 계속 벌려면 꼭 해야 한다니까 진심인지 아닌지는 중요한 이슈가 아니다. 여튼, 오늘날 많은 기업들이 열심히, 다양하게, 더욱 발전된 형태로 기업의 특성을 살리면서 사회적 책임에 노력하고 있다. 그러나 기업들도 참 고충이 많다. 2022년 11, 12월 두 달여에 걸쳐 서울대학교 최고경영자과정(AMP: Advanced Management Program)에 다니는 경영자들에게 ESG에 대한 의견을 물었다. 몇 가지 예를 살펴보자.

Q1. ESG 경영이 핫이슈가 된 이유는 무엇이라고 생각하는지?

- 각 사회계층의 정체성, 책임성, 인간중심성을 회복하려는 움직임이 아닐지
- 선진국을 중심으로 한 ESG 규제 도입으로 ESG 경영이 기업의 선택이 아닌 생존의 이슈로 부각되었기 때문

Q2. ESG 경영으로 얻게 되는 것이 무엇일지?

- 사회적 책임을 다하는 기업이라는 이미지와 광고 효과
- 현재 국내에서는 ESG 경영을 해도 큰 메리트가 없어 보이나, ESG 우량기업에 대한 관심과 이미지 개선 효과가 커지고 있음

Q3. ESG 경영이 부담되는 이유는?

- 기업의 첫 번째 목표인 수익창출이라는 명제와 상충
- 장기적 투자를 꾸준히 해야 하고 성과를 내기까지 시간이 필요. 따라서 기업의 비용 부담으로 작용
- 중소기업의 경우 ESG 평가 및 등급을 받기 위해 들어가는 비용이 상대적으로 크게 느껴지며, 비용 대비 효과도 크지 않아 의사결정에 어려움이 있음

Q4. 나에게 ESG 경영이란?

- 궁극적으로는 실현해야 할 과제이자 목표이지만, 현실적인 시스템과 환경 부족
- 법을 준수하면서 우리 회사의 규모에 맞는 실질적인 책임을 다하는 것이 중요하다고 생각

위와 같이 기업 입장에서는 현실적 장벽들과 고충이 있다. 우리는 보통 기업이라 하면 돈에 파묻혀 갑질을 해대는 거대 기업들을 생각하지만, 현실에서는 중소기업들이 훨씬 많다. 환경에 대한 투자, 소비자들을 위한 자선활동 등은 이러한 기업들에 분명히 부담이 된다. 그러나 근로자들에 대한 인간적 대우나 도덕적 경영활동부터 시작하는 것이 실천 가능한 해결방법이 아닐까 싶다.

핵심용어

- BCG(Boston Consulting Group) 매트릭스
- SWOT(Strength, Weakness, Opportunity, Threat)
- 산업구조론
- 파이브 포스 모델(five forces model: 신규 진입자 위협, 산업 내 경쟁, 대체제 위협, 공급자 교섭력, 구매자 교섭력)
- 본원적 경쟁전략(generic strategies)
- 비용 우위 전략(cost leadership strategy)
- 차별화 전략(differentiation strategy)
- 집중 전략(focus strategy)
- 어중간한 상태(stuck in the middle)
- 자원준거관점(RBV: Resource-Based View)
- 자원의 이질성(resource heterogeneity)
- 자원의 비이동성(resource immobility)
- VRIN(Valuable, Rare, Inimitable, Non-substitutable: 가치, 희소성, 모방불가능성, 대체 불가능성)
- VRIO(Valuable, Rare, Inimitable, Organized: 가치, 희소성, 모방불가능성, 조직화)
- 전략집단(strategic group), 전략집단도, 이동장벽
- 핵심역량
- 조직능력
- 관리유산
- ESG 경영

연습문제

01 경영전략의 정의는 무엇인가?

02 전략이 기업의 영역으로 확대되어 경영학의 일부가 된 역사적 배경은 무엇인가?

03 경영전략이 본격적으로 대두된 배경은 무엇인가?

04 SWOT은 무엇을 말하는가?

05 BCG 매트릭스란 무엇을 말하는가?

06 산업구조분석모형인 파이브 포스 모델은 무엇을 말하며, 어떤 요인들로 구성되어 있는가?

07 경쟁우위는 무엇을 뜻하고, 경영전략에서 제시하는 주요 경쟁우위에는 어떤 것들이 있는가?

08 산업구조론의 핵심 내용은 무엇인가?

09 마이클 포터의 본원적 경쟁전략의 세 가지 요소는 무엇인가?

10 자원준거관점의 핵심 내용은 무엇인가?

11 자원준거관점에서 말하는 자원의 비이동성이란 무엇인가?

12 바니의 VRIO는 무엇을 말하는가?

13 기업전략결정의 네 가지 주요 요소는 무엇인가?

14 전략집단이란 무엇을 말하는가?

15 기업 내부 자원의 세 가지 주요 형태는 무엇인가?

CHAPTER

04

경영자와 리더십

1. 전반경영자의 개념

2. 한국경제의 발전과 시대변화에 따른 경영자의 역할 변화

3. 리더십

학습목표

- 경영자가 무엇인지 설명할 수 있어야 한다.
- 한국의 경제발전에 따라 경영자의 역할이 시대별로 어떻게 변화되었는지 설명할 수 있어야 한다.
- 경영자와 리더의 차이가 무엇인지 설명할 수 있어야 한다.
- 대표적인 리더십 이론에 대해서 명확한 설명이 가능해야 한다.

1. 전반경영자의 개념

경영자

전략결정의 주체인 **경영자**는 기업경영의 핵심요소로 최고경영자 한 명만을 지칭하는 것이 아니라 독자적으로 전략을 수립하고 실행할 책임을 지니고 있는 다수의 전반경영자(general manager)를 말한다.

전반경영자는

(1) 조직이 나아갈 방향을 제시해 주는 책임을 맡은 자로서 사업환경을 분석하여 이에 적절한 전략계획을 수립하고, 시기 적절하게 이러한 계획을 실행하여 조직의 목표를 달성하는 역할을 한다.

(2) 기업 전체 혹은 각 세부 부문을 관장하고, 독자적으로 사업단위를 책임지며 생산, 마케팅, 재무, 인사 등 라인부문과 스탭 혹은 관리부문 상호 간 빈번히 일어나는 업무상의 이견이나 갈등을 중재, 조정하는 역할을 담당한다.

따라서 전반경영자는 경영활동에 대한 포괄적 판단과 결정을 통해 기업활동의 전체적인 방향을 정하고 세부기능을 조율하여 기업이 추구하는 성과를 달성하도록 촉진하는 역할을 한다. 경영자의 역할은 기업조직 내에서의 위치에 따라 최고경영자에서 중간, 그리고 하부 경영자로 넘어가면서 그 역할도 전략적, 관리적, 혹은 운영적 측면으로 달라진다.

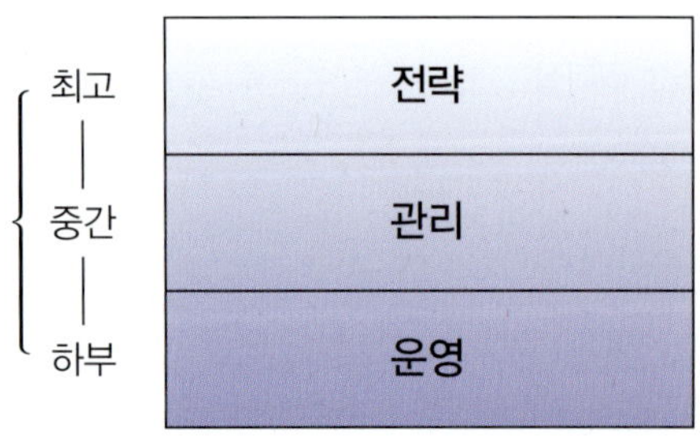

전반경영자
최고경영자

전반경영자는 기업조직 내의 다양한 위치에서 경영자로서의 다양한 역할을 수행하며 기업활동과 성과에 대한 궁극적인 책임을 진다. 반면, **최고경영자**는 경영자의 직위와 계급을 나타내는 것으로 최상단에 위치한 경영자를 지칭한다. 최고경영자는 기업 전체의 목표를 수립하고 이를 달성하기 위한 전략을 담당하며, 주로 전략의 수립에 집중한다.

전반경영자가 되기 위해서는 기본적으로 세 가지 자질과 능력이 필요한데, 전문성, 업무역량, 그리고 태도/가치관이다.

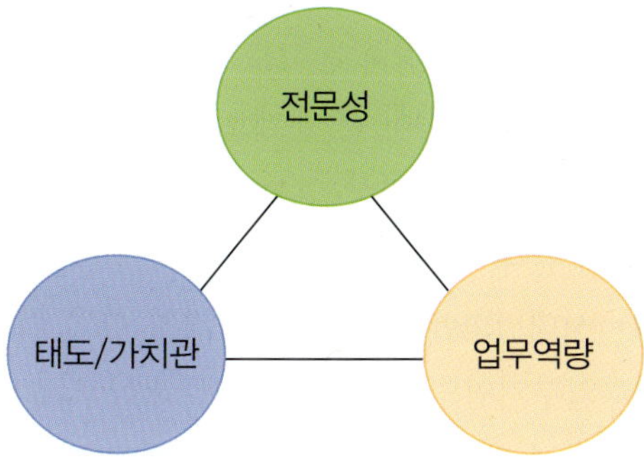

(1) **전문성**: 전문성은 경영자로서의 직무를 수행하기 위해 필요한 전문가로서의 지식으로 해당 산업, 상품 및 서비스, 담당 기능과 업무에 대한 식견을 의미한다.
(2) **업무역량**: 업무역량은 전략 결정과 실행에 필요한 기술적 측면의 능력으로 정확한 상황판단으로 기회와 위험을 식별하는 분석적 능력, 그리고 기업이 목표설정과 달성을 위한 관리적 능력이 포함된다.
(3) **태도/가치관**: 전문성, 업무역량과 더불어 경영자에게 필요한 것은 적극적 자세, 긍정적 사고, 창의와 혁신에 대한 열정, 다양성의 수용, 문제해결을 위한 실용적 자세 등의 건설적이고도 긍정적인 태도이다.

그룹토론문제

(1) 경영자가 가져야 하는 자질 혹은 능력에는 전문성, 업무역량, 그리고 태도/가치관이 포함된다. 이 세 가지 기준을 고려할 때에 국내 · 외에 걸쳐서 가장 이상적인 경영자는 누구라고 생각하는지 논의해보자.
(2) 이 세 가지 자질들 중에서 어떤 측면이 가장 중요한지 생각해보자. 각 자질들의 중요성이 경영자의 조직 내에서의 위치(최고/중간/하부) 혹은 기능(기획/생산/마케팅/인사/재무)이나 산업(금융/소매/제조/정보통신)에 따라서 어떻게 달라질 수 있는지 논의해보자.

2. 한국경제의 발전과 시대변화에 따른 경영자의 역할 변화

1960년대와 1970년대 한국경제는 정부 주도형의 획일적 경제체제 하에 있었다. 정부가 기업전략의 결정자였고, 결과에 대한 책임자 역할 또한 정부가 담당했다. 기업은 정부정책에 부응하고 이를 실행하는 역할을 했었다. 따라서 이 당시 기업의 경영자들은 정부가 전략을 수립하면 이를 수행하였고, 주요 역할은 대정부 관계자로서의 역할이었다.

1980년대 한국 경제가 고도로 성장하자 고도성장에 따르는 구조적 어려움이 생겼다. 인플레이션과 노사분규, 파업 등이 큰 문제로 부상하면서 이 당시 경영자들은 생산성 향상보다는 인플레이션과 임금인상 억제, 노사분규에 따르는 갈등을 중재하고 조정하는 역할에 집중하게 된다.

1990년대에 들어서는 시대변화에 따른 새로운 경영 상의 이슈들이 등장하였다. 공정거래제도가 시행되고 일부기업의 독과점 폐해에 대한 시정안을 처리해야 했으며, 수입 자유화와 시장개방 압력 강화 등의 문제를 해결해야 했다. 금융이 자율화되고 은행 또한 민영화되면서 새로운 시장경제 질서에 부응해야 하는 문제에도 직면했다. 따라서 1990년대 이후 경영자들은 새로운 경제환경을 분석하고 급변하는 기업환경에 적절히 대응해야 하는 진정한 전략가로서의 역할을 부여받게 되었다.

한국의 대표적 대기업집단 최고경영자들

SAMSUNG

삼성그룹 최고경영자: 이병철(1910~1987), 이건희(1942~2020), 이재용(1968~)

LG그룹 최고경영자: 구인회(1907~1969), 구자경(1925~2019), 구본무(1945~2018), 구광모(1978~)

현대그룹 최고경영자: 정주영(1915~2001), 정몽구(1938~), 정의선(1970~)

기존의 경영자

기존의 경영자들은 기업 시스템에 기초하여 경영 논리를 따르고, 환경을 분석하여 정책과 전략을 결정, 실행하며, 결과를 책임지는 한 기업에 한정된 경영자 본연의 역할을 수행해왔다.

미래의 경영자

그러나 국내외로 경쟁이 치열해지고, 근로자들의 능력이 향상되고, 기업에 대한 이해당사자들의 다양한 요구가 생기고, 고객의 역할이 수동적 소비자에서 적극적 참여자로 확대되면서 경영자들의 역할은 급격하게 확장되고 있다. **미래의 경영자**들은 단순히 기업을 위한 전략수립, 효과적이고 효율적인 관리, 결과에 대한 책임뿐 아니라, 기업활동에 수익창출 이상의 의미를 부여하는 비전 설정, 인재 육성, 사회적 책임을 담당하는 신뢰받는 리더(leader)로서의 역할을 요구받고 있다.

3. 리더십

"천군이득, 일장난구(千軍易得、一將難求)"
"An army of a thousand is easy to recruit, but how difficult to find a general!"
"천 명의 군사는 쉽게 모을 수 있지만, 이를 통솔하는 한 명의 훌륭한 장수는 얻기 어렵다."

중국의 진(秦)나라 말기의 반란군 지도자로 회왕(懷王)을 옹립하여 초(楚)나라를 다시 세운 항량(項梁, ?~BC 208년)

경영자(manager)
리더(leader)

고대부터 지금까지 훌륭한 리더를 얻는다는 것은 이리도 어려운 일이다. **경영자(manager)**는 공식적인 지위와 권위로 부하직원들에게 명령을 내리고 명령에 대한 복종을 받는 사람이다. 이에 반해 **리더(leader)**는 목표달성을 위해 조직원들을 이끌고 그들에게 영향력을 미치는 사람을 말한다. 경영자가 리더로서의 자질까지 가지는 경우 성공적인 경영성과를 보다 쉽게 거둘 수 있다.

경영자(Manager)	리더(Leader)
– 자세한 계획을 수립 – 효율적인 조직구조를 만듦 – 매일매일의 업무상태를 확인하고 검토	– 현재에 안주하지 않고 도전 – 미래에 대한 비전 제시 – 조직원들이 비전을 달성할 수 있도록 격려

완소 직장상사 vs. 피해야 할 직장상사

이 사람은 누구?

"저요? 오 과장인데요!"

"저요? 회사 권력에 관심 없습니다. 그냥 제 일만 합니다."

드라마 〈미생〉에 나온 오 과장이다. 일에만 전념하고, 후배들의 잘못은 일단 감싸고 보고, 어려운 후배가 있으면 무조건 도와준다. 우리의 완전 완전 소중한 완완소 오 과장님!

그럼 무조건 피해야 할 직장 상사는?

(1) 얌체아부형

- 잘하면 네 것도 내 것! 내 것도 내 것!
- 못하면 내 것도 네 것! 네 것도 네 것!
- 일이 틀어진다 싶으면 무조건 자기만 쏙 빠지고 부하 탓
- 잘 되면 전부 자기 공이라 하는 해바라기형 얌체아부족

출처: 영화 〈아부의 왕〉 포스터

(2) 분노장애형

- 항상 소리를 지르고 '멍멍~ 삐리리~ 삐리리~'를 입에 달고 산다.
- 걸핏하면 폭발!
- 아! 스트레스! 일단 튀어! 튀는 게 상책!

출처: 네이버 이미지

(3) 꼰대형

- 시키는 대로 해! 잔말 말고 해! 하라는 대로 해! 말대꾸하지 마!
- 대답은 그저 "네~"
- 나는 'Yes맨'이올소이다.
- 눈 피해~ 눈 피해! 눈 절대 마주치면 안돼!

출처: 네이버 이미지

리더(Leader)와 보스(Boss)의 차이

보스

- 명령하고 평가하기를 좋아한다.
- 조직을 움직이는 모티베이션으로 '두려움'을 활용한다.
- 자신은 큰 그림을 그린다고 생각하고, 말만 앞설 뿐 직접 나서는 경우는 드물다.
- 팀원들에게 대우 받기를 원한다.
- 미팅을 하거나 행사에 참여할 시, 동석자의 '급'에 민감하다.
- 최종 의사결정권자가 자신이라는 것을 모두에게 인식시키고자 노력한다.

리더

- 자신이 직접 일을 추진하고, 일이 잘 안 되었을 때의 모든 책임을 자신에게 돌린다.
- 한 사람 한 사람이 조직을 위해 최선을 다하도록 열정을 불어 넣는다.
- 자신의 대우에 신경 쓰기보다는, 팀원들의 마음이 불편하지는 않은지 살핀다.
- 팀원들의 아웃풋에 대해, 잘못된 로직을 지적하기보다는 말이 되게끔 다듬어준다.

출처: 네이버 이미지

이제 본론으로 들어가서 리더십을 설명하는 이론에는 어떤 것들이 있는지 알아보자.

그전에!

리더십 이론 몸풀기 OX 팀 퀴즈!

교재를 참고하여 다음 질문에 대답해보자.

현상	맞으면 O, 틀리면 X
1. 리더십성향이론에 따르면 리더는 교육/훈련으로 양성할 수 있다.	
2. 피들러의 상황모형에 따르면 리더십스타일은 고정되어 있다.	
3. 피들러의 상황모형에 따르면 관계지향리더는 상황이 아주 유리하거나 혹은 아주 불리할 때 성과가 좋고, 업무지향리더는 적당한 상황에서 성과가 좋다.	
4. 허시와 블랜차드의 상황적 리더십이론에서 주요 상황은 바로 부하직원들의 준비도이다.	
5. 허시와 블랜차드의 상황적 리더십이론에 따르면 부하직원들의 업무역량이 낮고, 동기가 높을 경우 리더들은 지원적이고 참여적인(supportive and participative) 스타일의 리더가 되어야 한다.	
6. 리더-멤버 교환이론에 따르면 내 집단에 속해 있는 부하직원들은 더 많은 특권과 기회를 누린다.	
7. 리더-멤버 교환이론에 따르면 시간적 제한 때문에 리더들은 오직 소수의 부하직원들하고만 특별히 친밀한 관계를 형성한다.	
8. 거래적 리더(transactional leader)들은 부하직원들의 요구에 상당히 민감하다.	
9. 변혁적 리더(transformational leader)들은 부하직원들의 역할과 업무요구를 명확하게 제시함으로써 부하직원들에게 동기를 부여한다.	
10. 거래적 리더들은 부하직원들의 동기를 자극하기 위해 주로 보상을 활용한다.	

3.1 리더 성향이론

가장 고전적인 리더십 이론은 **리더 성향이론(trait theories of leadership)**이다. 리더 성향이론은 리더는 타고나는 것으로, 한 사람의 성격과 사회성, 그리고 인지능력 등의 특징을 보면 리더와 리더가 아닌 자들을 구별할 수 있다는 주장이다. 이에 따르면 리더는 선천적으로 타고나기 때문에 사람들의 특징을 보면 리더가 될 사람인지 아닌지가 구분된다고 가정한다.

리더 성향이론(trait theories of leadership)

세계의 리더들

나폴레옹(1769~1821)

히틀러(1889~1954)

박정희(1917~1979)

모택동(1893~1976)

결과야 어찌되었던 선천적인 리더라 평가받던 사람들. 나폴레옹, 히틀러, 한국의 전직 대통령 박정희, 중국 전 국가주석 모택동. 그들이 공통적으로 타고난 리더로서의 자질은 무엇이었을까? 그 성향만 있으면 누구든지 리더가 될 수 있는 것일까?

눈에 띄는 공통점이라면 전부 키가 작고 성격이 xx맞다?

그렇다면 키 작고 성격이 뭐 같으면 전부 유명한 리더가 될 수 있는 걸까?

반대로 키가 크고 성격이 좋은 사람들은 유명한 리더가 될 수 없다는 소리?

여기에 바로 리더 성향이론의 함정이 있다.

3.2 리더 행동이론

행동적 접근 방법(behavioral approach)

리더 성향이론과 달리 리더에 대한 **행동적 접근 방법**(behavioral approach)에서는 리더는 교육으로 키워낼 수 있다고 주장한다. 하지만 어느 누구든지 리더십 교육을 받고 리더스러운 행동을 보이기만 하면 훌륭한 리더가 되는 것일까? 행동적 접근방법의 문제점은 워낙 다양한 상황들이 존재하기 때문에 특정 상황이 리더에게 항상 적절한 것은 아니라는 사실.

리더 성향이론과 행동적 접근 방법에는 리더를 어떤 고정된 특성이나 행동으로 규정하는 한계가 있었고, 이에 무엇인가 중요한 걸 놓치고 있다는 것을 깨닫게 되었는데, 그것은 바로 환경이었다. 그래서 등장한 것이 리더십의 상황이론(contingency theory)이다. 이전에는 리더의 특정한 특성이나 행동패턴에 따라 리더십의 효과성이 결정되며, 모든 상황에 적용 가능한 보편적인 리더십 스타일이 존재한다고 믿었다. 그러나 동일한 특성이나 행동이라도 상황에 따라 리더십의 효과성이 다르게 나타난다는 한계가 드러나면서 비로소 상황적 요소에 대한 관심이 대두되었다. 이는 1960~1970년대를 지배한 조직경영의 상황이론적 관점과도 같은 맥락이다. 이에 따라 상황이론에 입각한 리더십 이론들이 등장하였고, 이어서 리더와 멤버(부하직원) 간의 관계, 리더의 영향력에 초점을 맞춘 관점들이 최근에 주목을 받고 있다.

3.3 상황모형

피들러(Fiedler)는 1967년 그의 저서인 《리더십 효과이론(A theory of leadership effectiveness)》에서 상황모형(contingency model)을 제시하였다.

리더의 스타일은 업무지향적 혹은 관계지향적, 두 종류이다!
어느 리더십 스타일이 효과적인지는 부하직원과의 관계, 업무구조, 리더의 권한에 달려있다!

프레드 피들러(Fred Fiedler, 1922~2017)

상황모형

상황모형의 기본 가정은 리더의 스타일은 업무지향적(task-oriented) 혹은 관계지향적(relationship-oriented)이라는 두 종류로 정해져 있고, 리더십의 효과성은 다음과 같은 세 가지 요소에 의해 영향을 받아 발휘된다는 것이다.

리더-멤버 간 관계
업무 구조
리더의 권한

(1) **리더-멤버 간 관계**(leader-member relations)는 리더와 멤버(부하직원) 사이의 서로에 대한 확신, 믿음, 존중의 정도를 말한다.
(2) **업무 구조**(task structure)란 업무가 표준화, 구조화되어 있는 정도를 말한다.
(3) **리더의 권한**(position power)이란 부하직원의 채용, 해고, 승진, 월급 인상에 영향을 미칠 수 있는 리더의 공식적인 권한을 말한다.

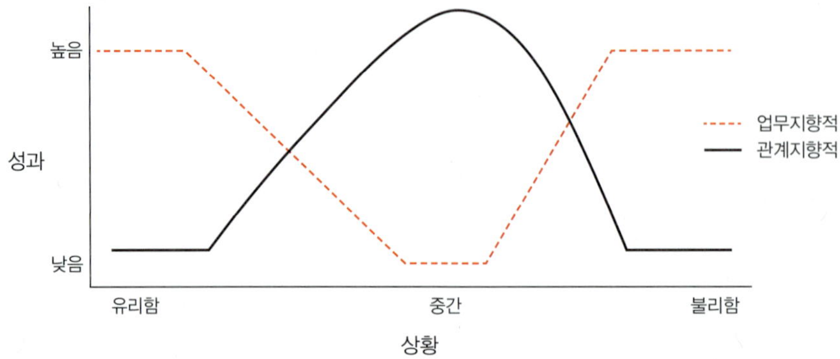

전반적 결과를 보면 업무지향적 리더는 상황이 아주 좋거나, 혹은 아주 안 좋을 때 성과가 높아지고, 관계지향적 리더는 좋은 상황과 나쁜 상황이 혼재하거나 중간 정도의 수준일 때 성과가 높아짐을 알 수 있다. 즉, 리더와 조직 구성원과의 관계가 우호적이고 업무가 구조화되어 있고 지위에 따른 권한이 많이 부여되어 있어 리더에게 매우 유리한 상황이거나, 반대로 리더와 조직구성원 간에 비우호적인 관계에 있고, 업무가 비구조적이고 예측하기 어려운데다 리더의 권한도 약해서 여러모로 리더에게 불리한 상황에서는 업무지향형 리더십이 효과적이다. 반면에, 이러한 상황여건들이 유리하지도 불리하지도 않은 중간 정도의 상황에서는 관계지향형 리더십이 효과적이라는 것이다.

상황모형의 핵심

리더는 업무지향적(task-oriented) 혹은 관계지향적(relationship-oriented). 이렇게 두 종류로 정해져 있다. 리더의 성과는 (1) 리더-멤버 간 관계(leader-member relations), (2) 업무 구조(task structure), (3) 리더의 권한(position power)에 의해서 결정된다.

3.4 상황적 리더십 이론

상황적 리더십 이론(situational leadership theory)은 미국의 행동과학 연구자인 폴 허시(Paul Hersey)와 메사추세츠대학교 경영학과 교수인 케네스 블랜차드(Kenneth Blanchard)가 1977년에 발표한 저서인 《조직행동관리: 인적자원활용(Management of organizational behavior: Utilizing human resources)》에서 소개한 이론이다.

허시와 블랜차드의 상황적 리더십 이론(situational leadership theory)

"부하직원들의 업무 성숙도와 심리적 성숙도를 고려해서 리더십 스타일을 바꿔라!"

폴 허시(Paul Hersey, 1931~2012) & 케네스 블랜차드 (Kenneth Blanchard, 1939~)

상황적 리더십 이론의 핵심은 리더들은 부하직원들의 준비된 상태(readiness)에 따라서 그들의 리더십 스타일을 바꾸어야 한다는 것이다. 상황적 리더십 이론에서 얘기하는 **부하직원들의 준비된 상태(readiness)**는 비로 업무 성숙도(task maturity)와 심리적 성숙도(psychological maturity)에 따라 결정된다.

상황적 리더십 이론
부하직원들의 준비된 상태(readiness)

- **업무 성숙도(task maturity)**는 직원들의 능력과 경험을 말하고,
- **심리적 성숙도(psychological maturity)**는 책임을 받아들일 수 있는 마음상태를 말한다.

업무 성숙도(task maturity)
심리적 성숙도(psychological maturity)

업무 성숙도	심리적 성숙도	요구되는 리더십
낮음(unable)	낮음(unwilling)	확실한 방향을 제시하는 지시형 리더십
낮음(unable)	높음(willing)	업무지향적인 코치형 리더십
높음(able)	낮음(unwilling)	동기를 부여해주는 지원적 리더십
높음(able)	높음(willing)	의사결정을 부하직원에게 맡기는 위임적 리더십

(1) 첫 번째 상황(unable+unwilling): 능력도 없고, 의지도 없다!

"통탄할 일이다." 이때 리더는 부하직원에게 분명하고도 구체적인 방향을 지시해

지시형 리더
코치형 리더
지원적 리더
위임적 리더

주는 **지시형 리더**가 되어야 한다.

(2) 두 번째 상황(unable+willing): 능력은 없지만, 의지는 있다!
"참으로 안타깝다." 이때 리더는 확실히 업무지향적이 되어서 부하직원이 능력을 향상시킬 수 있도록 도움을 주는 **코치형 리더**가 되어야 한다.

(3) 세 번째 상황(able+unwilling): 능력은 있는데, 의지가 없다!
"어허!" 이때 리더는 최대한 지원해 주고 함께 해주면서 의지를 심어주는 **지원적 리더**가 되어야 한다.

(4) 네 번째 상황(able+willing): 능력도 있고, 의지도 있고!
"앗싸! 울랄라!" 이때 리더는 딱히 할 게 없다. 해피! 해피! **위임적 리더**로서 의사결정을 부하직원에게 맡기면 된다. 괜히 지시하고 간섭하면 오히려 방해!

결론: "리더는 부하들의 업무역량과 동기수준에 따라 카멜레온 같은 존재가 되어야 한다."

상사와 부하에게도 궁합이 있다!

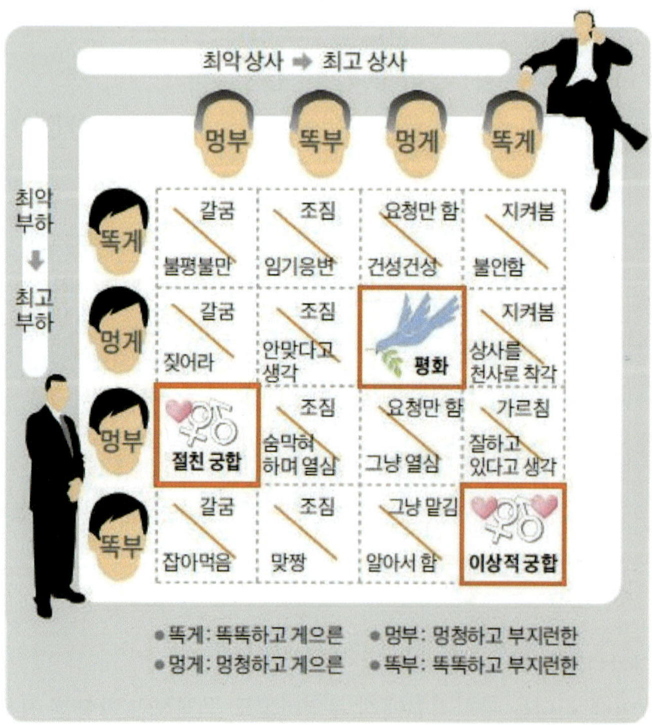

똑똑하다
해야할 일, 하지 말아야할 일을 안다.

멍청하다
해야할 일, 하지 말아야할 일을 모른다.

부지런하다
미리미리 챙겨서 한다.

게으르다
그냥 방관한다.

상사 (최악▶최고)

멍청하고부지런하다 – 이 산이 아닌가 보다. 쓸데 없이 일만 늘린다.
멍청하고게으르다 – 모든 일에 별로 관심 없다. 자신의 안위 뿐.
똑똑하고부지런하다 – 일과 사람을 어떻게 조지면 되는지 안다.
똑똑하고게으르다 – 해야 할 일만 시킨다. 귀찮거나 위험한 일은 안 한다.

부하 (최악▶최고)

똑똑하고게으르다 – 기대 이상은 하지 않는다. 빼질뺀질, 불평 불만, 임기응변
멍청하고게으르다 – 밥 값이 아깝다. 그나마 사고 안 치면 다행이다.
멍청하고부지런하다 – 맞는지 틀리는지는 모르지만 시키는 것은 열심히 한다.
똑똑하고부지런하다 – 욕심이 있다. 간혹 사고도 친다. 그러나 대안이 있다.

출처: https://blog.naver.com/amoursyj/221028144738

상황1. (상사)멍부 × (부하)멍부: 회사에 도움이 안 될지도 모르지만 어쨌든 함께 죽도록 일한다(엉뚱한 방향으로!). 회사에서 진짜 우리 상 줘야 되는거 아니야? 아~ 피곤해~~!! 그치 말입니다.

상황2. (상사)멍게 × (부하)멍게: 회사야 어떻게 되든 우린 좋아 좋아~ 니나노~

상황3. (상사)똑게 × (부하)똑부: 핵심을 찌르는 환상의 궁합! 엄청난 시너지!

상황적 리더십 이론의 핵심

리더십의 효과성은 직원의 준비된 상태(readiness): (1) 업무 성숙도(task maturity), (2) 심리적 성숙도(psychological maturity)에 의해 결정된다.

그룹토론문제

(1) 앞의 박스 안의 상사와 부하직원의 궁합도표에 허시와 블랜차드의 상황적 리더십 이론(Hersey & Blanchard SLT: Situational Leadership Theory)을 적용하여 논의해보자.

(2) 상황적 리더십 이론에서의 네 가지 상황에 맞는 적합한 상사-부하의 궁합 조합을 찾아보고 그 조합이 왜 적합한지 설명해보자.

3.5 경로-목표이론

경로-목표이론(path-goal theory)

로버트 하우스(Robert House)의 **경로-목표이론(path-goal theory)**은 1971년 《리더 효과성의 경로-목표 이론(A path-goal theory of leader effectiveness)》이라는 논문을 통해 소개되었다.

로버트 하우스(Robert House, 1936~)

하우스의 경로-목표이론(House's path-goal theory)

"부하직원들이 목표를 달성할 수 있도록 길을 밝혀주고 이끌어 주는 것! 그게 바로 리더가 할 일이지요!"

이 이론의 핵심은 리더는 부하직원들에게 목표를 달성할 수 있는 길을 명확히 보여주어야 하며, 그들이 목표를 달성할 수 있도록 정보와 자원을 제공해주어야 한다는 것이다. 경로-목표이론은 1964년 빅터 브룸(Victor Vroom)이 제시한 동기부여의 기대이론에 기초하고 있다(7장 직원 동기부여 참조). 즉, 리더는 부하직원들의 성과달성에 대한 기대감과 보상에 대한 확신, 보상의 가치를 높여주는 역할을 해야 하는데, 이를 위한 네 가지 타입의 리더십이 있다.

(1) 지시형 리더십(Directive Leadership)

부하직원들에게 직무를 명확히 전달하는 유형으로 업무 규정을 강조한다. 업무능력이 낮은 직원, 모호한 업무를 하는 직원들에게는 긍정적으로 작용하여 동기를 향상시키지만, 업무능력이 높고, 이미 업무가 명확한 상태에서는 오히려 부정적으로 작용하여 직원들의 동기와 만족도를 크게 저하시킬 수 있는 위험이 있다.

지시형 리더십(directive leadership)

(2) 지원형 리더십(Supportive Leadership)

직원들의 복지를 신경 쓰고, 친구 같은 관계를 중요시하는 리더십 유형으로 욕구불만, 좌절감 등을 느끼는 부하직원들의 사기를 진작시켜줄 수 있다.

지원형 리더십(supportive leadership)

(3) 참여형 리더십(Participative Leadership)

의사결정과정에 직원들을 참여시키고 그들의 의견을 진지하게 고려해주는 리더십 유형으로 회사에 강한 애착을 가지고 있거나, 자율욕구 혹은 성취욕구가 강한 직원들의 만족도와 동기를 크게 진작시킬 수 있다. 그러나 직원들의 업무가 이미 상당히 구조화되어 있고, 자신들의 업무를 명확히 이해하면서 잘 수행하고 있는 경우에는 그다지 효과를 보지 못한다.

참여형 리더십(participative leadership)

(4) 성과지향형 리더십(Achievement-Oriented Leadership)

직원들이 최고의 성과를 달성할 수 있도록 도전적 목표를 설정해주고, 스스로 자신의 능력에 자신감을 가질 수 있도록 유도하는 유형의 리더십이다. 창의적인 업무를 수행하는 직원들의 자신감과 동기를 증진시키는 데에 큰 기여를 할 수 있다.

성과지향형 리더십(achievement-oriented leadership)

경로-목표이론의 핵심

리더는 직원들에게 목표와 목표를 향해 가는 길을 명확히 제시해 주어야 한다. 리더십의 종류에는 다음 네 가지가 있다. (1) 지시형 리더십(directive leadership), (2) 지원형 리더십(supportive leadership), (3) 참여형 리더십(participative leadership), (4) 성과지향형 리더십(achievement-oriented leadership).

우리는 과연 어떤 리더를 원하는가?

2023년 전국경제인연합회(전경련)가 여론조사기관 모노리서치에 의뢰해 MZ세대 827명을 대상으로 기업(인) 인식조사를 한 결과에 따르면 10명 중 8명(77.9%)이 '소통형' 리더를 원한다고 답변하였다.

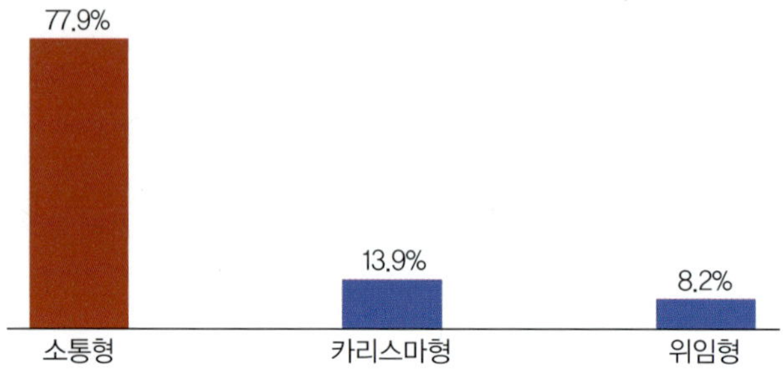

소통형 리더십은 직원과 함께 문제를 고민하고 개방적 의사소통을 통해 의사결정을 하는 리더십을 말한다. 강한 카리스마를 가진 리더, 그리고 직원에게 권한을 위임해주는 리더에 비해 압도적인 수치이다. 그만큼 리더와의 의사소통이 힘들다는 것을 반영하는 결과로 볼 수 있다.

적극적인 소통을 원하는 MZ세대들의 요구 및 최근 젊은 경영자들이 직원들과 적극적인 소통에 나서는 것에 대해서는 응답자의 70.2%가 긍정적, 7.9%가 부정적 평가를 보였다. 실제로 국내 주요 기업 경영자들은 다양한 방식으로 MZ세대와의 소통을 확대하고 있다. 삼성전자의 실시간 유튜브 소통 채널 '위톡', 현대자동차의 마음상담 토크 콘서트, SK의 회장 · 직원 간 문답 이벤트 및 회장과의 찐솔대화, LG 임직원 소통 채널 '엔톡' 등이 대표적 사례이다.

기업	사례
삼성전자	• 회장–신입사원 간담회(23.2.21.) • 실시간 유튜브 소통 채널 '위톡' 운영(연중)
현대자동차	• 마음상담 토크콘서트(22.6.16.) • 타운홀미팅 방식의 신년회(23.1.3.)
SK	• 회장–직원 간 문답이벤트 '회장과의 찐솔대화'(22.8.25) • 온라인 신입사원과의 대화(22.1.13)
LG	• 오프라인 시무식 없애고 디지털 영상 신년사(22.12월) • 임직원 소통 채널 '엔톡' 운영, CEO가 직접 답변(LG앤솔, 연중)
롯데	• 주니어가 묻고 CEO가 답하는 백문백답(롯데건설, 23.2.23) • 직원과 함께하는 티 미팅 'Let's 샘물'(롯데쇼핑, 연중)

출처: 데일리안

의사소통을 하고 싶다면 평소에 잘 해라!

물론 이러한 이벤트를 통해 그간 다소 위계적 문화에 익숙해져 온 한국 기업에서의 리더 · 멤버 간 의사소통의 길이 한 번에 화알짝 열리지는 않을 것이다. 의사소통이라는 것은 한두 번 말할 기회를 준다고 뻥 뚫린 고속도로가 되지는 않는다는 소리이다.

조직에 오랫동안 배어 있는 문화, 평소 쌓아왔던 관계, 마음 속의 앙금들이 풀려야 하는데, 이 마음 속 앙금이라는 것이 절대 쉽게 풀리는 것이 아니다. 10년 동안 마음을 닫고 침묵 속에, 싸한 분위기 속에 지내오다가 어느 날 갑자기 테이블에 앉혀놓고 마음을 터놓고 웃으면서 이야기하자고 한다? 사회 분위기에 밀려서 혹은 회사에서 시켜서 앉아있긴 하지만 듣는 사람도 말하는 사람도 사실 불편하다.

그러나 문제를 인식하고 첫걸음을 떼기 시작했다는 것은 바람직한 현상이다. 그럼에도 불구하고, 무엇이든 첫 단추를 잘 끼워야 한다. 처음부터 잘못된 관계는 좀처럼 풀기가 어렵다. 처음부터! 시작부터! 잘하자!!

리더도 감정노동을 해야 한다!!

의사소통에는 서로 마음이 열려 있어야 한다는 전제조건이 필요하다. 원활한 관계와 진정한 의사소통을 하고 싶다면 평소 감정노동이 필요하다. 감정노동은 꼭 직업에 국한된 것이 아니다. 원활한 관계를 위해서 그 누가 되었든 노력이 필요하다.

특히, 리더의 경우 많~~은, 그것도 아주 많~~은 초강력 인내심이 필요하다. 위엄 있되 친구 같은 리더가 되기 위해서는 평소 부하직원들에게 감정노동을 해야 한다. 친구 같은 부모되기가 쉽지 않듯이 친구 같은 리더가 되는 것도 쉬운 게 아니다. 빡쳤다고 벌컥벌컥! 욕 나온다고 삐리리삐리리~~~ 여과 없이 마구 뿜어내서는 곤란하다(입은 꾹 다물고 속으로 욕해라). 사고 친 직원, 마음에 안 드는 직원은 일단 꼴 보기가 싫으니 다른 곳에 가서 잠시 화를 삭이고 와라. 욱! 하고 올라오는 마음이 가라앉고 차분해신 후에 문제에 대해서 얘기해야 한다. 그 날 화가 안 가라앉으면 자고 와서 다음 날 얘기해라. 일단 입 밖으로 나온 말은 주워 담을 수가 없다. 리더가 뱉어내는 험한 말들에, 날서린 눈빛에, 무시하는 표정에 직원들은 마음을 닫고 입을 닫는나. 직원들은 상히관계 때문에 안 하고 싶어도 알아서 감정노동을 할 수밖에 없다! 하기 싫은 애들은 그냥 나간다. 사소한 문제는 눈감아주고 모른 척해주는 지혜도 필요하다.

3.6 리더-멤버 교환이론

리더-멤버 교환이론(LMX: Leader-Member eXchange theory)은 프레드 댄서로(Fred Dansereau), 조지 그랜(George Graen), 윌리엄 하가(William Haga)가 1975년 〈리더십에 대한 수직적 쌍연결 관계(A vertical dyad linkage approach to leadership in formal organizations)〉라는 논문을 통해 소개한 이론이다.

리더-멤버 교환이론(LMX: Leader-Member eXchange theory)

"리더의 시간과 자원이 한정적이다보니 어쩔 수 없이 더 친밀하게 지내는 직원들과 공식적으로만 관계를 유지하는 직원들이 생기게 된다!"

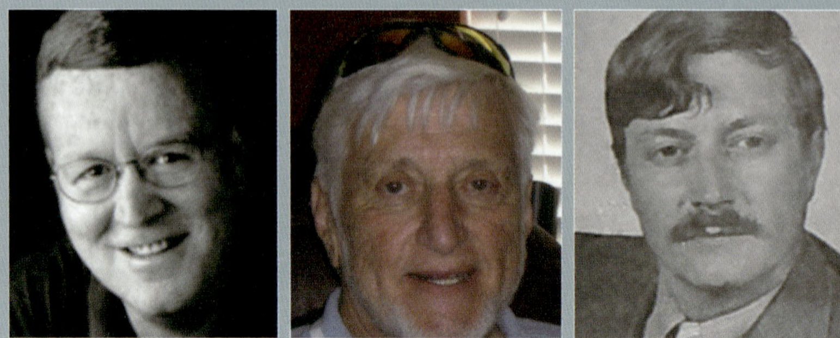

프레드 댄서로(Fred Dansereau) 조지 그랜(George Graen) 윌리엄 하가(William Haga)

기업 내에서 리더는 한정된 자원과 시간을 가지고 있다. 따라서 구성원 모두에게 똑같은 관심과 피드백을 제공할 수가 없다. 구성원 중에서 자신과 잘 맞고, 능력이 출중하고, 외향적이고 사교적인 구성원과 더 가까워질 수밖에 없다. 왜? 리더도 사람이다!

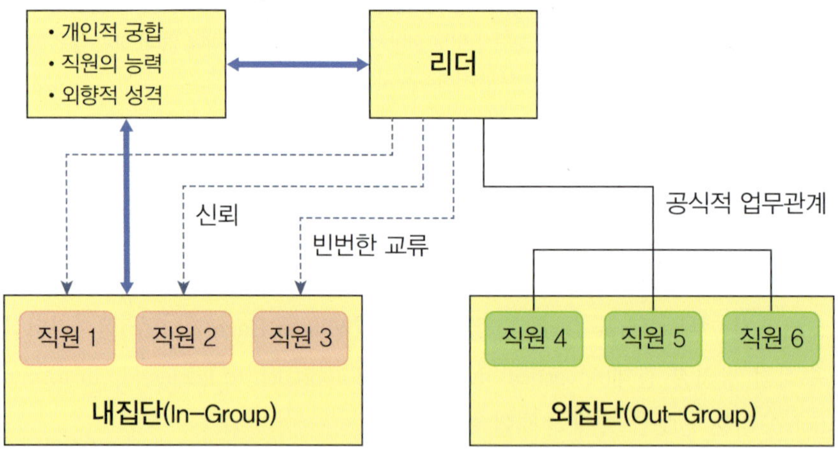

내집단(in-group)
외집단(out-group)

리더는 평소 개별 구성원과의 상호관계에 근거하여 구성원들을 **내집단**(in-group)과 **외집단**(out-group)으로 분류하게 된다. 리더는 내집단 구성원들과 더 많은 상호작용을 하면서 신뢰를 형성하고, 내집단에 속한 구성원들에게 더 많은 시간과 관심, 자율성, 배려를 제공한다. 이와 같은 리더의 행동은 내집단 구성원들의 리더에 대한 긍정적인 평가, 높은 업무 만족도, 업무성과 향상, 리더로부터의 높은 고과점수, 빠른 승진, 연봉 인상 등과 같은 긍정적인 결과로 이어질 가능성이 높다. 반면 외집단에 속해 있는 구성원들은 주어진 업무만을 담당하고 리더와는 공식적이고 형식적인 관계만을 유지하는 데에 머무른다. 이와 같이 리더와의 관계가 소원한 경우 좋은 성과를 얻기가 쉽지 않다.

리더-멤버 교환이론의 핵심

리더는 현실적으로 모든 직원들에게 똑같은 관심과 시간을 제공해줄 수 없다. 개인적 궁합도, 직원의 능력, 외향적이고 사교적인 성격에 의해 직원과의 상호관계가 형성되고, 이를 기준으로 리더는 내집단(in-group)과 외집단(out-group)으로 나눈다. 내집단에 속한 구성원이 많은 혜택을 받는 반면, 외집단 구성원은 리더와 공식적인 업무관계만을 가지게 된다.

그룹토론문제

(1) 내집단(in-group)에 속해서 혜택을 누리는 구성원은 현실적으로 소수에 불과하고, 대부분의 구성원들은 외집단(out-group)에 머무르게 된다. 당신이 리더라면 다수가 느끼는 소외감과 불만족을 어떻게 해결할 수 있을지 논의해보자.

(2) 부하직원들에 대한 처우의 불공정성이라는 위험에도 불구하고 현실적으로 리더들과의 친밀한 관계를 통하여 리더와 좋은 교환관계를 맺고 내집단에 소속되는 것은 직장에서의 성공에 매우 중요한 요소이다. 사내정치나 아첨과 같은 방식이 아닌 건실적인 방법으로 리더의 내집단에 진입하기 위한 방안에 대해 고민해보자.

3.7 변혁적 리더십

변혁적 리더십(transformational leadership)은 1978년 정치학자 제임스 번스(James Burns)가 《리더십(Leadership)》이라는 저서에서 정립한 개념으로 권력의 행사라고 인식되던 기존의 리더십을 구성원의 욕구를 만족시키는 과정이라고 재해석했다는 데에 큰 의미가 있다.

변혁적 리더십(transformational leadership)

"리더십이란 권력의 행사가 아니라 구성원의 욕구를 만족시키는 과정이예요!"

정치학자, 제임스 번스(James Burns, 1918~2014)

거래적 리더십(transactional ledership)

변혁적 리더십의 특징은 조직 구성원의 창의성을 강조하고, 책임의 분권화를 지향한다는 데에 있다. 직원들을 통제, 관리한다기보다는 멘토로서 직원들의 영감과 창의성을 자극시키고, 무엇이든 할 수 있다(can do)라는 의식을 불어넣으며, 부하직원들의 자신감을 고취시키는 것이 리더의 주된 역할이다. 번스는 변혁적 리더십(transformational leadership)과 **거래적 리더십(transactional ledership)**을 다음과 같이 비교하였다.

변혁적 리더십 (TFL: TransFormational Leadership)	거래적 리더십 (TAL: TransActional Leadership)
리더와 멤버는 공동목표를 추구	리더와 멤버는 타산적 이해관계에 기반
비전 제시, 자존감 고취	업무역할과 요구사항을 명확히 전달
영감, 문제해결 능력, 가치 내면화 강조	성과 및 노력에 따르는 보상 강조
변화 지향적	안정 지향적
개인적 관심과 조언을 제공	규정, 법규를 강조하고 일탈행위를 감시

이후 버나드 배스(Bernard Bass)가 1985년 《리더십과 기대이상의 성과(Leadership and performance beyond expectations)》라는 저서를 통해 번스의 개념에 심리학적인 근거를 제시하고 실제 상황에서 변혁적 리더십이 부하직원들의 동기와 성과에 미치는 영향을 연구함으로써 변혁적, 거래적 리더십을 한 단계 더 발전시켜 현재까지 가장 영향력 있는 리더십 이론으로 정립시켰다.

"현실의 리더들은 변혁적 리더십(transformational leadership)과 거래적 리더십(transactional leadership) 그 사이 어딘가에 있다!"

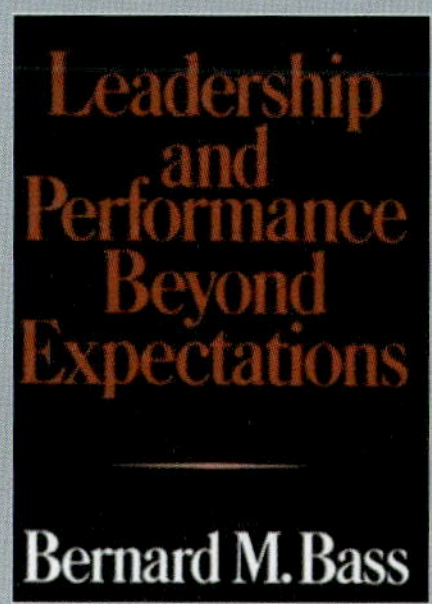

버나드 배스(Bernard Bass, 1925~2007) & 그가 1985년 발간한 저서 《리더십과 기대 이상의 성과(Leadership and performance beyond expectations)》

배스가 발전시킨 리더십 개념과 번스가 주장한 리더십 개념의 가장 큰 차이점은 두 리더십 간 상호배타성이다. 번스(Burns)는 변혁적 리더십(transformational leadership)과 거래적 리더십(transactional leadership)을 서로 반대되는 개념이라고 해석한 반면, 배스(Bass)는 이 두 개념을 동일한 차원에서 연결할 수 있는 상호배타적이지 않은 개념이라 주장하였다. 즉, 현실에서 실제 리더들은 변혁적 리더십과 거래적 리더십 양 극단에 있는 것이 아니라 그 사이에 존재하며, 두 리더십을 적절히 조합하여 성과를 달성하고 있다는 것이다.

버나드 배스의 변혁적 / 거래적 리더십의 핵심

변혁적 리더십(transformational leadership)과 거래적 리더십(transactional leadership)은 반대 개념이 아니다. 현실 속의 리더들은 그 사이에 존재한다. 이 두 리더십은 상호 보완적 관계이고, 이 둘을 얼마나 적절하게 잘 조합해서 최상의 리더십을 보일 수 있느냐가 관건이다.

리더에 대한 신뢰형성(Trust Building)

신뢰는 하루 아침에 생기는 것이 아니라 오랜 시간에 걸쳐서 형성된다. 리더는 어떻게 직원들에게 신뢰를 받을 수 있을까?

직원들의 신뢰를 받기 위한 리더의 조건에는 다음 세 가지가 있다.

1. **진실성**(integrity): 솔직하고 진실해야 한다. 앞뒤가 다른 모습을 보여서는 절대 신뢰를 받을 수 없다.

2. **자애로움**(benevolence): 직원들의 마음을 읽고 토닥일 줄 아는 따뜻한 리더가 되어야 한다. 냉담한 리더에게는 그 누구도 접근하지 않는다.

3. **능력**(ability): 리더로서 전문지식과 기술, 능력을 가지고 있어야 한다. 무능한 리더는 무능한 부하직원을 만든다.

A팀 김 대리, B팀 이 대리의 대화

김 대리: "우리 이번에 프로젝트 잘했다구 특별 인센티브 받았잖아! 앗싸!
아참, 근데 너네 팀장 천사라고 소문이 그냥 쫘악!
착한 팀장 둬서 좋겠다!"

이 대리: "천사… 응… 천사 맞지... 천사지… 천사긴 천사인데… 휴~"

김 대리: "왜? 무슨 문제 있어?"

이 대리: "사람은 참 좋은데…
우리 팀장 승진심사에서는 벌써 세 번이나 물 먹었고, 하는 일마다 엎어져서
우리 팀 맨날 욕 먹고… 우리 팀 공중분해 직전이다!
넌 똑똑한 팀장 둬서 인센티브도 받고 부럽다."

"못된 리더도 신뢰를 받을 수 없지만, 착하기만한 무능한 리더 역시 신뢰를 받을 수 없다. 직원들로부터 신뢰를 받는 믿음직한 그리고 진정한 리더가 되기 위해서는 세 가지 요건을 모두 충족시켜야 한다!"

리더십 귀인이론(Attribution Theory of Leadership)

리더를 설명하는 데 참 재미있는 이론이 있다. 바로 귀인이론(attribution theory).

현실

(1) **회사 A**
- 성과: 업계 1위
- 회사 대표: 능력도 없고, 일도 안한다. 하지만 운은 완전 짱!

(2) **회사 B**
- 성과: 부진
- 회사 대표: 진실, 자애, 능력 3박자를 골고루 갖추었다. 그런데 운이 지지리도…

평가
- 회사 A 대표가 그렇게 훌륭하다잖아.
- 회사 B 대표말이야 할 줄 아는 게 없데. 완전 멍멍 폼만 잡는다잖아.

리더십 귀인이론(attribution theory of leadership)은 실제 리더의 행동 또는 기여 여부와 무관하게 성공 또는 실패의 원인을 리더에게 돌리는 것을 말한다. 즉, 겉으로 드러난 성과가 리더에 대한 인식과 이미지를 형성하고, 이 인식을 바탕으로 리더를 평가하게 되는 것이다.

리더의 실제 자질이나 리더십과 상관없이 성과가 좋은 곳에 있는 리더는 무능하더라도 유능한 리더로 인식되고, 성과가 안 좋은 곳에 있는 리더는 유능하더라도 무능한 리더로 인식된다. 소속 팀이나 조직의 성과, 유명세에 따라서 역으로 형성되는 리더에 대한 평가와 이미지! 말 그대로 리더십의 역설계 공학(reverse engineering)!

"결과를 보고 판단하는 사람들의 인식이 실제 존재하지 않는 환상 속의 리더를 만들어내기도 한다."

리더십 귀인이론(attribution theory of leadership)

그룹토론문제

리더 한 명이 다수 직원들의 동기부여를 억제

(1) 리더십에 대한 이론들은 대부분 바람직한 리더에 대한 것들이다. 반면, 어떤 특성을 가진 리더를 독이 되는 리더(toxic leader)로 정의할 것인지, 어떤 요인들이 경영자들을 나쁜 리더로 만드는지 논의해보자.

http://passionjungwoo.tistory.com/152

(2) 당신의 리더가 이렇게 최악의 리더라면 어떻게 대응해야 할지 논의해보자.

상쇄제(neutralizers)
대체제(substitutes)

리더십 파워를 낮추는 혹은 아예 대체하는 요소들

오호! 이런게 있나?

있다!

리더들의 어깨에서 힘을 쭉 빼버리는… 아예 있으나마나 한 존재로 만들어서 리더들을 쫄게 만드는 요소들이…

- 상쇄제(neutralizers): 리더가 영향력을 행사할 수 있는 기회를 팍 줄여버리는 요소들
- 대체제(substitutes): 리더십이라는 것 자체를 불필요하게 만드는 강력한 요소들

어떤게 있냐고? 예를 들어

✓ **부하직원의 경험, 교육훈련**

한마디로 이 부하직원 업무 삐리리 잘한다. 경험도 아주 많다.

- 관계지향형 리더에게는 사실 별 영향을 주지 않는다.
- 그러나 업무지향형 리더에게는 아주 치명적 대체제. 뭐 가르쳐줄게 없어서 큰소리 한번 칠 수가 없다.

✓ **보상에 무관심**

쟤는 회사를 취미삼아 다니나보다. 연봉, 인센티브 뭐 관심이 없다! 아버지가 강남에 빌딩 한 10채 가지고 있나?

- 관계지향형 리더, 업무지향형 리더에 전혀 상관없이 그 어느 누구의 말도 잘 안 통한다. 리더 파워를 팍 떨어뜨리는 상쇄제.

✓ **높은 내적 만족**

쟤는 성격이 참으로 좋다. 뭐 아주 만족하며 해피하게 회사를 다닌다.

- 업무지향형 리더에게는 뭐 별로 영향이 없다. 내 영역은 업무니까.
- 그러나 부하직원 토닥거리고 얘기 들어주고 그러는 맛에 사는 관계지향형 리더에게 있어 직원의 이같은 긍정성, 만족도, 행복도는 관계지향형 리더의 필요성을 확 앗아가버리는 대체제.

✓ **협력적 업무집단**

나 없어도 지네끼리 협조 잘하면서 잘 지낸다.

- 리더 없어도 일 잘하고, 해피하게 잘먹고 잘사는 팀원들. 관계지향형 리더, 업무지향형 리더 모두 필요 없게 만드는 울트라 대체제.

위의 내용을 살펴보면, 내가 그냥 혼자서도 잘먹고 잘살면, 즉 일 잘하고, 회사에서 나름 만족하고, 팀원들하고 잘 지내고, 보상에 좀 느긋한 태도를 보이면 리더들의 힘이 약해진다. 파워(power)와 의존도(dependency) 간 관계를 아주 잘 보여주는 예라고 할 수 있다. 상대방의 파워는 상대방에 대한 내 의존도가 높아질수록 강해진다. 상대방에 대한 내 의존도가 낮아지면 나에 대한 상대방의 파워가 낮아지는 건 당연한 일! 여튼 이렇게 보자면, 결국 리더들이라는게 직원들의 업무역량을 향상시키고, 직장 만족도를 높여주고, 팀 분위기를 진작시키는 역할을 하는 그리고 그런 역할을 해야 하는 사람들이지 않을까? 영웅이 난세(亂世: anarchy)에 나듯이, 리더는 어려운 조직 상황에서 더 빛을 발한다!

핵심용어

- 리더 성향이론(trait theories of leadership)
- 행동적 접근 방법(behavioral approach)
- 피들러의 상황모형(Fiedler's contingency model)
  - 리더-멤버 관계
  - 업무 구조
  - 리더의 권한
- 허시와 블랜차드의 상황적 리더십 이론(situational leadership theory)
  - 직원들의 업무 성숙도(task maturity)
  - 심리적 성숙도(psychological maturity)
- 하우스의 경로-목표이론(path-goal theory)
  - 지시형 리더(directive leader)
  - 지원형 리더(supportive leader)
  - 참여형 리더(participative leader)
  - 성과지향형 리더(achievement-oriented leader)
- 리더-멤버 교환 이론(LMX: Leader-Member eXchange theory)
  - 내집단(in-group) vs. 외집단(out-group)
- 변혁적 리더십(transformational leadership)
- 거래적 리더십(transactional leadership)
- 리더에 대한 신뢰 형성(trust building)
  - 진실성(integrity)
  - 자애로움(benevolence)
  - 능력(ability)
- 리더십 귀인이론(attribution theory of leadership)
- 상쇄제(neutralizers)와 대체제(substitutes)

연습문제

01 전반경영자와 최고경영자의 차이는 무엇인가?

02 전반경영자의 세 가지 주요 자질은 무엇인가?

03 리더 성향이론과 리더에 대한 행동적 접근 방법의 차이점은?

04 피들러의 상황모형에 대해서 간단히 설명하라.

05 허시와 블랜차드의 상황적 리더십 이론의 핵심내용은 무엇인가?

06 하우스의 경로-목표이론의 핵심은 무엇인가?

07 리더-멤버 교환 이론의 핵심내용은 무엇인가?

08 번스와 배스의 변혁적 vs. 거래적 리더십의 가장 큰 차이점은 무엇인가?

09 리더에 대한 신뢰형성을 위한 세 가지 요건은 무엇인가?

10 리더십 귀인이론의 핵심은 무엇인가?

11 리더십의 상쇄제와 대체제란 무엇을 말하는가?

CHAPTER

05

국제경영

1. 국제경영의 개념과 역사
2. 국제기업의 유형과 주요 전략
3. 해외시장 환경 분석
4. 해외시장 진입전략 및 유형

학습목표

- 국제경영이란 무엇인지, 어떻게 발전되어 왔는지 설명할 수 있어야 한다.
- 국제기업에는 어떠한 유형이 있는지, 유형별로 어떻게 다른 전략을 구사하는지 설명할 수 있어야 한다.
- 해외시장 진출 시 고려해야 할 환경적 요소에는 무엇이 있는지 설명할 수 있어야 한다.
- 해외시장의 진입 유형에는 어떤 것이 있는지, 어떤 전략들을 취할 수 있는지 설명할 수 있어야 한다.

1. 국제경영의 개념과 역사

국제경영
국제기업
국제경영학

국제경영은 국경선을 넘어 재화, 서비스, 자본, 인력, 기술 등을 이전하거나 연구개발, 생산, 마케팅, 인력관리 등의 사업활동을 하는 것을 일컫는 것으로 국경선을 넘나드는지의 여부가 기준이 된다. 즉, 국경선을 넘거나 2개국 이상에서 동시에 경영활동을 하는 것을 말하고, 이러한 국제경영활동을 하는 기업들을 **국제기업**이라고 칭한다. **국제경영학**은 국제경영을 하는 기업의 경영활동을 대상으로 연구를 하는 학문분야이다.

국제경영의 기원은 1600년대로 거슬러 올라간다. 17세기 초 영국, 스페인, 네덜란드, 프랑스 등의 유럽국가들은 동양국가들을 무역과 식민지 확장을 위한 전초 기지로 활용하였고, 각 국의 동인도회사들은 무명, 사탕, 후추 등 동양의 특산품에 대한 무역 독점권을 둘러싸고 치열한 상업 전쟁을 치렀다. 유럽 각 국의 동인도회사들 중 가장 먼저 설립된 것은 영국 동인도회사(British East India Company). 이 회사는 1588년 스페인을 상대로 한 전쟁에서 영국이 이기자 인도 및 극동 지역과의 무역을 촉진시키고자 했던 당시 영국 국왕의 명령으로 스페인과 포르투갈이 독점해 오던 동인도의 향료 무역에 나서기 시작했다. 이후 네덜란드도 인도양 일대와 무역을 하기 위해 1602년 네덜란드 동인도회사(Dutch East India Company)를 세웠다.

1600년대 영국(좌)과 네덜란드(우) 동인도회사(British/Dutch East India Company)
출처: 네이버 이미지

현대적 의미에서 실제로 국제기업이라고 일컬을 수 있는 첫 번째 기업은 미국의 '싱거 재봉틀(Singer Sewing Machine)'이라는 회사로 1867년 스코틀랜드에서 재봉틀 기계를 생산하였다.

싱거 재봉틀(Singer Sewing Machine) 회사의 당시 제품과 광고

출처: Google 이미지

이후 1914년 37개의 미국 회사들이 2개국 이상의 해외에 생산라인을 갖추고 제품을 생산하였고, 1919년 제네럴 일렉트릭(GE: General Electric)은 유럽, 라틴 아메리카, 그리고 아시아에 공장을 가지게 되었다. 1920년 일본에서 판매되는 모든 차들은 포드(Ford)나 제네럴 모터스(GM: General Motors)였고, 자동차 부품들은 일본에서 조립되었다. 일찍이 해외로 진출한 회사로는 코카콜라(Coca-Cola), 이스트만 코닥(Eastman Kodak), 질레트(Gillette), 웨스턴 일렉트릭(Western Electric) 등이 있다.

한국은 1960년대 초 정부의 수출장려정책의 일환으로 국내제품을 수출하면서 해외시장에 발을 들여놓기 시작하였다. 당시 한국은 가난한 농업 국가였기 때문에 철광석 같은 천연자원을 수출하였고, 1970년대는 기술이 부족하였기 때문에 낮은 기술수준의 노동집약적인 산업에 속한 섬유, 신발, 장난감, 가발 등의 경공업 제품을 주로 수출하였다. 1980년대에 이르러 기술이 향상되어 섬유와 함께 기계, 전자 제품을 수출할 수 있게 되었고, 1990년대 이후에는 높은 기술력을 바탕으로 자동차와 반도체 같은 첨단 산업 제품들도 수출 경쟁력을 가지게 되었다. 한국기업들이 국제화전략(globalization strategy)의 일환으로 해외직접투자(FDI: Foreign Direct Investment)를 시작한 것은 1990년대 초부터였다.

국가별 수출액 규모 추이

순위	2008년	2014년	2015년	수출액(백만 달러)
1	독일	중국	중국	2,274,949
2	중국	미국	미국	1,504,914
3	미국	독일	독일	1,328,944
4	일본	일본	일본	625,057
5	네덜란드	네덜란드	네덜란드	567,048
6	프랑스	프랑스	한국	526,901
7	이탈리아	한국	홍콩	510,596
8	벨기에	이탈리아	프랑스	505,661
9	영국	홍콩	영국	459,923
10	러시아	영국	이탈리아	458,627
11	캐나다	러시아	캐나다	408,267
12	한국	캐나다	벨기에	398,033
13	홍콩	벨기에	멕시코	380,772
14	싱가포르	싱가포르	싱가포르	346,659
15	멕시코	멕시코	러시아	340,349
16	스페인	스페인	스위스	289,874
17	대만	인도	대만	285,421
18	스위스	대만	스페인	281,674
19	말레이시아	스위스	인도	267,147
20	브라질	호주	태국	214,375

자료: 세계무역기구(WTO)

자료: 한국무역협회

1990년대 후반 이후 전 세계적으로 정보통신기술의 급진적 변혁 및 물류와 교통수단이 발달하면서 재화 및 생산요소의 이동비용이 급격히 감소되었다. 이에 따라, 국가 간 교역의 물리적 장애가 해소되면서 국경을 초월한 경제활동이 용이해졌고, 인위적인 규제의 벽이 허물어지면서 전 세계 기업들이 무한경쟁체제로 진입함으로써 글로벌 경쟁체제는 가속화되었다.

중국, 미국 G2(Group of 2)의 기침에 몸져 드러눕는 한국

한국의 경제가 한국전쟁(1950~1953) 이후 지난 60여 년 간 놀라운 성장을 이룬 것은 잘 알려져 있다. 이러한 경제성장은 1960~1970년대 정부정책 하에 모든 산업을 수출위주로 재편하고, 수출을 통해 경제규모를 확장한 것에 기인한다. 1981년 이후부터 1997년까지 한국의 GDP 성장률은 연평균 9%에 가까웠다. 2000년 이후 수출이 차지하는 비중이 비약적으로 증가하고, 내수시장은 축소되어 왔다. 2010년을 기점으로 수출 비중 35.1%로 급기야 내수 비중을 앞지르는 상황이 되었고, 한국경제의 대외의존도는 2011년 최고치를 찍었다. 가계소득감소로 내수는 지속적으로 침체되는 반면 대기업 중심의 수출은 비약적으로 증가한 것이다.

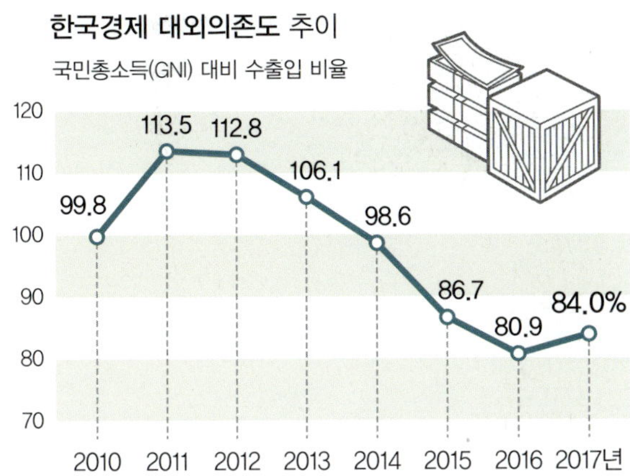

출처: 한국은행

한국의 경제수준이 어느 정도 수준에 이른만큼 이제는 대외의존도를 낮추고 내수를 진작해야 한다는 지적도 있으나, 한국기업들의 지속적 성장을 위해서는 제한된 내수에만 의존할 수는 없어 국제경영이 불가피하다.

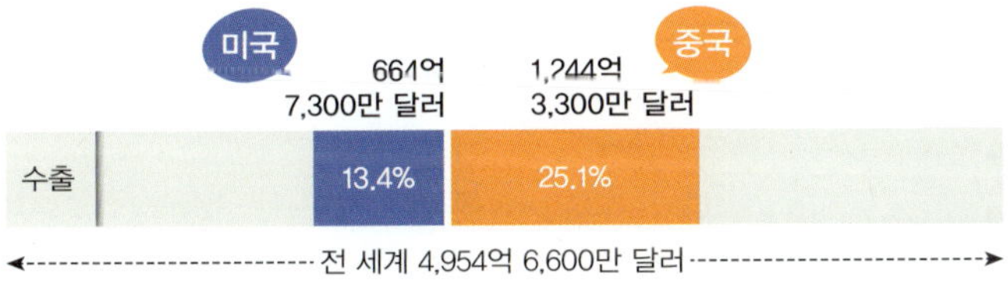

2017년도 한국의 대미, 대중 수출 현황

출처: 한국무협협회 2018

그러나 G2 국가에 대한 의존도가 높은 것은 심각한 문제로 대두되고 있다. 한국의 대중 수출액은 1,244억 달러(약 145조5,000억 원)로 전체 수출액의 25.1%. 대미 수출액인 665억 달러는 전체 수출액의 13.4%. G2 국가인 중국과 미국에 대한 수출액을 합치면 전체의 38.5%에 달해 미국에서 보호무역주의 정책을 강화하거나 중국에서 무역에 대한 압력을 행사할 경우 우리나라 전체 경제는 휘청거릴 수 밖에 없다. 2018~2019년처럼 미국과 중국이 무역 전쟁을 할 경우에도 여전히 불똥은 한국에게 튄다.

미국과 중국이라는 G2의 갈등은 우리나라 기업의 국제경영에 대한 새롭고 주요한 도전과제로 떠오르고 있다.

그룹토론문제

(1) 한국은 수출위주로 경제성장을 이루었다. 현재 대미, 대중 수출 의존율이 40%에 육박하는 상황에서 두 국가의 경기침체 및 관세정책 등은 언제든지 한국 경제를 흔들어 놓을 수 있다. 이에 대비하여 한국기업들이 향후 취해야 할 전략에 대해서 논의해보자.

2. 국제기업의 유형과 주요 전략

2.1 퍼뮤터의 국제기업 유형

EPRG(Ethnocentric, Polycentric, Regiocentric, Geocentric)

1969년 하워드 퍼뮤터(Howard Perlmutter)는 《다국적 기업의 우여곡절 많은 진화(The tortuous evolution of the multinational corporation)》라는 저서를 통해 EPRG(Ethnocentric, Polycentric, Regiocentric, Geocentric)모델을 소개하며 국제기업의 네 가지 유형을 제시하였다.

국제기업이라고 다 똑같은 국제기업일까?

"아니지! 국제기업은 말이지…
본국, 현지국, 지역, 세계지향 기업 이렇게 네 가지로 나눌 수 있지!"

하워드 퍼뮤터(Howard Perlmutter, 1925~2011)

(1) 본국지향(Ethnocentric) 기업

본국지향(ethnocentric) 기업

자국중심의 기업. 즉, 본국 사람들이 현지인들보다 뛰어나고 믿을만하기 때문에 본사에서 주재원을 파견해서 요직에 둔다. 주요 전략과 의사결정은 당연히 본국에서 이루어진다. 우리가 너희보다 더 우월하다는 마인드가 깊게 깔려 있다.

월마트의 한국시장 진출

2018년 2분기(4~6월) 매출 증가율이 10년 만에 최대치인 4.5%, 온라인 부문 40% 증가율로 어닝서프라이즈를 기록한 데 이어 내년도 역시 2.5~3% 증가율이 예상되는 세계적 소매유통업체 월마트!

1998년 7월 한국에 당당하게 진출하여 2004년 16호점 오픈!

월마트의 주요 전략은 비용우위 전략! 착한 가격!

원가절감을 위한 월마트의 특징은

- 도심 밖에 멀리 떨어진 위치
- 창고형 진열방식
- 고객을 위한 서비스 거의 없음

"우리한테 마트는 쇼핑만 하는게 아니라 거기서 밥도 먹고 차도 마시고 천천히 이것저것 구경도 하면서 시간을 보내는 문화생활 공간인데…"

"싸잖아! 불편해도 감수해야지! 결국 우리 방식에 길들여지게 될거야!"

하지만 결과는?

"길들이기는 ×뿔…"

2005년까지 당기 순손실만 99억 원.

결국 2006년 이마트에 16개 매장을 전부 매각하고 한국에서 철수하는 참패!

한국의 소비자 특성을 무시한 월마트는 본국지향 국제경영의 한계를 보여주었다.

(2) 현지국 지향(Polycentric) 기업

현지국 지향(polycentric) 기업

현지 중심의 기업. 현지인에게 경영 전반의 의사결정 권한과 자율성을 부여한다. 현지인에게 권한을 주다 보니 본사와의 의사소통이나 전 세계에 퍼져 있는 자회사들 간 원활한 협업이 쉽지 않다는 단점도 있다.

인도네시아에서 초대박! K-푸드 열풍을 일으킨 "미원"

2018년 인도네시아에 진출해 있는 한국기업은 2,000~3,000개. 저렴한 인건비, 커다란 내수시장 등의 장점에도 불구하고, 수익을 내는 데까지 오래 걸려 매몰비용이 높은 나라로 평가되고 있는 인도네시아에서 한국기업들이 고전을 면치 못하고 있다. 그러나 여기에서도 초대박을 낸 기업이 있으니 바로 종합식품기업 "대상".

대상은 1956년 최초의 국산 발효 조미료 "미원"을 개발하였고, 미원은 60여 년간 한국에서 '조미료의 대명사'였다. 그러나 경쟁업체인 제일제당의 "다시다"에 밀려 국내시장 점유율 1위 자리를 빼앗기고 말았다. 그 미원이 인도네시아에서 현지 조미료 시장 점유율 20~30% 수준을 웃돌며 업계 2~3위를 다투고 있다. 미원의 해외 매출은 2015년 2,000억 원으로 같은 해 국내 매출 1,027억 원보다 2배 가량 높았다.

대상(주) 글로벌 '미원' 매출액 현황 (단위: 억원)

미원의 인도네시아 성공 전략은 "철저한 현지화"

미원 인도네시아는 모든 것을 현지화 체제로 운영한다. 모든 업무는 인도네시아어로 처리하고 있으며, 2001년부터는 영어 사용조차 금지시켰다. 한국인 주재원도 공장 직원 1,013명 중 단 5명. 한인 주재원들은 현지 인도네시아 직원들과 똑같은 작업복을 입고 같은 식당에서 점심을 먹는다. 또한 현지 기업이 아닌만큼 인도네시아 내에서 다양한 사회적 책임활동을 하며 좋은 기업으로서의 이미지를 구축하고 있다.

출처: https://post.naver.com/viewer/postView.nhn?volumeNo=17058062

(3) 지역지향(Regiocentric) 기업

본국의 본사와 유사한 역할을 하는 지역 본사에서 각 지역 내의 독자적 운영을 총괄하고, 동질적 국가를 블록화해서 지역단위로 독자적 경영활동을 한다. 예를 들면 북미, 남미, 북유럽, 서유럽, 동북아시아, 동남아시아 등으로 묶어서 권역별로 관리하는 것이다.

지역지향(regiocentric) 기업

(4) 세계지향(Geocentric) 기업

세계를 하나의 시장으로 간주한다. 국가 간 차이가 없다는 주의이다. 즉, 본사와 현지 자회사들 간 차별을 두지 않고, 사람, 제품, 기술, 문화 등이 자유롭게 교류되며, 자본의 흐름도 자유롭다.

세계지향(geocentric) 기업

2.2 바틀렛의 국제기업 유형

1986년 크리스토퍼 바틀렛(Christopher Bartlett)은 〈초국적 기업의 형성과 경영: 조직의 새로운 도전(Building and managing the transnational: The new organizational challenge)〉이라는 논문을 통해 '**통합/대응 모델(integration/responsiveness framework)**'을 소개하면서 국제기업을 세 가지 유형으로 분류했다.

통합/대응 모델(integration/responsiveness framework)

국제기업을 어떻게 나누면 좋을까?

"글로벌 통합, 현지 대응을 주축으로 나누는 게 좋겠군!"

크리스토퍼 바틀렛(Christopher Bartlett, 1943~)

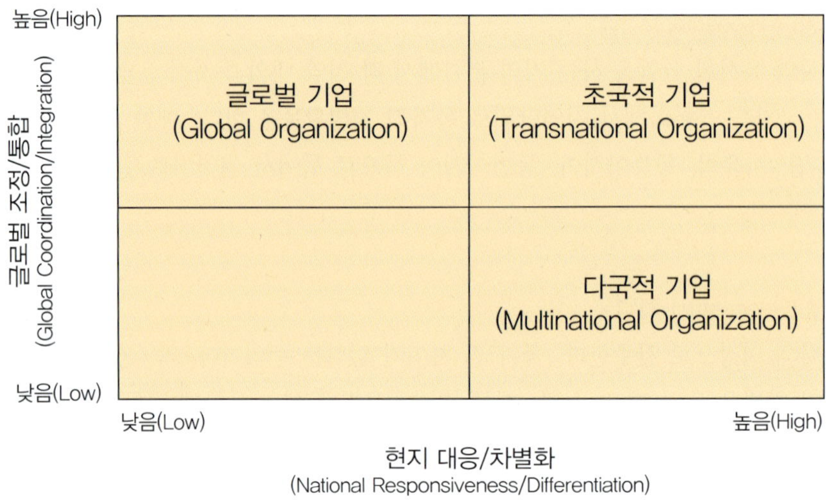

출처: Integration/Responsiveness Framework (Bartlett 1986)

(1) 글로벌 기업(Global Organization)

글로벌 기업(global organization)

글로벌 조정, 통합 정도가 높고, 현지 대응 및 차별화 정책이 낮다. 즉, 현지적응 전략보다는 글로벌 통합 전략에 초점을 맞추는 기업으로 모든 의사결정을 본국에서 하고, 표준화된 제품을 전 세계에 유통시킨다.

전 세계 어딜 가나 똑같은 맛! 코카콜라(Coca-Cola)

출처: https://kin.naver.com/qna

"정확한 공정을 통해 생산된 그 검은 액체의 맛은 언제 어디서나 똑같다. 변하지 않는다. 검은 액체의 맛은 세밀하게 계산된 평균치의 맛이다. 그 맛은, 표준 규격 사이즈의 타이어가 탄생하는 과정과 흡사하게 탄생한다."

코카콜라 발명가 존 펨버턴(John Pemberton, 1831~1888) & 코카콜라를 처음 판매한 제이콥스 약국

출처: Google 이미지

전 세계 75개 국가 중 유일하게 실패해 스타벅스 자존심에 유일한 오점을 남긴 호주

맛의 평준화로 전 세계 커피 시장에 제2의 물결을 일으킨 스타벅스!

STARBUCKS®

2000년 호주시장에 그 이름도 당당하게 진출하며, 그 이후 매장을 84개로 확대했다.

그러나…

호주는 낙농업이 발달한 나라로 호주인들은 '플랫 화이트(flat white)'라는 커피를 즐겨 찾는다. 가격은 호주달러로 대략 4.5달러(한화 약 3,600원)이며, 훌륭한 맛에 가격까지 저렴하다.

플랫 화이트: 더블 에스프레소에 미세한 입자의 마이크로 폼 스팀 밀크를 혼합해서 만든 커피향이 진하고 우유질감이 상당히 부드러운 호주 고유의 커피

현재 유행하는 전 세계 힙스터 카페들이 모두 호주의 멜버른식 카페를 따라할 정도로 원두 본연의 맛과 스페셜티(specialty: 전문성)를 추구하며, 전 세계 커피의 제3의 물결을 일으키고 있는 호주. 커피 선호도가 뚜렷한 호주에서조차 스타벅스는 여전히 미국식 아메리카노와 카푸치노, 프라푸치노, 마끼아또 등의 혼합 커피메뉴를 고집했다.

출처: https://www.visitvictoria.com

저렴하면서도 높은 퀄리티를 요구하는 호주 소비자들은 오히려 로컬 커피숍을 선호했고, 호주 소비자들에게 외면받게 된 스타벅스. 8년 동안 1억 4,800만 호주 달러(한화 약 1,218억 원) 손실, 2008년 60개 매장 폐쇄, 결국 2014년 잔여 24개 매장도 위더스그룹에 전부 매각하고 철수하는 쓰디쓴 경험을 맛보게 된다. 호주에서 완전히 체면 구겨진 스타벅스!

출처: https://www.ajunews.com/view/20180810144828517

(2) 다국적 기업(Multinational Organization)

글로벌 조정, 통합 정도가 낮고, 현지 대응 및 차별화 정책이 높다. 글로벌 통합전략보다는 현지적응전략에 초점을 맞추는 기업으로 진출해 있는 현지국에 맞추어 제품을 차별화시킨다.

다국적 기업(multinational organization)

현지인의 입맛에 충실하라! 이색 맥도날드(McDonald's) 메뉴

(1) 중국의 다양한 아침메뉴와 디저트

중국 맥도날드(McDonald's)의 아침 메뉴: 음료는 또우장(豆浆)이라고 불리는 두유

출처: Baidu

디저트 메뉴는 중국인들이 좋아하는 재료를 넣어서 만드는데, '팥파이', '복숭아꽃 아이스크림' 등이 있다.

(2) 독일의 '맥뉴른 버거'

소시지로 유명한 독일에서는 전통 빵인 브뢰첸 속에 고기 대신 소시지를 넣는다.

(3) 터키의 '코프테 버거'

전통 메뉴 '케밥'을 표방한 버거로 다진 양고기와 소고기를 반죽해서 넣는다.

(4) 캐나다 랍스터 버거

캐나다 북부 지역에서는 고기 대신 랍스터를 잘게 썰은 뒤 마요네즈와 섞어서 넣는다.

(5) 인도네시아의 '맥 라이스'

빵보다는 쌀을 주식으로 즐기는 인도네시아에서는 한국의 라이스버거와 비슷한 모양으로 빵 대신 쌀을 납작하게 구워 사용한다.

(6) 이집트의 '맥 아라비아'

이집트에서는 빵 대신 난을 이용해 요거트 소스를 얹어 만든다.
난이란? 발효 밀가루 반죽을 탄두르에 넣어 잎사귀 모양으로 구워낸 납작한 빵을 말한다.

(7) 인도의 '맥커리 팬'

인도에서는 인도인들이 좋아하는 카레소스를 넣고, 난 위에 채소와 커리로 맛을 낸 토핑을 얹는다. 대부분의 인도인들이 채식주의자라는 것을 배려해 만든 메뉴이다.

출처: Google 이미지

(3) 초국적 기업(Transnational Organization)

초국적 기업(transnational organization)

글로벌 조정, 통합 정도도 높고, 현지 대응 및 차별화 정책도 높다. 글로벌 통합 전략과 현지적응 전략을 동시에 하는 이상적인 기업 형태인데, 말 그대로 두 마리의 토끼 모두를 잡는 이상적 형태라서 현실에서는 쉽지 않다.

그룹토론문제

(1) 세계 모든 나라와 지역에서 동일한 맛을 고집하는 코카콜라와 스타벅스의 국제화 전략의 성패는 어느 정도의 현지화가 적절한지에 대한 경영자의 고민을 배가시킨다. 글로벌 통합과 로컬 현지화의 균형은 모든 국제기업의 고민. 위의 두 사례를 비교할 때에 어떤 점을 고려하여 현지화의 정도를 정하는 것이 좋을지 논의해보자.

(2) 높은 수준의 현지화를 채택한 맥도날드의 경우는 어떨까? 당신은 한국의 맥도날드에서 김치고추장 버거를 사먹고 싶은가? 아니면 맥도날드 고유의 빅맥을 선택하겠는가?

3. 해외시장 환경 분석

3.1. 문화적 환경

해외에 진출하는 국제기업에 있어서 경제적 환경만큼이나 중요한 것이 바로 문화적 환경이다. 대부분 현지화라 함은 현지국 문화에 적응하는 전략으로 현지인들이 좋아하는 디자인과 색상들을 고려해서 제품을 만들고, 문화에 맞는 서비스를 제공한다.

금색과 붉은색을 좋아하는 중국

중국인들은 금색과 붉은색을 상당히 좋아한다. 예로부터 금색은 부와 고귀함, 신성한 권위의 상징으로 여겨지고 있기 때문이며, 붉은색은 생명력과 경사스러움, 아름다움을 나타내기 때문이다.

오기룡(吴奇隆: wúqílóng 우치롱) & 유시시(刘诗诗: liúshíshí 리우스스) / 나진(罗晋: luójín 루어찐) & 당언(唐嫣: tángyān 탕옌) 커플

2019 호란전(皜镧传: hàolánzhuàn 하오란짠)

출처: Baidu & Aiqiyi

문화적 환경 분석을 위한 여러 이론들이 있으나 대표적인 것으로는 **홉스테드의 문화차원이론**(CDT: Cultural Dimensions Theory)이 있다. 기어트 홉스테드(Geert Hofstede)는 IBM 인적 자원 담당부서에서 일하던 당시 각 문화 환경에 따라 하급자들이 상급자들에게 눈치를 보지 않고 식섭 의사전달을 할 수 있는 정도가 다르다는 점에 주목하고, 1967년부터 1973년까지 IBM 전 세계 70여개 나라의 현지법인에 근무하는 10만 명 이상의 직원들을 대상으로 문화 차이를 비교하였다.

홉스테드의 문화차원이론(CDT: Cultural Dimensions Theory)

문화를 어떤 기준으로 나누면 좋을까?

네덜란드 사회심리학자, 기어트 홉스테드(Geert Hofstede, 1928~)

조사 결과를 바탕으로 그는 53개 국가를 4가지 가치기준으로 분류하여 각 지수를 도출해 내고, 나중에 하나를 더 추가하여 5개의 가치체계에 따른 모형을 만들었는데 이를 홉스테드의 문화차원이론이라고 한다.

국명	개인주의	권력간격	불확실성의 회피 성향	남성 중심의 정도
한국	18	60	85	39
그리스	35	60	112	57
대만	17	58	69	45
싱가포르	20	74	8	48
파키스탄	14	55	70	50
미국	91	40	46	62
일본	46	54	92	95
영국	89	35	35	66
독일	67	35	65	66
프랑스	71	68	86	43
인도	48	77	40	56
덴마크	74	18	23	16
이스라엘	54	13	61	47
오스트리아	55	11	70	79

출처: Hofstede, G., 1980

홉스테드가 처음 분류한 네 가지 유형은

개인주의 대 집단주의(individualism vs. collectivism)

- **개인주의 대 집단주의(individualism vs. collectivism)**: 집단 구성원으로서보다는 개인적 행동을 선호하는지 혹은 집단 구성원으로서 다른 구성원들을 돌보고 보호하고자 하는지를 의미하는 것으로 수치가 클수록 개인주의가 강하다(예: 미국 91, 한국 18).

권력간격(power distance)

- **권력간격(power distance)**: 사회 자체가 부와 권력이 불평등하게 배분되어 있음을 당연히 받아들이는지 혹은 아닌지를 의미하는 것으로 수치가 클수록 권력간격이 큰 것. 즉, 사회의 부와 권력의 불평등을 당연한 것으로 받아들이는 것이다(예: 한국 60, 오스트리아 11).

여기서 잠깐!

'A' 나라에서 'B' 회사의 회식이 있는 날

최고경영자와 부하직원들이 모 식당에서 회식을 하기로 하였다.

때는 금요일. 주차장에 차들이 북적북적. 차를 대는 것이 보통 일이 아니다.
주차장은 사람들이 도착한 순서대로 주차를 하고 있고, 주차장이 꽉 찬 후에는 도로 주차장에 차례대로 차를 주차하고 있다. 홉스테드의 문화차원이론에 의하면 이 나라는 권력간격(power distance)이 큰 것인가, 작은 것인가?

정답은?

작다! (권력에 의한 불평등을 받아들이지 않는다.)

한국이었다면?

최고경영자보다 자기가 먼저 왔다고 주차장 제일 가까운 자리에 차를 대는 일반직원은 없다.

'당장 회사를 때려치우겠다!', '한번 들이받고 나가겠다!'가 아닌 바에야…

따라서 한국은 "아주 큰! 권력간격"

- **불확실성에 대한 회피 정도(uncertainty avoidance)**: 불확실한 상황에 처할 경우, 이런 애매하고 불확실한 상황을 받아들이는 정도가 강하거나 혹은 약함을 의미하는 것으로 수치가 클수록 불확실성에 대한 회피정도가 높다(예: 한국 85, 싱가폴 8).

불확실성에 대한 회피 정도 (uncertainty avoidance)

- **남성다움 대 여성다움(masculinity vs. femininity)**: 사회가 남성적 가치의 중요성이나 우월성을 강조하는지 혹은 남녀의 차이가 별로 없는지를 의미하는 것으로 수치가 클수록 남성적 가치의 중요성, 우월성을 강조한다(예: 일본 95, 한국 39, 덴마크 16).

남성다움 대 여성다움 (masculinity vs. femininity)

현지 문화를 모르면 진출하지 말아라!

문화 몰이해로 인한 실패: 조니 앤 제니 레스토랑(Johnny & Jenny's Entertainment Restaurant)

수많은 한국 기업들이 중국의 거대한 인구를 노리면서 요식업 시장에 들어가지만, 한국수출입은행에 따르면 50% 이상이 실패를 한다고 한다. 중국 우한에 레스토랑을 오픈했다가 중국인들의 문화를 이해하지 못해서 큰 낭패를 본 '조니 앤 제니 레스토랑'.

"우리는 말이지, 타오찬(套餐)! 세트메뉴가 좋아!

그리고 무슨 메뉴에 사진도 없어?"

"완전히 싸구려 학생식당이구만! 핏자 먹겠다고 이렇게 비싼 돈을 내고 낯선 사람들 옆에 바짝 붙어 앉아서 먹고 싶겠어? 우린 말이야, 사람들이 많을 땐 넓은 공간에 동그랗게 둘러 앉아서 먹는 걸 좋아한다고!"

"일본 사람처럼 무릎을 꿇고 주문을 받으라구? 미친 거 아니야?"

"내가 예전에 다른 중국식당에서 일했는데, 우리 보스는 무지 엄격했어. 내 동료 중에 일하면서 노는 걸 좋아하는 사람이 있었는데 말이지 근무시간에 놀다가 딱 걸린거야. 결국 하루 일당을 벌금으로 냈지 뭐야. 근데 다음에 또 걸린 거야. 그날 바로 짤렸지… 근데 우리 한국 보스는 너무 착해!"

"우리는 일만 잘하면 승진도 보상도 완전 초고속인데… 여기 한국 사장은 일 년 있다 어쩌구 이 년 있다가 어쩌구… 그렇게 오래 어떻게 기다리라는 거야? 우리는 어디까지나 고양이 이론!"

"일만 잘 하면 나이불문! 경험불문! 성별불문! 무조건 바로바로 보상! 이래서야 어디 일할 맛 나겠어? 딴데 가고 말지!"

여기서 잠깐!

덩샤오핑(邓小平)의 '고양이 이론'

"흰색이건 검은색이건 쥐를 잘 잡는 게 착한 고양이라고!"

중국 전 국가주석, 덩샤오핑(邓小平, 1904~1997)

여기에 한 가지 더!

 "우리는 외국인이잖아. 법규만 이기지 않으면 별 문제 없을거야!"

그러나..

그건 혼자만의 착각!

중국에서 중요한 건 꽌시(关系-GuanXi)!

(사람들과의 관계, 특히! 주요 이해당사자들과의 관계)

레스토랑을 개업하기 전에 소방안전점검, 환경보호검사, 위생 허가 등의 문제로 매주 검사를 하러 나온 중국인들. 매주 진행상황을 두 눈 뜨고 뻔히 다 봐 놓고서 인테리어가 끝나고 레스토랑을 오픈하려고 딱! 하는 바로 그 시점에 그제서야 이거 위반이다, 저거 위반이다, 이거 틀렸다, 저거 틀렸다… 끊임없이 문제점들을 지적!

결국 이 문제 저 문제 해결하다가 제 시간에 오픈을 할 수 없었다는 얘기!

그러게 꽌시는 미리미리! 문제 생기기 전에 약을 쳐야 한다.

꽌시의 생활화!

3.2 정치, 법률적 환경

국제기업이 해외에 진출할 때에는 경제적, 문화적 환경뿐 아니라 정치, 법률적 환경까지 모두 고려해야 한다. 본국과 진출국 간의 외교관계, 현지기업과 외국기업 간의 갈등, 재산몰수의 가능성, 분쟁 발생 시 처리 방식, 외국기업의 고용이나 소유 등에 대한 법률적 규제, 배당금 처리에 관한 법규, 외국기업에 대한 관세정책, 해당국가 정부의 경제활동 규제나 관여 여부 등의 정치, 법률 문제 역시 국제기업이 고려해야 할 중요한 환경요소이다.

사드(THAAD: Terminal High Altitude Area Defense): 미국이 추진하고 있는 미사일 방어체계

2016년 한국에서 미국의 사드 배치를 승인하자 중국과 한국 간 사드배치 갈등으로 중국이 한국을 대상으로 '사드보복'을 하였는데, 한국으로의 관광이 규제되었고, 한국기업에 대한 불매운동이 일어났으며, 반한 감정이 고조되면서 한국기업들이 큰 타격을 받았다. 중국은 특히 골프장을 사드부지로 제공한 롯데그룹에 대해 강한 보복조치를 취하였는데, 중국에서 운영하고 있는 롯데마트 점포에 대해 위생, 안전, 통신, 광고 등 다방면에 걸친 불시 단속을 수시로 하며, 벌과금을 부과하고, 영업정지 명령을 내렸다.

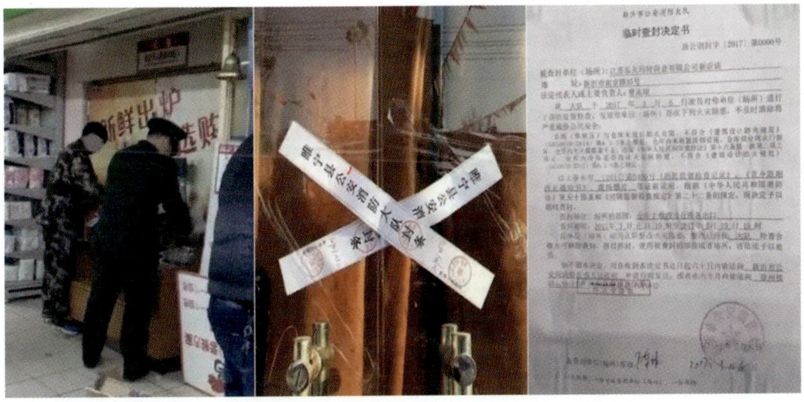

중국 롯데마트에 대한 단속, 소방안전 이유로 창고 봉쇄, 임시영업정지 처분명령서가 붙고 영업점이 폐쇄된 모습

출처: Chinese website, Baidu

이후 롯데마트는 중국 내에 있던 112개 점포를 모두 폐점하고 중국사업을 완전히 철수하였다.

그룹토론문제

(1) 기업이 해외에 진출할 때 고려해야 하는 환경 요인 중에서 가장 중요한 것은 무엇이라고 생각하는가?

(2) 그 이유에 대해서 논의해보자.

4. 해외시장 진입전략 및 유형

4.1. 해외시장 진입전략

(1) 점진적 진입 vs. 동시다발적 진입전략

점진적 진입

점진적 진입은 우선 순위가 높은 시장부터 야금야금 진입하는 것이다. 현지 시장에서 경험을 축적한 이후 다른 시장에 순차적으로 진입한다. 해외 시장의 경험이 부족하고 자원이 제한적인 경우 점진적 진입이 유리하다.

동시다발적 진입

반면, **동시다발적 진입**은 해외시장 정보와 경험이 축적된 기업이 선택하는 방식으로 한번에 여러 곳을 덮친다. 경쟁자에 비해 해외시장 진입이 뒤쳐졌거나 새로운 시장 진입 기회를 선점하고 경쟁자의 기선을 제압하기 위한 경우 여러 나라에 동시다발적 진입을 하기도 한다. 단기간에 집중적으로 실행되는 전략이기 때문에 상당한 재무 자원 및 경영 자원을 필요로 한다. 이 경우 상당한 위험과 실패의 가능성을 염두에 두어야 한다. 동시다발적 진입이 가능한 기업은 돈이 아주 많은 대기업집단들. 중소기업의 경우 자칫 파산할 수도 있으니 매우 신중해야 한다.

(2) 집중 vs. 분산 전략

집중 전략
비용 절감

집중 전략은 투여 자원이 제한되어 있고, 경험이 부족한 기업이 취하는 전략으로 해외시장 간 상호관련성이 높은 경우 기업이 보유하고 있는 자원을 한 지역에 집중시킴으로써 **비용 절감** 등의 경영 효율성을 증대시킨다.

분산 전략
위험관리전략

반면, **분산 전략**을 취하는 기업도 있는데, 이 경우는 발생 가능한 위험을 분산시키기 위한 의도적 행위로 여러 지역에 자원을 분배해서 해외시장에서의 추이를 지켜본다. **위험관리전략**을 기초로 하는 경우이다.

(3) 선점 · 대결 · 구축 전략

선점 전략(preemptive strategy)

선점 전략(preemptive strategy)이라 함은 선점자우위(first mover advantage)를 위해서 경쟁기업보다 앞서 진입하는 전략으로 단기적 손실을 감수하면서 상당한 투자를 해야 한다.

대결 전략(confrontation strategy)

대결 전략(confrontation strategy)은 경쟁기업의 본국 시장이나 다른 주요 시장에서 경쟁기업과 정면으로 승부를 하는 경우이다. 공격하는 기업의 자국시장이나 제3시장에 대한 상대 기업의 보복 가능성이 제한적일 때 성공할 가능성이 높다.

구축 전략(build-up strategy)

구축 전략(build-up strategy)은 주요 경쟁자들이 진입하지 않은 비교적 규모가 작고 매력도 역시 낮은 시장에 진입하여 시장을 형성하는 것이다. 단기적으로 주요 경쟁자와의 직접 경쟁을 회피할 수 있다. 현지 시장 규모가 작고, 현지 시장 특성에 대한 적응이 필요할 때 적절한 전략이다. 장기적으로는 조그만 시장이지만 이를 교두보로 시장확대에 나서 보다 직접적인 경쟁에 돌입하기 위한 준비작업이 되기도 한다.

4.2 해외시장 진입유형

(1) 수출

- **간접수출**은 수출대행업체 또는 무역회사를 이용하거나, 국내에 진출해 있는 외국기업에게 물건을 판매하는 형태이고, 간접수출
- **직접수출**은 매출규모가 크고 해외 시장 개척에 대한 의지가 확고한 경우에 진행한다. 직접수출
- **공동수출**은 독자적 수출전담조직을 가지기에는 자원이 부족하거나 매출 규모가 작을 경우 할 수 없이 해외 판촉, 수송, 유통에 있어 다른 기업과 상호협력계약을 통해 수출하는 형태를 말한다. 공동수출

어기서 잠깐!

피기배킹(piggy backing)이란? 자사의 제품 및 서비스를 타 기업의 유통조직을 통해 판매하는 것을 말한다. 혼자 팔 능력이 없으면 이익이 줄더라도 어쩔 수 없이 이 방법을 선택해야 한다.

(2) 계약에 의한 방식

- **계약생산**: 한 기업이 다른 외국기업에게 생산 및 제조기술을 제공하면서 특정 제품의 생산을 주문하고, 그 주문 생산된 제품을 공급 받아 현지 시장이나 제3국의 시장에 재판매하는 방식으로 투자가 필요 없고 관세장벽을 피할 수 있지만, 적합한 업체를 발견하는 것이 쉬운 일이 아니다. 계약생산
- **라이센싱**: 상품 특허권이나 기술, 상호 및 상표 등과 같은 독점적 자산을 보유하고 있을 때, 이러한 독점적 자산의 사용권을 해외시장에 판매하는 방식이다. 계약생산과 마찬가지로 투자 비용이 필요 없고, 신속한 시장 진입이 가능하지만, 향후 시장 개척의 가능성이 제한되고, 잠재적 경쟁자를 만들게 된다. 라이센싱
- **프랜차이징**: 상표를 사용하는 업체(franchisee)는 특정한 방식으로 영업을 할 수 있는 권리를 받는 대가로 매출에 대한 일정비율의 로열티를 지불한다. 재무 투자가 적은 편이지만, 프랜차이저(franchiser)의 통제를 받게 된다. 프랜차이징

■ **여기가 미국이야 한국이야?**
한국에 들어온 미국 프랜차이즈 기업들!

데어리 퀸(Dairy Queen)

무중력 아이스크림, 블리자드로 유명한 디저트 & 패스트푸드 브랜드

쉐이크쉑(Shake Shack)

뉴욕 여행 시 필수 방문지라고 알려져 있는 쉐이크쉑

에맥 앤 볼리오스(Emack & Bolio's)

1975년 보스턴에서 탄생, 40여 개 맛의 아이스크림에 화려한 토핑

할랄 가이즈(The Halal Guys)

뉴욕에서 푸드트럭으로 시작한 미국의 전설, 이태원에 첫 번째 한국 지점을 내고 점차 지역을 넓혀가고 있다.

출처: https://m.post.naver.com/viewer/postView.nhn?volumeNo=10803788&memberNo=4292911&vType=VERTICAL

합작투자

• **합작투자**: 합작투자의 주요 목적은 제한적 자본투자, 위험분산, 현지자원 활용으로 기업들이 소유권과 기업의 경영을 분담하여 자본 · 기술 등 상대 기업이 소유하고 있는 강점을 이용하고, 위험을 분담한다는 점에서 상호이익적 해외투자방식이다. 그러나 의사소통 문제, 경영활동 운영, 관리 문제로 파트너와의 갈등이 종종 일어난다.

우리 합작 영원히?

합작투자라는게 사실 기업 간 결혼 비슷한 것!

그럼 우리 합작 영원히? 죽는 날까지?

에이! 무슨 그런!

아니다.

개인 간 결혼과 기업 간 합작투자의 가장 큰 차이는 후자는 기간제, 즉 계약 결혼이라는 것! 개인 간의 결혼처럼 죽을 때까지, 검은 머리 피뿌리될 때까지를 맹세할 필요가 없다. 기업 입장에서는 기업이 망하는 최후의 그날까지 어거지로 해야 하는 종신계약이 아니기 때문에 합작 파트너가 마음에 안 들면 계약기간이 종료되는 시점에서 개인 간 결혼이라는 일종의 종신계약을 끝낼 때처럼 죽일 x, 살릴 x 소리 들을 필요 없이 깔끔, 산뜻하게 종료 가능하다. 물론 합작 파트너가 마음에 드는 경우 서로 합의 하에 지속적 관계를 위해 계약을 연장하거나 다른 분야로 협력관계를 확대할 수도 있다. 또한, 회사경영 전체가 아닌 한 사업분야, 혹은 한 지역에 관한 것으로 제한이 있기 때문에 상대기업의 독립성을 침해하지 않는다.

(3) 단독투자

단독투자
현지기업인수(acquisition)
신규설립(greenfield operations)

단독투자는 투자에 대한 현지정부의 규제가 없고, 투자에 필요한 자원이 충분할 경우 자회사를 설립함으로써 현지 생산 및 마케팅 활동을 기업이 완전하게 통제할 수 있는 경우에 취하는 방법이다. 해외 자회사의 경영활동으로 생긴 모든 이익은 본국의 모기업에 귀속된다. 단독투자에는 **현지기업인수**(acquisition)와 **신규설립**(greenfield operations), 두 가지의 형태가 있다. 현지기업을 인수하는 경우 신속한 시장 진입이 가능하지만 인수한 기업과의 조정문제, 경영활동의 통합 문제 등이 발생한다. 신규로 회사를 설립하는 경우 운영은 독자적일 수 있으나 사업기반을 구축하여야 하기 때문에 시간이 소요되고 투자비용이 상당하다.

핵심용어

- 퍼뮤터(Perlmutter)의 국제기업 유형
  - 본국지향(ethnocentric)
  - 현지국 지향(polycentric)
  - 지역지향(regiocentric)
  - 세계지향(geocentric)
- 바틀렛(Bartlett)의 국제기업 유형
  - 글로벌(global) 기업
  - 다국적(multinational) 기업
  - 초국적(transnational) 기업
- 현지국의 문화적 환경
- 홉스테드의 문화차원이론(cultural dimensions theory)
- 현지국의 정치, 법률적 환경
- 점진적 진입 vs. 동시다발적 진입전략
- 집중 vs. 분산 전략
- 선점 · 대결 · 구축 전략
- 수출: 직접, 간접, 공동수출
- 계약에 의한 방식
  - 계약생산
  - 라이센싱
  - 프랜차이징
  - 합작투자
- 단독투자
  - 현지기업인수
  - 신규설립

연습문제

01 국제경영은 무엇을 말하는 것인가?

02 퍼뮤터가 제시한 국제기업의 네 가지 유형과 각 유형의 특징은 무엇인가?

03 바틀렛이 제시한 국제기업의 세 가지 유형은 무엇인가?

04 해외시장 진출 시 대상국 환경분석에서 꼭 고려해야 할 사항은 무엇인가?

05 홉스테드가 문화차원이론에서 제시한 문화분류의 기준은 무엇인가?

06 홉스테드의 문화차원이론에서 제시된 대/소 권력간격은 무엇을 말하는 것인가?

07 해외시장 진입을 전략별로 어떻게 나눌 수 있는가? 세 가지 기준을 제시해보라.

08 해외시장 진입을 유형별로 어떻게 나눌 수 있는가?

09 피기배킹(piggy backing)이란 무엇인가?

PART 03

기업과 사람

CHAPTER

06

조직구성원 이해

1. 구성원 성격과 업무성향
2. 구성원 태도와 업무 만족도
3. 감정노동
4. 지각과 오류

학습목표

- 구성원의 성격을 분석하는 데 있어서 어떤 기준을 적용할 수 있는지 대표적인 분석틀을 설명할 수 있어야 한다.
- 구성원의 태도와 업무 만족도 간 관계를 설명할 수 있어야 한다.
- 감정노동이란 무엇인지 설명할 수 있어야 한다.
- 구성원들이 보일 수 있는 다양한 지각적 오류에 대해서 설명할 수 있어야 한다.

조직행동학(organizational behavior)

과거의 경영대학 커리큘럼의 대부분은 경제, 회계, 재무 등으로 직원들의 행동을 이해하고, 그들을 어떻게 관리해야 하는가는 경영학의 주요 관심사가 아니었다. 그러나 3, 4차 산업혁명을 거치면서 조직 내 구성원들의 역할에 대한 관심이 커져가고 있다. 상이하게 나타나는 직원 행동에 대한 이해, 그리고 각기 개성이 다른 직원들에 대한 적절한 대응방법을 연구하는 분야가 **조직행동학**(organizational behavior)이다. 조직행동학은 행동과학에 기반한 학문으로 심리학, 사회심리학, 사회학 및 인류학, 정치학 등을 근간으로 조직, 즉 기업 내에서 사람들이 어떠한 행동을 보이는가, 그들의 행동이 어떻게 기업성과에 영향을 미치는가를 연구하는 학문이다. 기업은 결국 사람들의 집합체이다. 사람들이 어떤 방식으로 더불어 일을 하고, 효과적, 효율적으로 조직의 목표를 달성하는지를 이해하기 위해서는 조직의 기본 구성요소로서의 사람에 대한 이해가 우선되어야 한다. 이 장에서는 주로 심리학에 기반한 구성원 개개인의 다양한 특성들(성격, 가치, 감정, 지각, 의사결정)을 살펴보도록 하겠다.

몸풀기 당황 · 황당 팀 퀴즈!

교재를 참고하여 다음 질문에 대답해보자.

상황	상황을 설명할 수 있는 적절한 이론적 개념은?
1. (속마음) 앞에 쟤 왜 저러는거야? 아, 짜증! (겉모습) 방긋방긋! 네, 손님! 무엇을 도와드릴까요?	
2. 와, 쟤 정말 예쁘게 생겼다. 분명히 착하고 똑똑할거야.	
3. 우리 야옹이 집에 잘 있나? 난 야옹이들이 너무 좋아! 너무 예쁘잖아! 난 동물보호가! 근데 요즈음 너무 춥네… 여우털 조끼 하나 살까?	
4. 어? 옆에 동료 오늘 결근했네! 내가 그냥 도와줘야겠다.	
5. 직원들은 경영자들이 기대하는 만큼, 그에 부응해서 성과를 낸다고!	
6. 아, 진짜 천천히 걷네… 좀 빨리 걸으라고, 빨리! 앞에 좀 비키라고, 비켜!	
7. 내가 뭘! 뭘! 내 탓 아니라고! 쟤 탓이라고!	
8. 난 우리 회사 진짜 마음에 안 들어! 근데 어째… 목구멍이 포도청이라고 먹고 살려면 그냥 다녀야지…	
9. 저거 저거, 저 인간은 지 보고 싶은 것만 보고, 듣고 싶은 것만 듣구 사는구만! 너 세상 살기 참 편하겠다! 오래 살아라!	
10. 중국 사람들은 전부 아뵤~ 이소룡이야!	

1. 구성원 성격과 업무성향

성격(personality)

사람에 대해서 얘기할 때에 가장 먼저 언급하게 되는 것은 성격이다. "그 사람은 어떤 사람이야."라고 설명할 때에 우리는 보통 성격특성에 대해 얘기하는 경우가 많다. **성격(personality)**은 사람들이 다른 사람들과 상황들에 반응하고 상호작용하는 방식의 총집합으로 유전적 요인과 환경적 요인 모두에 의해 결정되는데, 사람들의 행동을 설명해줄 수 있는 지속적인 지표라고 할 수 있다. 흔히 친절하다, 열심이다, 소극적이다, 낙천적이다 등으로 표현되는 사람들의 특성을 말한다.

성격검사하면 MBTI(Myers-Briggs Type Indicators)?

No! Never!

전 세계적으로 실무적인 차원에서 가장 많이 사용되고 있는 성격검사는 MBTI이다. 기업에서 자기개발이나 교육용으로, 정부기관이나 군대에서는 선발이나 훈련을 위해서, 학교에서는 진로 및 생활지도를 위해서 등의 다양한 목적으로 매년 전 세계적으로 200만 명 이상이 온/오프 라인의 다양한 경로로 MBTI 검사를 받고 피드백을 받는다. 이에 따라 MBTI의 서작권을 소유하고 있는 CPP(Consulting Psychologists Press)사는 매년 2,000만 달러 이상을 벌어들인다. 그렇지만 MBTI가 과학적으로 검증된, 적절한 성격검사 도구일까? 답은 놀랍게도 "전혀 그렇지 않다."이다!

MBTI의 성격유형은 1921년에 스위스의 정신분석학자 칼 융(Carl Jung)이 출간한 '심리유형론'에 근거하고 있는데 이 유형론은 과학적 근거가 없으며 심리학계에서는 오래 전에 사실상 버려진 이론이다. 융의 심리유형론은 1942년 심리학의 정식교육을 받지 않은 캐서린 브릭스(Katherine Briggs)와 그의 딸인 이사벨 브릭스 마이어스(Isabel Briggs Myers)에 의해 MBTI 검사로 개발된다. 이 검사를 1975년에 CPP에서 인수하며 이후 상업적으로 엄청난 성공을 거두게 된다.

선호 경향

	선호 경향	
외향(E) ←	에너지 방향	→ 내향(I)
감각(S) ←	인식 기능	→ 직관(N)
사고(T) ←	판단 기능	→ 감정(F)
판단(J) ←	생활 양식	→ 인식(P)

MBTI는 기본적으로 위와 같은 네 가지 차원에서 사람들의 유형을 이분법적으로 나누어 줌으로써 총 16개의 성격유형 중의 하나로 사람을 규정하는 방식으로 성격진단을 하고 있다. 하지만 다음의 그림과 같이 16개 성격유형에 대한 설명과 이에 따른 적절한 직업선택에 대한 제안 등이 다분히 추상적이다. 더구나 동일한 개인이 MBTI 검사를 받더라도 몇 개월 후에 다시 검사를 받는 경우 동일한 성격유형으로 판명되는

검사-재검사 신뢰도가 매우 낮다는 문제를 가진다. 무엇보다도 큰 문제는 사람들을 두 가지 중의 하나의 범주(사고적 vs. 감정적)로 강제구분한다는 것이다. 사람은 다소 사고적이고, 덜 감정적이라고 할 수는 있지만 전적으로 사고적이기만 하고 감정적이지는 않다는 식의 기술은 오류를 동반할 수밖에 없다.

ISTJ 세상의 소금형	ISFJ 임금뒷편의 권력형	INFJ 예언자형	INIJ 과학자형
한번 시작한 일은 끝까지 해내는 사람들	성실하고 온화하며 협조를 잘함	사람과 관련된 뛰어난 통찰력을 가짐	전체적인 부분을 조합하여 비전을 제시하는 사람들
ISTP 백과사전형	**ISFP 성인군자형**	**INFP 잔다르크형**	**INTP 아이디어 뱅크형**
논리적이고 뛰어난 상황 적응력을 가짐	따뜻한 감성을 가지고 있는 겸손한 사람들	이상적인 세상을 만들어 가는 사람들	비평적인 관심을 가지고 있는 뛰어난 전략가들
ESTP 수완좋은활동가형	**ESFP 사교적인유형**	**ENFP 스파크형**	**ENTP 발명가형**
친구, 운동, 음식 등 다양함을 선호	분위기를 고조시키는 우호적인 사람들	열정적으로 새로운 관계를 만드는 사람들	풍부한 상상력을 가지고 새로운 것에 도전하는 사람
ESTJ 사업가형	**ESFJ 친선도모형**	**ENFJ 언변능숙형**	**ENTJ 지도자형**
사무적, 실용적, 현실도모적인 일을 많이 하는 사람	친절과 현실감을 바탕으로 타인에게 봉사하는 사람	타인의 성장을 도모하고 협동하는 사람	비전을 가지고 사람들을 활력적으로 이끌어 감

MBTI는 이와 같이 과학적으로 검증되지 않은 이론에 근거해서 심리학의 비전문가들이 개발하여 행동설명에 대한 예측력이 매우 약할 뿐 아니라 검사결과의 일관성도 매우 낮음에도 불구하고 지속적이고 성공적인 마케팅 활동을 통하여 인기 있는 성격검사도구로 자리 잡아 왔다. 이러한 성공에 일조한 또 다른 이유는 위의 16개 성격유형에 대한 설명에서 볼 수 있듯이 모든 내용이 모호하지만 듣기 좋은 긍정적인 내용으로 사람들을 기분 좋게 만들면서 어느 정도는 맞는 것 같다는 느낌(Forer effect)을 갖게 한다는 점이다. 이는 마치 사람들이 점성술이나 그날의 운세를 보면서 그럴 듯하다고 생각하고 나름 마음의 위안을 느끼는 것과 크게 다를 바 없다. 그럼에도 불구하고 MBTI가 교육훈련/진로상담/채용 등의 목적으로 가장 많이 활용되고 있다는 점은 체계적 과학과 실무 혹은 일반인들의 인식 간 격차가 여전히 크다는 점을 보여준다.

출처: https://www.vox.com/2014/7/15/5881947/myers-briggs-personality-test-meaningless
https://ppss.kr/archives/24889

1.1 다섯 가지 주요 성격요인

Big 5 모델(Big Five Model)

사람의 성격을 나누는 방식에는 여러가지가 있지만 1980년대 이후로 성격을 분류하는 기준인 **Big 5 모델(Big Five Model)**이 심리학에 근거한 과학적 성격 연구의 주류가 되어 왔다.

Big 5	특성	영향
외향성(Extroversion)	• 대인관계에 뛰어남 • 지배력이 강함 • 자기 감정 표현에 강함	• 리더십이 높음 • 업무 및 삶의 만족도가 높음
우호성(Agreeableness)	• 호감을 받음 • 순응적이고 잘 어울림	• 성과가 높음 • 일탈행동이 적음
성실성(Conscientiousness)	• 노력하고 인내심이 강함 • 자기 원칙이 강함 • 준비와 계획이 철저함	• 성과가 높음 • 리더십이 높음 • 꾸준하고 지속적임
감정 안정성(Emotional Stability)	• 부정적 생각이나 부정적 감정을 덜 느낌 • 과민반응을 보이지 않음	• 업무 및 삶의 만족도가 높음 • 스트레스가 적음
개방성(Openness)	• 꾸준히 학습함 • 창의적임 • 유연하고 자율적임	• 리더십이 높음 • 변화에 잘 적응함

위의 표에서 보는 바와 같이 다섯가지 각 부류의 성격은 일과 삶에 서로 다른 영향을 준다. 다섯 가지 부류의 성격 중 외향적 성격을 가진 사람들은 내향적인 사람들보다 긍정적 감정을 더 많이 느끼고, 감정을 더 많이 표현한다. 이들은 대인관계를 필요로 하는 업무에서 뛰어난 성과를 보이는데 이는 아마도 내향적인 사람들보다 사회성이 높아 업무상 요구되는 사회적 교류를 더 잘 하기 때문일 것이다. 외향적인 사람들은 회사에서 상당히 적극적이고, 주도권을 가지고자 한다. 미팅에서나 그룹 프로젝트에서 그들은 리더십을 보이고 책임자가 되고 싶어 한다. 그런데 외향적 사람들이 가지고 있는 약점은 내향적인 사람들보다 충동적이어서 위험부담이 있는 행동들, 예를 들어 음주, 부적절한 관계형성 등 이슈가 될만한 일들을 간혹 벌인다는 것이다. 한 가지 재미있는 연구결과가 발표되었는데 외향적인 사람들이 내향적인 사람들보다 구직 면접에서 거짓말을 더 많이 한다는 것이다.

사람들이 로맨틱한 파트너, 친구, 동료들을 고를 때 항상 첫 번째 대상이 되는 사람들은 사회적 순응성이 높은 따뜻한 사람들이다. 사회적 순응성 혹은 우호성이 높은 사람들은 그렇지 않은 사람들보다 항상 선호의 대상이 되는데 이 때문에 그들은 사람들을 상대하는 고객 서비스 등의 업무에서 뛰어난 업무능력을 보인다. 사람들과의 충돌을 싫어하기 때문에 대부분 순응적이고 규칙을 잘 따르며 회사에서 일탈 행위를 하는 경우가 거의 없다. 또한 동료들을 자발적으로 도와주는 조직시민행동(OCB: Organizational Citizenship Behavior)을 보여 회사성과에 기여를 한다. 보통 우리가 말하는 '사람 좋은' 그런 부류인데 우호성이 높은 사람들의 경우, 경력개발 특히 수입 측면에서 그다지 좋은 결과를 얻지는 못한다고 한다.

성실성은 학교와 기업 모두에서 한 개인의 성과를 강하게 예측해주는 성격특성이다. 성실성이 높은 사람들은 업무목표를 달성하기 위해 조직에서 요구하는 행동기준에 부합하고자 노력한다. 이러한 특성은 거의 모든 직무영역에서 높은 성과로 연결되어 기업이나 상사의 입장에서도 가장 중요시하는 성격 혹는 개인 자질이라고 할 수 있다.

감정 안정성은 업무와 삶의 만족도, 그리고 스트레스와 가장 강한 상관관계를 가진다. 이는 감정적으로 안정된 사람들이 보다 긍정적이고 낙관적이기 때문에 부정적 감정을 덜 느끼기 때문이다. 따라서 감정적으로 불안정한 사람들보다 행복할 확률이 더 높다. 감정적으로 불안정한 사람들은 모든 일에 과민반응을 보이고 물리적 혹은 정신적 스트레스에 상당히 약하다. 따라서 감정적으로 불안정한 직원들을 다루는 것이 상급자에게는 그다지 녹록한 일이 아니다.

Big 5 모델의 마지막 요소인 개방성이 높은 사람들은 창의성이 높고, 애매모호한 상황이나 변화를 그렇지 않은 사람들보다 편안하게 받아들이기 때문에 회사생활을 하면서 경험하게 되는 수많은 변화에 잘 적응한다. 외부 변화에 민감하며, 보통 과학, 예술 방면에서 높은 창의성을 보이는데 기업에서의 리더십 역시 창의성의 역할이 상당히 중요하기 때문에 개방적인 사람들은 기업에서도 뛰어난 리더가 될 확률이 높다.

기업에서 구성원의 성격이 어떤 함축성을 가지고 있는지 정리해보자. 외향적인 사람들은 사회성이 좋고, 우호성이 높은 사람들은 대인업무에 적당하다. 성실한 사람들은 업무지식개발에 열심이고, 매사 노력을 하기 때문에 당연히 좋은 성과를 낸다. 감정적으로 안정된 사람들은 높은 업무 만족도를 보이고, 개방적인 사람들은 창의적이며 좋은 리더가 될 수 있다.

1.2 기타 성격 요인들

통제감(locus of control)
내적 통제감(internal locus of control)
외적 통제감(external locus of control)

Big 5 모델에서 제시하는 성격 외에도 조직 내의 행동을 이해하는 데에 중요한 몇 가지 성격요소가 있는데 간단히 살펴보자. 첫째, **통제감**(locus of control)은 사람들이 스스로의 삶과 운명을 결정할 수 있다고 믿는 정도를 일컫는 것으로 **내적 통제감**(internal locus of control)과 **외적 통제감**(external locus of control)으로 나뉜다. 스스로 운명을 결정한다고 믿는 사람들은 내적 통제감이 강한 것이고, 모든 것이 운명에 달렸다, 팔자라고 믿는 사람들, 사주팔자를 보러 점집에 다니기를 좋아하는 사람들은 외적 통제감이 강한 것이다. 영웅이 역사를 만드냐, 역사가 영웅을 만드냐는 질문들을 한다. 영웅이 역사를 만드는 것이다라고 대답한다면 당신은 내적 통제감이 강하고, 역사가 영웅을 만드는 것이다라고 대답한다면 당신은 외적 통제감이 강하다고 할 수 있다. 마찬가지로 스스로 미래를 개척한다고 생각하는지, 미래에 수동적으로 적응해야 한다고 생각하는지에 대한 기업들의 상이한 관점은 외부환경과 미래에 대한 기업의 대응방식을 완전히 바꾸어 놓을 수 있다.

자기점검(self-monitoring)

둘째, **자기점검(self-monitoring)**은 외부의 요구되는 상황에 맞추어 스스로의 행동을 부합시키는 능력을 말한다. 사막에 데려다놔도 잘 살거라고 일컫는 사람들은 자기점검이 강한 사람들이다. 이런 사람들은 환경 적응력이 상당히 뛰어나기 때문에 고과평가에서 높은 점수를 받고, 회사에서 요직을 차지하는 경우가 많다. 그러나 어디에 가도 잘 적응하기 때문에 회사에 대한 몰입도, 즉 현재 몸담고 있는 회사에 계속 머무르겠다는 성향은 낮은 편이다. 카멜레온 같은 지나친 적응성과 처세술은 믿을 수 없다는 인상을 줄 수도 있기 때문에 자기점검 및 적응능력이 탁월하더라도 때로는 이를 적당히 표출하는 것이 오히려 경력에 도움이 될 수도 있다.

타입 A
타입 B

셋째, 타입 A와 B로 나뉘는 성격이다. **타입 A** 성격을 지닌 사람의 전형적인 특징은 끊임없이 빨빨거리는 것이다. 짧은 시간 안에 더 많은 것을 하려는 성향이 몸에 배어 있는 사람들로 참을성이 부족하다. 잠시도 가만히 있지를 않고, 끊임없이 움직인다. 한 번에 두 가지 이상의 생각, 일을 하고, 시간이 아깝기 때문에 걸음도, 먹는 것도 빠르다. 여가를 즐길 줄도 모르고 성과를 올리는 데에 온 신경이 모여 있다. **타입 B** 성격은 타입 A와는 정반대의 느긋한 세월아 네월아 성향을 보인다.

A 타입 성격이 많은 "빨리빨리" 한국인

과거 한국에서 삐삐(호출기)를 사용하던 시절에는 상대를 호출할 때마다 8282를 자신의 전화번호 끝에 표기하여 보냈다. 급하지 않은 일이라도 일단은 빨리빨리!

이 서두르는 성격 때문에 빠른 시일 내에 디지털 강국이 되기도 하였으며, 이로 인해 와우 아파트 붕괴사고, 삼풍백화점 붕괴사고, 성수대교 붕괴사고 등의 부작용도 있었다. 한국인의 이러한 A 타입스러운 특성을 개인과 기업의 직무성과에 어떻게 긍정적으로 활용할 수 있을지, 그리고 그에 따르는 부작용들을 어떻게 방지할 수 있을지에 대하여 경영자들은 항상 고민해야 한다.

외국인들이 뽑은 한국인의 '빨리빨리' Best 10

10위. 상점에서 먹을 것 살 때 계산하기 전에 다 먹어버린 적 있다.
9위. 3초 이상 열리지 않는 웹사이트는 닫아버린다.
8위. 볼일을 보는 동시에 양치질을 한 적이 있다.
7위. 나는 영화관에서 스크롤이 올라가기 전에 나간 적이 있다.
6위. 3분 컵라면이 익기 전에 뚜껑 열어 먹는다.
5위. 엘리베이터 문이 닫힐 때까지 "닫힘 버튼"을 누른다.
4위. 삼겹살이 익기 전에 먹은 적이 있다.
3위. 화장실 들어가기 전 지퍼를 내린 적이 있다.
2위. 버스정류장에서 버스와 추격전을 벌이곤 한다.
1위. 자판기 커피 컵 나오는 곳에 손을 넣고 기다린 적이 있다.

출처: 네이버

기업에는 각기 서로 다른 성격을 가진 수많은 다양한 사람들이 모여서 일을 한다. 각 성격의 장단점을 파악하고 이에 맞게 적절히 인력을 배치하고 자신의 장점을 최대한 활용하도록 도와주어야 할 것이다. 예를 들어, 차분하고 집중력이 강한 내향적 성격의 직원을 대고객업무에 배치한다면 그 직원은 자신의 장점을 살리지 못하고 무능한 직원이 될 수도 있다. 자기점검이 강한 직원의 경우 조직몰입도가 낮은 반면 뛰어난 대인관계 및 영업, 협상능력을 지닌 경우가 많다. 이들을 영업업무에 배치하여 그들의 강점을 활용하는 동시에 적절한 보상 등으로 조직 몰입도를 높여 우수인력을 지속적으로 유지하는 것 또한 경영자의 능력일 것이다.

그룹토론문제

(1) 사람은 잘 안 변한다고 한다. 그래서 성격의 개념 정의에 안정적인, 장기적인 행동특성을 예측한다는 내용이 들어가는 것이다. 그래서 '성격이 좋은' 동료와 상사를 만나는 것이 중요하다. 어떤 성격을 가진 동료와 일하고 싶은가? 어떤 성격을 가진 상사와 일하고 싶은가?

(2) 이제 본인의 성격에 대해서 생각해보자. 위에서 생각해본 좋은 동료, 좋은 상사에게 원하는 성격에 대비하여 본인은 어떤 점에서 조금씩 스스로의 개인적 성향을 바꾸어 나가야 할지 고민해보자.

2. 구성원 태도와 업무 만족도

태도(attitude)

태도(attitude)는 어떤 상황, 사람에 대한 평가 또는 판단을 일컫는 것으로 인지적, 감정적, 행동적 측면으로 나뉜다. 인지적 태도는 상황과 사람에 대한 견해나 생각을 말하며, 감정적 태도는 감정 혹은 느낌을, 그리고 행동적 태도는 누군가에 대해 혹은 어떤 상황에 대하여 특정적 방향으로 반응하고 행동하고자 하는 의도를 말한다. 사람들의 태도는 행동과 밀접한 관련이 있다.

인지적 불협화(cognitive dissonance)

인지적 불협화(Cognitive Dissonance)

인지적 불협화는 태도와 행동 사이의 불일치(inconsistency)를 말한다.

예를 들어보자. 동물을 사랑한다, 동물을 보호해야 한다고 늘 주장하던 사람이 종종 보신원에 가서 몸보신을 한다고 가정해보자. 여기서 우리는 그 사람의 평소 태도와 행동의 불일치를 목격하게 된다. 사실 이는 상당히 불편한 상황. 이 상황에서 사람들은 태도 혹은 행동을 수정함으로써 태도와 행동 간의 불일치, 괴리를 줄이고자 노력하게 된다. 또는 자기 합리화를 통해 뻔하게 보이는 인지적 불협화(말과 행동이 다른 것)를 부정하는 뻔뻔스러움을 보이기도 한다.

출처: 네이버 이미지

정치가나 연예인처럼 영향력이나 인지도가 높은 경우, 그리고 큰 보상 혹은 비난이 따르는 경우 사람들은 이런 인지적 불협화를 줄이고자 더 노력하게 된다. 사실 현실에서는 인지적 불협화를 줄이는 노력보다는 걸리면 아니라고 빡빡 우기는 오리발 작전을 쓰는 경우가 많긴 하다.

동물애호가로 유명한 연예인 B양.

어느 날 몸보신하다가 팬의 스마트폰에 딱 찍혔네?

빼도 박도 못하는 상황.

"그게 멍멍이인줄은 진짜 진짜 몰랐어요! 그냥 소문난 맛집이라고 하길래…

귀여운 멍멍이인 줄 알았다면… (눈물 글썽… 도리도리) 절대!"

(그래 놓고 그다음 날 선글라스, 마스크, 모자로 완전 무장한 후, 한 번 더!)

> 사람의 생각, 태도라는 것이 항상 행동에 앞서는 것일까? 꼭 그렇지는 않다. 오히려 '거꾸로 상황'이 발생하기도 한다. 예를 들어 별 생각 없이 안전벨트를 습관적으로 항상 착용해오다가, 교통사고가 발생했을 때 안전벨트 착용이 얼마나 중요한지를 실험한 호기심 천국이라는 방송을 본 후, 뒤늦게야 그게 정말 중요하다는 믿음을 가지게 되기도 한다. 행동 먼저, 생각 나중에.
>
> 혹은 자신의 행동에 맞춰서 원래 가지고 있었던 생각 및 태도를 바꾸기도 한다. 보신탕이라면 듣기만 해도 몸서리를 치던 동물애호가. 어느 날 맨 정신이 아닌 상태에서 보신탕을 먹어보고 태도가 바뀔 수도 있다. "모르고 먹으니 이게 아주 입에 착착 감기는 게… 꼭 욕할 것만은 아닌 것 같기도 하고… 뭐 개인의 식성 차로 인정할 수도 있지 않을까 하는…" 변명하는 것보다는 이게 사실 더 쿨하다.

이제부터 기업에서 보편적으로 나타나는 구성원들의 태도에는 어떤 것이 있는지 살펴보자.

(1) 조직 몰입

감정적 조직 몰입(affective organizational commitment)
지속적 조직 몰입(continuance organizational commitment)
규범적 조직 몰입(normative organizational commitment)

조직에 대한, 그리고 조직의 목표에 대한 인식을 분명히 한 상태에서 그 조직에 남아 조직의 일원이 되고자 하는 바램의 정도를 조직 몰입(organizational commitment)이라고 한다. 조직 몰입도는 세 가지 측면으로 나눌 수 있다. 조직에 남아있는 이유가 조직에 대한 강한 애정으로 인한 것이면 **감정적 조직 몰입**(affective organizational commitment), 생계, 경제적 가치를 위한 것이면 **지속적 조직 몰입**(continuance organizational commitment), 자신이 떠난 이후에 회사에 미칠 피해 등으로 인한 걱정, 도덕적, 윤리적 책임감 때문이라면 **규범적 조직 몰입**(normative organizational commitment)이 강한 것이라고 할 수 있다. 하지만 고용업체, 혹은 회사에 대한 몰입보다는 본인이 소속된 전문직종에 대한 직업적 몰입도(professional commitment)가 점점 강해지고 있는 현대사회에서 조직에 대한 몰입도는 과거에 비해 그 중요도가 낮아지고 있다.

(2) 인지된 조직 지원

인지된 조직 지원(POS: Perceived Organizational Support)

이는 회사가 직원들의 공헌을 가치있게 생각해주고, 인정해주며, 자신들의 복지를 신경써주고 있다고 직원들이 믿고 있는 정도를 말한다. 기업에서는 보상이 공평할 때, 직원들을 의사결정과정에 참여시켜줄 때, 상급자가 부하직원들의 의견을 지지해줄 때 직원들의 **인지된 조직 지원**(POS: Perceived Organizational Support)의 정도가 상승하고, 궁극적으로 조직 몰입도와 성과가 향상된다.

(3) 업무 만족도

업무 만족도(job satisfaction)

업무 만족도(job satisfaction)는 직원들의 업무, 동료 그리고 임금에 대한 만족도 모두를 포함하는 개념이다. 보통 직원들의 만족도를 높이는 요소로는 도전적이고 성취욕을 느끼게 하는 업무, 공정한 보상, 쾌적한 업무환경, 자신을 지지해주는 동료 등이 있다. 연구결과에 따르면, 현재 받는 임금이 편안한 삶을 누릴 수 있는 어느 정도에 이르게 되면 업무 만족도에 큰 영향을 미치지 않는다고 나타난다. 미국의 경우 연봉 5만 달러 이상이 되면 5만 달러를 받으나 혹은 그 이상을 받으나 업무에 대한 만족도에는 별다른 차이가 없는 것으로 나타나고 있다.

물론 높은 연봉을 받을 경우 그보다 낮은 연봉을 받는 것보다 더 편안한 삶을 누리고, 더 행복해질 수는 있다. 그러나 삶에 대한 행복지수가 높아진다고 업무 만족도가 올라가지는 않는다는 얘기다. 업무 만족도는 개인의 성향에 의해서도 영향을 받는다. 성향 자체가 부정적인 사람들은 업무에 쉽사리 만족하지 못한다. 따라서 천성적으로 부정적이거나 행복을 쉽게 느끼지 못하는 직원을 둔 경영자에게는 이런 직원들을 어떻게 다루느냐가 큰 과제가 되기도 한다. 업무에 불만족을 느끼는 경우 직원들은 어떠한 행동양상을 보일까?

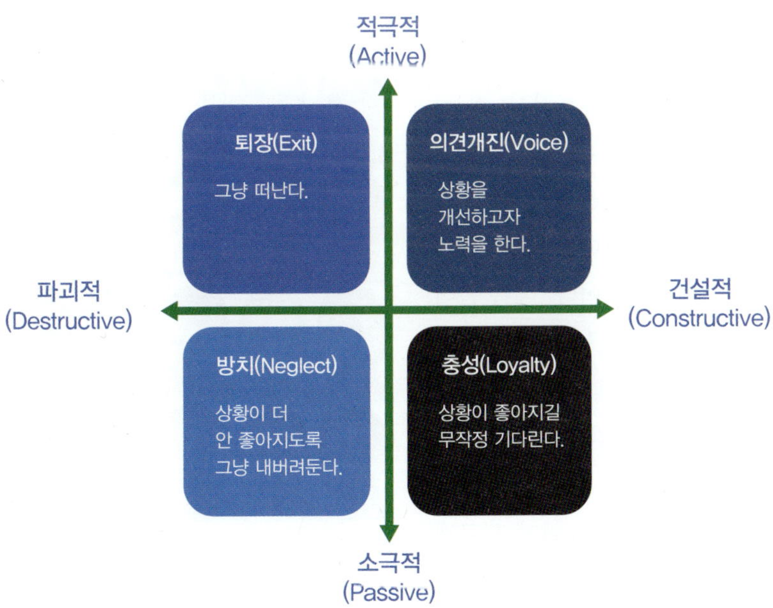

- 가장 적극적이고도 건설적 반응은 불만족스러운 여건을 향상시키기 위해 자신의 견해를 피력하는 것이다(voice).

- 소극적이고 건설적 반응은 본인의 업무에 충실히 임하면서 상황이 나아지기를 꾸준히 기다리는 것이고(loyalty),
- 소극적이고도 파괴적 반응은 상황이 더 안 좋아지도록 그냥 방치하는 것(neglect)으로 보통 회의에 참석하지 않는다거나 결근을 한다거나 하는 소극적 저항의 행태로 나타난다.
- 가장 적극적이고 파괴적 반응은 조직을 그냥 떠나는 것이다(exit).

조직시민행동

조직시민행동

회사에서 공정하게 대우를 받고 회사에 믿음을 가지고 있는 만족도가 높은 직원들의 경우는 보통 업무에서 요구하는 기대치 이상의 행동을 보이게 되는데 이를 **조직시민행동**(OCB: Organizational Citizenship Behavior)이라 한다. 아침 일찍 출근해서 동료들을 위해 커피를 미리 준비한다거나 혹은 결근한 동료의 업무를 자발적으로 처리해주는 행동 등이 조직시민행동의 예가 된다.

3. 감정노동

감정(emotion)

최근 주목받고 있는 직원들의 감정 이슈에 대해서 생각해보자. 사람이 느끼는 정서(affect)는 감정과 기분을 포함하는 개념이다. **감정(emotion)**은 특정인 혹은 특정상황에 대한 강렬한 느낌이고, 기분은 감정보다는 약한, 특정 자극이 없을 때의 막연한 느낌이다. 예를 들어 누구 때문에 화가 났다, 공포를 느낀다, 슬프다, 기쁘다, 혐오스럽다, 놀랐다 등은 특정 대상이 있을 때 느끼는 것으로 감정이라고 일컫는다.

출처: 네이버 이미지

기분(mood)

이에 반해 **기분(mood)**은 왜 그런지 모르겠지만 오늘 왠지 우울하다거나 기분이 좋다 등 특정 자극이 없음에도 불구하고 생기는 느낌이다. 사람의 기분은 날씨, 요일, 시간 등에 의해서도 영향을 받곤 한다. 일요일에는 보통 기분이 우울해지고 불안해진다. 흔히 말하는 월요병의 사전 증후군이다. 일요일에 기분이 나쁘다라는 느낌이 극에 달하다가 다시 주말이 다가오면서 기분이 좋아진다. 시간상으로 보면 아침에 일어나 급히 하루를 시작하면서 기분이 나쁘다가 점심시간이 되면서 좋아지기 시작하고, 저녁이 되면서 다시 가라앉는 패턴을 보인다.

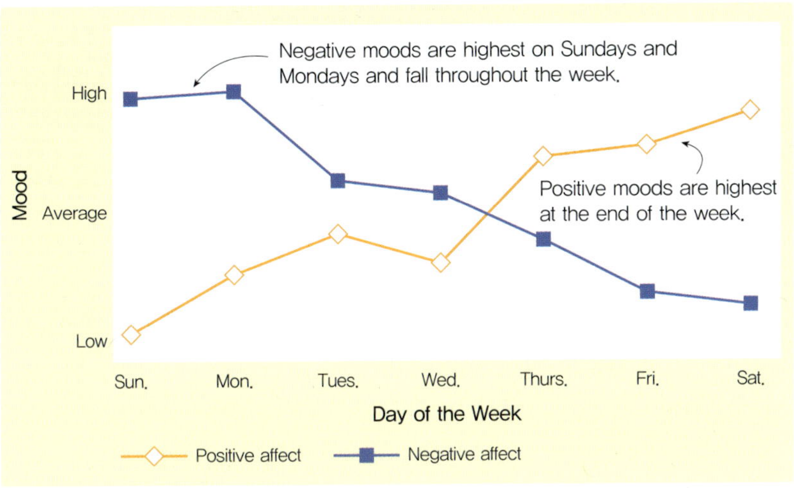

출처: Robbins & Judge, 2012

기업활동에서 감정은 어떤 기능을 할까? 우선 회사생활을 하면서 업무 스트레스, 개인적 불미스러운 상황으로 인한 불쾌한 감정을 상사에게, 동료에게 또는 고객에게 그대로 노출시킨다고 상상해보자. 자신의 감정, 특히 부정적 감정을 여과없이 공공연하게 노출시키는 것은 자신의 사회적 위치, 평판에 큰 타격을 입힐 가능성이 크다.

감정 불협화(Emotional Dissonance)

사람의 감정은 실제 마음 속에서 일어나는 실제감정(felt emotion)과 사회생활을 하면서 요구되는 전시감정(displayed emotion)이 있다. 감정 불협화는 회사생활을 하는 대부분의 직원들이 경험하게 되는 것으로 실제로 자신이 느끼는 감정과 밖으로 표출하는, 혹은 표출해야만 하는 감정의 불일치를 말한다.

출처: myheartsisters.org

감정 불협화(emotional dissonance)
실제감정(felt emotion)
전시감정(displayed emotion)

표면연기(surface acting)
심화연기(deep acting)

예를 들어보자. 집안에 안 좋은 일이 생겼다. 혹은 어젯밤에 여자친구 혹은 남자친구와 싸웠다. 누군가와 말하고 싶지도 않고 기분이 매우 좋지 않다. 하지만 회사에서 당신은 상사에게, 동료에게, 고객에게 웃는 얼굴을 보여야 한다. 이러한 감정 불협화의 상황에서 당신은 가면을 쓰고 연기를 해야 한다. 안과 밖의 감정이 극명하게 다를 때 보이는 표정과 연기를 우리는 표면연기(surface acting)라 부른다. 내적 스트레스가 상당히 심한 상황이 될 것이다. 반면, 어차피 웃으면서 사람들을 대해야 하기 때문에 요구되는 상황에 맞춰 내적 감정을 바꾸는 노력을 하는 경우도 있는데, 이 경우를 심화연기(deep acting)라 일컫는다. 하지만 심화연기가 말처럼 쉽지는 않다. 도를 닦으라는 소리인데 그게 말처럼 쉽냐 이 말이다. 물론 울고 싶을 때 웃어야 하는 상황만 있는 것은 아니다. 웃고 싶은데 우는 연기를 해야 하는 상황도 있을테니…

감정노동(emotional labor)

이 때문에 우리는 회사생활을 하면서 육체적 노동뿐이 아닌 감정노동(emotional labor)을 하게 된다. 감정노동은 회사생활을 하면서 대인관계에서 직원들이 바람직한 감정을 표출해야만 하는 상황에서 발생한다. 표면연기이든 심화연기이든 직원들이 실제 느끼는 감정과 요구되는 감정의 괴리를 느끼는 순간 감정노동이 시작된다.

난 찐~!!! 너한테서 멀어지고 싶다!!!

가족이나 연인도 내게 벌컥! 하면 울컥!하는 게 사람 마음.

어디서 뺨 맞고 나한테 와서 화풀이냐? 소리를 지른다.

그런데 직장에서는 벌컥벌컥에 늘상 당하면서도 찍소리 한 마디 못하는 나.

감정의 쓰레기통

난 '직업적 감정노동자', '감정의 쓰레기통'이다.

나 왜 태어났니?

한국고용정보원이 2021년 730개 직업 종사자 2만 5,550명을 대상으로 실시한 조사집계 결과 나타난 직업적 감정노동자들의 사례를 보자.

- 텔레마케터: 그래! 나 물건 팔려고 전화했다. 그렇다고 성희롱이냐?
- 고객상담원: 회사에서 "고객님 사랑합니다."하라고 해서 했다. 그래서 스토킹질이냐?

얼굴도 모르는 사람들로부터 폭언, 욕설, 성희롱을 달고 사는 직업. 직장까지 찾아오는 수고로움도 마다하지 않는 미친 x들도 의외로 많다니 참으로 요상한 세상이다. 상대방이 어떤 막말을 해도 먼저 전화를 끊을 수 없다는 회사 방침 때문에 이런 상황들은 더욱 심화되었다. 이러한 피해로 인해 최근에는 기업들이 직원의 '먼저 끊을 권리'를 명시하는 경우가 늘어났고, 이에 따라 막말 횟수가 40~60% 정도 감소했다고 한다.

공감 피로(compassion fatigue)

'공감 피로(compassion fatigue)'에 시달리는 사람들도 허다하다.

공감 피로는 공감을 너무 많이 해서(아니, 해야만 해서) 생기는 손상을 말한다. 보통 의료계에 종사하는 간호사들과 의사들이 극도의 스트레스를 경험한 사람들(늘상 아픈 사람들)을 옆에서 돌보며 겪는 증상이다. 타인의 슬픔과 고통에 끊임없이 공감을 표시해야 하기 때문에 감정적으로, 신체적으로 완전히 기진맥진한 상태가 된다. 이 단어를 처음 사용한 사람은 역사학자 칼라 조인슨(Carla Joinson) 박사였다. 아픈 사람들을 계속 상대하면서 그들의 고통에 공감해야 하고, 몸이 불편해 짜증이 난 환자들, 마음이 조급한 보호자들의 주요 타깃이 되기 때문이다. 어쩌면 우리들이 일상생활에서 간혹 느끼는 간호사들과 의사들의 냉정함이나 지나치게 이성적으로 행동하려는 태도는 '공감 피로'로부터 자신을 보호하고자 하는 자기보호본능일지도 모르겠다.

출처: https://m.thesingle.co.kr/article/70/088/THESINGLE, https://post.naver.com/viewer/postView.naver?volumeNo=317595298&memberNo=42198376

나는 어떤가? 다음 항목을 가슴에 손을 얹고 스스로에게 물어보자.

아주 솔직하고, 진솔하게!!

- 내 감정에만 몰두하여 옆 사람을 들들 볶고 있지는 않은지?
- 누군가에게 공감해 달라고 강요하고 있지는 않은지?
- 누군가를 억지로 내 감정의 쓰레기통으로 만들고 있지는 않은지?

깊이 생각해볼 문제이다. 우리 그러지 말자!

감정노동(Emotional Labor)의 끝판왕: 항공기 객실 승무원

사진 속 비행기 안의 승객들과 승무원. 아기를 보면서 모두들 행복해 보인다.

사진 속의 승무원은 사진을 찍은 당시에 실제로 아기들을 보면서 정말로 마음 깊은 곳에서 즐거움과 행복함을 느꼈기 때문에 저런 미소가 나왔을 수도 있다.

탑승한지 2시간 정도. 사람들은 식사와 디저트를 먹은 후 기분이 좋고, 아기도 방긋방긋 웃으며 이쁜 짓을 해대고 모두들 행복하다.

하지만 아기들이 방긋방긋 웃으며 예쁜 짓을 하는 시간이 얼마나 갈까?

보통 비행기에 머물러야 하는 시간은 길다. 장거리 비행의 경우 식사가 끝나면 자라고 객실 불을 끈다. 어두워지고 대부분의 사람들은 눈을 감고 잠을 청한다. 불편하고 어둡고 잠은 안 오고 아기들이 응애응애~ 얼굴까지 시뻘개지며 울어대기 시작한다. 아기들을 안고 있는 엄마도 아빠도 힘들고, 자다가 아이 우는 소리에 잠을 깬 승객들도 끊이지 않는 아기 울음소리에 짜증이 나면서 불평들을 한다.

그러나…

이 순간에도 티없이 맑고 밝게 웃어야 하는 사람이 있으니 그 사람은 바로 '승무원'!

"나도 짜증난다고! 입이 얼얼할 정도로 웃으면서 인사하고, 밥 가져다주고, 커피 가져다주고, 먹은 거 치워주고, 뒤집어 엎기라도 하면 열심히 닦아주고! 불 끄면 좀 자라고! 저것들은 아주 빼랙빼랙 숨이 넘어가게 울어대는구만… 죽겠네 진짜!"

하지만 우리의 승무원은 콱 쥐어박고 싶은 마음을 속으로 꾸역꾸역 삼키고, 오늘도 "생글생글" "우르릉 까꿍"을 하면서 우는 아기 승객을 달랜다.

"특히나 고객에 대한 친절이 최우선인 대한민국의 승무원들"

그들은 지금 이 순간도 어느 비행기 안에서 승객들을 향해 웃어주고 있다.

정서사건이론(AET: Affective Event Theory)

정서사건이론(AET: Affective Event Theory)은 근무환경과 직원의 행동이 연결되는 과정을 설명하는 이론으로 업무 특성과 업무에서 요구되는 상황(situation)이 매일매일 일상적으로 반복되는 소소한 사건에 영향을 주고, 이런 소소한 사건들이 직원들의 긍정적, 혹은 부정적 정서에 영향을 미치면서 업무 만족도와 업무 성과로 이어지는 과정을 설명하는 이론이다. 근무환경, 업무 특성에 따라 매일 일어나는 작은 사건들의 모양새가 달라지고, 매일 느끼는 소소한 정서적 반응들이 쌓여서 업무에 대한 태도가 형성되는데, 강도가 낮더라도 부정적 정서를 매일 경험하는 사람은 높은 강도의 부정적 정서를 어쩌다가 한번 경험하는 사람보다 업무 만족도가 낮을 확률이 더 높다.

감정 지능(emotional intelligence)

또한, 같은 상황에 놓여도 더 능숙하게 상황에 대처하는 사람이 있는데, 이는 **감정 지능(emotional intelligence)**이 높기 때문이다. 감정 지능은 환경의 요구와 압박에 대처하는 비인지적 능력의 종합으로 자기감정평가(self-emotions appraisal), 타인감정평가(others-emotions appraisal), 감정활용(use of emotion)과 감정통제(regulation of emotion) 능력으로 평가된다.

자기감정평가
타인감정평가
감정활용
감정통제

- 자기 스스로의 감정을 잘 파악하는 것은 **자기감정평가** 능력이 높은 것이고,
- 다른 사람의 마음을 잘 이해하는 것은 **타인감정평가** 능력이 높은 것이며,
- 스스로를 독려하여 언제나 최선을 다할 수 있도록 하는 것은 **감정활용** 능력이 높은 것이고,
- 화가 난 상황에서도 냉정함을 유지할 수 있는 것은 **감정통제** 능력이 높은 것이다.

이러한 감정 지능은 일반 직원들뿐 아니라 회사 구성원들을 이끌고 동기부여를 해야하는 리더들이 특히 중요하게 갖추어야 할 능력이라고 할 수 있다.

그룹토론문제

(1) 감정 지능(emotional intelligence)의 네 가지 요소 중에 가장 중요한 요소는 무엇이라고 생각하는가?

(2) 그 이유는 무엇인지 논의해보자.

4. 지각과 오류

지각(perception)

지각(perception)은 사람들이 그들을 둘러싸고 있는 환경과 상황에 의미를 부여하기 위해 감각 정보(sensory input/information)를 해석하는 과정이다. 사람들의 행동은 현실 자체가 아니라 사람들이 현실이라고 인지하는, 그래서 현실이라고 믿는 것에 기초하기에 지각과정은 인간행동의 이해에 매우 중요하다.

귀인이론(attribution theory)

귀인이론(attribution theory)은 우리가 행동에 부여하는 의미에 따라서 사람들을 다르게 판단하는 방식을 설명해준다. 사람들은 다른 사람의 행동을 보았을 때 그 행동이 내적 요인에 의해서 비롯된 것인지 외적 요인에 의해서 비롯된 것인지 판단하고자 한다. 내적 요인은 그 사람이 통제할 수 있는 요인이고, 외적 요인은 그 사람이 통제할 수 없는 요인이다.

기본적 귀인오류(fundamental attribution error)

그런데 우리는 보통 상황을 알아보기도 전에 사람을 먼저 비난하는 경우가 많다. 이는 외부 요인을 과소평가하고, 내적 요인의 영향을 과대평가하기 때문인데 이 경우 우리는 **기본적 귀인오류**(fundamental attribution error)를 범하고 있는 것이다. 예를 들어보자. 오늘 한 학생이 지각을 했다. 우리는 보통 '무슨 일 있었니?'라는 질문보다는 '너는 왜 이렇게 늦게 다니니?'라는 질문으로 기본적 귀인오류를 저지른다. 지각의 탓을 외부적 상황 발생보다는 내적 요소, 즉 사람의 탓으로 돌리고자 하는 행동이다.

우리가 쉽게 범하는 인지적 오류에 대해 살펴보자.

(1) 자기위주 편향(Self-serving Bias)

자기위주 편향(self-serving bias)

"내 탓이 아니오!" 성공은 내부 요소, 즉 자신의 공으로 돌리고, 반면 실패는 외부 요소, 즉 남 탓을 하는 것을 말한다. 예를 들어보자. 중간고사에서 어떤 학생이 시험을 잘 보았다. 그 학생은 자신이 공부를 열심히 했다고 생각한다. 반면 시험을 못 보면 안 배운 데에서 나왔다거나 시험이 너무 어려웠다며 시험 문제를 낸 선생님 탓을 한다.

고정관념이나 편견은
나를 잘못 평가하는 상대방의 문제?

성공, 좋은 평가, 협력의 상황
– 내가 잘해서, 내가 일을 열심히 해서!!
(내적 요인)

실패, 안 좋은 평가, 갈등의 상황
– 난 잘못한거 없어! 다 쟤 때문이야!
(외적 요인)

(2) 후광효과(Halo Effect)

사람의 한 측면만을 보고 그 사람을 전반적으로 평가하는 것을 말한다. 옷을 멀끔하게 차려입고, 비싼 차를 운전하는 사람을 보았다. 우리는 일반적으로 그 사람이 돈 많고, 사회적으로 성공한, 지위가 높은 사람이라고 추측한다. 하지만 실제로 그런 사람인지 아닌지는 모르는 것이다. 부잣집의 피고용인일 수도, 제비족일 수도 있다. 상품의 포장지가 고급스러우면 안에 있는 물건도 꽤나 비싼 것이라고 생각한다. 그러나 그것은 모르는 일.

후광효과(halo effect)

손다이크(Thorndike)의 후광효과 실험

제1차 세계대전 때 손다이크는 지휘관들에게 병사들의 역량을 평가하도록 했다.

어떻게 평가하는지 어디 한 번 실험해 볼까?

심리학자, 에드워드 손다이크(Edward Thorndike, 1874~1949)

지휘관들은 체격이 좋고 품행이 단정한 병사들은 지성, 리더십 역시 높을 것이라 평가했고, 그렇지 않은 군인들은 역량들이 낮을 것이라 평가했다.

군중 속에서 돋보이는 저 얼굴!
비주얼 끝내주는 저 군인은?
분명히 리더십도 짱!일거야!!

후광효과는 항상 좋기만 할까? 흔히 사람들은 외모, 학벌 등으로 후광효과를 누린다. 외모로 먹고 들어가고 학벌로 먹고 들어간다. 잘생기고 예쁘고 학벌이 좋은 사람들은 그렇지 않은 사람들보다 다른 사람들에게 더 호감을 받는다. 첫 인상에서 후광효과는 큰 위력을 발휘한다. 참 불공평한 현실.

그러나 후광효과를 받은 사람들은 더 엄격한 평가를 받는다. 성과가 기대치보다 못 미칠 경우, 실수를 하는 경우, 후광효과를 누리던 사람들은 후광효과가 없던 사람들보다 더 냉정하고 혹독한 평가를 받게 되는 현실.

"잘 생겼는데(혹은 예쁜데) 하는 짓이 완전 깬다(얼굴값을 못한다)." 혹은 "학벌이 저렇게 좋은데 띨하다, 학교 이름값을 못한다. 그 학교 졸업한 거 맞아?"

이렇게 보면 현실은 그리 불공평한 것만은 아닌듯 싶다.

(3) 상동적 태도(Stereotyping)

상동적 태도(stereotyping)

그 사람이 속해 있는 집단을 보고 그 사람을 판단하는 것이다. 예를 들어보자. 난 수학과 남학생이다. 오늘 소개팅에 나갔는데 오호 괜찮다. 예쁘다. 나 역시 다른 사람들처럼 여자들은 수학능력보다 언어감각에 뛰어나다는 편견을 가지고 있다. 따라서 "내 앞에 있는 저 여자는 수학을 못할 것이다. 예쁘니까 더 못할 것이다."라는 생각이 든다. 하지만 그녀가 수학천재일 수도 있지 않나?

출처: JobKorea

(4) 선택적 지각(Selective Perception)

선택적 지각(selective perception)

상황을 객관적으로 판단하지 않고 자신의 입장, 경험에만 근거하여 상황을 해석하는 것으로 쉽게 말해 자기가 보고 싶은 것만 보고, 듣고 싶은 것만 듣는다. 내가 겪지 않고, 내가 들어보지 않고, 내 기준에 맞지 않는 것은 무조건 비판하고 거부하고 부인한다. 선택적 지각의 오류에 빠진 사람들은 대부분 독선적인 독불장군의 모습을 보인다. 협업을 필요로 하는 조직에서 참으로 피곤한 타입.

(5) 임의적 오류(Randomness Error)

아무런 규칙이 없이 임의적으로 발생한 사건에 의미를 부여하는 인지과정 상의 오류이다. 예를 들어 지난번 시험 전날 머리를 안 감았더니 시험에서 좋은 성적을 받았다 치자. 무의식적으로 시험 전날 머리를 안 감으면 시험에서 좋은 성적을 받는다는 인과관계를 만들어내어 이번 시험에도 전날에는 머리를 안 감아야겠다는 생각을 하게 된다.

임의적 오류(randomness error)

경영자들이 반드시 알아야 하는 의사결정 편향!

앞서 언급한 지각의 오류 외에도 인간으로서 우리는 수많은 편향 속에 살고 있다. 특히나 경영자들이 중요한 의사결정을 해야 하는 경우, 의사결정에 영향을 미치는 각종 편향에 대한 이해가 반드시 선행되어야 한다.

경영전략 컨설턴트이자 프랑스 최고 경영대학원 HEC Paris의 전략교수인 올리비에 시보니(Olivier Sibony)는 《선택 설계자들》이라는 저서를 통해 경영자들이 의사결정에 있어서 반드시 고려해야 하는 5가지 유형의 의사결정 편향을 소개하였다.

(1) 패턴인식 편향

- 확증 편향: 자신의 가설을 지지하는 사실은 주목하고 아닌 것은 무시

- 경험 편향: 자신의 경험에 비추어 상황을 유추
- 챔피언 편향: 정보의 가치보다 정보 전달자의 평판을 중시
- 생존자 편향: 실패 사례는 쏙 빼고, 성공 사례에만 기초해 결론을 내림

(2) 행동중심 편향

- 자기과신: 자신의 능력을 과도하게 평가, 난 탁월해!
- 비현실적 낙관주의: 계획을 어긋나게 할 상황들을 충분히 고려하지 않음
- 과도한 정확도: 추정과 예측을 지나치게 신뢰
- 경쟁자 무시: 경쟁자의 잠재적 능력을 간과

※ 더닝 크루거 효과(Dunning Kruger effect)

본인의 무능력에 대한 통찰이 없는 상태로 지식과 전문성이 부족한 사람들이 자신의 실력을 과대평가하는 것을 말한다. 한마디로 1밖에 모르면서 10을 알고 있다는 강렬한 믿음을 말한다.

- **실험 1:**

  심리학 수업에서 본인이 시험을 얼마나 잘 봤는지 질문한 결과, 하위 25% 학생들이 시험 성적을 크게 과대평가하는 것으로 나타남(Dunning et al., 2003)

- **실험 2:**

  지역 대학 토론 토너먼트 참여 학생 중 예선전 하위 25%에 속하는 학생들을 대상으로 질문한 결과, 그들은 경기의 60%를 이겼다고 생각. 그러나 실제 이긴 경기는 20%(Ehrlinger et al., 2008)

- **실험 3:**

  약대생을 대상으로 본인의 성과 예측과 실제 성과점수 간 차이를 비교한 결과, 하위 25%에 속한 학생들의 예측 점수와 실제 점수의 차가 가장 크게 나타남(Austin et al., 2008)

(3) 관성 편향

- 자원배분 관성: 우선순위가 바뀔 때 자원배분에 소극적
- 현상유지 편향: 현재 상태를 유지하려 함
- 몰입상승: 실패한 행동을 계속 되풀이함
- 손실회피: 같은 양의 이득보다 손실을 더 강렬하게 느낌
- 비합리적 위험 회피: 실패의 비난에 대한 두려움으로 합리적 위험을 거부
- 불확실성 회피: 알려지지 않은 위험보다 위험수준이 더 높은 계량화된 위험을 선호

(4) 사회적 편향

- 집단사고: 집단 속에 있을 때 의심이 들어도 다수의 의견에 따름
- 집단 극단화: 집단 속에서는 평균적인 관점보다 더 극단적 결론에 이르는 현상

• 정보 폭포: 집단 속에서 말하는 순서가 논의 결과에 영향을 미치는 현상

(5) 이익 편향

• 자기본위 편향: 자신의 이익과 부합하는 관점을 신뢰
• 현재 편향: 미래보다는 현재와 단기적 관점을 지나치게 중시
• 소극적 행동 편향: 적극적 행동의 오류보다 소극적 행동의 오류에 더 관대

향후 중요한 상황에서 더 나은 의사결정을 하기 위해 다음의 기법들을 활용해보자.

(1) 대화를 끌어내라

• 인지적 다양성과 충분한 시간 보장
• 관점들의 미묘한 차이를 부각시키고, 악마의 변호인(devil's advocate)을 지정
• 의제를 확실히 정하고, 잠재적 실패를 미리 분석

(2) 다양한 관점을 촉진하라

• 여과되지 않은 전문가와 외부의 이의 제기자를 구할 것
• 새로운 자료를 통해 기존의 신념을 바꿀 것
• 반대자 역할을 하는 레드팀을 만들 것

(3) 의사결정과정의 역동성을 촉진하라

• 거리낌 없이 말하는 문화 만들기
• 실패할 권리는 인정하되 실수할 권리는 인정하지 말기
• 이해 충돌이 없는 이너서클에서 의사 결정하기

우리는 이와 같이 현실을 현실로 직시하지 않고 자신의 방식대로 해석하고 받아들이는 수많은 오류를 저지르면서 살고 있다. 우리들이 인지하고 판단하고 해석하는 사실이라고 믿는 상황이 진짜 현실인지, 다른 사람들도 그렇게 받아들이고 있는지 다시 한번 신중히 고려하면서 행동해야 한다. 상황을 객관적으로(혹은 다른 사람들도 납득할 수 있는 방식으로) 판단하고 이에 맞는 행동을 하는 것 역시 경영자가 반드시 갖추어야 할 덕목이다.

자기충족예언(self-fulfilling prophecy)
피그말리온 효과(Pygmalion effect)

자기충족예언(Self-Fulfilling Prophecy)

사람들의 기대가 그 사람의 행동을 결정한다는 것. 즉, 사람들은 다른 사람들이 기대하는 대로 행동을 한다는 것이다. 이를 '피그말리온 효과(Pygmalion effect)'라고도 한다.

피그말리온 효과는 자신이 만든 조각상을 사랑한 피그말리온(Pygmalion)에 대한 신화에서 유래했다. 조각가였던 피그말리온은 아름다운 여인상을 조각하고, 그 여인상을 갈라테이아(Galatea)라 이름 지었다. 세상에 있는 다른 여자들은 눈에 차지 않고, 자신의 조각상인 갈라테이아의 아름다움에 푹 빠져 진심으로 사랑하게 되어버린 피그말리온은 미와 사랑의 여신 아프로디테(Aphrodite: 비너스로 더 잘 알려져 있음)에게 조각상을 사람으로 만들어 아내가 되게 해달라고 간절히 기도한다.

'조각상에 사랑을 느끼고 사랑의 신 비너스에게 조각상에게 삶을 줄 것을 기도 드리는 피그말리온(Pygmalion)'의 신화를 표현한 프랑스 화가 장 밥티스트 레뇨 남작(Jean-Baptiste Regnault Baron)의 1786년도 작품

피그말리온의 간절한 바램에 감동하여 갈라테이아에게 생명을 불어넣어준 여신 아프로디테. 이후 조각상 갈라테이아는 사람이 되어 피그말리온과 결혼해 아들까지 낳았다는 그리스 신화.

로버트 로젠탈(Robert Rosenthal, 1933~)

다른 사람의 긍정적 기대와 관심이 긍정적 행동을 이끌어낸다는 피그말리온 효과(Pygmalion effect)는 정말일까?

1964년 하버드대학교 사회심리학과 교수 로버트 로젠탈(Robert Rosenthal)은 미국 샌프란시스코의 한 초등학교 학생들을 대상으로 '피그말리온 효과'에 대한 실험을 하였다.

피그말리온 효과가 교육학적으로도 정말 효과가 있는지 궁금했던 로젠탈은 한 초등학교 전체 학생들을 대상으로 지능검사를 하고, 지능검사결과와 전혀 상관없이 무작위로 20%의 학생을 뽑은 후, 그 20%의 학생 명단을 교사에게 전달하며 지적능력이 높은 상위 20% 학생들이라고 교사가 믿도록 하였다.

출처: getty images

8개월이 지난 후 이전과 똑같은 지능검사를 다시 실시한 결과, 그 명단에 속한 학생들의 점수가 실제로 높아지고, 학업성적도 향상되었다. 명단에 오른 학생들에 대한 교사의 격려와 기대가 학생들의 성적 향상에 실제로 영향을 미친다는 사실을 증명한 실험. 로버트 로젠탈은 군인, 사관생도, 기술자 등을 대상으로 같은 실험을 하였고, 이와 비슷한 결과를 얻었다. 이후 이를 로젠탈 효과(Rosenthal effect)라고 부르게 되었다

* 피그말리온 효과(Pygmalion effect)의 반대는 스티그마 효과(stigma effect)이다. 한번 나쁜 사람으로 찍히면 스스로 나쁜 행동을 지속하게 되는 효과로 '낙인효과'라고도 한다.

출처: https://blog.naver.com/stranger234/221155215651

스티그마 효과(stigma effect)

"모든 것이 마음먹기에 달려있다: 일체유심조(一切唯心造)" 한여름에 얼어 죽은 한 남자의 이야기

일체유심조(一切唯心造)

미국의 한 지방 신문에 한여름에 가동되지도 않은 냉동차 안에 갇혀 "얼어서 죽는다."는 유서를 남긴 사망사건이 보도되어 화제가 된 적이 있었다.

사건의 주인공인 철도 역무원 '닉 시즈맨'이라는 남자는 매우 건강한 사람이었다. 어느 여름날, 동료의 생일이라 모두 한 시간 일찍 퇴근하게 되었다. 그런데 그는 그 사실을 깜빡 잊고 평상시처럼 냉동차에서 일을 했고, 동료들은 그 사실을 모른 채 냉동차를 잠그고 퇴근해 버렸다. 뒤늦게 자신이 갇힌 것을 알게 된 닉은 안에서 문을 두드리고 소리를 치며 발버둥을 쳤으나 주위에는 아무도 없었다. 그렇게 고통의 몇 시간이 지난 후 그는 냉동차의 나무 바닥에 칼로 이렇게 썼다. "너무 추워 온몸이 마비되는 것 같다. 차라리 이대로 잠들어 버렸으면 좋겠다. 아마도 이것이 나의 마지막 말이 될 것이다."

다음 날 아침 평소처럼 그의 동료들은 작업을 하기 위해 냉동차의 문을 열었다. 닉은 죽어 있었다. 그런데 이상한 일이었다. 닉이 갇혀 있던 날 밤 냉동차는 작동하지 않고 있었으며 차량 속의 온도계는 화씨 55도를 가리키고 있었다. 섭씨 영상 13도에서 죽은 것이다. "얼어 죽는다."는 그가 남긴 마지막 말에도 불구하

고 별도의 수사 결과 그의 시체는 얼어서 죽은 것이 아니라는 사실이 밝혀졌다. 그렇다면 그는 왜 죽었을까? 닉은 추위로 얼어 죽은 것이 아니라 냉동차 안에서 얼어 죽을 것이라는 절망적인 공포와 포기가 그를 얼어 죽게 만든 것이다.

출처: https://cafe.naver.com/kog222/1179에서 발췌

그룹토론문제

(1) 위에서 우리가 쉽게 범할 수 있는 지각적 오류에 대해서 배웠다. 각 지각적 오류를 쉽게 설명할 수 있는 재미있는 예를 세 개만 들어보자. 본인의 일상사 속에서 어떤 지각적 오류들이 발생하고 있을까?

(2) 지각적 오류가 경영자에게 주는 시사점에 대해서 논의해보자. 지각적 오류가 경영자에게 어떤 문제점을 유발하며 이러한 문제들을 회피하기 위하여 어떤 방법을 활용할 수 있을지 논의해보자.

핵심용어

- 인지적 불협화(cognitive dissonance)
- 조직 몰입도(organizational commitment)
- 인지된 조직 지원(POS: Perceived Organizational Support)
- 업무 만족도(job satisfaction)
- 조직시민행동(OCB: Organizational Citizenship Behavior)
- 감정 불협화(emotional dissonance)
- 실제감정(felt emotion) vs. 전시감정(displayed emotion)
- 감정노동(emotional labor): 표면연기(surface acting) vs. 심화연기(deep acting)
- 정서사건이론(AET: Affective Event Theory)
- 감정 지능(emotional intelligence)
- Big 5 모델
- 내적통제감(internal locus of control) vs. 외적통제감(external locus of control)
- 자기점검(self-monitoring)
- 타입 A 성격 vs. 타입 B 성격
- 귀인오류(fundamental attribution error)
- 자기위주 편향(self-serving bias)
- 후광효과(halo effect)
- 상동적 태도(stereotyping)
- 선택적 지각(selective perception)
- 임의적 오류(randomness error)
- 자기충족예언(self-fulfilling prophecy)

연습문제

01 Big 5 모델에서 제시하는 다섯가지 성격은?

02 내적통제감과 외적통제감의 차이점은 무엇인가?

03 자기점검(self-monitoring)은 무엇을 말하는가?

04 타입 A와 타입 B의 성격은 무엇을 말하는가?

05 인지적 불협화(cognitive dissonance)와 감정 불협화(emotional dissonance)는 무엇인가?

06 조직 몰입(organizational commitment)의 정의는 무엇인가?

07 업무에 불만족을 느낄 경우 조직원들이 보이는 네 가지 행태는?

08 조직시민행동(OCB)이란 무엇인가?

09 우리가 쉽게 범하는 지각적 오류에는 어떤 것이 있는가? 세 개 이상 예를 들고, 개념을 간단히 설명해보자.

CHAPTER

07

직원 동기부여

1. 고전 동기이론: 내용 기반의 동기이론들
2. 현대 동기이론: 과정 기반의 동기이론들

학습목표

- 동기란 무엇인지 구체적으로 설명할 수 있어야 한다.
- 구성원들의 동기를 설명할 수 있는 고전 동기이론에는 어떤 것들이 있는지 대표적인 이론들을 나열하고 설명할 수 있어야 한다.
- 구성원들의 동기를 설명할 수 있는 현대 동기이론에는 어떤 것들이 있는지 대표적인 이론들을 나열하고 설명할 수 있어야 한다.

동기(motivation)
강도(intensity)
방향(direction)
끈기(persistence)

동기(motivation)란? 목적을 달성하기 위해 노력하는 강도, 방향, 끈기를 설명하는 개념으로 **강도**(intensity)는 얼마나 열심히 하는지, **방향**(direction)은 어떤 방식으로 하는지, **끈기**(persistence)는 얼마나 오래 지속적으로 유지하는지를 말한다. 동기란 한마디로 내가 왜? 이 일을 하는지를 말하는 것이다. 사람의 동기를 설명하는 데에는 여러 가지 이론들이 있다. 예를 들어, 욕구이론(needs theories)의 기본 가정은 인간은 무엇인가에 만족하지 않을 때, 무언가 필요한게 있을 때에 동기가 생긴다는 것이다.

동기의 내용이론(content theories of motivation)
동기의 과정이론(process theories of motivation)

인간의 동기를 설명하는 주요 고전 및 현대 이론을 살펴보자. 고전과 현대 이론 모두 인간의 동기와 욕구를 설명하고 있지만, 고전 이론이 인간의 기본 욕구와 동기들의 내용, 그리고 그 구성요인들을 찾아내고 체계적인 분류체계를 제시하려고 하는 데 반하여, 현대 이론은 동기의 유발과정에 대한 심리학적 설명을 제시하는 것을 목표로 하고 있다. 이런 연유로 고전 이론들을 **동기의 내용이론**(content theories of motivation), 현대 이론들을 **동기의 과정이론**(process theories of motivation)이라고 부르기도 한다. 비록 제시된 시기에 따라 동기의 내용이론들을 고전적 이론이라고 지칭하고 있으나 동기에 대한 내용적, 과정적 접근 모두 경영학적 관점에서 유용한 접근 방법으로 기업의 목표달성, 구성원관리 차원에서의 인간의 동기과정, 근로자들의 작업 동기를 설명함으로써 경영자들에게 직원동기부여에 관한 시사점을 제공한다.

1. 고전 동기이론: 내용 기반의 동기이론들

1.1 매슬로우의 욕구이론

욕구위계이론(hierarchy of needs theory)

욕구위계이론(hierarchy of needs theory)은 매슬로우의 욕구이론(Maslow's needs theory)으로 잘 알려진 이론으로 인간의 동기를 설명하는 데 보편적으로 사용되고 있는 이론이다. 아브라함 매슬로우(Abraham Maslow)는 1943년 〈인간 동기의 이론(A theory of human motivation)〉이라는 논문을 통해 인간은 기본적으로 다섯 가지 욕구를 가지고 태어나고, 이 욕구에는 우선순위가 있다고 주장했다.

인간에게는 어떤 욕구들이 있을까?

"인간은 생리적, 안전, 애정과 소속, 존중, 자아실현의 욕구가 있고,
이들 사이에는 위계라는게 있지.
하위계층 욕구가 채워지지 않으면 상위계층으로 올라갈 수가 없다고!"

욕구위계이론의 창시자, 아브라함 매슬로우(Abraham Maslow, 1908~1970)

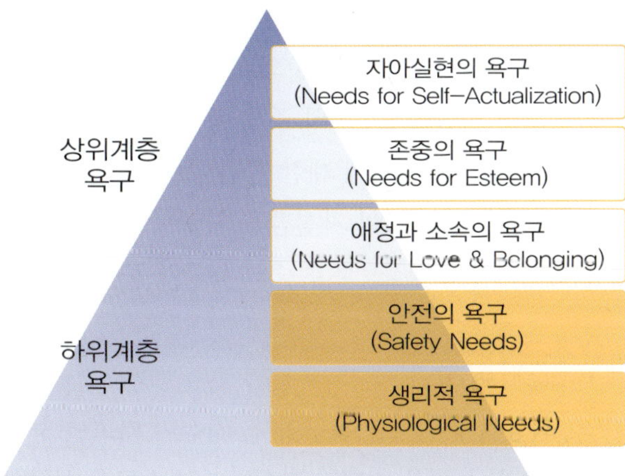

아브라함 매슬로우(Abraham Maslow)의 욕구위계이론(Hierarchy of Needs Theory)

(1) 생리적 욕구(Physiological Needs)

인간의 가장 기본적이면서도 강렬한 욕구로 욕구단계의 최하단에 위치한다. 본능적인 인간의 생리적 욕구이므로 다른 어떤 욕구에 비해서도 우선된다. 사람이 끼니마다 밥을 챙겨 먹는 것, 때마다 화장실에 가는 것, 종족 번식에 대한 본능적 욕구 등이 이에 해당한다.

(2) 안전의 욕구(Safety Needs)

생리적 욕구가 충족되면 인간에게는 안전에 대한 욕구가 나타난다. 안전의 욕구는 전쟁, 자연재해, 공격 등으로부터 물리적 안전이 보장되는 것을 말한다. 현대사회에서는 실업 등으로부터의 경제적 안전을 보장받음으로써 안전의 욕구를 실현한다. 병이나 사고 등으로부터의 안전, 즉 건강과 안녕도 이에 해당한다.

(3) 애정과 소속의 욕구(Needs for Love and Belonging)

생리적 욕구와 안전에 대한 욕구가 충족되면 인간은 애정 및 사회집단에 소속되고자 하는 대인관계에 대한 욕구를 추구하게 된다. 따라서 이를 사회적 욕구(social needs)라고도 일컫는다. 연인과 친구를 만들어 사랑받고 위로받으며 어울리고 싶어하고, 종교, 직장 등의 사회 집단에 소속되어 사회 구성원의 일부분이 되는 것을 추구한다.

(4) 존중의 욕구(Needs for Esteem)

다른 사람들로부터 자신이 가치있는 존재라는 것을 인정받고 싶어하는 인간의 전형적인 욕구로 이러한 존중의 욕구가 충족되지 않을 경우, 사람들은 열등감을 갖게 되고 심리적 무력감 및 위기감을 느끼게 된다. 매슬로우는 낮은 수준의 존중과 높은 수준의 존중이라는 두 가지 측면의 존중을 제시하였는데, 낮은 수준의 존중은 타인으로부터 존중받고자 하는 욕구로 지위나 체면, 다른 사람들로부터의 주목 등 외적으로 형성되는 존중감이다. 이에 반해 높은 수준의 존중은 스스로에 대한 자기 존중(self-respect)으로 자기 자신의 능력, 경쟁력, 가치에 대한 스스로의 자신감을 기반으로 하는 존중감이다. 이 두 가지 측면의 존중이 결합되어야 궁극적으로 존중의 욕구가 충족된다.

(5) 자아실현의 욕구(Needs for Self-Actualization)

자아실현의 욕구 단계는 인간 욕구의 최상위에 위치한 욕구이다. 자신이 타고난 능력과 잠재력을 실현하고자 하는 욕구로 자신의 능력을 최대한 발휘하여 스스로를 성장시키고 완성시키고자 하는 욕구이다. 최상위 욕구로서의 자아실현 욕구는 모든 사람들이 경험하는 것은 아니다. 자아실현의 욕구를 경험하기 위해서는 하위 단계의 욕구들이 먼저 충족되어야 한다.

욕구위계이론 바로 이해하기!

오매불망 어여쁜 춘향이를 그리던 몽룡도령. 방자를 보내고 또 보내고, 담까지 타면서 춘향이에게 구애를 했다. 드디어 몽룡도령의 마음을 받아준 어여쁜 춘향. 두 사람 눈에 별똥이 뜨면서 아 이게 사랑이구나! 제 3단계 애정의 욕구가 마구마구 충족되고 있던 찰나. 분위기 띄우려 마신 막걸리가 잘못되었나 배에 위험한 신호가 오는 몽룡도령. 그 어여쁜 춘향이의 얼굴이 눈에 들어오지 않는다. 사랑이고 뭐고, 어여쁜 춘향이고 뭐고…

머릿 속을 꽉 채우는 건…

"가야 해! 지금 당장!"

3단계 애정의 욕구를 한방에 눕혀버리는 1단계 생리적 욕구!

욕구위계이론의 핵심

인간의 욕구에는 위계가 있으며, 하위 욕구가 충족되어야만 상위 욕구를 추구하게 된다. 그게 인간이다.

그룹토론문제

(1) 매슬로우는 죽기 전에 다섯 단계의 욕구 피라미드의 한계를 지적하면서 그 피라미드가 뒤집어져야 옳았다고 말했다. 인간에게는 자아실현 욕구가 가장 원초적이고 궁극적인 욕구라는 것이라는 것. 원래의 피라미드, 뒤집어진 피라미드. 어느 쪽이 인간의 욕구를 설명하는 데 더 설득력이 있는지, 그 이유는 무엇인지 논의해보자.

(2) 매슬로우의 이론과 달리 어떤 사람은 욕구위계 상에서 전진하기 보다는 후진을 하거나 한 단계의 욕구에 고착되는 경우도 많다. 본인의 경험에 비추어 보아 매슬로우 이론의 장단점을 생각해보자.

1.2 허츠버그의 2요인이론

프레드릭 허즈버그(Frederick Herzberg)는 1959년 《일하게 만드는 동기(The motivation to work)》라는 저서를 통해 2요인이론(two-factor theory)을 소개하였다. 2요인이론에 따르면 사람들이 일을 하고자 하는 동기는 두 가지 요인에 의해 영향을 받는다. 그 첫 번째는 동기요인(motivators)이고, 두 번째는 위생요인(hygiene factors)이다.

2요인이론(two-factor theory)

사람들이 일을 하도록 만드는 동기에는 무엇이 있을까?

"만족을 시키는 내부요인이 있고, 불만을 느끼지 않게 하는 외부요인이 있지. 만족의 반대말은 불만족이 아니라고! 마찬가지로 불만족의 반대말 역시 만족이 아니지!"

2요인이론(two-factor theory)의 창시자, 프레드릭 허츠버그(Frederick Herzberg, 1923~2000)

동기요인(motivators)
내부동기(intrinsic motivation)
위생요인(hygiene factors)
외부동기(extrinsic motivation)

동기요인(motivators)은 만족과 관련된 **내부동기**(intrinsic motivation)로 성취감, 책임감, 자아발전 등의 동기를 증가시키는 요소를 말하며, **위생요인**(hygiene factors)은 불만족과 관련된 **외부동기**(extrinsic motivation)로 회사정책, 임금, 업무조건 등 불만족을 느끼지 않도록 하는 요인을 말한다.

업무 만족에 대한 전통적 관점에서는 만족 혹은 불만족이 하나의 차원 상에 놓여 있어 만족의 반대는 불만족, 불만족의 반대는 만족이다. 그러나 허츠버그(Herzberg)는 만족(satisfaction)의 반대는 불만족(dissatisfaction)이 아닌 비만족(no satisfaction)이라고 설명한다. 만족이 아니라는 것이지 그게 불만족을 뜻하는 것은 아니라는 것!

마찬가지로 불만족의 반대는 만족(satisfaction)이 아니라 비불만족(no dissatisfaction)이다. 쉽게 말해 불만족스러운 요소를 없앤다고 해서 만족스러운 상태에 이르는 것이 아니라 단지 불만족이 아닌 상태가 된다는 것이다. 따라서 사람이 느끼는 만족과 불만족은 정반대의 요소가 아닌 전혀 다른 차원의 개념이다.

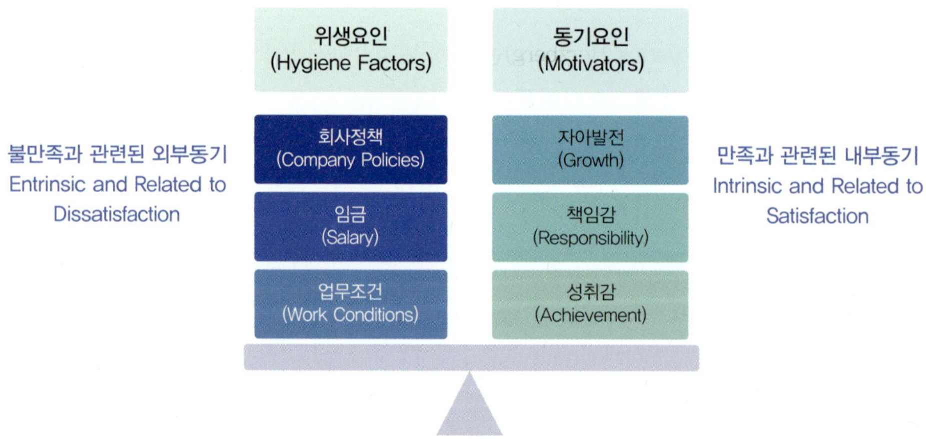

이상적으로는 직원들의 높은 동기부여를 위해서 동기요인과 위생요인, 혹은 내부동기와 외부동기가 공존하면서 균형을 유지해야 한다. 실제로 외적 동기가 부족할 경우, 즉 회사정책이나 임금, 업무조건이 마음에 들지 않을 경우, 이 위생요인들이 불만족 상태를 유발하여 구성원들이 조직을 떠날 확률이 높아진다. 이 경우 업무 관련 성취감 등의 동기요인들이 주어진다고 해도 전체적으로 업무동기는 낮은 수준에 머물 수밖에 없다.

2요인이론의 핵심

동기요인(motivators)은 동기를 증가시키는 요소를 말하며, 위생요인(hygiene factors)은 불만족을 감소시키는 요인이다.

1.3 XY이론

미국의 심리학자이며 경영학자였던 더글라스 맥그리거(Douglas McGregor)는 1960년 《기업의 인간적 측면(The human side of enterprise)》이라는 저서에서 XY이론을 제시하였다. 그래서 맥그리거의 XY이론(McGregor's theory X and theory Y)으로 잘 알려져 있다.

인간은 기본적으로 어떤 존재일까?

"인간은 정말 일하기 싫어하고, 책임감이 없어서 항상 명령하고 감시해야 하는 존재일까? 이거 너무 낡고 고루한 생각 아니야? 인간도 말이지, 스스로 일을 즐기고 자발적일 수 있다고!"

XY이론의 창시자, 더글라스 맥그리거(Douglas McGregor, 1906~1964)

XY이론에서는 인간에 대한 관점을 부정적 그리고 긍정적인 방향의 두 가지로 나누고 있는데 부정적 관점을 토대로 한 것이 X이론이며, 긍정적 관점을 기초로 한 것이 Y이론이다. XY이론

X이론의 기본 가정은 인간은 선천적으로 일하는 것을 싫어하고, 야망이 없으며 책임을 회피한다는 것이며, Y이론의 가정은 이와 반대로 근로자들은 자기주도적이고, 일하는 것을 즐기며, 책임을 감수한다는 것이다.

인간의 내면에 동시에 존재하고 있는 천사와 악마

X이론의 관점에서 보면 직원들은 수동적이고, 명령을 해야만 움직이고, 현실에 안주하고자 하는 존재들이다. 반대로 Y이론 관점에서의 직원들은 자발적으로 일을 하고, 개인의 목표를 설정하고, 스스로 능률을 향상시킬 수 있는 존재들이다.

이러한 가정은 보통 경영자들의 개인 관점에서 나오는 것으로 근로자들을 대하는 행동과 기업 전체의 인사제도 등에 즉각적으로 영향을 미친다. 예를 들어, 경영자가 X이론을 믿는 사람이라면 항상 근로자들을 통제하고, 일일이 업무를 지시하고 관리할 것이며, 경영자가 Y이론을 믿는 사람이라면 근로자들을 믿고 더 많은 자율권을 부여할 것이다.

인간에 대한 부정적 관점을 바탕으로 직원들은 회사에 무관심하고 자신만을 우선시하기 때문에 명령, 통제, 강압으로 직원들을 다루어야 한다고 가정하는 X이론에 대해서 맥그리거(McGregor)는 이를 전통적인 견해이며 낡은 인간관이라고 비판하며, X이론을 대신할 새로운 인간관인 Y이론을 제시하였다.

직장에서 나타나는 XY이론의 실제

서류 더미에 파묻혀있는 성 대리

설정 1) X이론의 신봉자, 평소에 권위주의적인 이 과장

"이봐 성 대리, 이거 내일까지 다 처리해야 하니까 오늘 야근해! 오늘 회식은 낄 생각도 하지 말아! 오늘 저녁은 그냥 사발면으로 대충 때우고, 내일도 6시까지 출근해서 꼭 다 마치라고!"

설정 2) Y이론의 신봉자, 평소에 민주적인 최 과장

"성 대리, 내일까지 처리할 서류가 많네요. 고생하겠네… 무리하지 말고 시간 안배 잘 해서 처리하세요. 혹시 도움이 필요하면 얘기하고."

당신이 과장이라면 어떤 유형? X 아님 Y?

가슴에 손을 얹고 솔직하게 대답하시오!

여기서 잠깐!!!

얼마나 많은 관리자들이 자신을 X이론형 관리자라고 대답하려나?

사회적 바람직성(Social Desirability)

사회과학 연구에서 설문에 응답할 때 사회적으로 바람직하다고 여겨지는 방향으로 자기묘사(self-description) 및 보고를 하는 응답자의 경향성.

대부분의 사람들은 자신의 실제 생각이나 행동과 달리, 사회적으로 바람직하고 좋다고 여겨지는 항목을 골라서 대답한다.

"실제로 자신은 X유형의 리더이지만, Y유형이 더 좋아보인다는 생각이 들기 때문에 자신이 Y유형이라고 대답한다!" 이렇게 보면 어떤 것이 더 바람직한 것인지는 안다는 소리! 그러나 아는 것과 내가 실제로 그런 것은 다른 문제이다. 그럼에도 불구하고 어떤 것이 바람직한 것인지 인지라도 하고 있다면 그나마 다행이다. 현실에서는 그것조차 분간하지 못하는 사람들도 많다.

사회적 바람직성(social desirability)

XY이론의 핵심

기업 관리자들이 인간에 대해서 어떤 관점(X 혹은 Y)을 갖느냐에 따라 직원들을 대하는 태도와 행동이 달라진다.

성선설(性善說)과 성악설(性惡說)

사실 인간 본성에 대한 기본적 관점(부정적 혹은 긍정적)과 접근법에 대한 고민은 맥그리거(McGregor)의 XY이론이 나오기 훨씬 이전 동양에서 시작되었다.

성선설(性善說)을 주장한 맹자(孟子, BC 372~BC 289 추정)

중국 전국시대 사상가였던 맹자(孟子)는 성선설(性善說)을 주장했는데, 인간에게는 천성적으로 양지양능(良知良能: 교육을 받지 않아도 알고 행할 수 있는 능력)이 있고, 이것에 의해 인의예지(仁義禮智: 어질고, 의롭고, 예의를 지킬 줄 알고, 지혜로움)의 사단(四端)을 가지게 되는 선한 본성이 있다는 것이다. 이 선한 본성에 악이 생기는 것은 인간이 물질에 현혹되기 때문이라 해석하였다.

성악설(性惡說)을 주장한 순자(荀子, BC 298년~BC 238년)

이에 반해 순자(荀子)는 인간의 도덕성이 선천적이라는 것을 부정하며, 사람의 본성은 원래 악(惡)한 것이고, 선(善)은 인위적인 것이라는 성악설(性惡說)을 주장했다. 순자(荀子)의 주장은 선(善)이라는 것은 타고나는 것이 아니라 후천적인 노력에 의해 생기는 것이기 때문에 꾸준한 노력으로 선(善)을 쌓아야 한다는 것이었다.

그룹토론문제

(1) X이론과 Y이론 어떤 것이 더 타당하다고 생각하는가?

(2)당신이 경영자/관리자라면, 직원들을 관리하는 데에 있어 어떤 이론이 더 적합하다고 생각하는가?

(3) (1)과 (2)에 대한 당신의 답이 같다면 혹은 같지 않다면 그 이유에 대해서 논의해보자.

1.4 맥클레란드의 욕구이론

욕구이론(theory of needs)

1961년 데이비 맥클레란드(David McClelland)는《성취적 사회(The achieving society)》라는 저서를 통해 욕구이론(theory of needs)을 소개하였다.

인간은 어떤 욕구들을 가지고 있을까?

"인간은 기본적으로 세 가지 욕구가 있어. 성취, 친애, 권력에 대한 욕구지!"

욕구이론(theory of needs)의 창시자, 데이비 맥클레란드(David McClelland, 1917~1998)

데이비 맥클레란드(David McClelland)의 욕구이론(theory of needs)은 인간이 가지는 욕구에는 세 가지 유형이 있다고 가정한다.

성취욕구(need for achievement)
친애욕구(need for affiliation)
권력욕구(need for power)

- 성공하고 싶은 성취욕구(need for achievement)
- 다른 사람들과 친하게 지내고 싶은 친애욕구(need for affiliation)
- 다른 사람들을 통제하고 싶은 권력욕구(need for power)

모든 사람들은 이 각각의 욕구유형에 대해서 다른 수준의 욕구를 가지고 있고, 그 욕구의 유형과 수준에 따라 행동하게 된다.

성취욕구가 강한 사람들은 성공과 실패의 가능성이 50대 50의 확률인 상황이나 과제를 선호하는데 이는 불확실성, 위험성이 너무 낮거나 혹은 너무 높은 것을 피하고자 하는 성향이다. 불확실성이 너무 높으면 노력을 한다고 해도 성공할 확률이 그리 높지 않아 성취수준을 운에 맡기게 되고, 그렇다고 불확실성이 너무 낮으면 성취했다고 해도 누구든 할 수 있는 일로 그다지 큰 의미가 없을뿐더러 그 대가도 낮을 것이기 때문이다.

자, 그렇다면 성취욕구가 높은 이들이 조직에서 좋은 관리자가 되느냐? 해답은 꼭 그렇지는 않다는 것이다. 이는 그들이 상당히 개인 중심적(personal focus)이기 때문이다. 조직에서 강한 리더십을 보이는 관리자들을 보면 보통 권력욕구가 강하고 친애욕구가 낮은 경우가 많은데, 이는 그들이 뚜렷한 방향으로 조직구성원들에게 확실한 동기 부여를 하면서 팀 전체를 이끌어 가는 힘이 강하기 때문이다. 이렇게 보면 조직의 효과성, 성과를 위해서는 강한 권력욕구도 필요하다.

"Power is the great motivator."

\- David McClelland

맥클레란드 욕구이론의 핵심

인간에게는 세 가지 욕구가 있다. 성취욕구(need for achievement), 친애욕구(need for affiliation), 권력욕구(need for power).

2. 현대 동기이론: 과정 기반의 동기이론들

2.1. 기대이론

기대이론(expectancy theory)

빅터 브룸(Victor Vroom)은 1964년 《일과 동기(Work and motivation)》라는 저서를 통해 **기대이론(expectancy theory)**을 소개하면서 인간의 행동은 결과에 대한 기대감에 의해 결정된다고 주장하였다.

사람들을 열심히 일하게 만드는 건 과연 무엇일까?

"사람들이 회사에 기대하는 바와 회사의 정책! 이 둘이 톱니바퀴처럼 잘 맞물려서 가야 해! 자신의 기대치와 회사에서 주는 보상이 맞아떨어지지 않으면 일하기 싫어지는 게 사람이지."

기대이론(expectancy theory)의 창시자, 빅터 브룸(Victor Vroom, 1932~)

조직에서 한 개인이 자신의 목표를 달성하는 과정을 생각해보자. 노력을 통해 성과가 생기고, 그 성과에 근거해 조직은 보상을 한다. 그리고 보상은 개인의 목표달성 혹은 욕구충족에 기여를 하게 된다. 여기서 모든 고리가 순조롭게 연결이 되어야만 조직구성원들에게 동기부여를 할 수 있게 된다. 이러한 심리적 연결과정이 개인의 동기수준을 설명한다는 측면에서 기대이론은 대표적인 과정적 동기이론(process theory of motivation)이라고 할 수 있다.

노력과 성과 간의 관계(effort-performance expectancy)

노력과 성과 간의 관계(effort-performance expectancy)를 살펴보자. 내가 만약 최대한의 노력을 하면 성과가 노력한만큼 높게 나올까? 라는 질문에 많은 조직원들이 "그렇지 않을 것이다."라는 대답을 한다. 업무성과와 그에 대한 평가에는 업무에 투여하는 본인의 노력뿐 아니라 수많은 다른 요인이 영향을 미칠 것이기 때문에 내가 아무리 노력한다고 해도 성과가 그에 비례해서 잘 나오지 않을 것이라고 생각하기 때문이다. 이렇게 노력-성과 간 연결고리가 불분명하거나 아예 끊어지는 상황에서 조직구성원들은 동기부여가 되지 않는다.

성과와 조직보상 간의 관계(performance-reward instrumentality)

이번에는 **성과와 조직보상 간의 관계(performance-reward instrumentality)**를 보자. 성과가 좋게 나오면 조직에서 그에 상응하는 보상을 해줄 것인가? 많은 조직원들이 그

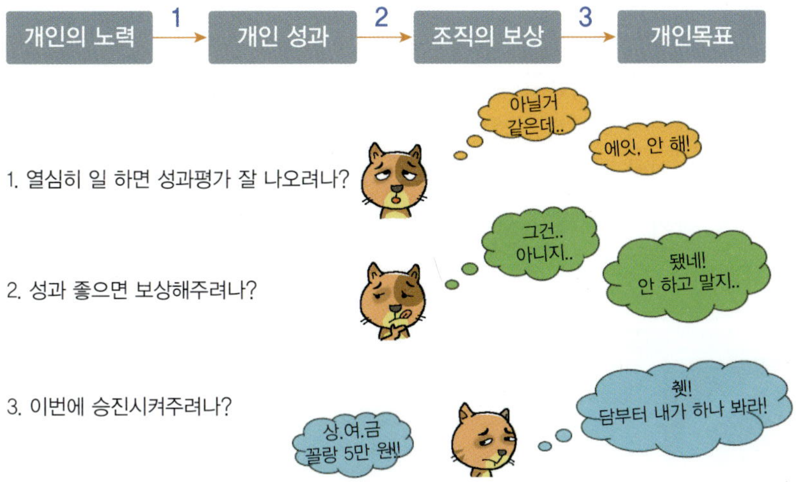

렇지 않다고 대답한다. 보상은 성과에만 기초해서 나오는 것이 아니라 근속연수, 상사와의 관계 등 다른 요인에 의해서도, 어쩌면 그 다른 요인들에 의해서 더 많은 영향을 받는 것을 알기 때문이다. 여기서 성과와 보상 간 연결고리가 다시 끊어진다. 이 역시 조직구성원들의 동기를 저해한다.

보상과 개인목표 간의 관계 (reward–goal valence)

마지막으로, **보상과 개인목표 간의 관계**(reward–goal valence)를 살펴보자. 조직이 보상을 하면 개인의 목표가 달성되는가? 여기서 알아둘 것은 모든 사람들의 목표가 같지는 않다는 것이다. 어떤 사람은 경제적으로 부유해지는 것이 목표일 수도 있고, 어떤 사람은 조직에서 인정받는 사람이 되는 것이 목표일 수 있으며, 또 어떤 사람에게 일은 단지 생계를 위한 수단이고, 기본 생활만 해결이 되면 가족과 많은 시간을 갖는 것이 목표일 수도 있다. 성과가 좋아서 조직이 보상을 했다. 내가 바라는 보상은 보너스 등의 경제적 보상이었는데 조직에서는 그저 잘했다는 칭찬 몇 마디로 보상을 했다. 혹은 내가 바라는 것은 승진이었는데 조직에서 특별 상여금만을 지급했다. 혹은 내가 바라는 것은 휴가를 받아 가족과 많은 시간을 보내는 것이었는데 조직에서는 월급 인상과 더불어 더욱 중요한 업무를 맡겨 더 바빠지게 생겼다. 이런 상황들에서 보상과 개인목표 간 연결고리가 끊어지게 된다. 이 경우, 보상과 개인목표와의 기대치가 어긋나면서 조직구성원들은 일을 하고자 하는 욕구, 업무동기를 잃게 된다.

기대이론의 핵심

노력–성과, 성과–보상, 보상–개인목표 간 관계에서 기대치와 결과가 부합해야만 조직구성원들의 동기를 향상시킬 수 있다.

2.2 공정성이론

공정성이론(equity theory)

공정성이론(equity theory)은 직원들의 노력과 직무만족은 업무상황에 대해서 직원들이 인식하는 공정성(fairness)에 의해서 결정된다고 보는 이론으로 존 아담스(John Adams)가 1965년 《사회교환에서의 불공정성(Inequity in social exchanges)》이라는 저서를 통해 소개한 이론으로 사회비교이론(social comparison theory)에 근거한 심리적 과정에 초점을 둔 동기이론이다.

사람들은 직장에서 어떤 경우 만족을 하고, 어떤 경우 불만족을 느끼게 될까?

"사람들은 말이지, 늘 남과 비교를 하지!
공정하지 않다! 불공평하다! 그걸 느끼는 순간
일하고자 하는 동기든 노력이든 거기서 그냥 끝이 난다고!"

공정성이론(equity theory)의 창시자, 존 아담스(John Adams, 1925~)

사람들은 자신과 다른 사람을 끊임없이 비교한다. 즉, 내가 다른 사람에 비해 얼마나 더 좋은, 혹은 나쁜 대우를 받고 있다고 느끼느냐가 동기요인으로 작용하고, 다른 사람과의 비교에서 나타난 공정성 정도의 결과에 따라 업무행동이 달라진다.

사람들은 자신의 투입-산출 간 비율을 다른 사람들의 것과 비교하고 그 비율이 같을 때에는 공정하다고 생각하지만, 그 비율이 같지 않을 경우에는 불공정하다고 느낀다.

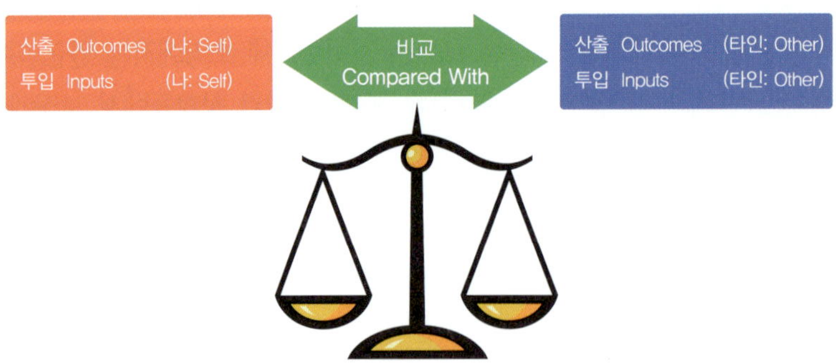

예를 들어보자. 당신은 5시간을 일하고 10만 원을 받았다. 당신의 투입-산출 비율은 2(10/5=2), 시간당 2만 원이다. 그런데, 동일한 업무를 수행하는 옆의 동료를 보니 똑같이 5시간을 일했는데 15만 원을 받았다. 동료의 투입-산출 비율은 3(15/5=3), 시간당 3만 원이다. 당신과 투입 대비 산출에서 1이라는 차이가 생긴 것이다.

이 경우, 당신은 상황이 불공정하다고 생각하고 보상이 낮은 것에 대해 분노를 느낀다. 이러한 상황은 심리적 긴장의 상태를 만들어내고, 이 긴장상태는 사람들로 하여금 이 상황을 공정하게 만들고자 하는 욕구를 불러일으킨다. 불공정함을 느끼는 직원들은 노력을 덜 해서 투입을 낮추던지, 회사를 떠나던지 하는 극단적 선택을 할 수도 있다.

예전에는 공정성의 문제에 있어서 **분배 공정성**(distributive justice), 즉 누가 무엇을 갖느냐, 얼마나 받느냐가 핵심 이슈였다면 근래에는 누가 무엇을 갖느냐를 결정하는 과정이 어떠한가에 대한 **절차 공정성**(procedural justice)으로 그 중심이 옮겨지고 있다.

분배 공정성(distributive justice)
절차 공정성(procedural justice)

공정성이론의 핵심

사람들은 항상 남과 비교를 한다. 조직 내의 불공정성, 불공평한 대우는 직원들의 업무 동기를 앗아가는 주요 요인이다.

그룹토론문제

(1) 투입-산출 비율의 계산, 그리고 공정성에 대한 판단은 다분히 주관적이다. 예를 들어, 한국의 자동차 산업에서 큰 문제가 되어온 직원 노조의 쟁의행위나 파업은 그들 나름의 공정성 회복을 위한 노력이라고 할 수 있다. 그러나 외부자 혹은 하청업체 근로자들의 입장에서는 때로 '귀족노조'에 의한 말도 안 되는 요구나 제 몫 챙기기로 인식되기도 한다. 이러한 입장 차이를 어떻게 해소해야 할지 논의해보자.

(2) 한국의 사회적 특성이 전반적으로 다른 사람들을 크게 의식하고 모든 사람이 비슷한 대우를 받아야 한다는 의식이 강한 경향이 있어 공정성이 조직구성원들의 동기에 중요하게 작동하는 것으로 보인다. 더구나 위의 노조활동에 대한 서로 다른 입장에서 볼 수 있듯이 공정성에 대한 인식도 사람마다 서로 상이하다. 과연 누구의, 누구를 위한 정의인가? 공정성 자체에 대한 주관적 편향들을 경영자 입장에서 해소할 수 있는 방안을 생각해보자.

2.3 목표설정이론

목표설정이론(goal-setting theory)

목표설정이론(goal-setting theory)은 에드윈 로크(Edwin Locke)가 1968년 〈업무동기와 인센티브 이론을 향하여(Toward a theory of task motivation and incentives)〉라는 논문을 통해 제시한 이론으로 인간 행위는 본능, 욕구, 조건형성 등이 아닌 의식적인 목표나 의도적인 노력에 의해 이루어진다는 것을 강조한다.

사람들은 언제 일을 열심히 할까?

"사람들은 스스로 뚜렷하고 도적전인 목표가 있어야 그 목표달성을 위해서 의도적으로 노력을 한다고!"

목표설정이론(goal-setting theory)의 창시자, 에드윈 로크(Edwin Locke, 1938~)

설정된 목표를 효과적으로 관리함에 있어 강조되는 요소는 목표 몰입과 내적 동기부여이다.

목표 몰입(goal commitment)

내적 동기부여(intrinsic motivation)

- **목표 몰입(goal commitment)**이란 목표를 달성하기 위해 노력하기로 결정하고 그것을 위해 지속적으로 노력을 유지하는 강도와 정도를 말한다.
- **내적 동기부여(intrinsic motivation)**란 일을 하면서 얻는 성취감, 도전감 등 내적 보상에 의해 이루어지는 동기부여를 말한다. 내적 보상은 가치 있는 일을 하고 있다는 스스로의 믿음과 목표달성 방법에 대한 개인의 선택, 자신이 선택한 일을 잘 해내고 있다는 자부심, 그리고, 목표의 달성에서 비롯되는 성취감 등 감정 및 태도적인 요소에 기초한다. 이를 근거로 스스로 노력하게 되는 것이 바로 내적 동기부여이다.

목표설정이론(goal-setting theory)의 기본가정은 목표가 특정적이고 어려울수록 성과가 높아진다는 것이다. 로크(Locke)는 구체적이고 도전적인 목표가 설정된 경우, 목표가 쉽거나 애매하거나 혹은 아예 없는 경우보다 더 높은 수행능력을 보인다는 연구결과를 발표하였다. 도전적인 목표는 사람들을 지속적으로 열심히 일하게 만들어 보다 효율적이고 효과적일 수 있도록 하는 원동력이 된다는 것이다. 이와 더불어, 목표와 성과 간 관계를 보면 목표를 혼자만 아는 것이 아니라 공개적으로 공표했을 때 목표가 성과로 이어지는 확률이 높아진다.

목표설정이론에 근거하여 많은 조직에서 채택하고 있는 목표달성관리(MBO: Management By Objectives) 제도는 목표설정을 활용하는 시스템적인 방법으로, 명확하고 검증 및 측정이 가능한 목표를 직원들에게 부여하여 업무동기를 증진시키고자 한다. 조직 전체의 목표는 조직 각 부문 수준에서 세부적 목표로 나뉘어진다. 목표달성관리 프로그램의 성패는 목표가 명확한지, 의사결정은 참여적인지, 목표달성기간이 분명한지, 성과에 대한 피드백이 주어지는지에 달려 있다.

목표달성관리

목표달성관리(MBO: Management By Objectives)

목표달성관리는 1954년 《경영의 실제(The practice of management)》라는 저서를 통해 경영학의 아버지라고도 불리는 피터 드러커(Peter Drucker)가 소개한 개념으로 조직의 목표와 개인의 목표를 통합하기 위한 경영관리기법이다.

목표관리에 의한 평가는 6개월 내지 1년 내에 달성할 특정 목표를 평가자와 피평가자 간의 협의에 의해 결정하고, 그 기간이 종료된 후에 목표를 양적, 질적으로 평가하는 결과 지향적 평가방법이다.

2006년 한국에서 《경영의 실제》라는 제목으로 출판된 번역본

목표달성관리(MBO)에는

- 조직목표와 개인목표와의 연계를 통한 경영 목표의 효율적 달성
- 참여를 통한 목표 설정과 자율적인 업무 수행
- 업무수행 상의 권한과 책임의 명확화
- 자율경영체계의 정착을 통한 직원들의 동기와 성과 향상

이상 네 가지 목적이 있다. 이를 위하여, 각 개인이 설정한 목표를 기초로 자기의 성과관리를 철저히 하는 것이 MBO의 핵심이다.

목표설정의 'SMART 원칙'

목표설정의 'SMART 원칙'

S: Specific(목표가 구체적이어야 하고)

M: Measurable(측정이 가능해야 하고)

A: Achievable(달성 가능하면서도 도전적이어야 하고)

R: Result-oriented(결과 지향적이고)

T: Time-bound(시간 제약적이어서 주어진 기간 이내에 처리할 수 있어야 한다)

목표설정이론의 핵심

인간을 일하게 만드는 것은 스스로 정한 명확한 목표와 그 목표를 달성하기 위한 스스로의 능동적 노력이다.

2.4 자기효능이론

자기효능이론(self-efficacy theory)은 알버트 반두라(Albert Bandura)가 1977년 〈자기효능: 행동변화의 통합이론을 향하여(Self-efficacy: Towards a unifying theory of behavioral change)〉라는 논문을 통해 소개한 이론이다.

자기효능이론(self-efficacy theory)

사람들은 어떤 경우에 열심히 일을 할까?

"그건 바로 자신감이지!
근데 그 자신감은 말이지 경험을 통해 기술을 충분히 숙달해야 생긴다고!"

자기효능이론(self-efficacy theory)의 창시자, 알버트 반두라(Albert Bandura, 1925~)

이 이론에 따르면, 자신이 일을 해낼 수 있다는 스스로에 대한 믿음이 자신감을 향상시키고, 부정적인 피드백에도 잘 대처할 수 있도록 하여 동기와 성과의 향상이 이루어진다고 가정한다. 자기효능을 향상시켜 주는 요소로 가장 중요한 것은 경험을 통한 숙달(enactive mastery)이다. 업무와 관련된 꾸준한 경험을 통해서 숙달수준에 이르러야 자기효능감의 수준이 높아진다. 결국은 꾸준한 연습만이 완벽함을 만드는 것이다(practice makes perfect). 이외에도 **대리학습(vicarious learning)**, 혹은 간접적 관찰학습을 통해서도 자기효능감을 높일 수 있다. 다른 사람들이 업무를 하는 모습을 옆에서 보면서 배우는 것으로 자신이 하는 일과 비슷한 일을 잘 하는 사람을 보고 배우는 것이 가장 효과적이다.

대리학습(vicarious learning)

자기효능이론의 핵심

인간은 자기 스스로에 대한 믿음과 자신감이 있을 때 동기가 부여된다. 그 자신감은 끊임없는 연습과 경험을 통해서 나온다.

2.5 자기결정이론

자기결정이론(self-determination theory)

자기결정이론(self-determination theory)은 에드워드 데시(Edward Deci)와 리차드 리안(Richard Ryan)이 1985년 《인간행동의 내부동기와 자기결정(Intrinsic motivation and self-determination in human behavior)》이라는 저서를 통해 소개한 이론으로 사람들은 자신의 향후 행동을 스스로 선택할 수 있을 때 자기결정력을 느끼게 되고, 이때 내적 동기가 올라가게 된다는 것이다.

사람들은 어떤 경우 일하고 싶어질까?
"사람들은 말이야 참 특이해서 스스로 하겠다고 마음을 먹었다가도
누가 시키면 딱! 하기 싫어진단 말이지!
결국 자기가 선택해서 자기가 스스로 하는 거다라고 믿을 때에!
그제서야 움직인다고!"

자기결정이론(self-determination theory)의 창시자들

에드워드 데시(Edward Deci, 1942~)
& 리차드 리안(Richard Ryan, 1953~)

자기결정이론의 기본 가정은 사람들은 자신의 행동을 스스로 결정하고 통제한다고 느낄 때 동기가 부여된다는 것으로, 이에 따르면 즐기던 일이라도 일단 그것이 의무가 되는 순간 동기가 급격히 감소한다는 것이다. 다른 사람에 의해서 자신이 통제당하고 있다고 느낄 때 자기결정력이 손상되고 외적 요인에 의해 강요된 행동을 하고 있다고 생각하면서 내적 동기가 사라지게 된다.

자기결정이론(Self-Determination Theory) = 멍석효과이론!

하려고 하던 일도 누가 시키면 갑자기 하기가 싫어지는 만고불변의 진리!

"게임 끝나가네? 낼모레 시험인데 공부나 좀 해볼까?"

"야, 너! 하라는 공부는 안하고 허구헌날 들어앉아 게임만 해? 공부해!"

"아, 진짜!" (펴려던 책 덮어버리고 그냥 새 게임 클릭!)

남의 말은 참 듣기 싫어하는 게 인간의 본성!

게임을 하면서 밤을 새고 또 새고…

공부하기 싫으면 차라리 제발 잠 좀 자라는 엄마의 잔소리도 귓등!

그렇게 게임을 좋아해서 대학도 게임을 전공하는 대학으로 진학했다.

출처: Google 이미지

졸업 후 컴퓨터 게임 관련 일을 하는 회사에 입사했다. 이제는 생계의 수단이고 꼭 해야 하는 의무가 된 컴퓨터 게임.

좋아하던 취미에서 먹고 사는 일이 된 순간 게임하면서 느꼈던 그 재미가 급수직강하!

수직강하 하다 못해 땅 속 깊은 저기 어딘가에 쳐박혀 버렸다.

이것이 바로 자기결정이론의 핵심 아이디어! 하던 일도 멍석을 깔아 주면 기피하게 되는 인간의 미묘한 심리!

자, 여기서 멍석을 깔아주어야 할지, 알아서 할 때까지 기다려야 할지 관리자들의 고민이 시작된다.

자기결정이론에서는 외적, 물적 보상이 내적 동기를 감소시킨다고 주장한다. 물적 보상이 자신에게 이로움을 주는 것보다는 자신의 행동을 통제하고 조종하며 자유를 제한시키는 미끼라고 인식되면서 자기결정력에 역효과를 주기 때문이다. 이보다는 확실한 목표제시와 칭찬과 같이 말을 통한 보상이 사람의 내적 동기를 증가시킨다고 한다. 자기결정이론에서는 물적보상보다는 의사결정 참여와 자율권을 줌으로써 자기결정을 고취시키는 것이 더 효과적이라고 한다. 정말 그럴까?

자기결정이론의 핵심

인간은 누군가의 통제를 받고 싶어 하지 않는다. 자신의 행동을 스스로 결정하고, 통제할 수 있다고 느낄 때 비로소 동기가 부여된다.

강화이론(reinforcement theory)

이 외에 동기이론이라고 할 수는 없지만 인간행동 분석에서 중요한 이론으로 **강화이론(reinforcement theory)**이 있다. 강화이론은 인간의 행동이 환경, 특히 보상에 의해 결정된다고 주장한다. 여기서 사람의 느낌, 태도, 기대 등의 내적 혹은 인지적 요소는 무시된다. 강화이론에서 말하는 환경적 요소와 특정 행동에 대한 보상은 인간의 행동을 설명하는 유일한 요소는 아니지만 상당한 영향을 미치는 것 또한 사실이다.

지금까지 조직에서 조직구성원들의 업무에 대한 태도, 생산성, 이직, 업무 성과 등을 설명해 줄 수 있는 여러가지 동기 이론을 살펴보았다. 어떻게 해야 직원들에게 동기를 부여해 최대한의 효과를 달성할 수 있을까? 여러 학자들이 끝없이 고민하고 또 고민하면서 다양한 해결책을 제시했지만 이제는 여러분이 고민할 차례! 직원의 동기부여는 경영자가 직면하고 해결해야 할 가장 중요한 과제 중의 하나이니 열심히 고민하고 나름의 이론을 만들어보자!

그룹토론문제

(1) 고전이론부터 현대이론까지 인간의 동기를 설명하는 수많은 이론들 중 직원들의 혹은 본인의 동기부여에 가장 합당하다고 생각되는 이론은 무엇인가?

(2) 당신이 관리자라면 어떤 동기이론에 근거해서 직원들을 독려하고 업무에 매진하도록 할 것인가? 그 이유에 대해서 논의해보자.

(3) 직업이나 직군의 특성에 따라서 동기이론들의 적용 가능성이 달라질 수도 있다. 예를 들어, 생산직, 판매직, 사무직 혹은 전문직에 종사하는 사람들의 동기부여를 위해 어떤 이론들이 적절할지 생각해보자.

핵심용어

- 매슬로우의 욕구이론(needs theory)
- 허츠버그의 2요인이론(two-factor theory)
- 동기요인(motivators) vs. 위생요인(hygiene factors)
- 맥그리거의 XY이론(theory X and theory Y)
- 맥클레란드의 욕구이론(theory of needs)
  - 성취욕구(need for achievement)
  - 친애욕구(need for affiliation)
  - 권력욕구(need for power)
- 브룸의 기대이론(expectancy theory)
- 공정성이론(equity theory)
- 목표설정이론(goal-setting theory)
- 자기효능이론(self-efficacy theory)
- 자기결정이론(self-determination theory)

연습문제

01 매슬로우의 욕구이론을 구성하는 요소와 핵심 내용은?

02 허츠버그의 2요인이론을 간략히 설명하라.

03 맥그리거의 XY이론에 대해서 간략히 논하라.

04 맥클레란드의 욕구이론에서 제시된 인간의 세 가지 욕구 유형은?

05 빅터 브룸이 주장한 기대이론의 핵심 내용은?

06 공정성이론의 핵심 내용은?

07 목표설정의 'SMART 원칙'이란?

08 자기효능이론의 핵심 내용은?

09 자기결정이론의 핵심 내용은?

CHAPTER

08

업무집단의 이해

1. 집단의 개념
2. 집단의 영향
3. 집단구성원 다양성
4. 집단의 유형
5. 집단 응집성
6. 집단 의사결정
7. 집단의 창의적 문제해결

학습목표

- 업무집단이란 무엇인지 명확하게 설명할 수 있어야 한다.
- 집단이 구성원들에게 부여하는 의미와 영향에 대해서 설명할 수 있어야 한다.
- 집단의 유형에는 어떤 것들이 있는지 설명할 수 있어야 한다.
- 집단 의사결정에서 나타나는 다양한 현상들에 대해서 설명할 수 있어야 한다.
- 집단의 장점과 단점에 대해서 설명할 수 있어야 한다.

1. 집단의 개념

집단(group)
업무집단(work group)

집단(group)은 특정 목표를 달성하기 위하여 상호 의존하고 교류하는 두 명 또는 그 이상의 개인들을 일컫는다. 경영학에서의 '집단'은 일반적으로 '**업무집단(work group)**'을 의미한다. 업무집단은 두 명 이상의 사람들이 스스로를 집단이라 칭하며 이를 제3자에게 인정받고, 공동의 업무가 상호 의존적인 형태를 가지고 있으며, 보다 높은 단계의 사회적 개체에 소속되어 있는 것을 말한다.

실생활에서 우리는 업무집단(work group)과 업무팀(work team)을 혼용해서 쓰고 있다. 집단은 실상 팀보다 포괄적인 개념으로 팀은 집단의 한 형태이다. 어떠한 팀이든 집단의 한 종류로 정의되지만, 집단은 상황에 따라 팀일 수도 혹은 팀이 아닐 수도 있다. 이게 무슨 소리냐?

팀(team)
시너지(synergy)

업무집단 중에서도 **팀(team)**이라고 불리려면, 개별 팀원들의 업무목표와는 확연히 구별되는 팀 수준의 목표에 팀원들이 높은 몰입도를 보이며, 서로 협력하여 달성한 팀 전체의 성과가 '개별 구성원들의 성과를 단순하게 합산한 것보다 큰 **시너지(synergy)**'가 존재해야 한다.

실가닥 하나로는 끈을 만들 수 없고, 나무 한 그루로는 숲을 이룰 수 없다!
"단사불성선, 독목불성림(單絲不成線, 獨木不成林)"

"A single thread can't make a cord, nor a single tree can make a forest"

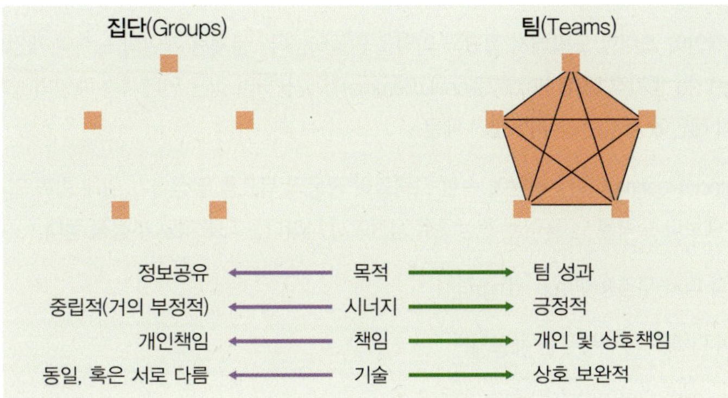

출처: Robbins & Judge, 2014

팀은

- 집합적 목적에 팀원들이 공통적으로 몰입해야 하고,
- 집합적 업무 성과에 서로 책임감을 가지고 있어야 하며,
- 업무를 진행하는 방식에 있어서 팀 자체에서 자발적으로 만들어낸 규범을 가지고 있어야 하고,
- 이러한 과정을 통해 창출된 집단적 성과에 의해 팀 수준에서 업무 수행 능력을 평가받는다.

따라서 팀은 "상호 보완적인 능력을 가진 사람들이 집단 수준의 **전체적 목적**, 구성원들 간의 **상호 의존적 업무목표**, 그리고 **공통의 사회 규범**을 받아들여 집합적으로 업무를 수행하는 상태"라고 정의된다.

전체적 목적
상호 의존적 업무목표
공통의 사회 규범

팀 시너지?
그게 말처럼 쉽지 않다. 엄청 어렵다!
그래서 업무집단의 손익계산서는 흑자이기보다는 적자일 가능성이 크다!

대부분의 기업에서 업무집단들이 활용되고 있고, 모든 조직활동들이 팀 수준에서 진행되고 있다. 그렇지만 업무집단이 시너지를 만들어내고 업무팀으로 승격하기는 쉽지 않다. 낙타가 바늘 구멍을 뚫고 지나가는 정도까지는 아니지만 엄청 어렵다!

업무집단이라는 이름 하에 사람들 여럿이 모여서 일하는 경우 기본적으로 사람들 간의 업무흐름과 절차를 조정해야 하는 조정 비용(coordination cost)이 발생한다. 개인 한 사람을 동기부여하는 것도 어려운데, 집단 전체를 한 방향으로 동기부여하는 것이 쉬울 리 없다.

동기적 딜레마(motivational dilemma)

집단에 속한 개인이 최대한 노력해서 집단의 이익을 만들어낸다? 문제는 개인의 노력이 개인의 이득으로 연결되지 않는다는 동기적 딜레마(motivational dilemma)가 발생하여 집단 안에서는 개인의 노력을 최소화하려는 사회적 태만에 빠지는 경우가 많기 때문.

사회적 태만(social loafing)

사회적 태만(social loafing)이란? 집단에 속한 사람들이 공동의 목표를 달성하기 위해 함께 일하는 상황에서 혼자 일할 때보다 노력을 덜 들이는 현상으로 집단에서 나타나는 대표적인 부정적 행태.

무임승차(free riding)

여기에 한술 더 떠서 무임승차(free riding)까지.

그냥 너희들이 다 해~ 난 머릿수만 채울게!

내가 열심히 안 해도 다른 팀원들이 있으니까…

우린 한 팀! 내 몫까지 네가…

팀원들 사이에 끼어 있음 티도 잘 안나네 뭐…

나 하나 힘 좀 덜 쓴다고 뭐…

출처: 네이버 이미지 & 연합뉴스

으쌰으쌰으쌰!

거기 맨 앞줄 흰 장갑 낀 생도, 오른손 힘 줘서 번쩍 좀 올리고, 그 왼쪽 손! 왼쪽 손 마저 올리세요!

긍정적 집단 시너지(positive group synergy)
부정적 시너지(negative synergy)

따라서 대부분의 경우 긍정적 집단 시너지(positive group synergy)를 통한 팀 성과 창출보다는 불필요한 비용과 동기 저하로 인한 부정적 시너지(negative synergy)와 성과 저하를 겪게될 가능성이 더욱 크다.

결국, 조직에서 집단이 팀으로 변신하는 게 쉽지는 않다는 소리.

과정 손실(process loss)
과정 이익(process gain)

집단을 구성하는 것이 문제의 해결책이 아니라 문제의 시작이 되는 경우가 많다는 점을 잊지 말자! 어떻게 업무집단의 과정 손실(process loss)을 최소화하고 과정 이익(process gain)을 최대화하여 시너지를 내는 팀으로 만들어 낼지는 전적으로 관리자의 역할!

그래서 오늘날의 조직은 팀장 전성시대이고, 팀장들에게 조직의 운명이 걸려있다고도 할 수 있는 것이다.

사슴사냥게임(stag hunt game)

18세기 프랑스 철학자 장 자크 루소(Jean-Jacques Rousseau, 1712~1778)의 저서인 《인간불평등 기원론》에서 유래된 사슴사냥게임!

사냥꾼 여러 명이 사슴 사냥에 나섰다.

사슴 한 마리만 잡으면 모든 사람들이 풍족하게 먹을 수 있다.

사슴을 같이 잡기로 동의한 사슴꾼들은 사냥을 시작한다.

각자 자리를 지키며 사냥을 하던 사냥꾼들.

시간이 흘러도 사슴이 안 잡히자 이러다가 못 잡는 게 아닌가 하는 의구심이 들기 시작한다.

이때, 토끼가 한 마리 쩌~야에서 알짱댄다.

그 알짱거리는 토깽이를 발견한 한 사냥꾼.

토끼 한 마리 잡아서 지 혼자 배 터지게 먹겠다고 무리에서 빠져나오면?

배!신!자!!??

아니~~~아니~~~ 그건 둘째 문제고, 사슴사냥~~!! 그거 망친다구~~~!!!!

뭐 배신해서 망쳤으니 배신자 처단이 1순위인가?

여튼! 메인 이슈로 돌아가서 사냥팀은 합동 목표 수행에 실패하게 된다!

교훈: 쫌만 참았다 사슴 잡으면 더 큰 걸로 다 같이 먹는다.

학구적 표현: 믿음을 바탕으로 서로 협력하면 더 큰 집단목표 달성의 효과를 본다.

사슴사냥게임은 치킨게임(chicken game)과 종종 비교를 한다.

서양에서는 닭을 겁이 많은 동물로 여긴다. 간혹 영화에서 보면 또라이들 둘이 차를 타고 서로를 향해 돌진한다. 막판에 핸들 꺾은 x이 패자. 끝까지 밟은 x이 승자.

여기서는 한 쪽이 포기해야 둘 다 산다. 아님 둘 다 죽는다. 결국 서로 양보하지 않으면 극한으로 치닫게 되는 것.

이 죽자사자 치킨게임과 비교해 사슴사냥게임을 설명하는 것은 협력을 통한 공생을 강조하는 것!

기업들 간에는 이 치킨게임을 실제로 하기도 한다.

테슬라와 중국 전기차 기업들, 한국에서도 SM 인수를 위한 카카오와 하이브.

그러나 팀 내에서는 치킨게임이 아닌 사슴사냥을 해야 한다.

그래야 팀이 살고 기업이 산다.

2. 집단의 영향

사회비교이론(social comparison theory)

사회비교이론(social comparison theory)에 따르면 사람들은 자기가 속한 집단의 다른 사람들을 관찰하고 그 행동에 의거하여 의사결정을 내린다.

2.1 집단에 대한 사회적 동조

사람들이 세상을 해석하고 이에 부합하는 행동을 취하는 방식은 주변 상황의 영향을 받는다. 따라서 사람들의 감정, 생각, 그리고 행동들은 타인과의 상호작용을 통해 생성되는 사회적 결과물이라고 할 수 있다.

특히 집단은 구성원 간 친밀한 인간관계가 강조되는 사회적 환경으로 구성원들 사이의 소통을 강조하고, 구성원들이 동일한 가치 및 상징체계를 갖추어 유사한 세계관 및 지식체계를 가지도록 유도한다. 집단의 이러한 특성은 집단 구성원들이 세상을 유사한 방식으로 해석하고 반응하도록 만드는 강력한 힘을 발휘한다.

사회적 동조(Social Conformity) 현상

사회적 동조(social conformity) 현상

사람들은 집단 내에서 과연 독자적으로 판단할 수 있을까?
어디 한번 실험해볼까?

사회심리학자 솔로몬 애쉬(Solomon Asch, 1907~1996)

1955년 사회심리학자 솔로몬 애쉬(Solomon Asch)는 개인의 판단과 행동이 집단 내에서 어떻게 달라지는지를 보여주는 실험을 하였다. 실험 참가자들에게 주어진 과제는 매우 단순한 것이었다. 아래의 그림을 보고, X와 길이가 똑같은 것이 A, B, C 중 어느 것인지에 대답하는 것. 엥? 이렇게 쉬운 과제를? 유치원생도 안 틀리겠다.

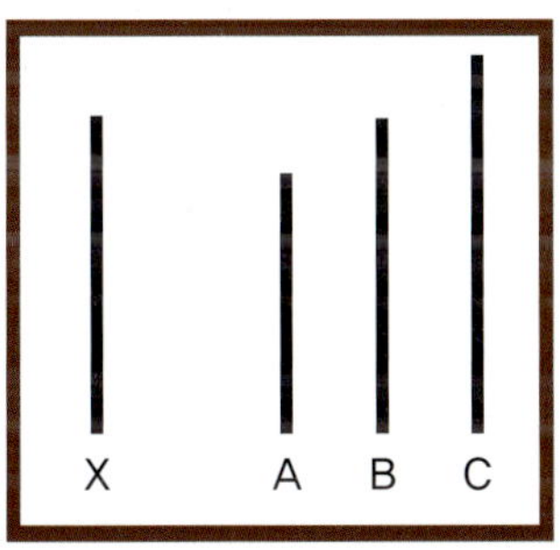

출처: 구글 이미지

단순한 시각검사(vision test)라고 하고 개인별로 진행했을 때, 실험 참가자들은 100% B라고 응답! 틀리고 싶어도 절대 틀릴 수가 없는 질문.

그러나!!

다른 사람들과 함께 실험에 참여하는 경우, 앞 사람들이(실험자가 고용한 연기자들) A 혹은 C라고 응답을 하면 정답이 B인 것을 분명히 알면서도 75%의 실험 참가자들이 오답에 동조하는 성향을 보였다.

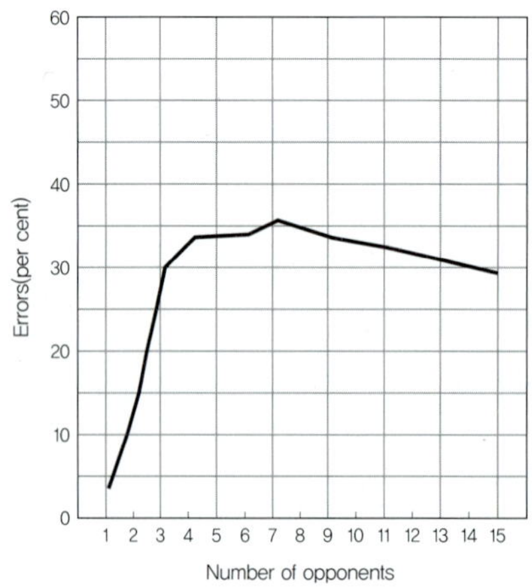

출처: Google 이미지

위 그래프를 보면, 오답을 제시하는 사람이 1명에서 3명까지 증가할 때 급격한 동조행동의 증가가 보였다.

"인간은 물리적인 지각과정마저도 사회적인 압력과
상황의 영향력으로부터 자유롭지 않다는 슬픈 현실!"

오히려 7명 이상이 연속으로 앞에서 오답을 말하는 경우 동조가 소폭이나마 감소하는 패턴을 보였다. 이거 혹시 몰래카메라?

삼인성호(三人成虎): 세 사람이면 없는 호랑이도 만든다

—한비자(韓非子), 내저설(內儲說)—

중국 전국시대(기원전 403~221)에 위(魏)나라 대신 방공이 조(趙)나라에 인질로 가는 태자를 수행하게 되었다. 떠나면서 방공은 왕에게 물었다.

방공: "한 사람이 달려와 '시장에 호랑이가 나타났다!'고 외치면 믿으시겠습니까?"

왕: "당연히 안 믿지."

방공: "그렇다면 두 사람이 '시장에 호랑이가 나타났다!'고 외치면 믿으시겠습니까?"

왕: "그래도 안 믿지."

방공: "다시 세 사람이 와서 이구동성으로 '시장에 호랑이가 나타났다!'고 외치는데 그래도 믿지 않으시겠습니까?"

왕: "그렇다면 믿어야겠지."

방공: "시장에 호랑이가 나타날 리가 없음은 세상 사람이 다 아는 사실이지만, 세 사람이 한 목소리로 호랑이가 나타났다고 하면 호랑이는 나타난 것이지요. 제가 조정을 비운 사이 저에 대해 이런저런 말을 할 사람은 셋 정도에 머물지 않을 것입니다. 모쪼록 임금께서는 잘 판단하시기 바랍니다."

왕은 고개를 끄덕이며 걱정 말라는 답변을 하였다.

한참이 지난 후 방공이 귀국하자 왕은 측근들의 말에 현혹되어 방공을 만나 보려고도 하지 않았고, 결국 방공은 조정에 복귀하지 못했다.

출처: https://terms.naver.com/entry.nhn?docId=1669573&cid=50801&categoryId=50804

2.2 사회적 압력과 개인의 인식 변화

사회적 압력

복종, 동조, 혹은 군중 행동에 대한 사회심리학의 다양한 실증연구들은 사람들이 스스로의 가치체계에 반하는 행동을 하게 만드는 강한 외부상황의 힘(power of situation), 즉 **사회적 압력**의 영향을 보여준다. 주목할 만한 부분은 같은 사람인데도 집단 내에서는 평소와 다른 방식으로 생각하고 행동한다는 것이다. 이처럼 집단은 사회적 맥락으로 작용하여 집단 구성원들의 동기, 인식, 행동에 강력한 영향을 미쳐 해당 구성원이 독립된 개인으로서는 절대로 보이지 않을 행동을 하게 만들기도 한다. 따라서, 다른 사람들의 행동을 판단할 때 그들에게 작용하고 있는 사회적 영향력에 대해 충분히 고려하고 이를 기반으로 그들의 행동을 판단할 필요가 있다.

밀그램실험(Milgram Experiment)

스탠리 밀그램(Stanley Milgram)은 1963년 일반인들이 다른 사람의 명령에 얼마나 순응하는지를 알아보고자 실험을 실시하였다.

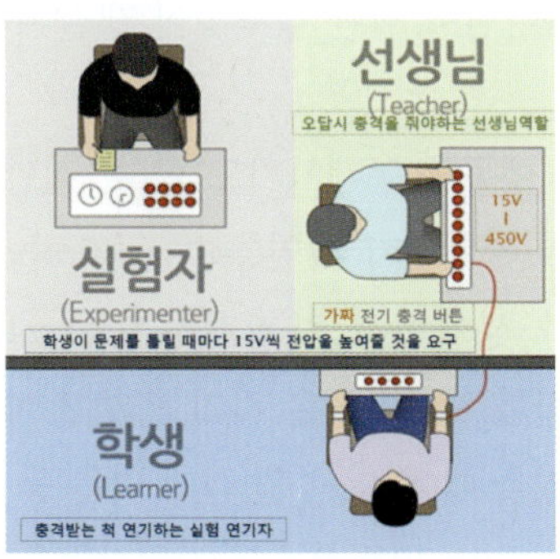

출처: https://youtu.be/yr5cjyokVUs/
네이버 이미지

학생 역할을 담당한 참여자는 일련의 단어들을 학습한 후 시험에 임하게 되고, 선생의 역할을 담당한 실험 참여자는 만약 학생이 단어 시험에서 오답을 낼 경우 서서히 단계를 높여가며 학생에게 전기 충격을 가하는 버튼을 누르게 된다.

실제로 연구에 참여한 실험 대상자들에게는 모두 선생님의 역할이 주어졌고, 학생 역할은 밀그램이 고용한 전문 배우가 실제적인 충격이 없음에도 전기충격에 고통스러워하는 연기를 하였다. 선생님 역할을 담당한 실험 참여자들이 전기충격 버튼을 누르기를 주저할 때마다 연구책임자는 모든 책임은 연구자측이 질 거라며 전기 충격을 가하기를 종용하였다.

놀랍게도 전체 실험자의 60%에 해당하는 실험자들이 450V까지, 실제로 사람을 죽일 수 있는 정도의 강한 전기 충격 버튼을 학생 역할을 맡은 사람에게 가했다. 실험에 참여한 평범한 사람들이 이렇게 끔찍한 의사결정을 하도록 만든 것은 단 하나, 연구책임자의 명령이었다.

2.3 집단에서의 정체성 변화

정체성의 전환(identity shift)

특정 집단에 속하게 되면 사람들은 **정체성의 전환**(identity shift)을 경험하게 된다. 이러한 현상은 개별 구성원이 스스로를 집단에 동일시(identify)하고, 결과적으로 집단에 강력한 의미를 부여하면서 발생한다. 사람들은 집단에 속하게 된 이후 개인의 정체성과 별개로 존재하는 집단 차원의 정체성과 집단 구성원들 간 동료의식, 그리고 동질감을 내재화하게 된다.

집합적 정체성(collective identity)

우리가 일반적으로 말하는 개인 정체성은 외부 세계로부터 자기 자신을 구분 짓고 정의(self-categorization)하는데, 종종 집단에 크게 몰입한 집단 구성원들은 개인 정체성을 집단 정체성으로 대체하기도 한다. 사실 집단 정체성의 강력한 영향력을 고려해볼 때 **집합적 정체성**(collective identity)은 집단 내에서 아주 쉽게 발생한다. 예를 들어, 서로 초면인 사람들 사이에서도 같은 대학교, 같은 고향, 심지어 같은 브랜드를 사용하고 있다는 단순한 사실 하나로 동조현상이 나타나면서 집단 정체성이 생길 수도 있다.

자기제시행동(self-presentation behavior)

집단은 집단 구성원들의 동기에 영향을 미치면서 행동을 통제하기도 한다. 집단에 소속된 사람들은 다양한 집단 구성원들 사이에서 일종의 자기 확인(self-verification) 및 자기 향상(self-enhancement)에 대한 욕구가 생기면서 **자기제시행동**(self-presentation behavior)을 보인다. 재미있게도, 여성 실험 참여자들은 자기 혼자가 아닌 집단에 노출될 때, 특히나 괜찮은 남성들이 주위에 있을 때에, 음식을 적게 먹는 등 보다 여성성을 어필하는 행동을 보인다고 한다. 구직을 위한 면접장에서 지원자들은 면접관에게 좋은 인상을 주고, 다른 지원자보다 잘 보이기 위해 평소와는 다른 어투, 억

양, 행동을 보인다. 이런 점에서 동일한 개인이라도 어떤 집단환경, 어떤 사회적 상황에 처하느냐에 따라서 매우 다른 방식으로 행동을 한다는 것은 당연해 보이기도 한다. 이처럼 집단 환경, 집단 특징은 개인 동기의 방향성과 강도에 막대한 영향을 미친다.

3. 집단구성원 다양성

집단 혹은 팀의 성과는 어떤 구성원들이 모여서 그 집단을 구성하고 있는지의 **집단구성(group composition)**에 의해서도 크게 좌우된다. 특히 집단 구성원 혹은 팀원들의 성격특성이나 지식, 기술, 태도(KSA: Knowledge, Skills, Attitudes)의 수준과 이들의 인구통계학적 다양성(demographic diversity)은 팀 내의 상호작용에 중요한 영향을 준다.

집단구성(group composition)

3.1 인구통계학적 다양성

인구통계학적 다양성, 혹은 **표면적 다양성(surface-level diversity)**은 나이 차이에 의한 세대 차이뿐 아니라 성별, 인종, 학력, 직급 등 사람을 나누는 다양한 잣대들에서 나타난다. 이렇게 서로 다른 사람들이 한 집단 내에서 공동의 목표를 추구하게 되는데 특히나 급속하게 세계화가 진행되는 오늘날의 기업환경 속에서 인종과 문화가 다른 상사, 동료, 부하직원들과 일하는 것은 이제 더 이상 드문 일이 아니게 되었다.

표면적 다양성(surface-level diversity)

출처: United Benetton 광고

구성원 다양성은 업무집단뿐 아니라 오늘날의 기업들에게 있어서 가장 도전적인 과제 중 하나로써 기업 내의 수 많은 구성원들, 특히 서로 다른 배경과 특성을 가진 다양한 구성원들을 융합시켜 최적의 그리고 최대한의 생산성과 기업성과를 달성하여야 한다. 20세기 후반 이후 미국 근로자들의 현황에서 가장 눈에 띄는 변화는 여성근로자,

라틴계, 흑인, 아시아계, 55세 이상 근로자들의 증가 추세이다. 근로자 구성에서 다양성이라는 새로운 도전은 오늘날의 기업들에게 여러 가지의 과제를 던지고 있다. 서로 다른 사람들이 한 회사 혹은 팀 안에서 어우러져 일을 한다는 것, 득이 될까 실이 될까? 지속적으로 증가하는 인적 구성의 다양성이 개인과 팀, 전체 기업에 어떠한 영향을 미치게 될 것인가?

경영학 관점에서 보는 구성원 다양성은 그 자체로 좋거나 나쁜 것이 아닌 경영목표를 위해 효율적이고 효과적으로 관리 되어야하는 하나의 요소이다. 최근들어 한국 기업들에서는 세대차에 의한 직원들 간의 상이한 가치관, 인생목표, 업무태도 및 방식에 따른 갈등이 빈발하여 젊은 직원들과 나이가 있는 중간관리자들 간 협업에 어려움이 커지고 있다. 따라서 성별, 연령, 교육배경, 인종 등의 여러 측면에서 서로 다른 구성원들이 어떻게 서로를 충분히 이해하고, 집단 내에서 함께 일할 수 있을지에 대한 경영자의 고민이 필요하다.

자기범주화이론(self-categorization theory)
사회정체성이론(social identity theory)

인구통계학적 측면에서의 다양성은 집단 내 구성원 간의 의사소통이나 통합 측면에서 문제를 야기할 수 있다. **자기범주화이론(self-categorization theory)** 및 **사회정체성이론(social identity theory)**에 따르면 사람들은 자신의 인구통계학적 특성을 다른 동료들과 비교하여 그들이 나와 같은지 다른지를 판단하고, 이에 근거하여 행동하는데 이에 따라 같은 특성을 가진 사람들이 모이는 그룹과 이 그룹에서 소외되는 이질적 동료들이 모이는 그룹이 자연스레 생기게 된다. 이 경우 소외되는 그룹의 멤버들은 인간적 관계형성 및 의사소통에 어려움을 겪게 되고, 차별을 받게 된다. 소위 미운오리새끼, 왕따가 되는 것이다. 따라서 나와 다르다는 이질성은 동료들 간 관계 형성과 업무태도에 전반적으로 부정적 영향을 미치게 된다.

팀원 다양성과 세대차

믿거나 말거나 점점 똑똑해지는(?) 우리의 밀레니얼세대! 이들은 선배세대보다 자기 주장이 강하고 똑부러지는 세대. 요즘 회사들에서는 밀레니얼세대 직원들에게 적응하기 어려워하는 고참직원들의 볼멘소리가 심심치 않게 터져나온다. 이른바 세대차!

이러한 불만이나 소통에서의 문제점은 회사, 팀 내의 업무과정에서뿐 아니라 회식에서도 극명하게 나타난다.

신세대 직원과 고참들의 의식차이는 직장의 회식문화에도 급격한 변화의 바람을 일으키고 있다. 소주잔, 맥주잔 꺾고, 폭탄주 들이마시면서 다 함께 박수치면서 "쭈~~욱!! 쭉쭉쭉~!! 쭈~~욱! 쭉쭉쭉!!!"

바로 요런 것들이 사라지고 있다.

회식의 신 5계명!

① 회식 일주일 전 직원들에게 미리 알려주는 회식 예고제
② 회식 날 업무는 일찍 마무리한 뒤에 회식
③ 강제로 술을 권유하거나 불필요한 신체 접촉 노(NO)!
④ 전체 회식 시간은 밤 9시 전에
⑤ 1차로 마무리!

출처: http://www.knnews.co.kr/news/articleView.php?idxno=1254589

과연 신구세대가 서로 첨예하게 대립하고 갈등하면서 새로이 만들어가는 새로운 식장문화는 어떻게 진개될까? 여러분은 어떤 회식을 원하는가?

MZ 직장인의 '3요' 주의보: 이걸요? 제가요? 왜요?

1980년 이전 출생자들, 지금 40대 후반, 50대들은 회사에서 거의 질문을 하지 않았다. 시키면 시키는 대로 그러려니~ 일관성 있게 쭉~ 순종.

욱~!!하는 마음이 들어도 참고 또 참고…

이걸요? 제가요? 왜요? 라는 개김성 짙은 발언의 끝은 바로 "You are fired!"

그러나 현재…

기업들의 주요 인력층인 20-40대 MZ세대의 3요는 '개김'이 아닌 다른 시각으로 해석할 필요가 있다. 일하기가 싫어서, 또는 상급자에게 개기려고 하는 질문이라기보다는 자신이 그 일을 왜? 꼭! 해야 하는지에 대한 명확한 설명과 납득의 과정이 필요한 것이다. 물론 일방적인 지시와 그에 대한 순응이 반복됐던 과거 직장문화에 대한 거부감이 전혀 없다고 할 수는 없을 것이다.

상소문 사건

- 2021년 SK하이닉스: 4년차 직원이 성과급 산정 방식에 불만을 품고 회사대표와 임직원에게 항의 이메일을 보냈다. 성과급 '상소문 사건!'
- 2022년 대한항공 직원 실명 이메일: '회장님 상소 사건'

본인 실명과 소속, 근속 연수 등을 모두 밝힌 이 직원은 "블라인드나 익명 게시판에 쓸까 했으나 회장님께 실명으로 직접 메일을 보내는 것이 건강한 해결 방법이라 생각해서 사내 메일로 드린다… 직무전환제도가 있으면 뭐하나요? 해주질 않는데. 진급이든 성과급이든 기브 앤 테이크(give & take)를 명확히 해주시길 부탁드립니다."

맞는 말이긴 한데 회사로서는 참 껄끄럽고 당혹스러웠을 것이다. 이 사건들은 기존 한국정서에 합당하다고 여겨지는 직장에서의 보편적 행동이 아니었기에 사회적으로 큰 반향을 일으켰다. 할 말은 하는 MZ세대 직장인들이 서서히 조직을 채워가면서 새로운 직장 문화가 만들어지고 있는 것.

찍힐까봐, 짤릴까봐 무서워서 무조건 꾹! 꾹! 참으면서 매일 같이 사직서 한 통 가슴에 고이 품고 다녔던 세대와 달리 현실적인 문제들을 끄집어 내어 원하는 방향으로 변화를 유도하는 세대들!

50대의 X세대들이 불만족에 대해 참고 기다린(건설적 & 소극적) 혹은 그냥 무시했던(파괴적 & 소극적) 세대라면 MZ세대들은 불만족한 상황에서 목소리를 내거나(건설적 &적극적), 요구가 안 받아들여질 경우 회사를 미련없이 떠나는(파괴적 & 적극적) 세대이다(6장 업무 만족도 내용 참조). 물론 개인차는 존재한다.

다 그런 게 아니라 많~~이들 그런다고… 많~~이들...

여튼, 여기서 중요한 것은 권리에는 책임이 따른다는 것. 오늘날의 기업들이 수평적 조직, 공정한 보상, 불합리한 관행 제거 등의 노력을 하면서 MZ세대의 가치관을 의식하고, 이해하고, 요구사항에 부응하려고 하는 만큼 MZ세대 직장인들은 이에 상응하는 책임감을 가져야 할 것이다.

출처: https://www.nocutnews.co.kr/news/5904924

반면, 팀내 인적 구성의 다양성이 팀성과에 기여하는 측면도 있다. **정보처리이론(information processing theory)**에서는 다양한 인구통계학적 특성을 가진 구성원들의 서로 다른 경험, 인지적 자원들 간의 보완, 상승 효과에 초점을 두면서 구성원 다양성이 성과에 미치는 긍정적 영향을 강조한다. 예를 들어, 각기 다른 세대 간의 의식과 문화 차이에도 불구하고 장년층은 오랜 세월 회사에 몸담으면서 습득한 경험과 노하우를 전수해줄 수 있으며, 청년층은 새롭게 학습한 첨단기술영역과 사회의 새로운 트렌드를 공유하면서 서로 보완작용을 하기도 한다. 또한 나이 차이가 나는 세대 간 조합은 같은 세대끼리 흔히 발생할 수 있는 승진, 경쟁 등에 따른 부작용을 완화시키기도 한다.

정보처리이론(information processing theory)

3.2 능력과 성격특성의 다양성

팀원들의 능력이나 성격특성, 가치체계에서의 상이성은 인구통계학적 특성에 비하여 인간 본연의 내적, 심리적 측면에 기반을 두고 있어 **심층적 다양성(deep-level diversity)**이라고 불린다.

심층적 다양성(deep-level diversity)

일반적으로 팀을 구성할 때에 능력이 탁월한 멤버들만 원하기도 하지만, 조직에서 업무능력이 높고 똑똑한 사람들, 일을 잘 하는 사람들만 모아 놓는 것도 좋다고만 할 수는 없다. 어쩌면 능력수준이 다양한 사람들이 모인 팀이 보다 높은 성과를 내기도 한다.

"All-star performer team does not guarantee success"

"스타들만 모아둔 팀이 꼭 성공한다고 장담할 수는 없다."

서울대 출신 많은 조직 오래 못간다?

jobsN 블로그팀

입력 : 2016.05.13 09:54

0

0

조직 성공 보장하지 않는 학벌
다양성 확보가 성공 요인

한국 장기신용은행, 일본 장기신용은행, 미국 엔론….

이들의 공통점은 뭘까? 우선 3곳 모두 경영 부실로 무너져 결국 합병되거나 파산했다는 점이다. 또 다른 공통점은 이들 모두 최강의 '학벌 집단'이었다는 사실이다.

한국 장기신용은행은 서울대, 일본 장기신용은행은 도쿄대, 엔론은 하버드대 출신 비중이 어느 회사보다 높았다. 이른바 '엘리트주의'로 똘똘 뭉친 회사들이었다. 하지만 결과는?

1997년 외환위기가 터지면서 자산 부실에 시달리던 한국 장기신용은행은 1998년 국민은행에 합병되는 신세가 됐다. 거액의 부실을 안은 일본 장기신용은행 역시 비슷한 시기 파산했다. 엔론도 1996년부터 2001년까지 6년 연속 '미국에서 가장 혁신적인 회사'로 선정되며 승승장구했지만 2001년 돌연 파산했다.

출처: 네이버

양날의 검(double edged sword)

특히나, 업무분야에서의 구성원 다양성(예: 마케팅, 영업, R&D, 생산, 전략)은 서로 다른 인지적 능력과 경험을 바탕으로 지식의 상승효과를 내는 데 아주 효과적이다. 전체적으로 보면, 팀의 업무과정과 성과에 해가 될 수도 득이 될 수도 있는 탓에 구성원 다양성은 흔히 **양날의 검(double edged sword)**으로 비유된다.

개인의 성격적인 면에서 다양성 문제를 보면 재미있는 결과를 얻는다. 직원의 성실성은 기업성과에 전반적으로 긍정적 영향을 미친다. 하지만 업무집단 내 직원들의 성실성의 정도가 큰 차이를 보일 경우 성실성이 높은 직원과 낮은 직원들 간의 서로 다른 기대와 동기수준으로 인한 실망 및 의욕 저하로 이어져 결국 집단에는 해가 될 수도 있다. 직장인들 사이에 회자되는 '또라이 질량불변의 법칙'이 있다. 어느 조직에나, 어느 집단에나 또라이는 존재하기 마련이며, 주변에 만약 존재하지 않는다면 본인이 또라이일 것이라는, 그래서 또라이의 전체 질량은 절대불변이라고 하는 것도 알고 보면 서로의 차이에 대한 불관용 혹은 몰이해에 기인하는 것일 수 있다.

직원의 외향성은 어떤가? 집단 내 모든 구성원이 외향적 성격을 가진다면 서로 주도권을 차지하겠다고 싸움이 일어날 것이다. 이럴 때는 내향적 성격을 가져서 양보할 줄 아는 아니 스스로 양보를 하는 직원들과 적절히 섞어놓음으로써 팀 내에서 효과적으로 분업이 이루어지도록 하는 것이 성과에 긍정적 영향을 미치게 될 것이다.

또 다른 상황도 있다. 구성원 다양성이 좋은가 나쁜가에 대한 절대적 해답이 없는 모호한 상황을 정리해주는 것은 집단 또는 기업이 처해있는 상황이다. 기업의 규모나 기업이 속해있는 산업, 외부환경 변화에 따라 구성원 다양성은 서로 다른 결과를 보인다. 예를 들어 조직이 하이테크 산업에 속한 경우 산업 자체의 문화특성에 의거하여 성별, 직급 다양성은 바람직하지 않은 측면으로 인식되는 반면 연령 다양성은 지식 전수와 공유 측면에서 바람직한 효과를 보이기도 한다. 결국 기업이 처한 상황에 따라 그리고 해당 팀이 어떤 직무를 수행하는가에 따라 구성원 다양성을 어떻게 전략적으로 그리고 효과적으로 활용할 것인가가 경영자 혹은 팀장의 중요한 역할이라 할 수 있다.

4. 집단의 유형

집단에는 어떠한 유형들이 있는지 살펴보자. 서로 다른 유형의 집단에서 구성원들은 특유의 방식으로 서로 상호작용하며, 결과적으로 서로 다른 종류의 집단 영향력을 경험한다.

(1) 단순 집단

단순 집단(aggregates of individuals)

집단에 속한 구성원들이 상호간의 친밀감 혹은 공식적 관계없이 단순히 하나의 집합체로 모여있는 것을 말한다. 예를 들어, 카페 혹은 비행기와 같은 곳에 모여 동일한 물리적 공간을 공유한 사람들을 **단순 집단(aggregates of individuals)**에 속한 사람들이라고 할 수 있다. 얼핏 보기에 단순 집단은 구성원들에게 특별한 영향력을 미치기 어려울거라는 생각이 든다. 하지만, 개인들의 집합체에 불과한 단순 집단 역시 때에 따라서는 동기의 전환을 통해 집단 구성원들에게 영향을 미칠 수 있다.

사회촉진효과(social facilitation)

사람들은 근처에 다른 사람이 있기만 해도 각성 수준이 증진되고, 결과적으로 동기 수준이 향상된다. 또한, 타인과 같이 있는 경우 자기향상동기(self-enhancing motive)가 증진되어 자기제시행동(self-presentation behavior)을 더욱 빈번히 한다. 이와 같은 **사회촉진효과(social facilitation)**는 인지적 과업수행에서도 나타나지만, 특히 단순반복작업에서 더 높은 수행 능력을 발휘하게 하는 효과가 큰 것으로 규명되었다. 이러한 동기증진효과 때문에 사람들은 집보다는 굳이 헬스클럽에 가서 운동을 하고 도서관이나 카페로 가서 공부를 하는 것이다. 결과적으로 구성원들 간 특정한 상호작용이 없는 단순 집단이라도 집단이란 형태 그 자체는 그 나름의 사회촉진효과를 통해 구성원들의 행동 양식에 영향을 미친다.

비공식 집단(informal group)
사회적 규범(societal norm)

(2) 비공식 집단

현실에서 가장 자연스럽고 흔히 볼 수 있는 형태의 집단이다. 가족, 친구관계, 친목모임 등을 **비공식 집단**(informal group)이라 일컫는다. 비공식 집단에서 구성원들은 자발적으로 의사소통을 하고, 아주 자연스럽게 서로가 집단 구성원이라고 인식한다. 이러한 특성 때문에 비공식 집단에서는 자아 정체성의 전환이 매우 빈번하게 일어나는데, 이는 집합적 정체성 형성의 기초가 된다. 집합적 정체성이 있어야 집합적 규범이 형성되고, 구성원들이 특별한 갈등없이 집단 규범에 순응하게 된다. 집합적 정체성을 바탕으로 집단 구성원들은 집단이라는 사회적 범주에 자신들을 일체화시키고, 특정 사회적 집단의 **사회적 규범**(societal norm)을 자연스럽게 내재화한다. 이러한 사회인지적인 프로세스는 결과적으로 개인의 태도 및 가치체계에 영향을 미치고, 궁극적으로 개인의 행동변화를 초래한다.

공식적 집단(formal group)

(3) 공식적 집단

공식적 집단은 특정한 목적을 달성하기 위해 조직된 집단으로, 기업에서 프로젝트 팀 혹은 기능 부서(functional department)를 공식적으로 조직하여 기업의 목적을 실현한다. **공식적 집단**(formal group) 내에서 구성원들 간의 상호작용은 위계질서, 직무, 기술, 조직 구조, 그리고 집단 외부 환경과 같은 요소들을 바탕으로 이루어진다. 따라서, 공식적 집단에서의 의사소통 및 상호작용은 위에서 말한 비공식 집단과 비교하자면 다소 기계적인 양상을 보인다.

집단 인지(group cognition)

구체적인 목적을 가지고 조직화된 공식적 집단에서는 목표 달성에 특히 **집단 인지**(group cognition)의 역할이 매우 중요하다. 공식집단의 구성원들은 흔히 교점(node)으로 비유된다. 각각의 구성원들은 서로 다른 종류의 정보를 가지고 있고, 개인 수준에서의 정보 다양성은 집단 수준의 정보처리과정에서 서로 다른 종류의 기여를 한다. 따라서, 집단 정보처리 및 업무수행의 효과성은 각각 교점 역할을 하는 개개인 구성원들이 서로 얼마나 잘 활성화되고 연결되는가에 의해 결정된다. 공식적 집단은 구성원들이 더욱 업무에 몰입할 수 있는 환경을 만들어 주는데, 이는 공식집단 특유의 고도로 구조화된 상호작용 및 문제해결 지향성이 구성원들의 인지, 정체성, 그리고 동기의 전환을 유발시키기 때문이다.

(4) 통일된 집단

집단 내에서는 매우 극단적인 형태의 동일시 현상이 나타나기도 한다. 집단 구성원들이 개별적 정체성을 잃고 집단 정체성에 완벽히 매몰된 집단을 의미하는 것으로 이러

몰개성화(de-individuation)
통일된 집단(unified group)

한 완벽한 **몰개성화**(de-individuation)는 집단 정체성이 구성원들의 개인적 정체감을 압도할 때 발생한다. 집단 사이의 격렬한 경쟁 상황, 극단적 형태의 종교 집단 등이 이에 해당된다. 이러한 상황에서 개인은 집단에 완전하게 매몰되어 스스로의 정체성을 잃고, 극단적인 정체성의 전환이 일어나 개인적 자아와 집단적 자아의 경계선이 무너지기도 한다. **통일된 집단**(unified group)은 일시적인 현상으로도, 혹은 지속적인 현상으로도 일어난다.

집단매몰현상
군중 현상

정신분석학적 이론에 따르면 **집단매몰현상**은 집단 구성원들이 집단의 리더 혹은 동료들에게 스스로를 과도하게 동일시하며 발생한 결과라고 설명한다. 반면, 다수의 사람들이 모여 있다는 그 느낌 자체가 집단 구성원들로 하여금 일종의 능력감과 더불어 군중의 일부가 되어 스스로가 익명적 존재가 되었다는 생각을 갖게 만든다. 우리는 이를 **군중 현상**이라 부른다.

이와 비슷한 맥락으로 집단의 크기가 클 경우, 특정 행동에 따르는 책임이 다수의 사람들에게 분산되기 때문에 군중들이 비이성적 행동을 저지르게 되는 원동력이 되기도 한다.

집단매몰현상: 남의 얘기가 아니다!

2002년 월드컵 '붉은 악마'

출처: 네이버

이미 오래 지난 얘기가 되어 버렸지만 2002년 여름.

대~~~한 민!국! 짝짝짝짝짝!

대~~~한 민!국! 짝짝짝짝짝!

삐삐삐삐~~~~~~~~~~

2002년 대한민국을 뒤덮었던 한국의 붉은 악마들!

축구를 원래 좋아하던 팬이건 좋아하지 않던 사람들이건 가리지 않고, 너도 나도 할 것 없이 빨간색 티셔츠를 입고, 붉은 악마 머리띠를 쓰고 떼지어 몰려다녔다.

애까지 들쳐업고 나가서 응원을 하면서 소리를 지르고, 처음 보는 옆 사람을 부둥켜 안고, 같이 손을 잡고 흔들어댔다. 그 수많은 관중 속에 묻혀서 같이 소리를 지르고, 같이 안타까워하고, 같이 고래고래 소리를 질러서 목까지 쉰 대한민국 국민들.

그때 그들은 개인이 아니었다. '붉은 악마'라는 통일된 집단에 속해 있는 구성원들이 된 것이다.

집단전체 행동
집단병리현상

통일된 집단 속의 사람들은 행동의 준거점을 개인이 아닌 집단에 두게 되며, 이때 집단 구성원의 행동은 개인의 행동에서 분리되어 **집단전체 행동**이 된다. 때로는 집단 매몰현상이 강력하게 단합된 결속력으로 연결되어 집단의 성과에 도움이 되기도 하지만 이러한 현상이 과도해지는 경우, 비상식적인 의사결정이나 행동을 보이는 등의 **집단병리현상**으로 연결되기도 하기에 경영자와 팀장은 강한 소속감을 만들어내면서도 집단 자체에 개인이 매몰되는 것을 경계해야 한다.

5. 집단 응집성

집단 응집성(group cohesiveness)

집단 응집성(group cohesiveness)은 집단의 구성원을 그 집단 내에 머물러 있도록 작용하는 힘의 총체로 대표적인 집단 프로세스 중 하나이다. 집단 응집성은 집단의 크기가 작고, 집단이 사회적 명성을 가지고 있는 경우, 집단 구성원들이 오랜 시간을 함께 하고 집단에 들어가기가 어려운 경우 구성원들 사이에서만 공유되는 사회적 특성이 있으며, 구성원 간 의사소통이 원활한 경우 더욱 강해진다.

특히 집단 응집성은 구성원들로 하여금 집단 공통의 목적 달성을 위해 결집하게 하는 원동력으로 작용하여 집단 업무성과 향상에 기여한다. 또한, 집단 내의 친밀감이나 집단에 대한 자부심과 같은 정서적 요인을 강화시켜 집단 전체의 업무에 대한 몰입을 향상시킴으로써 집단성과에 기여한다. 집단 응집성과 업무성과의 관계는 어떤 집단이냐에 따라서 달라지는데 일반적인 업무집단보다 스포츠 혹은 군대 집단에서 그 영향이 강하게 나타난다.

집단 응집성은 높고 봐야 한다?

단결된 팀이 사고도 크게 친다!

집단 응집성이 집단성과에 기여하는 경우가 많은 것이 사실이다. 그러나 때로는 집단 응집성이 조직 전체의 성과에 악영향을 미치는 경우도 있다. 특히, 집단의 목표가 조직의 목표와 일치하지 않는 경우, 응집성이 높은 집단은 조직에 해가 된다 하더라도 집단의 이익을 추구하게 된다.

집단 응집성이 집단목표를 위해 구성원을 단결시킨다는 장점이 있는 반면, 집단의 목표가 잘못된 경우 더 강하게 똘똘 뭉쳐서 조직에 피해를 줄 수 있는 목표를 강력하게 추진할 수 있다는 문제점을 가지기도 한다. 내부에 강력한 방해 세력이 생기는 셈.

내부의 적이 무섭다!

또한, 응집성이 높은 집단이 바람직하지 않은 업무규범을 가지고 있는 경우, 그 집단 구성원들은 바람직하지 않은 업무규범조차 헌신적으로 따르기 때문에 결과적으로는 집단성과를 저하시키는 행동에 몰입하게 된다. 호손실험의 경우를 생각해보자. 열심히 일해서 우수한 성과를 낼 수 있는 구성원도 집단에서 정한 수준의 성과에 맞추고 그 이상은 일을 하지 않는다. 초과성과자(rate buster)에 대한 왕따와 사회적 보복이 무섭기 때문이다. 일종의 강요된 태업.

따라서 무조건 집단 응집성을 높이는 것이 능사는 아니다. 해당 집단의 목표와 규범 등이 제대로 설정되어 있지 않으면 조직 내에 강력한 반군이 생기는 것과 마찬가지. 이래서 팀장의 역할이 정말 중요하다!

6. 집단 의사결정

최근 기업조직에서는 업무집단이 핵심적인 의사결정의 단위로 각광받고 있다. 이는 아래와 같은 이유에 기인한다.

(1) 오늘날의 기업에서 의사결정 환경이 지속적으로 복잡하고 불확실해지고 있다. 따라서, 대부분의 문제들이 한 개인의 역량으로는 효과적으로 해결하기 어려울 정도로 높은 복잡성을 가지게 되었고, 결과적으로 집단이 다양한 지식, 기술, 전문성 그리고 경험을 갖춘 의사결정의 단위로 주목을 받게 된 것이다.

(2) 집단이 개인보다 양질의 의사결정을 내릴 수 있는 잠재성을 가지고 있다는 대중적인 인식 역시 집단이 의사결정의 단위로 자리매김하는 데 한 몫을 했다. 이러한 대중적 인식은 집단이 다양한 사람들로 이루어져 있는 만큼 다양한 정보와 지식, 그리고 기술을 보유할 것이라는 믿음 때문이며, 이는 이론적으로도 근거가 있다.

(3) 집단 의사결정이 각광받는 또 다른 이유는 사람들이 집단 의사결정을 통해 정해진 사항들을 쉽게 수용하고 실천한다는 것이다. 자신이 의사결정 과정에 직접 참여한 경우, 구성원들은 내려진 결정에 대해서 주인의식을 가지게 되고, 도출된 해결책을 긍정적으로 평가하며, 정해진 의결사항에 강한 몰입과 실천의지를 보인다.

이렇듯 오늘날 집단 의사결정이 보편화된 상황에서 집단 의사결정에서 나타나는 다양한 현상들을 살펴보자.

6.1 집단사고

집단사고(groupthink)

집단사고(Groupthink)! 이거 뭘까?

"사람들이 모여서 함께 사고하고 문제를 해결하는 집단의 순기능?"

이렇게 대답하면 무식하다고 동네방네 소문 난다!

집단사고를 집단의 건설적 문제해결과정이라고 생각한 경우 이는 집단지성(collective intelligence)과 혼동한 것!

출처: https://psychologenie.com/understanding-psychological-phenomenon-of-groupthink-with-examples

집단사고는 집단 내 구성원들의 생각에 다양성이 감소되고 동조현상이 심해져 제대로 된 의사결정을 하지 못하게 되는 역기능적 집단과정이다.

어디 가서 집단사고 하자는 엄한 소리 하지 말자!!

집단사고는 집단 내에서 구성원 간 사고 및 행동의 일치성에 대한 압박이 대안과 행동에 대한 현실적 평가를 무시하게 만드는 현상이다. 구성원들이 집단사고에 빠지는 경우, 집단의 가치에 동조하고, 집단 내에서 다른 사람들과 의견 일치를 보아야 한다는 동조에 대한 압박이 심해져서 현실과 문제에 대한 객관적, 체계적인 평가를 할 수 없는 상황에 처하게 된다. 이러한 현상은 구성원들이 유사한 아이디어를 내고, 유사한 의사결정을 내리는 경향이 강한 응집성이 높은 집단에서 특히 강하게 나타난다.

애블린 패러독스(Abilene Paradox): 누구도 원치 않았다!

섭씨 40도가 넘는 후끈후끈 무더운 텍사스. 천장에는 팬이 돌고 있고, 하비 교수가 그의 아내와 함께 오랜만에 아내의 친정을 방문하여 레몬에이드를 마시면서 앉아 있다.

장인: "차 타고 애블린 가서 저녁 먹고 올까?"

아내: "좋아요!"

장모: "가서 옷 갈아입고 올게요."

하비 교수: "뭐, 저야 좋습니다."

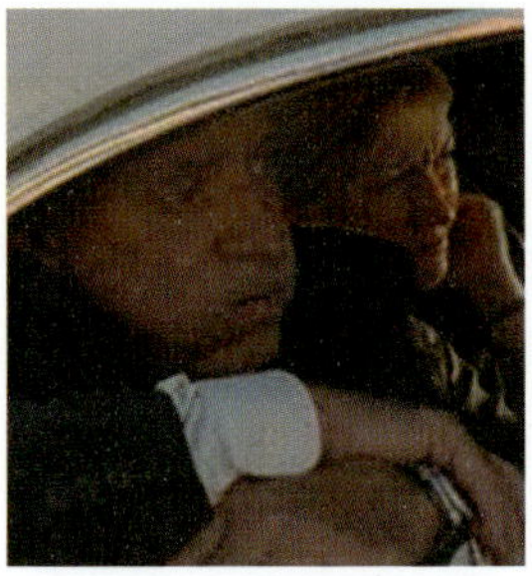

살인적인 더위에 에어컨도 안 나오는 차에서 모래먼지를 뒤집어쓰고 왕복 4시간이 되는 애블린에 가서 변변치 않은 음식을 억지로 먹고 돌아온 가족들…

모두들 불만에 가득찼다.

그들은 도대체 왜? 왜? 왜?

왜, 그랬을까?

장인: "차 타고 애블린 가서 저녁 먹고 올까?"

(아! 심심해 죽겠네, 뭐 할거 없나? 애블린이나 가볼까? 전에 거기 갔다가 x고생하긴 했는데... 그래도 뭐 심심하니까...)

아내: "좋아요!"

(미쳤어! 미쳤어! 왕복 4시간에다가 이렇게 먼지바람 날리고 더운데?)

장모: "가서 옷 갈아입고 올게요."

(뭐가 어쩌구 저째! 애블린?

돌겠네··· 이 망할 놈의 영감xx. 드디어 노망이 났구나!)

하비 교수: "뭐, 저야 좋습니다."

(에어컨도 안 나오는 똥차 몰고 거기를?

나한테 왜 이러는 건데? 아~ x짜증!)

그룹토론문제

(1) 과연 집단사고(groupthink)에도 장점이 있을까? 집단사고의 장점과 단점은 무엇이 있는지 논의해보자.

(2) 집단사고가 때로는 바람직할 수도 있다. 집단사고가 어떤 상황에서 개인과 집단의 성과에 바람직하거나 바람직하지 않은 영향을 미치게 될지 논의해보자. 바람직하다면 혹은 바람직하지 않다면 그 이유가 무엇인지 얘기해보자.

6.2 집단극화 현상

집단극화 현상(group polarization)

집단은 구성원들이 생각하는 방식에도 영향을 미친다. 집단 의사결정은 애초 개별 구성원들이 가지고 있던 태도에 비해 극단적으로 급진적이거나 혹은 보수적인 방향으로 흘러가는 경향을 보이기도 하는데, 이를 **집단극화 현상(group polarization)**이라고 한다.

집단극화 현상: 중간은 없다. 모 아니면 도!!

사람들은 집단에 속하게 되면 혼자서는 절대 하지 않을 판단이나 행동을 한다. 집단극화 현상은 그런 상황 중의 하나로 사회적 비교(social comparison), 사회적 동일시(social identification), 그리고 사회적 영향력에 대한 순응(conformity to social influence) 등이 종합적으로 작용하여 발생한다.

집단에 속한 개인은 튀고 싶어한다. 그러다 보니, 같은 의견이라도 남보다 강하게 어필해서 돋보이고 싶어 한다. 이 경우 집단 내에서 모든 정보가 고르게 표현되고 반영되기보다는 상당히 보수적 혹은 급진적인 방향으로 정보들이 집중되면서(biased information sampling) 극단적인 결정을 쉽게 정당화하게 된다.

리더에게 충성 경쟁을 하듯이 한 쪽으로 누가 더 과감하게 밀어붙이느냐 하는 경쟁이 시작되는 것.

이 경우 집단은 메가폰처럼 작동한다. 원래 한 쪽을 약하게 지지하던 의견들이 마구마구 증폭되어 서로에게 전달, 공유, 강화된다.

이렇게 과도한 사회적 영향 아래에서 집단 구성원들은 인지적 과부하(cognitive overload)를 경험하고, 자기 나름의 편향된 정보집중전략을 활용한 결과 상황을 더욱 단순화하고, 한쪽을 강하게 선호하게 되는 방식으로 의견의 극단화를 보인다.

인지적 과부하(cognitive overload)

집단은 구성원들로 하여금 특정 방향의 생각을 활성화시키거나 혹은 그들이 생각하는 방식을 처음과는 전혀 다른 방향으로 돌려놓기도 하는데, 이러한 현상을 선택이행(choice shift)이라고 한다. 선택이행을 통해서 구성원들이 집단의 영향을 받아 애초의 개인적 선택과는 다른 선택을 내리게 되는 것!

선택이행(choice shift)

Group polarization

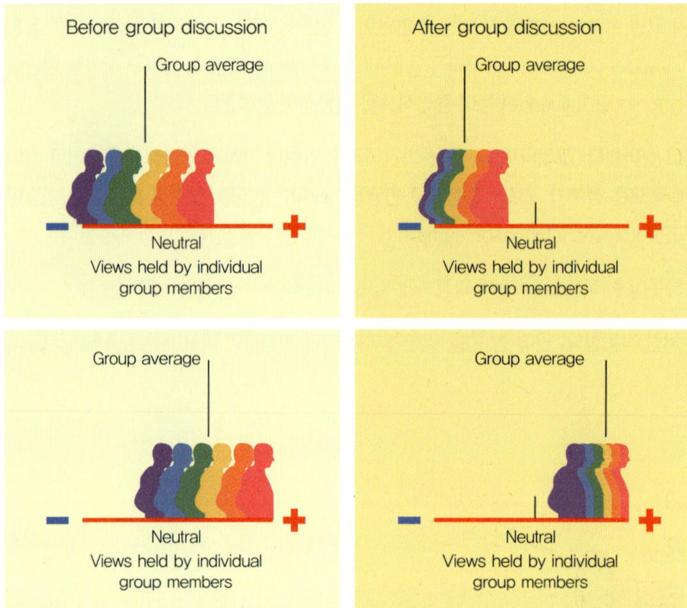

출처: https://angellacasullo.wordpress.com/2015/10/11/group-polarization/

6.3 거래적 기억체계와 히든 프로필

거래적 기억체계(transactive memory system)
지적 노동 분업(cognitive division of labor)

거래적 기억체계(transactive memory system)현상은 집단 의사결정 및 문제해결 과정에서 구성원들 간의 **지적 노동 분업**(cognitive division of labor), 즉 업무의 전문화 전략을 말한다. 집단 구성원들은 의식적으로든 무의식적으로든 집단 기억체계 내에서 전문화된 역할을 맡게 된다.

상호 보완적인 업무전문화

예를 들어보자. 한 사람은 가정 내에서 예산 편성과 관련된 정보를 기억하고, 또 다른 한 사람은 집안 대소사에 대한 정보를 기억한다. 두 사람은 원활한 가정 운영이라는 목표로 한 사람이 모든 정보를 기억하고 관리하는 부담을 지기보다는 서로 보완적으로 정보를 관리하며 업무를 전문화하는 것이다. 이렇게 **상호 보완적인 업무전문화**는 공식적인 집단에서 보다 철저하게 구조화되어, 프로젝트 팀 안에서 각 구성원들은 특정 영역이나 주제에 대한 정보관리로 특화된 역할을 담당한다. 팀 내의 거래적 기억체계는 분업을 통해서 구성원들의 인지적 부담을 줄여주고 구성원들이 서로의 역할 및 업무 그리고 전문영역에 대한 상호이해를 증진시켜 결과적으로 업무 흐름을 원활하게 만든다.

거래적 기억체계: 무엇(What)보다 누구(Who)인지를 찾아라!

팀의 거래적 기억체계(TMS: Transactive Memory System)가 팀 업무활동을 원활하게 하려면 누가 어떤 정보를 가지고 있는가를 알아야 한다. 팀 구성원들에게 분산 저장되어 있는 정보를 필요할 때 즉시 활용하려면 정보의 소재(who knows what)에 대한 팀원들 간의 상호 이해가 중요한 것이다.

자기가 알고 있는 지식(know what)보다 누구에게서 당장 필요한 지식을 얻을 수 있는지(know who)를 알아야 효과적으로 협업하고 문제를 함께 해결할 수 있다.

히든 프로필(hidden profiles)

히든 프로필(hidden profiles)이란 팀 내 구성원 간의 불균등한 형태의 정보 배분을 일컫는다. 정보가 한 구성원에게 집중되어 있기보다는 여러 구성원들에게 불균형하게 배분되어 있기 때문에 여러 구성원들이 나누어 가지고 있는 정보들을 합쳐야만 팀의 문제해결을 위한 가장 적합한 대안을 찾을 수 있다.

이상적인 집단 문제해결 과정: 팀원들이 함께 하는 보물찾기!

출처: http://www.cine21.com/movie/info/?movie_id=28251

구성원들이 함께 해야 하는 보물찾기가 바로 히든 프로필(hidden profiles)!

이놈의 보물지도는 항상 서너 조각으로 찢어져 있다. 찢어진 조각들을 다 모아서 맞춰야만 한 장의 온전한 지도를 가질 수 있게 된다.

집단 구성원들은 보물지도의 한 조각씩을 가지고 있다. 팀원 모두가 자신이 가지고 있는 보물지도의 한 조각씩을 내놓아야 완전한 지도를 갖게 되고, 최적의 해결책(hidden profile)에 이르게 된다. 그러니 의사결정팀의 또 다른 이름은 트레져 헌터!

7. 집단의 창의적 문제해결

창의적 생각(creative idea/creativity)

창의적 생각(creative idea/creativity)이란 새롭고 유용한 아이디어를 의미한다. 기업 경영에서 창의성이 점점 중요한 이슈로 떠오르는 현대사회에서 의사결정 및 문제해결의 핵심 단위로 각광받고 있는 집단이 개인에 비해 창의적 아이디어를 더 잘 만들어 낼 수 있냐는 질문에 대한 명확한 답은 아직 존재하지 않는다.

브레인스토밍(brainstorming)

집단 창의성을 향상시키는 것으로 가장 널리 알려져 있는 기법은 **브레인스토밍**(brainstorming)이다. 그러나 막상 브레인스토밍 기법을 활용하더라도 구성원들은 평가불안(evaluation apprehension)으로 인하여 아이디어를 당당하게 제시하지 못하는 경우가 많다. 또한, 집단에서는 평가의 기초가 개인이 아닌 집단이기 때문에 무임 승차(free riding) 혹은 사회적 태만(social loafing)과 같은 문제가 발생할 수 있다. 내가 의견을 내지 않더라도 집단 내에서 다른 구성원들이 내 역할까지 해주기 때문이다.

집단 의사결정의 과정은 모든 구성원들이 자신들이 가지고 있는 고유한 정보를 공유하여 구성원 전체의 지적 역량이 효과적으로 통합되도록 하는, 그래서 히든 프로필을 찾아내는 것이 핵심이다. 집단 문제해결에 대한 이와 같은 관점은 집단의 창의성 발현에 특히 중요하다.

그러나 애블린 패러독스에서 보듯이 집단 내 구성원들은 이게 아니라는 것을 알면서도, 그리고 원치 않으면서도 다른 구성원의 눈치를 보면서 집단 분위기를 따라간다. 누구도 원하지 않는 결정이나 행동이 집단에 의해서 이루어지는 것이다. 이는 개인적으로 아무리 똑똑한 사람이라도 집단 내 구성원으로서는 상당히 미련한 의사결정과 행동을 할 수 있음을 시사한다. 이러한 형태의 집단사고는 창의적 문제해결 및 복잡한 의사결정과 같은 업무 수행에 상당히 불리하게 작용한다.

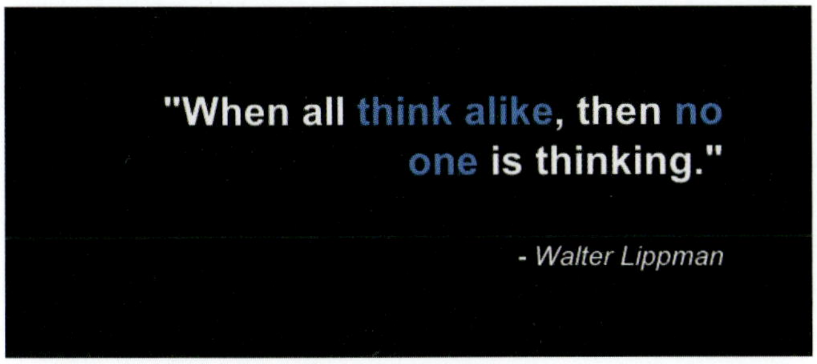

출처: https://www.slideshare.net/hblowers/innovation-quotes

현대 조직에서 집단은 조직이 개인의 행동을 효과적으로 조율하여 조직 목적을 달성케 하는 중요한 도구이다. 따라서, 집단이라는 맥락에 속한 개별 구성원들의 행동을 이해하지 않고 조직을 이해한다는 것은 어려운 일이다. 특히나, 조직 수준에서의 행동 및 성과는 조직원들 개인 행동의 단순합이 아니다. 사람들이 집단이라는 단위로 묶인 이후에는 개인 차원과는 다른 집단 수준의 복잡성이 등장하게 되기 때문이다. 따라서 집단을 효과적으로 조직하고 관리하는 적절한 방안을 찾아내는 것이 현대 경영에서 조직의 성패를 좌우하는 열쇠이기도 하다.

핵심용어

- 업무집단(work group) vs. 업무팀(work team)
- 사회비교이론(social comparison theory)
- 정체정의 전환(identity shift)
- 선택 이행(choice shift)
- 사회적 동조(social conformity)
- 다양성(diversity)
- 자기범주화이론(self-categorization theory)
- 사회정체성이론(social identity theory)
- 정보처리이론(information processing theory)
- 자기향상동기(self-enhancing motive)
- 자기제시행동(self-presentation behavior)
- 사회적 규범(societal norm)
- 집단 인지(group cognition)
- 몰개성화(de-individuation)
- 집단 응집성(group cohesiveness)
- 집단사고(groupthink)
- 집단극화 현상(group polarization)
- 사회적 동일시(social identification)
- 사회적 영향력에 대한 순응(conformity to social influence)
- 거래적 기억체계(transactive memory system)
- 히든 프로필(hidden profiles)
- 무임승차(free riding)/사회태만(social loafing)
- 브레인스토밍(brainstorming)

연습문제

01 집단과 팀을 비교하라. 차이점은 무엇인가?

02 통일된 집단이란 무엇을 의미하는가?

03 집단 응집성은 어떤 경우에 강해지는지 서술하라.

04 집단사고란 무엇을 말하는가?

05 집단극화 현상은 무엇이며, 왜 생기는 것인가?

06 히든 프로필 현상이 무엇인지 간략히 서술하라.

07 집단에서 흔히 발생할 수 있는 문제들 중 대표적인 것에는 어떤 것들이 있는가?

CHAPTER

09

조직의 이해

1. 조직구조

2. 조직문화

3. 조직변화와 혁신

학습목표

- 조직이 어떻게 구성되고 어떤 형태를 띄고 있는지 설명할 수 있어야 한다.
- 조직문화라는 것은 무엇이며, 어떤 유형이 있고, 어떻게 변화하는지에 대해서 설명할 수 있어야 한다.
- 조직에서 변화 및 혁신을 일으키는 요소는 무엇이며, 어떤 과정을 통해서 조직이 변화하는지 설명할 수 있어야 한다.

1. 조직구조

1.1 조직설계

조직구조
조직설계(organization design)

기업에서의 **조직구조**는 구성원들에게 특정 업무와 역할을 배분하고, 이들 업무 간 상호조정과 연계를 가능하게 해주는 관리체계로 기업 내에서의 권한과 책임, 지위와 계층에 따른 의사소통경로를 지정해준다. 기업의 구조를 어떤 방식으로 구축할 것인가에 대한 의사결정을 **조직설계**(organization design)라고 하는데, 조직설계에서 고려해야 할 중요한 요소들은 다음과 같다.

(1) 업무 특화

업무 특화(work specialization)
노동분업(division of labor)

업무 특화(work specialization)란 기업 내에서 업무가 어떻게 세분화되어 있는지를 나타내는 지표로 **노동분업**(division of labor)으로 더 잘 알려져 있다. 노동의 분업은 조직원들의 기술을 더욱 전문화시키고, 생산성을 향상시킨다. 하지만 업무 세분화에 따른 생산성 향상이 어느 수준에 이르면 얘기는 달라진다. 업무 특화로 인해 반복되는 업무와 그에 따른 숙련은 생산성을 향상시킨다. 하지만 이건 어디까지나 경제적 관점에서이다.

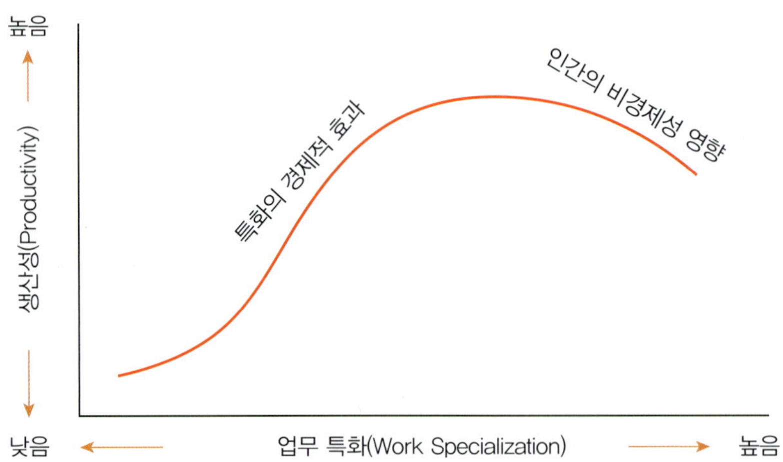

출처: Robbins & Judge, 2014

생산성이 오르다 일정 수준에 이르면 다시 떨어지기 시작하는데, 그 이유는 인간이기 때문에 발생하는 비경제성 때문이다. 이게 무슨 말이냐? 반복되는 작업으로 직원들은 지루함을 느끼기 시작하고 업무에 대한 집중도가 떨어진다. 2장에서 설명한 호손실험을 생각해보라. 1분 단위로 반복되는 작업을 하루에 500번 반복한다면 업무 특화에 의한 생산성 향상이 매우 높을 것 같지만, 과연 인간이 이렇게 기계적으로 반복되는 일에 얼마나 집중을 유지할 수 있을까? 반복되는 작업을 하다가 어느 순간 딴 생각을 하게 되고 그러다가 실수 혹은 사고가 발생하기도 한다. 생산성 향상의 효과가 떨어지는 시점이 된 후에는 업무 특화보다 업무 확장이 더욱 효율적이다.

조직구조, 과연 필요한가?

조직구조에 대한 자포스(Zappos)의 도전! 홀라크라시(Holacracy)!

조직설계의 결과물로 조직 전체의 공식적 구성체계를 나타내는 그림을 조직도(organiztion chart)라고 한다.

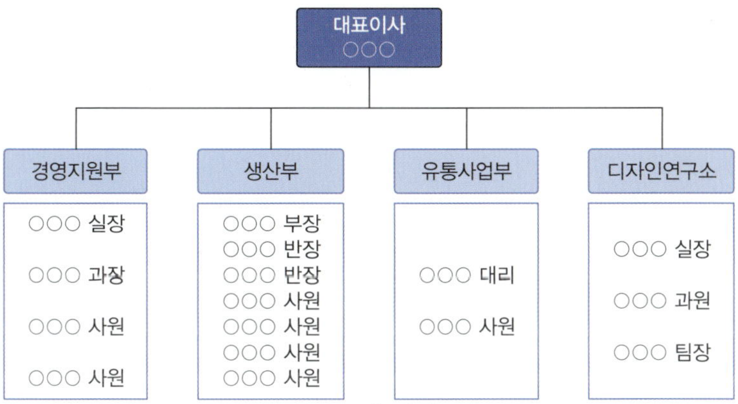

조직도의 예

모든 조직은 업무배분 방식, 상호연결 방식에 대한 조직도를 가지고 있다. 그러나 이와 같은 기업의 공식적 조직도에 따른 조직구성 자체에 반기를 든 기업이 있었으니, 그 기업은 바로 미국의 신발 · 의류 온라인 판매업체 자포스(Zappos)!

2013년 자포스의 CEO인 토니 셰이(Tony Hsieh)는 1,500여 명의 모든 자사 직원들에게 향후 자포스에는 관리자와 이에 따른 위계와 조직구조가 완전히 없어지고 모든 직원이 CEO와 동등한 입장에서 자신의 업무를 알아서 수행하는 방식의 조직으로 변신할 것임을 이메일로 공지했다. 이런 방식을 원치 않는 직원은 퇴직금을 받고 알아서 나가라는 얘기와 함께.

From Hierarchy to Holarchy

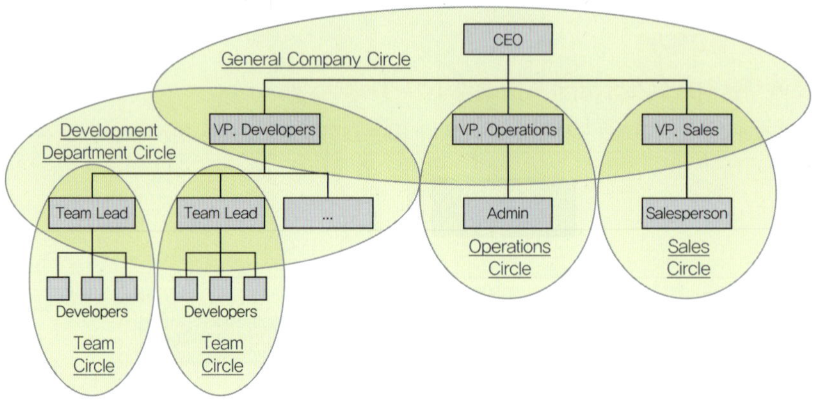

출처: Google 이미지

홀라크라시(holacracy)

자포스가 도입한 **홀라크라시(Holacracy)**란 모든 사람에 의한 지배라는 뜻으로 관리계층, 위계 등 전통적 조직구조를 파괴하고 모든 사람이 수평적 관계에서 자율적으로 일을 하자는 새로운 시도이다. 이러한 자포스의 실험은 현재까지 진행 중이다. 조직파괴를 통한 자율적 서비스 혁신이라는 긍정적 측면과 더불어 조직 내 혼란, 의사결정의 지연, 암묵적인 위계와 서열 등의 문제들 또한 존재한다. 기존의 수많은 조직과 경영자들을 심히 불편하게 하는 이 홀라크라시에 대한 평가는 추이를 지켜보아야 할 것으로 보인다. 혁신이 중요한 산업 분야, 중소규모 벤처, 스타트업들을 중심으로 한국기업들 역시 이러한 새로운 조직구조 형태에 대한 시도를 주목하고 있다.

출처: http://blog.fastcampus.co.kr/220953975309
https://m.post.naver.com/viewer/postView.nhn?volumeNo=6608735&memberNo=18103913&vType=VERTICAL

(2) 부문화

부문화(departmentalization)

조직 전체의 업무가 기업의 하위집단에 배분되는 방식을 **부문화(departmentalization)**라고 한다. 가장 기본적인 방식은 전체 업무를 기능별로 분리하여 기획부서, 연구개발부서, 생산부서, 영업부서, 경영지원부서 등으로 나누는 것이다.

조직의 규모가 커지면서, 대기업들은 하위의 단위집단을 제품(product), 시장(market), 지역(geography) 등의 기준으로 나누기도 한다. 예를 들어 전자제품을 생산하는 회사가 있다고 가정해보자. 제품을 기준으로 부문화를 한다면 컴퓨터 사업부, 냉장고 사업부, 에어컨 사업부 등으로 나눌 수 있다. 시장을 기준으로 부문화를 한다면 대기업고객, 소기업고객, 개인고객, 정부고객 등 고객층을 기준으로 담당부서와 부문을 나눌 수 있다. 지역을 기준으로 부문화를 한다면, 서울, 경기도, 경상도, 전라도, 강원도 등을 담당하는 지역본부로 부문화할 수 있다.

(3) 지휘계통

지휘계통(chain of command)이란 개인이나 집단이 누구에게 업무보고를 해야 하는가를 결정하는 지표이다. 지휘계통을 명확하게 함으로써 누가 누구에게 보고를 해야 하는지, 즉 내 직속상사가 누구인지, 누가 혹은 어떤 부서가 의사결정권을 갖는지를 정해준다.

지휘계통(chain of command)

(4) 관리의 폭/통솔 범위

관리의 폭/통솔 범위(span of control)는 효율적이고 효과적으로 관리가 가능한 부하직원의 수를 나타내는 지표이다.

관리의 폭/통솔 범위(span of control)

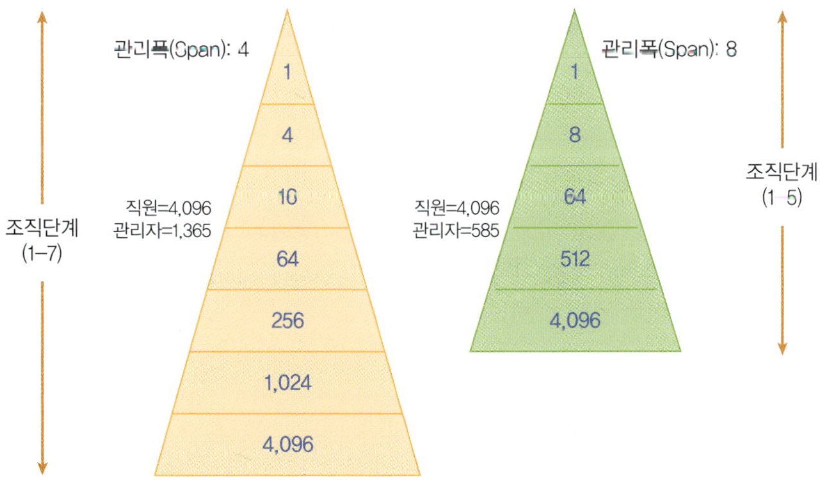

출처: Robbins & Judge, 2012

- **관리의 폭이 작은 경우(한 명의 관리자가 적은 수의 직원을 관리하는 경우)**: 조직 내 계층 단계가 길어지면서 조직구조는 긴 형태(tall structure)가 된다. 더 많은 관리자가 필요하기 때문에 조직 입장에서는 비용이 많이 들고, 의사소통 채널은 더욱 복잡해진다. 한 명의 관리자가 적은 수의 직원을 관리하기 때문에 직원들에 대한 관리자의 감독이 철저해지고, 직원들의 자율권은 줄어든다.
- **관리의 폭이 큰 경우(한 명의 관리자가 많은 수의 직원을 관리하는 경우)**: 조직

내 계층 단계가 짧아져서 조직구조는 납작한 형태(flat structure)가 된다. 조직 입장에서는 관리자가 덜 필요하기 때문에 비용이 덜 들게 된다. 조직 내 계층 수가 적기 때문에 의사결정이 빠르다. 또한, 한 명의 관리자가 많은 수의 직원을 관리해야 하기 때문에 직원들에 대한 간섭이 줄어들면서 직원들의 자율성이 높아진다.

관리의 폭이 작은 경우 (Narrow Span)	관리의 폭이 큰 경우 (Broad Span)
• 한 명의 관리자가 적은 수의 사원을 관리	• 한 명의 관리자가 많은 수의 사원을 관리
• 많은 관리자가 필요하기 때문에 비용이 높음	• 관리자 수가 적기 때문에 비용이 낮음
• 지속적인 혁신/ 소규모/ 개발 위주에 적합	• 비용 절감/ 대기업/ 대량 생산에 적합

(5) 중앙집권화

중앙집권화(centralization)
분권화(decentralization)

기업 내에서 의사결정의 권한이 어디에 있는지를 말하는 것으로, 상위 관리자가 속한 상층부에 의사결정권이 몰려 있는 경우 **중앙집권화**(centralization) 정도가 높다고 말하며, 의사결정권이 낮은 계층까지 퍼져 있을 때에는 **분권화**(decentralization)되어 있다고 말한다.

(6) 공식화

공식화(formalization)

기업 내에서 업무가 얼마나 표준화되어 있는지의 정도를 나타내는 지표로, 업무 수행 절차나 방식 등이 매뉴얼이나 지침서 등으로 얼마나 명료하게 나타나 있는지에 따라 **공식화**(formalization)의 정도가 정해진다. 공식화가 높은 경우 직원들의 행동을 통제하기 쉽고, 관리비용 절감과 업무수행의 안정성, 예측 가능성이라는 장점이 있지만, 유연성은 떨어지기 때문에 환경변화에 대한 적응력 역시 떨어지는 단점이 있다.

■ **유한킴벌리의 '거꾸로 조직도'**

유한킴벌리의 한 공장은 거꾸로 조직도를 갖고 있다. 보통은 직급의 순서에 따라 피라미드 형태로 위에서 아래로 뻗어 내려오는 조직도이지만, 이 공장에서는 위와 아래가 바뀐 형태로 조직도를 그리고 있다. "손님을 왕으로 모셔라."라는 일반적인 신념과는 다르게 "직원을 주인으로 모셔야 한다."라는 조직의 철학을 담고 있다. 이처럼 조직도나 조직구조는 종종 조직의 신념이나 비전, 목표의식을 담기도 한다.

거꾸로 조직, 혹은 역방향 조직 구조는 린(lean) 경영, 애자일(agile) 경영 등의 새로운 트렌드와 어울려서 많은 조직에서 시도되고 있다.

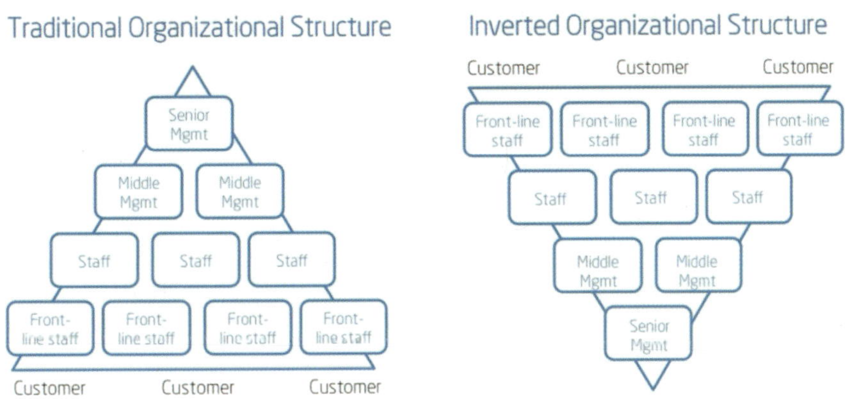

출처: 구글

조직의 구조는 상황적 요소에 따라 형태가 달라진다. 비슷한 시기에 설립된 회사라 할지라도 기업의 규모, 주된 사업영역, 경영자의 비전과 리더십 등의 요소에 따라 그 형태가 달라질 수 있다. 1976년 스티브 워즈니악(Steve Wozniak)과 스티브 잡스(Steve Jobs), 론 웨인(Ron Wayne)이 워즈니악의 차고에서 나무상자에 담긴 '애플 I'을 만들었을 당시 애플(Apple)은 공식화도 낮고 모든 직원이 평등한 홀라크라시와 유사한 구조를 가지고 있었으나, 점차 규모가 커지면서 부문화, 공식화, 중앙집중화 등이 진전되면서 복잡한 조직구조를 가지게 되었다.

1.2 조직구조의 기본 구성

기업의 조직구조는 일반적으로 핵심운영부문, 전략부문, 중간라인부문, 기술전문가부문, 지원스탭부문의 다섯 가지 부문으로 이루어진다.

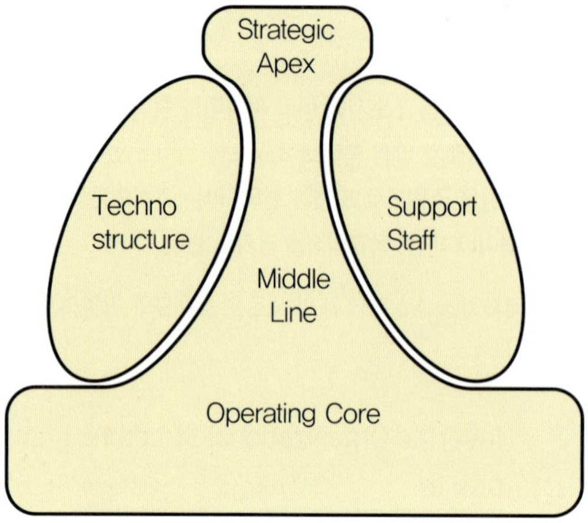

출처: https://www.accaglobal.com/sg/en/student/exam-support-resources/fundamentals-exams-study-resources/f1/technical-articles/mintzberg-theory.html

(1) **핵심운영부문(operating core)**: 기업의 제품, 서비스를 만드는 가장 기본적인 부문으로 공식화, 집권화 등의 요소가 얼마나 적용되는지에 따라 전문적 관료제의 정도가 결정된다.

(2) **전략부문(strategic apex)**: 최고경영진이나 상위 관리자가 의사결정을 하는 부문으로 집권화가 대체적으로 높다. 극단적일 경우 단순구조가 나타나기 쉽다.

(3) **중간라인부문(middle line)**: 전략부문과 핵심운영부문을 연결하는 중간 역할 부문으로 중간 관리자가 어느 정도의 권한을 부여받아, 전략적 목표를 달성하기 위해 핵심운영부문을 통제 · 관리하는 곳이다.

(4) **기술전문가부문(technostructure)**: 여러 기술에 대한 전문가들로 이루어진 부문으로 엔지니어 혹은 R&D 연구 인력들이 이러한 부문에 속한다.

(5) **지원스탭부문(support staff)**: 직접적이고 기본적인 업무보다는 다른 부문을 지원하는 업무를 주로 하는 부문으로 인사, 노무, 재무, 회계, 홍보 등의 업무를 주로 행한다.

1.3 조직의 형태

단순조직구조

(1) **단순조직구조**: 단순조직구조는 기술인력이나 지원인력 없이 집권화가 매우 높은 조직이다. 빠르고 유연하다는 장점이 있지만, 기업의 규모가 큰 경우 최고경영자의 업무가 증가하여 비효율적일 수 있다는 단점이 있다. 소규모 기업이나 벤처기업이 거대 조직으로 발전하지 못하고 대부분 실패하는 이유가 여기에 있다.

(2) **기계적 관료제 조직구조**: 기계적 관료제 조직구조는 전문기술인력과 지원인력이 두드러지게 강한 것이 특징이다. 기계적인 관료제 구조를 가진 기업의 경우 안정적 환경에서 운영상의 효율성을 추구할 수 있지만, 외부환경에 대한 반응이 느리다는 단점이 있다.

기계적 관료제 조직구조

(3) **전문적 관료제 조직구조**: 전문적 관료제 조직구조는 기업 내 전문가들의 숙련도를 우선시하기 때문에 다른 부문에 비해 전문가 집단의 영향력이 강하다. 의사나 대학교수 등의 전문가 집단이 이에 해당된다.

전문적 관료제 조직구조

(4) **매트릭스 조직구조**: 매트릭스 구조는 두 개 이상의 부문을 결합한 구조이다. 경영대학의 예를 들어보자. 인사 · 조직, 재무, 회계, 마케팅 등으로 전공이 나뉘어지는데 한 전공의 교수가 학부, 대학원, MBA, 고급경영자 과정을 맡는다. 이 경우 전공주임과 각 과정별 주임에게 상황 보고를 해야 한다. 매트릭스 조직구조의 경우 복잡하고 상호의존적인 업무 수행에는 유리하지만, 이중 명령체계에 따른 혼란 및 갈등 유발 등의 단점이 있다.

매트릭스 조직구조

(5) **네트워크 조직구조**: 오늘날 새롭게 나타난 조직구조형태의 일종으로 각기 독립된 조직들이 핵심 부분만 유지하고, 나머지 부문들은 다른 조직들과 네트워크화시키는 것이다. 즉, 자기 회사에서는 전략, 기획부문만을 운영하고, 나머지 생산, 마케팅, 연구개발 부문들은 다른 기업들과 연계하여 함께 운영하는 것이다. 환경 변화에 민첩하게 대응할 수 있다는 장점이 있지만 탄탄한 신뢰관계가 있는 조건에서만 가능하고, 잠재적 경쟁자를 만들 수 있다는 단점이 있다.

네트워크 조직구조

그룹토론문제

(1) 자포스의 홀라크라시를 삼성전자와 같은 대기업에 적용할 경우 어떤 문제가 생길지 생각해보자. 이런 문제들을 극복하고 홀라크라시와 같은 유연한 조직을 대기업이나 혹은 정부에도 적용할 수 있을지, 혹은 이러한 극단적 형태의 조직유연성은 소규모 조직에서만 가능한 것일지 논의해보자.

(2) 위에서 설명한 다양한 조직구조들이 어떤 산업환경 및 기업의 전략적 지향과 적절하게 부합될지 논의해보자.

(3) 당신이 조직구성원이라면 어떤 조직구조에서 일할 때 가장 큰 만족과 성과를 낼 수 있을 것이라고 생각하는가? 서로 다른 형태의 조직구조가 조직구성원들에게 어떻게 서로 다른 영향을 미칠 것인지 논의해보자.

2. 조직문화

2.1 조직문화의 개념

조직문화(organization culture)

오늘날 수많은 기업들이 성공과 실패를 경험한다. 과거에는 성공한 기업들의 원인을 눈에 보이는 것에서 찾으려고 노력했지만, 오늘날에는 눈에 보이지 않는 그 무엇인가에서 찾으려하고 있다. 애플, 구글 등의 성공에는 그들만의 특별한 **조직문화(organization culture)**가 있기 때문이라는 시각이 두드러지기 시작했다. 조직문화란 구성원들이 자신이 몸담고 있는 조직에 대해 인지하고 받아들이고 있는 상식(common perception held by the organization's members), 직원들 간 공유하고 있는 가치체계(system of shared values)를 말한다.

삼성맨 vs. LG맨. 무엇이 다를까? 왜 다를까? 이것이 조직문화!

한국의 대기업집단으로 현대, 삼성, LG 등이 거론되는데 보통 '저돌적인 현대', '치밀한 삼성', '유연한 LG' 등으로 이야기한다. 기업들의 스타일, 일하는 방식의 차이를 얘기할 때 우리는 사실 조직문화를 말하고 있는 것이다. 기업들의 잦은 문화혁신 캠페인 등으로 오늘날은 과거에 비해 각 기업의 독특한 스타일과 문화적 차이가 점차 작아지고 있지만, 그럼에도 불구하고 기업들이 여전히 상당히 다른 문화를 가지고 있는 것이 사실이다.

삼성그룹 2대 회장 이건희

"들어온 떡만 먹으려 말라. 떡이 없으면 나가서 만들어라. 실패한 사람은 문제만 보고 성공한 사람은 문제의 해법을 찾는다."

"돌다리만 두드리지 말라. 그 사이에 남들은 결승점에 가 있다. 빠르게 변하는 시대다. 너무 오래 생각하다 보면 기회를 잃는다. 신중히 생각하느라 시간을 끄는 것보다 실패해도 시도하는 게 좋다. 신중을 핑계로 결정을 미루느니 빨리 실패하고 빨리 재도전하는 것이 성공 가능성을 높이는 길이다."

LG그룹 2대 회장 구자경

"앞서가는 첨단 기술도 중요하지만, 소비자가 필요로 하는 것에 답해야 한다!"

"회장이라고 출장 시 우르르 나와서 영접하고 환송하는 것은 허례허식이다!"

	삼성	LG
기업 심볼과 의미	세계시장과 성과	인간과 미래
키워드	일등주의	정도경영
기업 가치	경쟁 · 성과 지향	인화 · 윤리경영
사업 가치	위기의식 · 변화	고객만족 · 섬세함
일처리 방식	스피드 · 강한 업무 몰입	유연성 · 환경 적응성

당신은 어느 취향인가? 삼성맨 아니면 LG맨?

기업의 생성 초기에는 기업의 창업자가 조직문화를 형성하는데 중요한 역할을 한다. 즉, 창업자가 어떤 것에 관심을 갖고 있는지, 위기에는 어떻게 대응하는지, 해고나 고용의 상황에서는 직원들을 어떻게 대우하고 문제를 처리하는지 등 창업자의 일련의 행동들이 조직의 공유가정(shared assumptions)을 형성하고 이를 바탕으로 공유가치(shared values)와 문화적 가시물(cultural artifacts)로 구성되는 조직문화가 형성된다. 그러나 조직문화의 세 요소인 공유가정, 공유가치, 문화적 가시물 중 문화적 가시물만 수면 위에 드러날 뿐 문화 형성에 더욱 중요한 역할을 하는 공유가정과 공유가치는 눈에 보이지 않기 때문에 바닷물에 잠겨 있어 전체가 쉽게 보이지 않는 빙산(iceberg)으로 흔히 묘사되곤 한다.

공유가정 (Shared Assumptions) → 공유가치 (Shared Values) → 문화적 가시물 (Cultural Artifacts)

공유가정(shared assumptions)

(1) **공유가정(shared assumptions)**은 눈에 보이지는 않으나 기업 전체활동의 저변에 무의식처럼 자리잡고 있는 조직 전체에서 당연한 것으로 여기는 기본적 세계관이라고 할 수 있다. 보통 창업자의 철학과 세계관이 기업의 잠재의식을 통해 공유가정으로 자리잡게 된다.

공유가치(shared values)

(2) 잠재의식과 같은 공유가정은 조직 내에서 무엇이 옳고 그른지, 어떤 행동과 사고가 바람직한 것인지에 대한 조직원들의 **공유가치(shared values)**를 형성하며 조직문화로 구체화되기 시작한다.

문화적 가시물(cultural artifacts)

(3) **문화적 가시물(cultural artifacts)**은 상징(symbol or image), 의식(ritual), 제도 등의 형태이다. 이들 문화적 상징들은 우리가 어떤 기업을 생각할 때 가장 먼저 떠올리게 되는 이미지로 특정 기업의 조직문화에 대한 함축된 느낌을 전달한다.

따라서 기업의 조직문화는 공유가정이라는 잠재의식단계의 영향을 받아 공유가치라는 의식단계를 거쳐 문화적 가시물이라는 가시적 표현단계로 나타난다.

조직문화의 탄생: 무엇이 구글(Google)스러움을 만드는가?

구글의 창업자들, 래리 페이지(Larry Page, 1973~) & 세르게이 브린(Sergey Brin, 1973~)

"일은 즐겁게! 돈을 버는 일은 물론 즐겁지만, 돈만 버는 일은 즐겁지 않다!"

- 공유가정 형성-

"좋은 상사는 좋은 코치를 하고, 팀의 분위기를 끌어올리고,
직원이 최대의 성과를 거둘 수 있도록 하기 위한 공간을 만들어 주는 사람이다!"

- 공유가치 형성-

직원들의 자율성에 근거한 내적업무동기에 집중하는 공간 설계와 상사-부하 간 관계

- 문화적 가시물-

2.2 조직문화의 변화

조직문화는 시간이 지남에 따라, 그리고 경쟁 환경이 변함에 따라 달라지게 되는데, 조직문화의 변화는 더 나은 발전을 가져오기도 혹은 조직을 오히려 망치는 요인이 되기도 한다.

스타벅스(Starbucks): 하워드 슐츠(Howard Schultz)의 복귀

출처: Google 이미지

1990년대부터 10여년 간 승승장구하던 스타벅스. 그러나 커피 후발주자인 패스트푸드 체인들이 시장에 진입하면서 수세에 몰리게 되었는데, 2007년을 정점으로 고객의 수가 급격히 감소하고, 소비자가 평가한 커피 맛과 품질에서도 패스트푸드 체인에 밀리게 되었다. 게다가 유제품 원가 상승으로 커피음료 원가가 상승하면서 수익률이 바닥을 치게 되었다. 이에 경영에서 물러나있던 하워드 슐츠(Howard Schultz)가 복귀하기에 이른다.

스타벅스로 돌아온 하워드 슐츠는 부진의 이유가 단지 원가 상승에 있지 않다는 것을 금세 발견한다. 그는 10여년 간 고성장을 하면서 스타벅스 고유의 '고품질의 커피와 편안한 공간'이라는 문화적 가치를 잃었다는 데에서 문제점을 찾았다. 그는 스타벅스의 새로운 방향을 초심으로의 회귀와 존중으로 설정하고, 창업 당시 스타벅스 문화의 핵심 가치를 회복하는 일에 집중했다.

"One person, One cup and One neighborhood at A time."

최고 품질의 커피를 만들기 위한 바리스타 교육을 위해 수백만 달러를 손해 보면서까지 그는 7,100개 매장, 135,000명의 바리스타를 모두 휴업시켰다. 또한, 고객들과의 정서적 유대감을 다시 살려야한다고 강조하며 서비스 품질을 회복시키는 노력에 초점을 두었다. 한국에서는 여전히 번호를 부르지만, 미국이나 중국의 스타벅스를 가면 계산 시 이름을 물어보고, 음료 준비가 다 돼서 고객을 부를 때 이름을 부른다. 미국에서는 이름을, 중국에서는 성(姓)을 부르는 게 보편적이다. 이는 고객들과의 정서적 유대감을 강조하는 스타벅스의 가치가 묻어나는 대표적인 예라고 할 수 있다. 여하튼, 초심으로 돌아가 스타벅스 초기의 문화와 가치를 되살려낸 스타벅스는 다시 회생할 수 있었다.

그룹토론문제

(1) 조직문화는 쉽게 따라하거나 다른 회사로 이동이 가능한 것일까? 그렇다면 혹은 그렇지 않다면 그 이유는 무엇인지 논의해보자.

(2) 만약 조직문화의 모방이 가능하다면 가장 효과적인 방법이 무엇인지 논의해보자.

(3) 다른 기업의 문화를 따라하는 것의 장점과 단점은 무엇인가? 장기적 관점에서의 장단점, 단기적 관점에서의 장단점에 대해서 논의해보자.

기업의 조직문화를 변화시키는 방법으로 보통 잘 나가는 기업들의 조직문화를 따라하곤 한다. 그러나 조직문화 모방이라는 행위에 대한 장점과 단점을 잘 파악한 이후 해야 할 것이다.

	장점	단점
단기적	• 다른 기업으로부터 교훈을 얻음 • 좋은 것만 골라서 선택 • 단기간에 문제를 해결	• 수박 겉핥기식 따라하기로 오히려 직원들의 불만족과 이직을 부추길 수 있음
장기적	• 문화의 변화는 한 번에 되는 것이 아니기 때문에 장기적 목표를 설정할 수 있음	• 기업마다 처한 환경과 문화가 다른 상태에서 모방을 한다는 것은 쉽지 않기 때문에 따라하기로 인한 부작용이 더 클 수 있음

2.3 조직문화의 유형

기업들은 산업, 환경, 역사 등의 다양성에 따라 각기 다양한 조직문화를 형성하게 된다. 조직문화에 대한 다양한 분류체계 중 다음 네 유형의 **경쟁가치모형(competing values framework)**이 실무에서 많이 활용되고 있다.

경쟁가치모형(competing values framework)

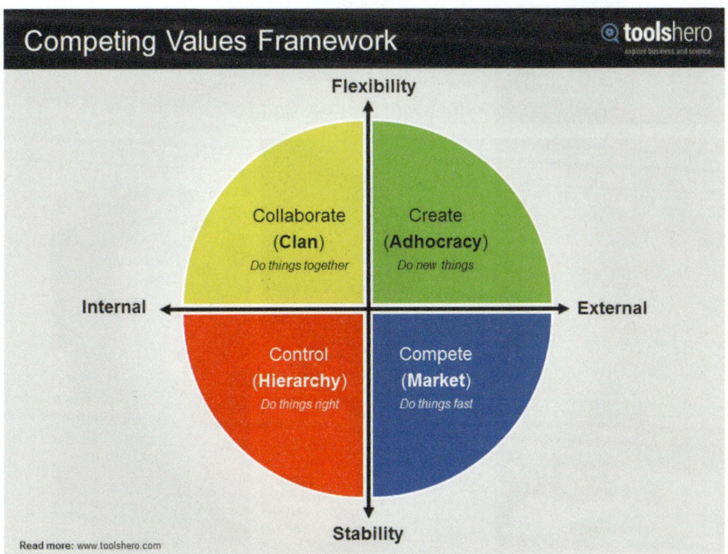

출처: https://www.toolshero.com/leadership/competing-values-framework/

공동체/관계지향문화

(1) 첫 번째 유형은 **공동체/관계지향문화**(clan)이다. 이 형태의 기업문화 하에 있는 직원들은 공유된 가치와 목표, 통일성, 참여성, 공동체의식을 바탕으로 협동, 헌신의식, 팀워크 등을 중시한다. 또한, 이러한 문화를 가진 기업에서 리더는 주로 멘토나 부모와 같은 입지를 갖는다.

위계형문화

(2) 두 번째 유형은 **위계형문화**(hierarchy)이다. 위계형 문화는 관료주의적 특성을 갖고 있기에 명확한 의사결정 절차, 표준화된 규칙, 통제와 책임의 메커니즘을 중시한다. 맥도널드와 같이 표준화를 중시하는 패스트푸드 회사 혹은 정부기관 등에서 위계적 문화를 쉽게 관찰할 수 있다.

황제 우산 의전

때는 2021년 8월. 누리꾼들이 들끓었다. 사건 발단은 법무부 차관이 쏟아지는 빗줄기 속에서 브리핑을 하는 동안 한 직원이 뒤쪽에서 10분 내내 무릎을 꿇은 채 우산을 받쳐주는 장면이 보도되면서부터였다.

"한국은 동방예의지국이라 우산 씌워주나?"
"김정은도, 트럼프도 우산은 지 손으로 쓴다."
"조선시대에나 볼 법한 장면이다."
"반민주적이고 반인권적이다."

이에 오마바 대통령 연설 때 비가 오자 한 군인이 나란한 위치에서 우산을 씌워주고 있는 사진, 우산을 들고 이동하는 트럼프, 홀로 우산을 들고 있는 김정은 등 세계 각 정상들의 사진이 비교가 되며 화제를 모았다.

영국의 찰스 왕세자와 보리스 존슨 총리가 행사장에서 비가 오자 우산을 들고 있다. 심지어 총리의 우산이 뒤집혔는데도 제복을 입은 공무원이 그저 웃고 있다.

누리꾼들은 위계서열에 사로잡힌 한국 공무원 사회의 경직된 조직문화가 너무도 자연스레 반영된 것이 아니냐며 한국의 위계형 문화에 대한 비판의 목소리를 높였다. 한국의 이런 경직된 문화가 과연 공무원 세계에만 있을까? 한국의 위계적 조직문화에 대해 다시 한번 고민해 보아야 할 시점이다.

(3) 세 번째 유형은 **혁신지향문화**(adhocracy)이다. 이 기업문화는 불확실성이 매우 큰 환경에서의 적응, 유연성의 극대화, 창의성 향상이 주된 목표이다. 이러한 기업문화에서는 위험을 무릅쓰고 새로운 것에 도전하는 리더십이 효과가 크다. 오늘날 급변하는 정보화시대에서 기업가 정신(entrepreneurship)이나 창의성(creativity)이 발휘되어야 하는 분야에 속한 기업에 적합한 문화유형으로 주로 소프트웨어 개발, 컨설팅 회사 등이 이 유형에 속한다.

혁신지향문화

(4) 네 번째 유형은 **시장/과업지향문화**(market)로 주로 외부 이해관계자들에게 초점을 맞추는 기업문화이다. 이러한 기업문화에서는 시장경제 메커니즘을 기업의 운영에 적용하여 거래관계자나 이해관계자들 간의 이윤, 영리, 시장지배력, 고객 등의 확보가 주요 화두이다. 경쟁과 목표 달성이 장기 목표 중 하나로 의사결정권자의 리더 역할이 중시된다. 역사가 오래된 거대 기업들이 대표적인 시장지향 문화의 예라고 할 수 있다.

시장/과업지향문화

아마존(Amazon)의 악명 높은 검투사 문화(Gladiator Culture): 기업은 전쟁터다!

세계 최강의 인터넷 상거래 기업 아마존(Amazon). 일명 만물상(everything store).

아마존의 기업문화는 치열하다 못해 처절하다. 성과를 위한 직원들 간의 경쟁을 부추기며, 이런 분위기가 싫으면 떠나라는 적자생존(survival of fittest)의 법칙을 강조한다. 일명 의도적인 진화주의 문화(purposeful Darwinism)!

관리자와 직원들은 이러한 치열한 내부경쟁 상황에서 비현실적일만큼 높은 수준의 목표와 혁신, 고객 서비스를 달성하기 위해 극단의 노력을 투입한다. 중간은 없다.

"살아남던지 죽던지(You fit(love) here or you don't. There is no middle ground!)."

아마존 CEO인 제프 베조스(Jeff Bezos)는 아마존에서의 워라밸(워크 라이프 밸런스: work-life balance)은 바로 일에서의 성취감, 인정, 의미추구를 통해 이루어진다는 이상한 주장을 한다. 아니, 그럼 내 삶은 어딨냐고? 아… 일에 올인하라. 즉, 일이 네 삶의 전부여야 한다! 그거지?

출처: New York Times Article : Inside Amazon: Wrestling Big Ideas in a Bruising Workplace, Aug. 15. 2015.

그렇다면 조직문화는 기업 내에서 어떠한 역할과 기능을 할까? 조직문화는 직원들의 유대감을 형성하는 데 중요한 역할을 한다. 이와 동시에 행동을 통제하거나 또는 정당성을 부여하는 역할을 하기도 한다.

하부문화(subculture)

한 기업 내에 직원들의 생각이나 행동양식에 영향을 미치는 조직문화가 단 하나만 있는 것은 아니다. 하나의 기업 내에도 여러 개의 소규모 집단이 존재하듯이 문화 역시 하나의 조직문화 아래 여러 하부조직문화들의 형태로 존재할 수 있다. **하부문화(subculture)**란 기업 전체에 영향을 미치는 문화는 아니지만, 해당 집단의 구성원들에게 영향을 미치는 문화를 말한다. 어떤 기업에서는 기업의 전체적 조직문화 없이 하부문화만 존재하기도 하고, 어떤 기업에서는 기업의 전체적 조직문화에 대항하는 하부문화가 생기기도 한다. 따라서 하부문화와 기업 전체의 조직문화가 충돌하지 않도록, 하부문화가 전체 조직문화를 강화하고 보완해주는 기능을 하도록 경영자가 효과적인 조정자 역할을 하는 것이 중요하다.

이제 그만~~!!

번아웃(burn out)

번아웃(burn out)

정의:

- 반복적이고 가중되는 업무로 야기된 극단적 무력감과 피로감

주요 증상:

- 다~~~싫고 그냥 막 짜증이 훅! 치밀어 오른다.
- 몸이 천근만근 무겁다.

"내 영혼을 아주 박살내는구나!!(Break My Soul)"

I'm 'bout to explode(나 터져버릴 거 같아).

…

I just quit my job(나 관뒀어).

Damn, they work me so damn hard(쟤네 나 너무 힘들게 해).

And they work my nerves(거슬려~).

…

Release job.. release the stress(일도 스트레스도 다 날려버려).

– Beyoncé

대 퇴사

The Great Resignation(**대 퇴사**: 퇴사 열풍)을 부추긴다고 유명한 비욘세의 2022년 앨범.

사실 부추긴다기보다는 현대를 살아가는 사람들의 정서를 반영한 곡이 아닐까 싶다. 그만큼 수많은 사람들이 직장에서 번아웃에 시달린다. 2021년 인크루트 조사에 따르면 국내 직장인의 64.1%가 번아웃을 경험했다고 한다. 번아웃으로 인한 생산성 저하를 돈으로 환산하면 연간 420조 원이라고 하는데 너무 큰 액수라 와닿지도 않는다. 여튼 번아웃은 안 좋다~~ 그거지?

출처: https://blog.naver.com/eiderman/223033560872

통계청의 2022년 5월 경제활동인구조사에 따르면, 청년층이 최종 학교를 졸업하고 첫 취업까지 걸리는 시간은 11개월. 근데 그 어렵게 들어간 직장을 그만두는 데 걸리는 시간은 19개월. 청년층 65.6%가 첫 직장을 그만두는데, 근로 여건 불만족 때문이 45.1%. 물론 여기서 여건이란 근로환경, 대우, 보수 다 들어간다. 콕! 찝어 번아웃이라고 할 수는…

여튼, "보람도 없고, 업무는 많고, 사람들도 싫고, 그러면서 월급은 새x만큼 주고!"

결론은, 마음에 안 들어서 지 발로 위풍당당 걸어 나온다는 것.

"난 절대 까인 게 아니야~ 내가 깐 거지!"

출처: https://post.naver.com/viewer/postView.naver?volumeNo=34171484&memberNo=27908841

코로나 팬데믹 이후 사람들은 재택근무니 하이브리드니 회사에서 벗어난 자유로운 생활을 맛보았다. 이 '맛'을 본 것이 사실 한몫 크게 했다. 고기도 먹어본 x이 그 맛을 안다고..

워라밸(Work and Life Balance)

최근의 화두는 뭐라 해도 '**워라밸(Work and Life Balance)**'.

이 용어는 1970년대 후반 영국에서 처음 등장했으나, 1980년대 들어 미국에서 개인의 업무와 사생활 사이의 균형을 의미하는 단어로 사용하기 시작했다. 요 맛을 우리는 코로나 팬데믹 후 알아버렸단 말이다.

전국경제인연합회가 2023년 발표한 자료에 따르면 MZ세대들이 가장 원하는 기업은 워라밸을 보장하는 기업으로 나타났다.

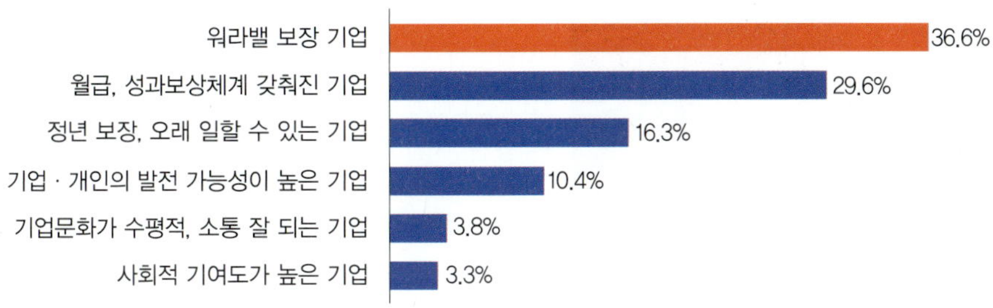

미국 경제 매체 CNBC와 금융 매체 '머니널드(MoneyNerd)'가 선정한 워라밸이 가장 조화로운 도시들. 아~부럽다~~!!

스위스 취리히(Zurich, Switzerland)

- 불필요한 야근? No!
- 근무 시간 외 연락? Nope!!
- 단!! 근무 시간에 스마트폰/인터넷 서핑 Never Ever!
- 불가피한 야근 시, 수당이나 휴가로 꼭! 보상 Yes!!

노르웨이 오슬로(Oslo, Norway)

- 야근, 특근, 잔업: 안 하는 게 아니라 불가능
- 노동법상 근무일: 7일 동안 40시간 이하
- 실제 근무일: 노동조합과 협약으로 정한 5일 기준 37시간
- 남성 육아휴직 완전 활성화: 불이익 준다? 바로 손해배상 청구 들어감

네덜란드 암스테르담(Amsterdam, Netherlands)

- 2017년 OECD 워라벨 지수 1위 국가
- 주당 근무시간 30.3시간(세계 최저), 하루 평균 7시간 이내
- 네덜란드 여성 70%가 직장 생활(만 15~64세)

덴마크 코펜하겐(Copenhagen, Denmark)

- 워라벨 문화 정착
- 근무 시간 외 연락=무례함
- 애사심 부족하다고 아무도 욕하지 않음
- 재충전 후 일의 능률이 더 오른다는 가치관
- 휘게(hygge: 안락함) 문화: 직장보다 본인의 삶 중시

3. 조직변화와 혁신

"고인 물은 썩기 마련이다." 변화가 없는 기업은 급변하는 환경에서 살아남기 힘들다. 과거 노키아(Nokia)의 사업 실적이 급격히 나빠진 이유도 비슷한 맥락이다. 노키아는 시장의 흐름을 제대로 읽지 못하고 지속적으로 시장변화를 주도하지 못했기에 실패했다. 2007년 애플(Apple)이 아이폰(iPhone)을 처음 출시하였을 때, 휴대폰의 흐름이 폴더폰에서 스마트폰으로 옮겨가고 있었지만, 오직 '노키아만이 표준'이라는 과거의 영광에 집착하다가 결국 마이크로소프트사에 매각되는 비참한 결과를 낳고 말았다. 휴대폰에 터치스크린을 적용할 수 있는 기술을 애플보다 훨씬 이전부터 보유하고 있었음에도 불구하고 소비자가 원하는 방향이 아니라는 아집을 고수한 결과였다.

과거의 영광에 집착하다가 몰락한 또 다른 기업 코닥(Kodak). 미국의 대표적인 경영전문지 포브스(Forbes)가 1987년 창간 70주년을 맞아 조사한 결과, 70년 동안 시가 총액 평균 성장률이 시장 평균을 넘었던 초우량기업 코닥. 1976년 미국 시장 시잠점유율 필름 90%, 카메라 85%. 절대 무너질 것 같지 않던 코닥이 2004년 다우지수에서 떨어져 나오게 되고, 2012년 1월 파산보호신청을 하는 수모를 겪는다. 공교롭게도 터치스크린의 가능성을 무시했던 노키아와 마찬가지로 코닥도 디지털 이미징 기술을 이미 오래 전에 보유하고 있었다.

1969년 인류의 달 착륙 당시 사진. 코닥필름 사용
출처: 코닥 광고

코닥(Kodak) 의 몰락: "필름만이 우리의 살 길"

1975년 코닥의 연구원이었던 스티브 새슨(Steve Sasson)은 특이한 카메라를 개발했다. 손바닥만한 크기의 이 장치는 사진 한 장이 나오는 데 23초가 걸렸다.

코닥의 '해상도 10만 화소 세계 최초의 디지털 카메라'였다.

하지만 회사 간부층의 반응은…

"Well… that's cute… BUT! Don't tell anyone about it!"

("뭐… 귀엽군… 하지만 아무한테도 이런게 있다고 얘기해서는 안 되네!")

당시 디지털 사진 기술은 코닥의 강점인 아날로그 사진 기술에 비해 많이 떨어졌다.

하지만 이보다 더 중요했던 것은? 바로 필름이 필요 없다는 점!

1980년대 코닥필름

출처: 코닥 광고

'카메라 필름의 대명사'인 코닥에게 디지털 카메라의 존재는 회사의 존립 자체를 부정하는 기술로 여겨졌으니 회사 간부층의 디지털 카메라에 대한 반응은 당연히 싸늘할 수밖에...

1981년 일본기업 소니(Sony)가 처음 디지털 카메라를 선보이자 코닥은 디지털 카메라의 위협에 대해 분석을 했지만, 당시 필름 사업 이윤은 60%대, 디지털 관련 사업은 15%. 때가 아니라고 판단했고, 이에 여전히 필름 사업에 총력을 기울였다.

1994년 소니뿐 아니라 여러 다른 기업들에서 디지털 카메라를 출시하며 디지털 카메라 시장이 부각되자 코닥은 그제서야 부랴부랴 등 떠밀려 디지털 카메라를 선보였으나, 이미 캐논(Canon)이나 니콘(Nikon)의 상대가 되지 못하였다.

이에 주력 제품인 필름을 더 잘 만드는 데 집착한 코닥! 130년이 넘는 필름 시장의 1등이었다는 과거의 찬란한 역사를 뒤로한 채 이제는 사라질 운명이 되고 말았다.

"선두기업 자리에 오르게 해준 경영 관행이 선두기업의 몰락을 가져온다."

기업혁신이론의 대표주자, 클레이튼 크리스텐슨(Clayton Christensen, 1952~)

3.1 조직변화와 혁신의 요인

오늘날 조직변화를 가져오는 요인에는 어떤 것들이 있는지 살펴보자. 오늘날, 그리고 가까운 미래의 조직변화의 핵심은 세계화와 4차 산업혁명이라고 할 수 있다.

조직변화와 혁신

(1) **세계화와 노동력 변화**로 인해 경쟁의 패러다임 자체가 변화하고 있다. 예전에는 내수 시장에서만도 소수의 기업이 오랫동안 사업을 영위할 수 있었지만 세계화(globalization)의 추세에 따라 수많은 다국적 기업이 진출해 들어오면서 무한경쟁의 시장으로 내몰리게 되었다. 중국의 IT 기업 샤오미(Xiaomi)의 휴대용 배터리는 공식적인 판매망조차 없는 상태에서도 국내에서 큰 인기몰이를 함으로써 국내 대기업 및 중소기업을 위협하고 있다. 또한, 자유무역협정(FTA: Free Trade Agreement)을 통해 관세의 장벽이 낮아지면서 국가 간 교역이 획기적으로 증가하고 있다. 1980년대까지만 해도 국내 시장에서 바나나는 귀한 식품이었다. "병원가서 안 울면 바나나 사줄게."라고 사탕발림을 하며 아이들을 병원으로 이끌던 그런 시절도 있었다. 그러나 지금은 과일 중에서도 가장 저렴한 과일 중 하나가 바나나이고 어딜 가나 흔하게 볼 수 있게 되었다.

세계화와 노동력 변화

(2) 오늘날 기업들을 변화하게 하는 요소 중 하나로 빼놓을 수 없는 것이 4차 산업혁명의 도래로 인한 **급격한 기술변화**와 진보이다. 노키아와 코닥의 사례처럼 기술변화가 기업의 흥망을 결정짓는 요소로 작용하기도 하지만, 기업운영방식 자체를 변화시키기도 한다. 과거에는 무조건 사무실로 출근을 하고 외국으로 출장을 가야만 업무를 처리할 수 있었다. 하지만 이제는 세계 어디에서나 서로 정보를 공유하고 실시간으로 사업상황을 확인하는 것이 가능해졌다. 따라서 오늘날의 기업은 단순히 제품 및 서비스 영역과 직접 연관이 있는 기술변화뿐만 아니라 보다 효율적이고 효과적 업무처리를 가능케 해주는 기술의 진보에도 끊임없이 관심을 가져야 한다.

급격한 기술변화

(3) **범세계적인 경제상황의 변화** 역시 조직변화의 중요한 방아쇠이다. 2008년 불어닥친 주택담보와 금융시장에서의 불황은 리먼 브라더스(Lehman Brothers)나 메릴린치(Merrill Lynch)와 같은 세계적인 금융투자회사들을 도산시켰다. 또한, 최근 세계경제의 급변동은 제너럴 일렉트릭(General Electric), 제네럴 모터스(General Motors), 크라이슬러(Chrysler), 시어즈(Sears)와 같이 유구한 역사를 자랑하는 거대기업들에도 큰 타격을 미쳤다. 환율 역시 기업변화를 유발하고 기업의 생존을 위협할 수 있는 요소 중 하나로, 환율의 급격한 변동은 원자재 수입

범세계적인 경제 상황의 변화

및 제품 수출에 따른 손실 · 이익에 지대한 영향을 줄 수 있다. 따라서, 현대자동차와 같은 거대 제조회사들은 환율변동에 따른 불확실성과 해당지역의 세금혜택을 위해 글로벌(현지) 생산 · 판매라는 방향으로 사업전략을 변화시키고 있다.

사회적인 추세
기업의 사회적 책임

(4) **사회적인 추세** 역시 기업변화를 유발하는 요소이다. 과거에는 기업을 돈 버는 곳이라고만 인식하는 경우가 많았다. 그러나 오늘날에는 자신의 이익을 추구하는 동시에 공공의 이익 증대를 위해 노력하는 기업이 늘어나고 있다. 1장에서 기업의 개념을 해석하면서 우리는 **기업의 사회적 책임**(CSR: Corporate Social Responsibility)에 대해서 논하였다. 기업의 사회적 책임은 기업이 자발적으로 하는 경우도 있지만, 오늘날의 사회가 그런 분위기를 만들기 때문에 마지못해 하는 경우도 적지 않다. 사회적 책임을 다하지 못한 기업들은 사회의 싸늘한 시선을 받게 된다. 사회적 추세가 변화했다는 말은 소비자가 변화했다는 것과 직결된다. 오늘날의 기업들은 양질의 제품 혹은 서비스 제공과 함께 기업의 사회적 책임까지 요구하는 소비자들을 상대해야 한다는 것을 명심해야 한다. 더불어 최근 한국 사회에서 두드러지게 나타나고 있는 사회적 약자에게 행하는 갑질 횡포에 대한 분노의 표출은 기업과 경영자에게 새로운 제도와 경영관행을 요구하고 있다.

착한 기업: 환경을 말하는 친환경 더블에이(Double A)

출처: 네이버

복사 및 프린트 용지를 생산하는 더블에이는 나무를 원료로 사용하여 자사의 상품을 만들지만, 그 나무가 논과 논 사이의 자투리 땅인 칸나(Khan-na)에서 자란 나무임을 강조한다. 뿐만 아니라 종이 제조 과정 중 발생한 나무 부산물을 연료로 사용한 재생에너지와 빗물 저장용 저수지에서 모은 빗물을 이용하여 용지를 생산한다고 광고하며, 환경을 생각하는 사회적 기업으로서의 이미지 제고에 성공하고 있다.

3.2 조직변화의 과정

오늘날의 수많은 조직들이 자의로든 타의로든 조직변화라는 도전적 과제에 직면하게 되었다. 그런데 인간이란 기존의 방식에 길들여져 그것을 고수하려는 강한 성향을 갖고 있다. 이러한 성향은 기업에도 동일하게 적용되어 변화를 거부하고 기존의 상태를 고집하는 저항의 형태로 나타난다. 이를 **조직관성(organizational inertia)**이라고 일컫는다. 이러한 저항과 관성은 변화가 가져올 불확실성(future uncertainty)에 대한 불안감 때문일 수도, 변화의 이유가 불충분하기 때문일 수도, 혹은 새로운 비전에 대한 공유가 충분치 않았기 때문일 수도 있다. 변화로 인해 구성원의 입지, 기존의 지위가 흔들릴지도 모른다는 두려움 역시 변화에 대한 저항을 일으키는 중요한 요소이다.

조직관성(organizational inertia)

혁신과 저항(Innovation and Resistance)

변화와 거의 동일어로 사용되고 있는 혁신에 대해서 생각해보자. 혁신(革新)을 한자로 풀어보면 가죽을 벗겨 새로운 것을 만든다는 것이다. 동물의 가죽을 벗겨 폼 나는 가죽 신발, 가죽 백, 가죽 옷을 만든다는 것인데, 여기서 문제는 완성된 가죽제품을 폼나게 신고 들고 다니는 입장이 될 것인지, 가죽이 벗겨져서 고통을 당하는 입장이 될 것인지에 있다. 대부분의 조직원들은 자신이 가죽이 벗겨지게 되는 쪽이 될까 걱정한다.

당신은 명예퇴직 바람이 불지나 않을까 전전긍긍하는 평범한 샐러리맨이다. 매일매일 이 눈치 저 눈치를 보면서 그래도 업무에 몰두하려고 노력하고 있다. 그런데 회사에서 툭하면 혁신을 하라고 한다. 뭘 그렇게 자꾸 바꾸라구 하구 바꿔대는지 참… 당신이 늘 쓰던 업무 프로그램도 하도 정신 없이 바꿔대서 도대체 손에 익지를 않는다. 무슨 프로그램들은 업그레이드가 이렇게 자주 되는지...

뱁새가 황새 따라가다가 가랑이가 찢어진다고 젊은 세대 따라가다가 내 가랑이가 찢어질 것 같다. 당신은 변화를 원하겠는가? 대부분 그렇지 않다. 따라서 조직변화와 혁신의 핵심은 구성원의 저항! 그리고 그런 구성원들이 모여 있는 조직의 관성을 어떻게 극복할 것이냐이다.

저항(Resistance)

점진적 변화(incremental change)
급진적 변화(radical change)

변화의 속도라는 측면에서 볼 때 조직변화는 느리게 일어날 수도 있고 빠르게 일어날 수도 있다. **점진적 변화(incremental change)**는 비교적 작은 범위에서부터 야금야금 천천히 바꾸는 것을 의미한다. 변화의 초기단계부터 변화가 안정화되는 완료 단계까지 꾸준히 지속된다. 이와는 대조적으로 **급진적 변화(radical change)**는 짧은 시기에 큰 변화가 발생하는 것이다.

업무 프로세스 변화의 한 종류인 BPR(Business Process Reengineering)과 정보시스템 변화의 한 형태인 ERP(Enterprise Resource Planning)는 이러한 변화를 비교할 수 있는 좋은 예시이다. BPR 없이 ERP시스템만 도입하는 회사는 업무의 효율성 등을 높이기 위해 업무수행의 도구만을 바꾼 점진적 변화인데에 반해 BPR을 선행한 ERP시스템의 도입은 기존 회사의 업무 방식과 구성원들의 마인드를 모두 바꾸고자 하는 보다 복잡하면서도 급진적인 변화이다.

커트 루윈(Kurt Lewin)은 1947년 〈집단 역학의 선구자들(Frontiers of group dynamics)〉이라는 논문을 통해 개인과 집단이 변화하는 환경에 어떻게 대응하는지를 이야기하면서 3단계 변화 이론(three-stage theory of change)을 정립하였다.

변화에도 단계가 있으려나?

"변화는 해빙-이동-재결빙의 단계를 거쳐야 해!
변화의 여지를 만들고, 추진하고, 일단 바꿨으면 굳히기!"

사회심리학의 창시자(founder of social psychology), 커트 루윈(Kurt Lewin, 1890~1947)

3단계 변화이론(three-stage theory of change)

3단계 변화이론(three-stage theory of change)에 따르면 조직변화는 해빙(unfreezing), 이동(movement), 재결빙(refreezing)의 3단계로 구성된다.

해빙(unfreezing)
이동(movement)

- **해빙(unfreezing)**: 변화를 추진하려고 하는 측과 기존의 것을 고수하려는 저항세력이 서로 대립하면서 생기는 긴장과, 현 상태에 대한 고착을 완화하여 현재 상태가 움직일 수 있는 여지 및 유연성을 만들어 내는 단계
- **이동(movement)**: 추진세력이 원하는 방향으로 어떻게든 실질적인 변화를 이끌

어 나가는 단계

재결빙(refreezing)

- **재결빙(refreezing)**: 변화된 조직의 모습을 정착시키는 단계. 조직관성(organizational inertia)에 의해 기존의 것으로 되돌아가려는 것을 막고, 구성원들을 변화에 적응시켜 일상화(routinization)를 달성하는 '굳히기' 단계

해빙(Unfreezing)

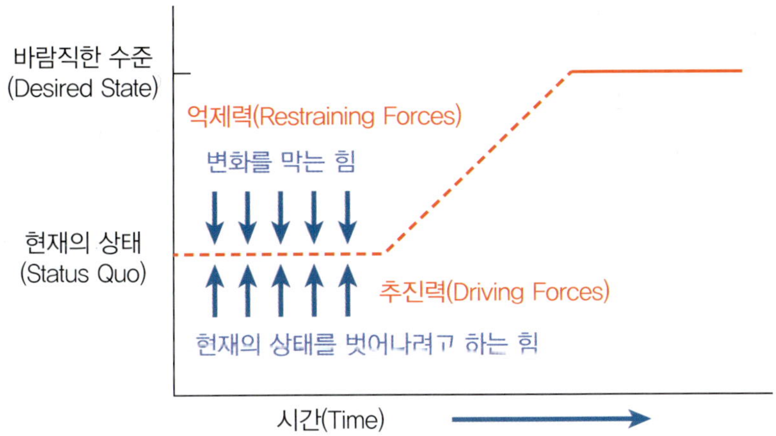

출처: Robbins & Judge, 2014

현재의 상태(status quo)

변화를 위해서는 기존의 것을 녹이는 해빙단계를 꼭 거쳐야 한다. 변화를 추진하려고 하는 힘과 변화를 막고자하는 관성은 서로 팽팽하게 대립하게 되는데, 두 힘이 충돌하는 그 지점이 바로 현재의 상태(status quo). 현재의 상태를 죽어라 바꾸려는 신세력과 그것을 죽기살기로 안 바꾸고 유지하겠다는 구세력의 대결!

이 긴장상태를 완화하지 않으면 새로운 상태로 이동하는 변화는 불가능하다.

조직변화 단계를 8단계로 보다 세분화시켜 설명하기도 한다.

- **1단계**: 경영자가 위기의식을 고취시키는 단계로 경영자는 조직관성과 업무처리 관행에 의한 직원들의 저항을 미연에 방지하고, 변화가 필요한 이유를 강력하게 설득하여 공감대를 조성해야 한다.
- **2단계**: 경영자는 주도세력을 결집해야 한다. 기능별, 분야별, 계층별로 변화를 주도할 수 있는 세력을 결집하여 변화를 주도하고 실행할 수 있는 세력을 키워나간다.

- **3단계**: 비전과 전략을 구축하면서 조직이 중장기적으로 변화하여 나아갈 방향과 목표를 제시한다.
- **4단계**: 비전을 직원들과 공유한다.
- **5단계**: 직원들에게 권한과 책임을 동시에 부여하여 변화의 장애물들을 스스로 제거하게 한다.
- **6단계**: 변화의 단기성과에 대한 평가를 바탕으로 보상함으로써 변화에 대한 직원들의 동기를 강화시킨다.
- **7단계**: 이를 토대로 더 큰 변화의 필요성을 고취시킨다.
- **8단계**: 변화된 상태를 고착화시키는 재결빙을 실시한다.

밀레니얼이 조직을 바꾼다! 신세계의 주 35시간 근무와 워라밸

신세계 그룹은 2018년부터 신세계 백화점과 이마트 직원들의 조직문화를 확 바꿨다. 워라밸(work-life balance)을 원하는 밀레니얼 세대의 욕구를 충족시키면서 전체 구성원의 만족감, 근무성과 향상, 삶의 질 개선 등의 다양한 효과를 거두기 위한 노력.

- 2년 간의 준비기간을 거쳐서 임금을 그대로 유지하면서 주간 근무시간을 40시간에서 35시간, 하루 8시간에서 7시간 근무로 줄였다.
- 그날그날의 상황에 따라서 근무시간을 8~16시, 9~17시, 10~18시 중 선택하게 하고, 오전 오후에 각 2시간씩의 집중 근무시간을 갖는다.
- 하루 7시간 근무이기 때문에 흡연시간은 11시 30분에서 12시 50분 사이로 제한한다.

- 5시 30분이 되면 모든 컴퓨터의 전원이 꺼지는데, 그 이후로 일을 하려면 사전 허가를 받아야 한다. 이 경우, 해당 관리자에게 약간의 페널티가 가해진다. 결국, 그냥 집에 가라는 소리.
- 미팅은 111(1시간 이내, 1일 전 자료/주제 공유, 1일 내 미팅 결과 공유)로 진행된다.

2018년 초에 시작한 신세계의 조직변화 노력은 일단 긍정적인 평가를 받고 있다. 직원들의 만족도도 높고 업무성과도 향상되었다는 평가.

물론 시간에 쫓겨 직원들 간 관계가 이전보다 조금 소원해졌다는 의견도 있고, 컴퓨터를 한국시간 기준 오후 5시 30분에 꺼버리면서 해외협력업체와의 연락에 어려움이 생겼다는 불만도 있기는 하다.

그럼에도 불구하고, 신세계의 이러한 노력은 향후 밀레니얼 세대가 한국 기업들의 주요 인력이 되고 정부에서 주 52시간 근로를 규정한 상황에서 조직변화를 위한 모범을 보여주고 있다.

출처: http://news.mk.co.kr/newsRead.php?year=2018&no=6375

그룹토론문제

(1) 기업이 조직변화를 추구하는 데에 있어 가장 중요한 요소는 무엇이라고 생각하는지 그리고 그 이유는 무엇인지 논의해보자.

(2) 기업에서 조직변화, 혁신이 필요할 때 가장 걸림돌이 되는 요소가 무엇이며, 그 이유는 무엇인지 논의해보자.

핵심용어

- 업무 특화(work specialization)
- 부문화(departmentalization)
- 지휘계통(chain of command)
- 관리의 폭/통솔 범위(span of control)
- 중앙집권화(centralization)
- 공식화(formalization)
- 단순구조
- 기계적 관료제 구조
- 전문적 관료제 구조
- 매트릭스 구조
- 네트워크 구조
- 공동체/관계지향문화
- 위계형문화
- 혁신지향문화
- 시장/과업지향문화
- 조직관성(organizational inertia)
- 점진적 변화(incremental change)
- 급진적 변화(radical change)
- 3단계 변화 이론(three-stage theory of change)
  - 해빙(unfreezing)
  - 이동(movement)
  - 재결빙(refreezing)
- 현재의 상태(status quo)

연 습 문 제

01 조직설계에서 고려해야 할 6가지 요소를 나열하고, 각 개념을 간단히 서술하라.

02 조직문화의 세 가지 요소는?

03 조직관성(organizational inertia)이란 무엇인가?

04 커트 루윈(Kurt Lewin)이 주장한 변화이론의 3단계를 설명하라.

05 현재의 상태(status quo)는 무엇을 의미하는가?

PART

04

경영의 세부 기능

CHAPTER

10

인적자원관리

1. 인적자원확보
2. 직원교육훈련
3. 인력배치
4. 직원 성과평가와 보상
5. 전략적 인적자원관리

학습목표

- 기업에서 어떻게 인적자원을 확보하는지 그 과정에 대해서 설명할 수 있어야 한다.
- 기업에서 인적자원을 유지하고 발전시키는 방안에 대해서 설명할 수 있어야 한다.
- 고성과작업관행이 무엇인지 설명할 수 있어야 한다.

인적자원관리(HRM: Human Resource Management)

인적자원관리(HRM: Human Resource Management)는 다음과 같은 기능을 수행하여 조직의 성과에 기여하게 된다.

(1) 기업의 전략과 인적자원전략을 연계하여 기업성과에 기여
(2) 조직구성원들의 역량 개발과 학습 촉진
(3) 조직구성원들의 직무 몰입 유도를 통한 성과 향상
(4) 효율적인 인적자원제도 설계와 실행

인적자원관리는 구체적으로 기업의 목표 달성을 위해서 인적자원을 확보하고, 개발하고, 배치하고, 평가 · 보상하는 일련의 업무를 말한다.

1. 인적자원확보

기업은 사람들의 모임이고 어느 기업에 있어서든 가장 중요한 자산은 사람이라고 한다. 그렇지만 정말 그럴까? 많은 기업들이 성과가 떨어지고 재정적으로 문제가 생기면 가장 쉽게 선택하는 방안이 인력에 대한 구조조정이나 교육훈련 예산의 삭감이다. 그럼에도 불구하고 세계적으로 명성을 얻고 성공가도를 달려온 기업들에는 특별한 점이 있다. 바로 인재 관리! 삼성의 창업 모토인 인재제일주의와 마찬가지로 구글같은 첨단 기업도 수학자, 통계학자, 심리학자, 경영학자 등의 다양한 전문가를 활용하고 특유의 빅데이터 분석 방식(Human Resource Analytics; HR Analytics)을 적용하여 기존 사업 운영은 물론 신사업 개척에 요구되는 인재와 이들에 대한 인적자원관리에 엄청난 자원을 투입하고 있다. 기업 성공의 핵심인 인적자원을 어떻게 확보해야 할까?

인재 전쟁(War for Talent)!

2000년대 이후 세계적 경영컨설팅 업체인 맥킨지에서 21세기 경영의 최고 화두로 인재 전쟁(war for talent)을 지속적으로 언급해오고 있다. 언뜻 생각하기에 인터넷이다, 디지털 혁명이다, 4차 산업혁명이다 하면서 기술과 혁신의 관리를 기업경쟁력의 핵심으로 내세우는 것이 더욱 설득력이 있을 것 같기도 한 상황에서, 전략 컨설팅에서 세계 최강의 위치를 유지하고 있는 맥킨지의 전략적 선택은 의아해보일 수도 있다.

그러나 맥킨지 보고서를 검토해보면 기업에서 인재를 선발하고 유지하는 활동이 얼마나 중요한지 쉽게 알 수 있다. 고성과자(high performer)의 강점은 특히 복잡한 직무에서 드러난다. 복잡성이 매우 높은 업무에서 고성과자들은 평균 성과자들의 8배 이상의 성과를 보인다.

Productivity gap between average performers and high performers, by job complexity, %

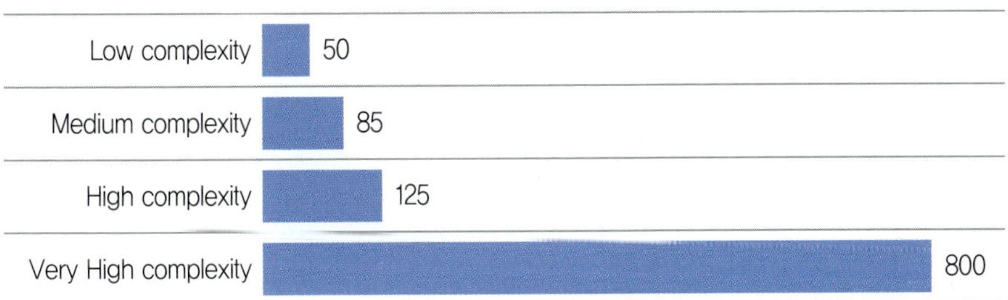

출처: "McKinsey Global Survey: War for talent 2000", refreshed in 2012

4차 산업혁명에서 인공지능, 자동화 과정 등을 통하여 단순 업무 대부분이 기계나 인공지능으로 대체되는 추세를 고려하면 고성과자를 선발/유지/관리하는 일은 향후 모든 기업의 성패를 결정하는 주요 요인이 될 것이다.

1.1 인적자원 수요 결정

필요한 인적자원의 수요를 결정하는 데에는 다음 다섯 단계가 있다.

(1) 인력의 기술과 훈련 정도 파악

직원들의 신상명세서를 통해 성별, 나이, 학력뿐 아니라 직원의 능력, 특기 등의 정보를 기초로 직원의 지식 정도와 현재의 직무수행을 위해 충분히 훈련이 되어 있는지의 여부를 파악한다.

(2) 직무분석

직무분석(job analysis)

조직 실무 현장에서 수행되는 직무(job) 과정을 분석하는 것으로 여러 직위(position)에 있는 직원들이 무엇을 하고 있고, 업무를 수행하는 데 있어서 필요한 능력과 역량이 무엇인지를 파악하는 것이다. 직무분석을 통해 새로운 직원 채용 시에도 직무에 맞는 적합한 인재를 뽑는 데 활용할 수 있고, 다른 직원이 그 직무를 수행하는 데 필요한 기술을 훈련시키는 데에도 활용한다.

직무분석(job analysis)에는 두 가지 형태가 있다.

직무기술(job description)
직무명세(job specification)

- 직무기술(job description)은 업무 목적, 형태, 책임, 근로조건, 다른 직무와의 관계 등 업무에 관한 것을 설명하는 것이고,
- 직무명세(job specification)는 직원이 업무를 수행하는 데 필요한 최소한의 능력과 역량을 기술하는 것이다.

출처: Job Korea

(3) 인적자원의 미래수요 평가

기술이 빠르게 변화하는 환경에서 조직이 필요로 하는 바를 예측하고, 직원에 대한 훈련을 미리 시작하여 필요 시에 바로 훈련된 인원을 투입할 수 있도록 한다.

(4) 인적자원의 미래공급 평가

급변하는 기술로 인하여 미래에 필요한 인적 자원의 공급추세도 변하고 있다. 따라서 노동력의 변화를 미리 파악하여, 초과 공급되는 인력들의 재배치 및 부족한 분야의 인

력을 어떻게 개발할 것인지에 대한 계획이 세워져야 한다. 예를 들어, 생산자동화로 인하여 공장 인력은 초과 공급될 것이고, 바이오산업 같은 미래산업의 인력은 부족할 것이다.

인공지능이 대체할 수 있는 직종과 미래의 유망직종

세상이 바뀌면서 이미 사라진 직업들에는 어떤 것이 있을까?

- 인력거꾼, 보부상: TV에서나 볼 수 있는 오래 전 직업들
- (1970년, 1980년대의) 전화교환원, 버스안내원: 신세대들은 모르는 그러나 1970년대에 태어난 세대들만 해도 어린 시절 보았던 직업들이다.

향후 인공지능이 대체할 수 있는 직업들은 콘크리트공, 회계사, 은행원, 택배기사, 주차안내원, 매표원, 환경미화원, 경리사무원, 작물재배원 등 단순하거나 정형화된 업무를 하는 직종들이다. 그러나 인공지능이 대체하기 어려운 직업이 있으니 무용가, 성악가, 메이크업 아티스트, 제품디자이너, 대학교수, 임상심리사 등의 전문 직종들이다.

그럼 미래에는 어떤 직종들이 유망할까? 4차 산업혁명과 직결되는 인공지능, 가상현실 전문가 및 로봇 공학자뿐 아니라 환경에 관심이 많아지면서 친환경에너지를 다룰 태양열 에너지 연구원, 건강에 관심이 많아지면서 스트레스 해결사, 우주비행사, 행복한 삶에 대한 관심이 높아지면서 생길 수 있는 놀이 디자이너 등이 있을 수 있다.

태양열 에너지 연구원

스트레스 해결사

우주비행사

놀이 디자이너

출처: https://terms.naver.com/entry.nhn?docId=3554953&cid=58584&categoryId=58683

인적자원에 대한 전략적 계획

(5) 전략적 계획 수립

인적자원에 대한 전략적 계획은 채용, 선발, 훈련, 개발, 평가 및 보상 제도를 모두 포함한다. 이를 통하여 기업활동에 요구되는 역량을 소유한 적정수준의 인력를 유지할 수 있다.

1.2 직원 채용과 선발

채용(recruitment)
선발(selection)

채용(recruitment)은 적합한 시기에 충분한 수의, 최적의 사람들을 구하기 위하여 사용되는 활동들의 조합이다. 이에 반해 채용과 혼동할 수 있는 **선발(selection)**은 정보를 수집하고 개인과 조직의 최상의 이익을 위하여 법률적인 범위 내에서 누구를 고용할 것인가를 결정하는 과정이다.

(1) 채용

청년실신(Syncope: 失神)시대 & N포 세대(N抛世代)

청년실신이란 '학자금 대출을 받아 대학을 졸업했으나 취업을 못해 실업자가 되는 동시에 신용불량자로 전락하거나 취업 준비과정에서 돈이 필요해 빚을 지는 것'을 뜻하는 신조어. 이 와중에 고용시장은 여전히 한파다. 국가통계포털 2023년 3월 자료에 따르면 경제활동을 '쉬었음'이라고 답한 15~29세 청년층은 49만 7천 명. 2022년 45만 3천 명에서 9.9% 증가하였다.

N포 세대란 N가지를 포기한 사람들의 세대를 말하는 신조어이다. 처음에는 삼포세대로 시작되었던 것이 점점 늘어나면서 'N가지를 포기한 세대'로 확장되었다.

- 삼포세대(三抛世代): 연애, 결혼, 출산 3가지를 포기한 세대
- 오포세대(五抛世代): 삼포+집, 경력을 포함한 5가지를 포기한 세대
- 칠포세대(七抛世代): 오포+희망, 인간관계까지 7가지를 포기한 세대

N포 세대의 출현은 무엇을 말하는 것일까?

수많은 대한민국의 20~30대의 젊은이들은 극심한 취업난, 치솟는 물가, 등록금 대출, 과도한 집값 등 경제적 압박으로 혼자서도 살기 힘든 세상. 그래서 결혼과 출산, 연애까지 포기하고 있다. 취업난이 해소되지 않으면서 집과 경력, 희망, 인간관계까지 포기하면서 혼밥, 혼즐(혼자 밥먹고, 혼자 즐기고)의 신조어를 만들어내며 새로운 사회현상을 만들어가고 있다.

일본에서도 이와 비슷한 젊은이들을 '사토리세대'라고 한다. 사토리는 일본어로 '득도(得道)'라는 뜻으로 일본의 버블경제 붕괴 이후 장기불황 속에서 성장한 젊은이들이 아르바이트로만 생활을 하며, 필요 이상의 돈을 벌려 하지 않는 현상을 말한다.

위의 사례는 우리사회의 심각한 취업난을 여과없이 보여주고 있다. 얼핏보면 수많은 사람들이 계속적으로 노동 시장에 유입되기 때문에 기업 입장에서는 리크루팅이 쉬울 것이라 생각할 수도 있지만 기업 입장에서도 채용이 그다지 쉬운 일은 아니다.

기업 입장에서 생각해보자. 일단 회사에서 필요한 지식과 기술을 가진 사람을 딱 맞춰서 찾기가 힘들다. 단지 가능성만 보고 채용을 했다가는 훈련을 시켜야 하는 부담을 안게 되고 훈련을 시킨다고 해도 기대만큼의 역량을 발휘할 수 있을지도 분명치 않다.

또한, 요즈음 같이 협동, 팀워크, 참여 등을 강조하는 시대에 회사의 조직문화와 스타일에 적합한 사람을 뽑는 것이 쉽지만은 않다. 어떤 기업들의 경우는 내부로부터의 승진을 요구하는 정책 혹은 노동조합 규약 범위 내에서 운영해야 하는 정책이 새로운 직원들을 채용하는 데에 제약을 주기도 한다.

기존 직원의 다른 부서로의 이동이나 승진 등의 내부자원 이용은 비용도 적게 들고 기존 직원들의 사기를 진작시킬 수 있지만 필요한 직원이 내부에 항상 있는 것은 아니다. 이 때문에 기업들은 외부자원, 예를 들어 대학의 취업지원센터나 경력개발원, 광고, 취업설명회, 헤드헌터 등 다양한 경로를 통해 리크루팅에 나서게 된다.

직원 뽑기! 어떻게?

기업들은 다양한 채널을 통해 리쿠르팅을 한다. 예전에는 신문광고, 교수에게 추천을 받는 식 등의 방법을 썼다면 요즈음에는 전문 취업포털 사이트뿐 아니라 설명회 등을 통해 보다 더 적극적으로 유능한 인재 찾기에 발벗고 나서고 있다.

출처: 원티드

"옛날 리크루팅 방법에는 과정관리가 없었다. 무조건, 아무나, 무슨 방법을 동원하더라도 데려오기만 하면 되었다. 그러나 지금은 반드시 과정관리를 통해서 리크루팅을 해야 한다. 먼저 리크루팅 대상자를 찾고 그 대상자들 중에서 우리 조직 색깔에 맞는 가능자를 선별하고, 그 다음 단계로 이들을 상담하고 면담하는 배양 과정을 거쳐서 신인을 선택하는 방식으로 바뀌었다. 그래야 양질의 우수한 신인을 얻을 수 있기 때문이다."

-요약 발췌-

- 지금까지의 방법은 모두 버려라.
- 내 자신도 하나의 상품이다.
- 경력자를 집중 공략하라.
- 다양한 채널을 만들어라.
- 면접은 단계가 많을수록 좋다.

리크루팅 전문 컨설턴트가 리크루팅의 중요성과 리쿠르팅 전략을 제시한 책

대학생 취업 기업 선호도 1위?

대학생들은 어떤 직장에 지원서를 내고 싶을까?

인크루트가 2022년 5월 구직 중인 전국 대학생 1,080명을 대상으로 설문조사를 한 결과 1위는 2020년부터 3년 연속 최상위를 지킨 카카오(12.7%). 카카오를 뽑은 응답자들은 본인의 성장과 자기계발 가능성(32.1%)을 가장 높게 평가했다. 2위는 네이버(9.4%)로 네이버를 꼽은 이유로는 기업의 사업 가치, 미래 성장 가능성 유망(33.3%)이 가장 많았다. 3위인 삼성전자(7.1%)를 뽑은 응답자들은 만족스러운 급여와 보상제도(54.5%)를 이유로 들었다.

불안한 고용시장과 사회를 반영하여 사람들은 고용안정성이 높은 곳에서 일하고 싶어한다. 그러나 급여 이외에도 자기계발 가능성, 성장 가능성, 복리후생, 기업의 문화, 분위기, 이미지 등의 다양한 이유로 지원 여부를 결정하기 때문에 보다 많은 인재의 지원을 유도하고 확보하기 위해서는 지원자들에게 어필할 수 있는 기업 나름의 독특한 매력 포인트가 있어야 한다.

근로자를 행복하게 만드는 기업들

직장인 소셜 플랫폼 블라인드가 2022년 직장인 57,319명을 대상으로 직장 행복도를 조사한 결과 △구글코리아 △우아한형제들 △비바리퍼블리카 △SK텔레콤 △SK이노베이션 △애플코리아 △한국남동발전 △아마존 △두나무 △넥슨이 가장 높은 점수를 받았다. 블라인드 지수(BIE: Blind Index of Employees'

Happiness)는 블라인드의 운영사 팀블라인드가 2018년 한국노동연구원 자문위원과 공동 개발한 지표로 근로자가 직장에서 느끼는 주관적 행복도를 일, 관계, 사내문화의 세 가지 영역으로 나누어 측정한다.

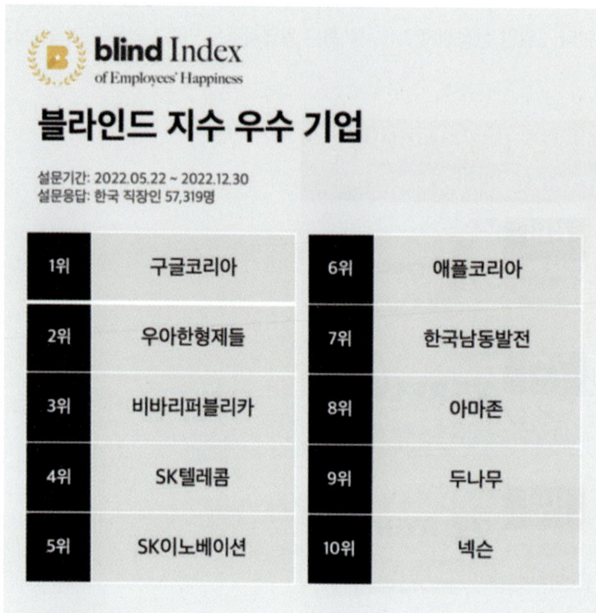

blind Index of Employees' Happiness

블라인드 지수 우수 기업

설문기간: 2022.05.22 ~ 2022.12.30
설문응답: 한국 직장인 57,319명

순위	기업	순위	기업
1위	구글코리아	6위	애플코리아
2위	우아한형제들	7위	한국남동발전
3위	비바리퍼블리카	8위	아마존
4위	SK텔레콤	9위	두나무
5위	SK이노베이션	10위	넥슨

출처: 매일경제

구글코리아는 심리적 안전감(psychological safety) 부문, 즉 어떤 의견을 제시해도 비난받지 않을 거라는 믿음에서 최고점을 받았고, 우아한형제들은 업무 자율성에서 최고점을 받았다. 이는 조직문화가 직장인들의 행복감에 상당한 영향을 미치고 있는 현대상을 반영한다고 해석할 수 있다.

넷플릭스(Netflix): 최고로 줄게! 대신 최고로 일해! 못하면 바로 아웃(OUT)!

2007년 온라인 스트리밍을 시작한 이후로 전 세계 유료 가입자 1억 3천만 명을 보유하며 비디오 스트리밍 시장을 석권한 넷플릭스(Netflix). 넷플릭스에서 능력 있는 직원을 채용하고 유지하기 위한 전략은 바로? 돈이다!

넷플릭스 문화매뉴얼(culture deck)에 따르면 넷플릭스는 직원들과 매년 임금에 대한 시장조사(market-based review)를 하고 직원들의 시장가치에 근거해서 시장에서 받을 수 있는 최고 수준(pay top of market)의 연봉을 제공한다.

"Pay employees more than anyone else likely would."

이런 천국이!

따라서 능력 있는 직원이 임금 때문에 넷플릭스를 떠날 일은 없다. 고액 연봉을 받고 싶은 능력자들이 떼거지로 몰려든다! 넷플릭스 직원들은 업계에서 가장 높은 보상에 대한 만족도와 낮은 이직 의도를 보인다.

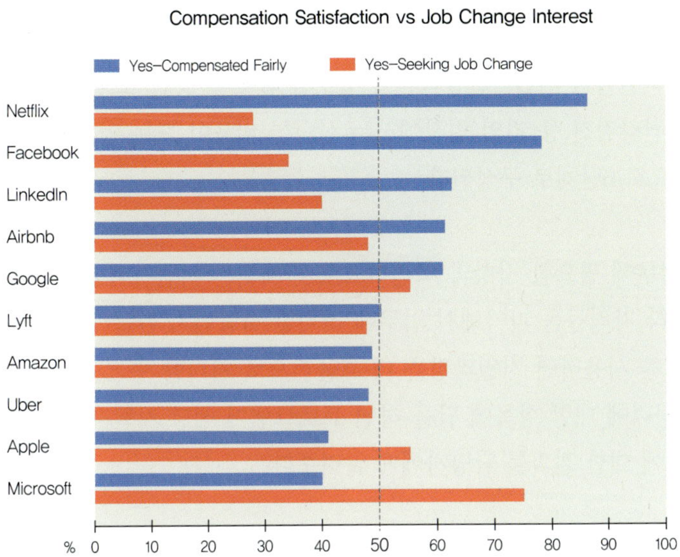

출처: https://www.inc.com/business-insider/tech-employees-anonymously-rate-companies-work-facebook-google-netflix-twitter.html

고용시장에서 받을 수 있는 최고의 대우를 받는 넷플릭스 직원들은 업무 수행에서도 업무시간, 휴가, 업무 추진비용 등에서 엄청난 자율권을 가진다.

그러나 세상에 공짜는 없다!

이들에게 쏟아지는 성과에 대한 압박 또한 엄청나다. 기본적으로 매우 높은 성과만을 받아들이며, 높은 성과기준을 채우지 못하면 회사를 떠나야 한다. 가장 악명 높은 것은 고용유지검사(keeper test). 매년 관리자들은 각 직원들에 대하여 "이 직원이 다른 회사로 가겠다고 할 때, 넷플릭스에 계속 있으라고 열심히 설득할 것인가?"라는 질문에 대답해야 한다. "모든 직원이 다 잘 해요." 이건 비현실적이다. 고용유지검사를 통과하지 못한 직원은 당연히 회사를 떠나야 한다. 피도 눈물도 없다. 역시 세상에 공짜는 없단 말인가? 가슴에 사무치는 뼈아픈 현실!

그룹토론문제

(1) 기업 고위간부 혹은 유력기관 인사의 친인척, 친분관계로 입사한 직원들은 '낙하산'이라 비공식적으로 일컬어지며, 기업 내에서 눈총의 대상이 되곤 한다. 이러한 청탁에 의한 채용관행은 기업의 인적자원에 어떤 영향을 미치게 될지 생각해보자.

(2) 때로는 기업들이 유능한 인재를 경쟁회사에서 스카우트 해오기도 한다. 예를 들어 비행기 파일럿이나 핵심기술을 가진 엔지니어들은 국내 혹은 외국 기업들의 의뢰를 받은 헤드헌터로부터 연봉 수배 인상과 같은 조건의 잡 오퍼(job offer)를 받기도 한다. 이러한 채용방식이 바람직하다고 생각하는가? 그렇다면 혹은 그렇지 않다면 왜 그런지 논의해보자. 또한 이러한 채용방식이 개인과 기업 전체에 있어서 어떤 장단점이 있을지 생각해보자.

(2) 선발

선발(selection)

선발(selection)은 채용의 한 단계로 누구를 채용할 것인지 결정하는 중요한 과정이며, 선발과정에 투입되는 직원들의 시간, 신입직원이 업무를 배우는 동안 소모되는 비생산적 시간, 훈련비용, 건강검진 등 기업 입장에서는 상당한 비용이 드는 업무이다. 직원선발 과정은 일반적으로 6단계로 구성된다.

1단계 지원서 확보: 업무에 필요한 사항과 직접적으로 관계되는 지원자의 학력, 업무경력, 직업 목표 및 기타 자격들을 파악해서 업무에 적절한 사람인지 판단하는 과정이다. 자동화된 프로그램을 사용하면 지원과정을 더 효율적으로 처리할 수 있는데, 지원자가 업무의 경험 및 성격에 대한 항목에 답을 하면 프로그램이 해당 지원자를 면접하는게 좋을지 안 좋을지에 대한 결과를 담당자에게 알려준다.

2단계 면접진행: 인적자원부서 담당자들이 처음 면접에서 지원자를 가려내고, 그 이후에 신입직원을 직접 감독할 관리자가 면접을 진행한다.

대기업 인사담당자들이 중요하게 보는 요소

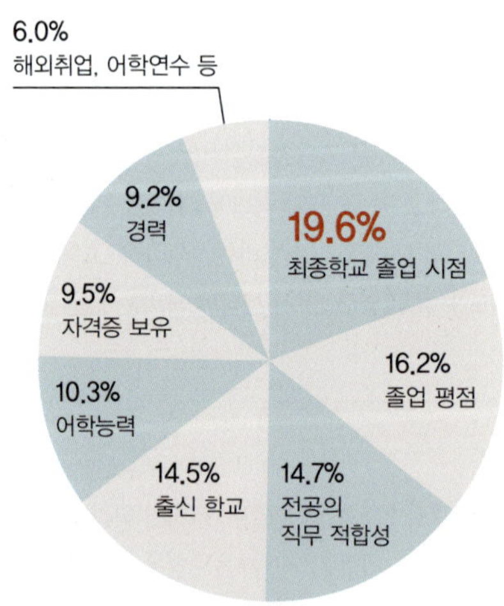

서류전형

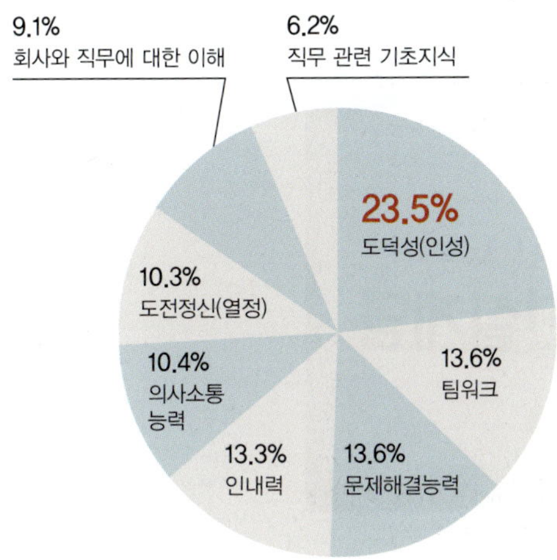

면접전형

▶ 과거에는 외국으로 어학연수를 다녀오고, 토익 점수를 높이는 것이 분명히 효과가 있었다. 하지만 과거에 비해 적지 않은 사람들이 하는 경험이다 보니 결과적으로 평균적인 스펙이 올라가면서 우열을 가릴 수 없는 상황이 됐다. 결국 기업 입장에서도 스펙의 중요도가 떨어지면서 선발도구로서의 유용도 역시 떨어지게 되었다.

출처: http://theleader.mt.co.kr/articleView.html?no=2018110709247881468

3단계 고용테스트: 특정 업무기능을 할 수 있는가에 대한 기본적 능력 측성과 더불어 적성검사를 통해 지원자들의 성향과 관심을 파악한다. 고용테스트는 반드시 업무와 직접적인 관련이 있어야 한다는 요건을 충족시켜야 한다.

4단계 배경조사: 지원자의 업무 경험, 학점, 신용기록 및 참고 사항들을 보다 면밀하게 조사하여 향후 발생할 문제를 미연에 방지한다. 렉시스넥시스(LexisNexis)와 같은 서비스들은 지원자들의 범죄, 운전경력, 신용이력 점검 뿐 아니라 업무 경험, 전문적 적성들을 가지고 있는지의 여부도 확인해준다. 요즈음에는 소셜 미디어나 개인 홈페이지를 통해 지원자들을 조사하고, 바람직하지 않다고 여겨지는 지원자들을 걸러낸다.

"취업만 된다면 거짓말이라도?" 거짓말의 유혹에 흔들리는 구직자들!

2016년 취업포털 '사람인'이 구직자 573명을 대상으로 설문을 한 결과 37%가 자기소개서를 과장해서 쓸 의향이 있다고 대답했다. 기업 인사담당자 817명을 대상으로 한 설문에서는 전체 응답자의 55%가 서류평가 시 지원자가 과장 및 허위기재를 했다고 판단한 적이 있다고 대답했고, 65%는 그러한 지원서가 증가하고 있다고 대답했다. 실제로 응답자의 77%는 관계자와 접촉해서 직접 확인하는 방식으로 지원자의 허위 사실을 적발한 경험이 있고, 설문 참가 기업의 60%에서는 지원자의 허위기재로 실제 입사를 취소시킨 적이 있다고 답하였다. 추가 합격이 없는 국내 취업 시장의 특성상 지원자의 허위기재는 기업의 채용 비용을 상승시킬 뿐 아니라 다른 구직자의 입사기회를 박탈하게 되고, 향후 기업의 채용심사과정을 더욱 까다롭게 만든다.

출처: https://m.post.naver.com/viewer/postView.nhn?volumeNo=3748675&memberNo=5661329&vType=VERTICAL

5단계 신체검사: 지원자의 건강에 문제가 없는지 미리 체크하여 향후 문제가 될 소지를 미연에 방지한다.

6단계 견습기간: 견습제도는 견습생 혹은 인턴직원이 업무를 수행할 능력을 증명할 수 있는 시간을 갖는 것으로 보통 6개월에서 1년이 소요되고, 이후 관리자 혹은 감독자의 평가 결과를 토대로 정식고용을 하던지 견습계약을 종료할 수 있다. 이 과정은 견습생이 그 업무를 수행할 수 있다는 능력과 더불어 기업 내에서의 의사소통, 성격 및 건강상태 등 모든 조건을 만족한다는 것을 보여줄 수 있는 중요한 기간이다.

직원선발은 과연 공정할까?

출처: 경향신문

- "채용을 담당하는 면접관 역시 사람이기 때문에 후광효과로 인한 선입견이 평가에 반영될 여지가 충분히 있다."
- "면접관 스스로 선입견을 배제하고 평가하려는 노력이 필요하며, 기업 차원에서도 각 전형별로 명확한 평가기준과 평가표를 제공하는 등 공정한 평가를 할 수 있는 프로세스를 구축해야 한다."

불행히도 직원선발이 항상 공정하게 진행되는 것은 아니며, 이는 인간의 지각과 의사결정 과정이 가지는 한계를 고려하면 어쩌면 당연한 것이기도 하다. 채용과정에서 후광효과(halo effect)는 매우 흔하게 발생하는 현상이다.

기업에 있어서 직원선발 과정은 상당한 비용과 시간을 투자해야 하는 업무이다. 신입직원을 채용하고 훈련하는 데에 직원 연봉의 1.5배가량 소요되는 것을 감안할 때 일단 고용한 이후 직원을 대체하는 것은 상당한 비용을 감수해야 한다. 따라서 신입직원 선발은 매우 신중하게 이루어져야 한다.

2. 직원교육훈련

교육훈련(T&D: Training and Development)

교육훈련(T&D: Training and Development)은 신입사원 및 기존근로자들의 역량을 향상시키고 동기부여를 강화시키는 전략적 인적자원관리의 가장 기초적인 활동으로 회사의 성장과 직원들의 자아실현을 동시에 추구하는 것을 목적으로 한다.

4차 산업혁명에 잇따르는 치열한 경쟁 속에서 살아남기 위해 기업은 인적자원개발에 대한 지속적 관심과 투자를 해야 하는데, 이는 인적자원이야말로 가치 있고(valuable), 희소성이 있으며(rare), 모방할 수 없고(inimitable), 대체 불가한(non-substitutable) 기업 핵심역량의 원천이기 때문이다. 몇 명의 엔지니어들이 시작한 벤처기업이 얼마 안 되어 몇천억 원 혹은 그 이상의 가치로 인수합병이 되기도 하는데, 이는 인적자원의 중요성을 보여주는 대표적인 예이다. 구성원의 교육훈련은 향후 조직의 성패를 좌우하는 매우 중요한 기업활동이다.

직원교육훈련은 그럼 오또케 하까??

기업교육훈련 방식은 OJT와 Off-JT가 있다. 기업의 필요나 상황에 따라 선택하여 사용한다.

OJT(On the Job Training)

OJT(On the Job Training)

일상적 업무과정에서의 교육으로 직무수행과정에서 주로 선배에게 교육받는 방식이다. 현업에서 바로 하는 형식으로 특별한 시간과 장소가 필요하지 않아서 비용이 절감되고, 실무에 바로 적용 가능한 구체적 교육이 가능하다. 업무 상황에 따라 교육 내용 및 진도 조정이 가능하다는 장점이 있다. 그러나 일상업무를 하면서 동시에 교육을 받아야 하니 부담이 과중되고 교육자의 능력에 따라 교육 내용과 질이 달라지니 표준화된 교육이 어렵다.

Off-JT(Off the Job Training)

Off-JT(Off the Job Training)

사내 및 사외 전문가를 초빙하여 직무현장이 아닌 특정 강의실에서 강의식 교육을 받는다. 전문가에 의한 체계적 교육이 가능하고 일상업무에서 벗어나 교육을 받으므로 훈련자가 교육에 몰입할 수 있다. 그러나 전문강사, 시간, 장소를 섭외해야 하므로 기업 차원에서는 비용에 대한 부담이 생기고, 표준화 교육을 하다 보니 직원 개인에 대한 맞춤교육이 어렵다. 또한 교육을 받느라 업무에서 빠짐으로써 인력 부족 현상이 나타난다.

교육을 받는 입장에서야 도움이 되기도 혹은 귀찮게 느껴질 수도 있다. 그런데 기업 입장에서 한번 생각해 보자. 대기업들의 경우, 1년간 한 사람에 100~120시간씩 직무교육을 시키는 데 200여만 원을 들이고 있다. 이것은 단순히 교육에 드는 강사 인건비와 숙박비만 계산한 것이고, 교육부서 운영 비용, 교육기간 동안 교육생에게 지급되는 임금까지 고려한다면, 대기업에서 한 사람을 교육시키는 데 드는 비용은 연간 600만 원이다. 그러나 이건 또 어디까지나 대기업의 경우이고, 중소기업들이 이만한 비용을 투자해서 직원을 교육시키는 것은 사실 부담을 넘어 불가능에 가깝다. 국가공무원들의 경우 직무교육이 연 평균 35시간. 그나마도 상당수 컴퓨터 플래시 방식으로 진행되기 때문에 화면만 띄워놓은 채 스피커를 끄고 딴짓하면서 놀다가 중간중간 버튼을 누르면서 skip! 또 skip! 교육훈련의 실익이 전혀 없다는 말씀! 요래서!! 온라인 교육을 할 때 보통 교육이 끝나고 시험을 보게 한다. 성적 미달일 경우 수료증을 발급해주지 않기 때문에 어~쩔 수 없이 보긴 한다. 어떤 방식의 교육훈련이 기업과 직원에게 도움이 될지 심각하게 고려해야 할 문제이다.

직종에 따른 흥미로운 교육훈련:

- 의전실무, 외교관: 이미지 메이킹, 직장 예절, 협상 등
- 비서, 승무원: 외모 관리, 표정 관리법, 감정노동 잘 하는 법, 목소리 훈련 등

한국기업에서 요구되는 처세술:

- 상사의 잘못을 대신 뒤집어쓰고 자신의 공로는 직속 상사의 것으로 돌려야 한다.
- 상사에게는 예절을 지켜야 하지만, 상사가 예절을 지키지 않는다고 해서 불만을 보이지 말아야 한다.
- 직속 상사가 엉터리 명령을 내린다고 해서 이의를 제기하지 말고 시키는 대로 수행해야 한다. 말 그대로 절대 충성, 절대 복종. 췟!! 무슨 군대냐?

시대 변화, 세대 변화로 이러한 현상들이 많이 줄어들고 있다고는 하지만 전혀 없다고는 말할 수 없다. 혼자 그러다가는 찍혀서 날라갈테고, 단체로 더 개겨야 할라나??

괴롭힘 수단으로서의 직무교육:

명예퇴직을 거부한 사람들만 모아서 외부 업체에 직무교육을 맡기는 경우가 있다. 이 경우 제대로 된 직무교육이 아닌 온갖 잡일을 시킨다. 기업에서는 업무성과가 떨어져서 일을 더 잘 할 수 있도록 직무교육을 시켰나고 포장할 수도 있고, 법적으로는 직무와 아무 상관없는 잡일을 시켜서 괴롭힌 게 아니라 돈을 주고 교육 보낸 것이기에 부당해고를 증명하기도 어렵다. 따라서 자존심을 상하게 해서 자기 발로 나가게 하는 데 악용되기도 한다.

메타(Meta, 과거 Facebook)의 경우, 신입 엔지니어들은 6주 간의 집중적인 멘토링과 다양한 프로젝트팀, 부서들을 경험하는 부트캠프(rotational bootcamp) 과정을 통해 조직 적응과 조직문화에 대한 사회화(socialization) 과정을 거치는 것으로 유명하다.

Meta's Rotational Bootcamp

우리나라의 기업들과 비교할 경우 강도 면에서는 비슷하다는 공통점을 가지고 있으나 외국 기업들의 초기 사회화 과정은 비교적 덜 공식적이고, 선배들의 멘토링과 신입 직원들의 자발적 탐색을 통해 사람과 기업 간의 적합성(person-organization fit)을 달성하고자 한다는 점에서 큰 차이가 있다.

출처: https://code.fb.com/production-engineering/accelerating-growth-through-facebook-s-rotational-engineering-program

사내 집체교육
멘토링
OJT(On-the-Job-Training)

기업들은 직원들의 업무역량 향상을 위해 다양한 형태의 교육훈련 기회를 제공한다. 기업 내부의 신입사원 오리엔테이션, 대리/과장/부장/임원 승진교육 등의 다양한 공식적 **사내 집체교육**은 물론 비공식적인 **멘토링**, **OJT(On-the-Job-Training)**, 업무관련 피드백 등 현업에 밀접한 형태로 업무수행 중에 교육이 이루어지기도 한다. 더불어 외국어 등의 능력 향상을 위한 훈련을 외부교육기관에 위탁하거나, 혹은 구성원을 아예 국내 · 외 학교, MBA 과정 등으로 파견하여 전문적 교육을 수료하게 하는 등 집중적 교육 투자를 하는 경우도 많이 생기고 있다.

그룹토론문제

(1) 직원들의 교육훈련이 실제로 직원들의 업무능률 향상에 도움이 될 것이라고 생각하는가? 그렇다면 혹은 그렇지 않다면 그 이유에 대해 논의해보자.

(2) 직원 교육훈련의 효과성을 높이기 위한 중요한 요소들에는 어떤 것들이 있을지, 어떤 교육훈련 프로그램들이 직원과 기업에 실질적인 도움을 줄 수 있을지에 대해 생각해보자.

3. 인력배치

인력배치

인력배치란 조직 내에서 적성, 직무경험, 능력을 토대로 적합한 인원을 확보, 유지하면서 업무의 필요에 따라 합리적으로 인력을 할당하는 것이다.

적재적소로의 인력 배치를 위해서는

- 신입직원에 대해서는 교육훈련 및 상세한 평가를 통해 적절한 업무를 파악하여 배치해야 하며,
- 기존 인력에 대해서는 보직이동과 동시에 지속적인 능력개발 및 자격획득을 지원하고, 근무시간의 유연화나 업무 재설계 혹은 재교육을 통한 새로운 직무 부여 등으로 업무동기를 유지하면서 개인의 성장을 촉진해줄 필요가 있다.

기업 내부에서의 승진은 직원의 사기 진작에 큰 영향을 준다. 회사 입장에서도 새로운 직원을 뽑는 것 보다 비용 대비 효과가 높다. 그러나 수직적이었던 기업구조에서 수평적 구조로 기업의 조직구조가 변화하는 추세이기 때문에 직급승진으로 위로 올라갈 수 있는 가능성이 많이 낮아졌다. 따라서 요즈음은 승진보다는 새로운 직무, 프로젝트, 역할 등으로 이동되는 것이 더 보편적인 경향을 보인다. 이와 같은 **재배치**나 **업무 순환**은 직원들이 새로운 능력을 개발하고, 회사 전반에 대한 이해의 폭을 넓힐 수 있게 해준다. 승진 기회가 거의 없음에도 불구하고 경험이 풍부한 직원들이 회사에 남아 있도록 하는 동기부여의 한 방편이기도 하다.

재배치
업무 순환

기업에 있어서 능력 있는 직원의 **이직**은 큰 문제이기도 하다. 능력 있는 직원들이 회사를 떠나 다른 회사로 옮기는 이유를 알고 이를 예측, 방지하는 것 또한 기업의 인적자원관리 부서에서 해야 할 일이다. 훌륭한 직원을 채용하는 것뿐 아니라 기존의 능력 있는 직원들을 계속 보유하는 것 또한 기업의 주요한 과제이기 때문이다.

이직

조용한 사직

수많은 직장인들이 회사의 경직되고 위계적인 문화, 불공평한 대우, 자신의 업무노력과 성과에 대한 과소평가 등 여러가지 불만으로 퇴사를 고민한다. 하지만 과감한 퇴사는 현실적으로 그리 쉽지가 않다. 집에서 놀면 누가 돈 주나? 알바도 좋은 대우는 못 받는다. 그래서 나타난 요즈음 직장인들의 트렌드는?

출근은 하되 최소한의 업무만을 하는 '조용한 사직(Quite Quitting)!!'

조용한 사직

업무를 잘 하고 싶은 마음도, 성과를 더 내고 싶은 마음도 없다. 잘 하려고 절대 애쓰고 싶지도, 애쓰지도 않는다.

출처: 자이들플린(Zaidelppelin) 틱톡 영상

직장 내 업무성과에 연연하며 스트레스를 받느니 적당히 할 일만 하면서 개인적인 생활에 집중하자는 문화가 젊은 세대들에게 설득력을 얻고 있다. '조용한 그만두기', '조용한 사직'이라는 이 신조어는 2022년 7월 자이들플린(Zaidelppelin)이라는 사용자가 틱톡에 올린 짧은 동영상을 시작으로 유행처럼 번졌다. 미국의 20대 엔지니어인 자이들플린은 "직장에서 잘 해야 한다는 강박에서 벗어나 주어진 일 외에는 절대 하지 않는 조용한 그만두기라는 단어를 알게 되었다면서 일은 당신의 삶이 아니다."라고 강조한다.

조용한 사직이라는 용어는 현재 아주 다양하게 해석되고 있다.

- 주변에 알리지 않은 채 직장을 진짜로 그만 두는 것
- 직장에서 최소한의 주어진 업무만 하는 것
- 근무시간 외 업무 관련 메시지나 이메일은 완전 무시하는 것
- 점심시간에는 완전히 나만의 시간을 갖는 것

사실 이러한 행태들은 최근에 나타난 새로운 현상이라고 할 수는 없다. 예전부터 태업, 정시퇴근 등의 문제는 늘상 있었다. 단지 코로나 팬데믹 기간 사무실과 거리두기가 시작되면서 더욱 다양한 모습으로 진화했다고 해석하는 것이 타당할 것이다. 단지 과거에는 직장이 자신의 삶이었다면 현대인들은 직장과 자신의 삶을 분리하기 시작했다는 것. 일과 삶의 균형을 생각하기 시작했다는 것이다.

2023년 구인구직 매칭 플랫폼 사람인의 조사에 따르면 직장인의 70%가 '딱 월급 받는 만큼만 일하면 된다.'고 답했다. 61.4%는 '열심히 일한 만큼 월급이 오르지 않는다.'고 답변했으며, '회사는 늘 월급보다 높은 성과를 요구한다.'고 응답한 직장인은 89.7%에 달했다.

도덕적 해이(moral hazard)

조용한 사직을 '도덕적 해이(moral hazard)'로 해석하기도 한다. 적당히 눈치껏 일하는 것이 직장인의 기본적인 속성이라는 설명이다. 미국의 심리학자 더글라스 맥그리거(Douglas McGregor)가 제시한 XY이론에서 전형적인 X관점에 근거한 해석이다. 아예 틀린 말은 아닐 수도 있다.

여기서 잠깐!!

도덕적 해이란? 경제학 용어로 정보 비대칭이 존재하는 상황에서 주인(principal)이 대리인(agent)의 행동을 완전히 관찰할 수 없을 때 대리인이 자신의 효용을 극대화하는 과정에서 나타나는 현상. 즉, 기업이 근로자 한명 한명을 일일이 감시할 수 없기 때문에 이 허점을 이용하여 근로자들이 자기 책임을 회피하고 자기 이익을 추구한다는 것.

선 긋기 현상

그러나 조용한 사직의 출현에는 불안정하고 경쟁적인 노동환경 역시 사실 큰 몫을 한다. 예전에는 종신고용 개념이 강했다. 따라서 직장이 내 삶이었다. 그러나 현대사회에서 종신고용은 없다. 젊은이들은 취업난에 시달리고 그마저 비정규직이 판을 친다. 매해 재계약의 두려움에 노출되고 40대만 되도 명퇴를 당한다. 그러면서도 기업들은 무보수 초과근무, 조직에 대한 충성 등을 원하니 이런 불합리한 상황에 대한 거부로 보는 것이 더 적합하지 않을까? 그러다 보니 직장이 자신의 삶이 될 수 없는 어찌 보면 당연한 현상이다. 즉, 직장과의 '선 긋기' 현상이 나타나는 것이다.

그렇다면 기업들은 꼭 좋아서 그러는 것일까? 기업들도 고충이 있다. 고객들의 요구는 높아지고, 경쟁기업은 많아지고, 기술과 환경은 너무나 빠르게 변하고, 경제는 성장 둔화를 넘어 악화되고, 젊은 세대들은 예

전과 달리 회사에 충성심을 보이지 않는다. 옥석을 가리기가 너무 힘들다. 그러니 기업 입장에서도 조심스러운 행보를 보일 수밖에 없다. 기업과 근로자들 이 두 관계에서 어느 정도의 타협이 필요한 것은 불가피한 일로 보인다.

하루 8시간 주 4일제 근무 vs. 하루 6시간 주 5일제 근무

최근 노동계의 이목을 끄는 이슈는 하루 8시간 주 4일제 근무 vs. 하루 6시간 주 5일제 근무이다. 호주의 스타트업 기업가 스티브 글라베스키(Steve Glaveski)는 자신의 회사에서 이 두 가지 조건을 실험해 보았고, 두 가지 선택 중 하루 6시간 주 5일제 근무가 더 낫다는 평가를 내렸다. 그 이유인 즉, 사람들의 집중력 유지시간이 생각만큼 길지 않다는 것. 사람들이 깊은 인지 작업을 할 수 있는 최대시간은 4시간으로 그 이후에는 집중력이 훅~!! 감소하기 때문에 1일 근무시간을 짧게 하는 것이 좋다는 것이다. 이에 반해 주 4일제를 주장하는 사람들은 휴일이 3일로 늘어나면 직원들의 스트레스 지수가 감소하기 때문에 생산성이 향상되고 이직률이 감소한다고 주장한다. 두 가지 방안 중 대세는 하루 8시간 주 4일제 근무로 기우는 듯 하다.

세계 각국의 주 4일제 도입 움직임

국가	내용
미국	2022년 4월 캘리포니아주 의회, 임금 삭감 없는 주 4일제 도입 법안 발의
일본	히타치 등 일부 기업, 임금 그대로인 탄력적 주 4일제 2022년 도입
독일	아위 등 일부 기업, 급여와 복지 혜택 삭감 없는 주 4일제 시행 중
영국	2022년 30여 기업이 주 4일제 시범 도입
벨기에	2022년 2월 하루당 최대 근로시간 늘린(8시간→9시간 30분) 탄력적 주 4일제 규정 도입
아이슬란드	2015~2019년 수 4일세 시범 시행, 현재 국민의 86%가 주 4일 근무
스페인	200여 기업이 적용

자료: 외신 종합

출처: The JoongAng

시니어(senior: 중장년층) 채용 열풍

조용한 사직 열풍과 함께 나타난 시니어 채용 열풍!

돈 받은 만큼만 일하고 개인적 시간을 최대한 확보하겠다는 '대 퇴사(great resignation: 大腿社)' 바람이 일면서 노동자 우위시장으로 변하고 있다. 이에 수많은 기업들이 젊은 직원들의 잦은 퇴사와 이직, 근무태만으로 생산성이 떨어지면서 비용이 증가하고 있다는 고충을 토로하고 있다. 2023년 월스트리트저널(WSJ)과 USA투데이, 포브스 등은 미국 기업들에서 50대 중반 이상의 시니어(senior · 중장년층) 직원에 대한 수요가 급증하고 있다고 일제히 보도했다. 젊은 세대의 변화된 직업 정신과 사직 열풍에 대한 기업들의 대응책이라는 분석이다. 또한 예전과 달리 요즈음 시니어들은 흔히 말하는 예전의 노인들이 아니다. 외모적 측면이나 건강적 측면에서 모두 과거와는 다르다.

물론 대다수의 시니어들이 젊은 세대에 비해 기술이나 트렌드 변화에 느린 것은 인정할 수밖에 없는 사실이다. 그러나 그들이 가지고 있는 강점이 있으니 성실하고, 대면 소통에 강하고, 조직문화 적응이 빠르다는 것이다. 또한 연령이 높아지면 남을 돌보는 유대 의식과 책임감도 커진다는 게 업계의 설명이다.

"젊은 직원들은 다른 곳에서 시급을 단돈 5달러만 더 줘도 옮겨간다.

그러나 시니어들은 쉽게 움직이지 않는다."

87세 고령 맥도날드 직원

출처: 〈조선일보〉

그동안 10~20대 젊은 층만의 일자리로 여겨졌던 패스트푸드점에서부터 어린이 · 노인 돌봄 서비스, 법률 회사, 회계 등 전문직 분야까지 시니어 직원 채용에 적극 나서고 있다. 미국 은퇴자협회는 '50세 이상 직원에게 공정한 채용 기회를 주겠다'는 서약에 참여한 회사가 2022년 대기업인 뱅크오브아메리카(Bank of America)와 마이크로소프트(Microsoft)를 포함해 2,500곳으로 2021년 대비 122% 증가했다고 발표했다. 코로나 팬데믹 이후 모든 연령군의 경제활동률이 감소하거나 정체 상태인 것과 달리 65~74세 연령군은 팬데믹 이전에 비해 각 주별로 5~10%씩 증가한 것으로 나타났다. 미국 인구통계국과 노동부는 65세 이상 노동 인구가 2024년 1,300만 명이 될 것으로 예측하고 있다. 고령자들이 기업의 인력 수요를 충족시키기 시작했다는 것으로 풀이된다.

출처: 조선일보 "근태 좋은 시니어가 낫다"

4. 직원 성과평가와 보상

4.1 성과평가

성과평가(performance appraisal)

성과평가(performance appraisal)는 조직 내 개인 성과의 타당성을 평가할 수 있는 일정한 양식의 관리 시스템이다. 성과평가는 승진, 보상, 추가 훈련, 해고 등 다양한 인사 결정의 기준이 될 뿐 아니라 고용 결정의 정당성 및 인사결정에 대한 법률적 당위성을 제공한다.

성과평가는 필요악? 누구도 성과평가를 좋아하지 않는다!

어느 기업이던 직원에 대한 성과평가 없이 기업활동이 정상적으로 수행될 수는 없는 것으로 보인다. 이는 학교에서 시험, 발표, 프로젝트 등의 평가나 이에 따른 학점부여 없이 교육이 이루어지기 어려운 것과 마찬가지!

"같이 한 학기 수업했으니 다들 잘 알겠지요? 기분이다! 전부 A+!"

이렇게 학기가 끝나는 천국도 있을까? 어림없는 소리! 버려라! 헛된 꿈이다!

직장인들도 성과평가에는 알레르기를 일으킨다.

환상적인 복지제도와 근무환경으로 엄청난 만족도와 행복도를 보인다는 구글 직원들(Googlers) 조차도 성과평가에 대해서는 만족하는 사람이 55%에 불과한 실정. 물론 전체 직장인들의 30% 정도만이 성과관리제도에 만족한다는 보고를 고려한다면 여전히 높은 만족도이기는 하다.

그럼에도 불구하고 직장이 구글임을 생각하면 매우 낮은 수준. 성과평가라는 것이 결국 상위의 소수를 제외하면 만족시킬 수 없다는 숙명을 가지고 있을지도 모르겠다. 이 때문에 보통 분기마다 진행하는 직원의 성과평가는 직원은 물론 관리자에게도 기피대상이 되고, 인사부서에게도 골치거리로 여겨진다.

그렇다면 절대평가? 상대평가?

성과평가가 많은 사람들에게 스트레스로 다가오는 것은 대부분의 기업에서 상대평가에 따른 직원들 간의 비교를 통한 줄세우기(stack ranking system)로 접근하고 있기 때문이다. 특히 부하직원들을 정규분포에 따라서 30% A등급, 40% B등급, 30% C등급 등으로 종 모양 곡선(bell-shaped curve)에 배열하라는 상대평가의 요구는 관리자들에게 엄청난 스트레스가 된다. 누군가는 어쩔 수 없이 최하위 등급을 받아야 한다는 것인데, 궁여지책으로 최하위 평가등급을 돌아가며 주기로 합의하고, 당사자를 설득하는 상황까지도 발생한다. 이뿐만이 아니다. 직원들이 개인의 성과를 위해 동료와 경쟁을 해야 하니 진정한 협업을 기대할 수 없다. 동료가 우수한 평가를 받으면 자신은 하위등급의 평가를 받을 가능성이 커지기 때문이다.

줄세우기(stack ranking system)
종 모양 곡선(bell-shaped curve)
상대평가
절대평가

"상대평가제도로 회사가 경쟁력을 잃었다. 직원들이 구글(Google) 같은 경쟁사와 경쟁하지 않고 내부 직원들끼리 경쟁했기 때문이다."

-Microsoft-

그렇다면 하버드(Harvard) 등 일부 대학 및 기업들이 적용하는 절대평가는 바람직할까? 하버드의 경우 학점 인플레로 상당한 오명을 얻게 되었고, 하버드의 A 학점은 별로 신뢰성이 없다는 빈정거림의 대상으로 전락하고 말았다. A 못 받으면 바~~보!

다면평가제
360도 평가

다면평가제: "상사만 직원 평가하라는 법 있나?"

다면평가제란 인사의 공정성과 객관성을 확보하기 위해 평가주체를 다양화하는 인사 평가제도로 360도 평가라고도 한다. 상사 한 사람만으로 조직원을 평가하는 하향식평가는 다분히 상사의 주관과 편향에 따라 달라질 수 있기 때문에 조직원의 자질과 능력을 객관적으로 평가하기 어렵다는 문제점을 보완하기 위해 도입되었다.

상사 한 사람의 평가는 갑과 을의 관계를 형성한다. 성과평가의 주도권을 쥐고 있는 상사는 칼의 손잡이를, 평가를 받아야 하는 직원은 칼날을 쥐고 있는 것과 같아서 평소에 업무 외적으로도 부하직원은 상사에게 통제당할 수 있다. 물론 이런 갑을 관계로 인하여 최근 언론에 부각되고 있는 직장 상사의 갑질과 횡포가 생기게 된다.

다면평가제는 상사의 평가는 물론 본인, 부하직원의 상향평가, 동료 직원의 평가 외에 필요한 경우 고객의 평가까지 동원한다. 평가주체가 다양하기 때문에 인사고과에 대한 공정성과 객관성을 높일 수 있고, 평가결과에 대한 반발도 줄일 수 있다.

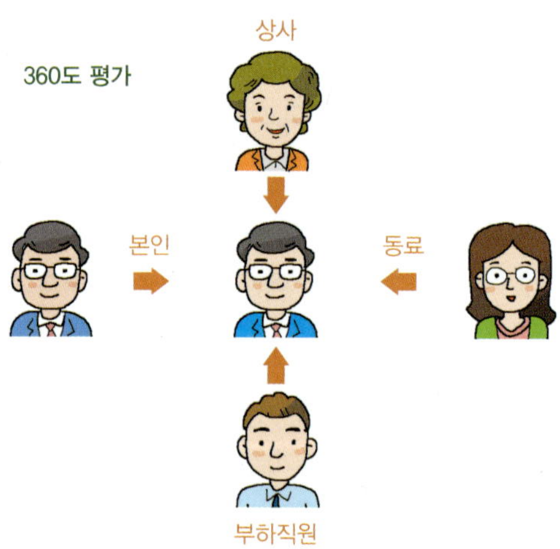

본인 · 상사 · 동료 · 부하 · 내외부의 고객 등 다양한 주체의 평가를 인사관리에 반영하는 합리적 제도로 여겨지지만, 미국과 같이 다면평가제가 일반화된 나라에서도 다면평가 결과의 일치성이 상당히 떨어진다는 조사결과가 나와 다면평가에 대한 신뢰도의 문제가 대두되고 있다. 따라서 다면평가의 결과를 보상이나 승진보다는 단지 보완자료 혹은 자기개발을 위한 피드백으로만 활용해야 한다는 지적도 제기되고 있다.

성공적인 성과평가를 위해서는 평가대상자가 공감할 수 있도록 합리적이고 타당한 성과평가의 기준이 명확하게 제시되어야 한다. 관리자들은 직원들과 사전에 공유된 평가기준에 의거하여 성과를 평가하고 그 결과를 직원들과 공유하여 어떤 면에서 부족했으며, 차후 어떤 방식으로 더 나은 성과를 거둘 수 있는지에 대해서 함께 고민해야 한다. 직원들은 성과평가 결과와 관리자의 피드백을 업무개선에 적극적으로 활용하여 평가와 성과향상의 선순환을 만들어내야 한다.

과거가 아닌 미래를 위한 평가를 하자!

절대평가, 상대평가는 시스템 자체의 문제도 문제거니와 승진 시점이 임박한 사람에게 높은 점수 몰아주기, 육아휴직 중이거나, 진급이 먼 직원에게는 일부러 낮은 점수를 주는 암묵적 관행도 있다. 일종의 돌려막기와 변형된 연공서열제.

그럼 미래를 위한 대안적 평가는 과연 무엇이 있을까?

상대평가의 상징과도 같은 제너럴 일렉트릭(GE)이나 마이크로소프트(MS)가 랭킹 시스템을 포기하면서 연례 이벤트성 성과평가를 대신하여 실시간 피드백과 코칭에 집중하는 새로운 평가 시스템을 도입하고 있다.

형성평가(formative assessment)

✔	✘
과정(process) 평가	일회성(one-shot) 평가
구체적 증빙 데이터에 근거	증빙 데이터보다는 이슈 중심
향후 바람직한 행동방향에 대한 구체적 피드백	점수(grading)

팀 프로젝트를 수행하는 동안, 그리고 마무리 시점에 프로젝트에 참여한 직원들이 서로에 대해서 잘한 점과 개선할 점에 대한 의견을 나누는 것이다. 여기서 중요한 것은 시간 경과 후, 기억도 나지 않는 전체적 측면의 사후 평가, 즉 총괄평가(summative assessment)가 아니라, 프로젝트 직후 구체적인 기여에 대해서 어떤 부분이 만족스러웠고, 어떤 부분을 개선하는 것이 좋을지 바로 평가하는 형성평가(formative assessment)라는 것. 따라서 그 다음 프로젝트에서 어떤 점을 강화하고, 개선할 수 있을지에 대한 미래지향적 피드백을 받을 수 있다.

총괄평가(summative assessment)
형성평가(formative assessment)

이같은 미래지향적 피드백을 가능하게 하는 조건은 무엇일까?

목표와 기대성과가 뚜렷해야 한다는 점이다. 많은 기업들에서 직원들이 바쁘게 일들은 하는데, 결과적으로 어떤 성과를 내야 하는지 명확하게 모르는 경우가 의외로 많다.

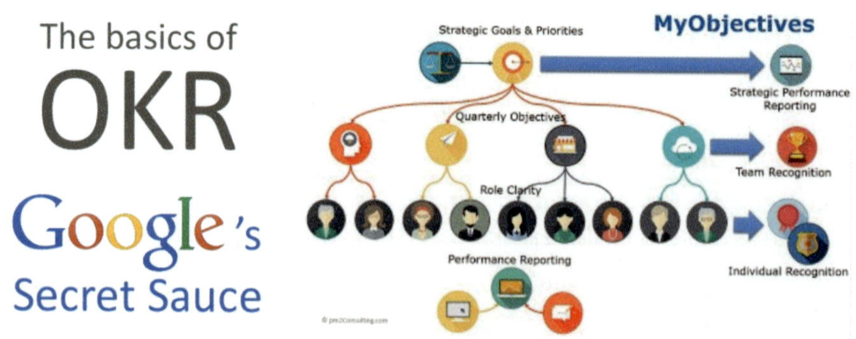

Objective	Key Result	Target	Actual	Attainment	OKR Score
Increase social media engagement by 25% for Q1, 2016	Increase followers on Facebook by 20%	1000	900	90.00%	0.90
	Increase Twitter followers by 20%	2000	1000	50.00%	0.50
	Identify and engage with 50 social media ir	50	35	70.00%	0.70

출처: https://www.youtube.com/watch?v=3MV_9B-8V-U 구글 이미지

OKR(Objectives and Key Results)

구글은 OKR(Objectives and Key Results)이라는 시스템을 운영 중인데, 조직 차원에서 목표를 설정하고, 그 결과를 추적할 수 있게 하는 목표설정 프로그램이다. 리더와 직원이 충분한 논의와 공유과정을 거쳐 개인의 목표와 기대결과를 설정한 후 실행계획을 시스템에 등록한다. 그리고 주간 단위로 진행수준을 점검하면서 레드, 옐로, 그린 등으로 표시해가면서 진도를 평가한다. 구글이 오늘날 거대기업으로 성장한 결정적 요인 중 하나가 바로 이 OKR이 있었기 때문이라는 평가도 있다. 또한, 최근 연구들에서는 사회비교(social comparison) 방식에 따른 상대평가보다는 자신의 과거 성과와 현재의 성과를 비교(within-person comparison)하는 방식 또한 추천하고 있다. 구글도 분기마다의 세분화된 상대평가에서 반기마다 개인의 과거 대비 성장, 성과개선 측면에 대한 개인에 초점을 둔 평가로 전환하여 직원들의 호응을 얻고 있다.

출처: https://blog.naver.com/businessinsight/221427591297

4.2 직원보상

보상(reward, compensation)

보상(reward, compensation)이란 긍정적, 매력적인 형태의 대가로 직원들의 긍정적 행동을 일으키는 요소이다. 기업에서는 급여 인상, 인센티브 등의 금전적 형태일수도 있고, 포상휴가, 승진, 칭찬, 인정하기 등의 비금전적인 것일 수도 있다. 특정 행동에 뒤따르는 보상은 그 이후에도 유사한 상황에서 그 행동의 발생 가능성을 증가시킨다. 따라서 보상은 업무성과 향상을 위한 강한 동기가 될 수 있으며, 개인의 자존감과 정서적 안정감을 높이는 요인이 된다.

기업들은 고객들에 대해서만 경쟁하는 것이 아니라 유능한 직원들, 소위 재능에 대해서도 경쟁을 하는데 보상은 능력 있는 직원들을 확보하고, 또 유지하기 위해 사용되는 주된 도구로 기업 입장에서는 가장 비용이 많이 드는 인적자원 활동이다.

연봉의 의미!

앞서 이직을 하고 싶은 이유로 근무환경, 조직문화에 이어 버금가는 수치로 연봉이 높아서라는 이유가 있었다. 연봉은 능력 있는 예비 직원들이 회사를 선택함에 있어서 중요한 기준이 된다.

직업에는 귀천이 없다? 모든 직업은 그 고유의 역할과 가치를 가지기 때문에 다 똑같이 중요하다는 말이다. 세상에는 셀 수 없을 정도로 다양한 직업들이 있고, 사람들은 각자 자기가 가진 자원이나 환경을 기준으로 직업을 선택한다. 좋은 직장과 나쁜 직장을 구별하는 절대적인 기준은 없지만, 자본주의 사회에서 '연봉'은 꽤 중요한 기준이 된다. 연봉이 높다고 좋은 직업이라고 단정 지을 수는 없다. 하지만 사회가 나의 가치를 높게 평가해 준다는 측면에서 연봉이 높은 직업은 그래도 '괜찮은 직업'이라고 할 수 있다.

출처: https://m.post.naver.com/viewer/postView.nhn?volumeNo=1334197&memberNo=15460571&vType=VERTICAL

기업의 보상과 혜택은
(1) 조직에 필요한 사람들을 유인하는 주요 요인이 되고,
(2) 직원들에게 재정적 안정성을 제공하여 일하는 동기를 부여해주며,
(3) 가치 있는 직원들이 경쟁사에 가지 않도록 유지해준다.

그룹토론문제

(1) 2023년 3월 통계청 기준 청년실업률(15세에서 29세까지의 경제활동인구 중 실업자의 비율) 7.1%, 청년 실업자 30만 명

그룹토론문제

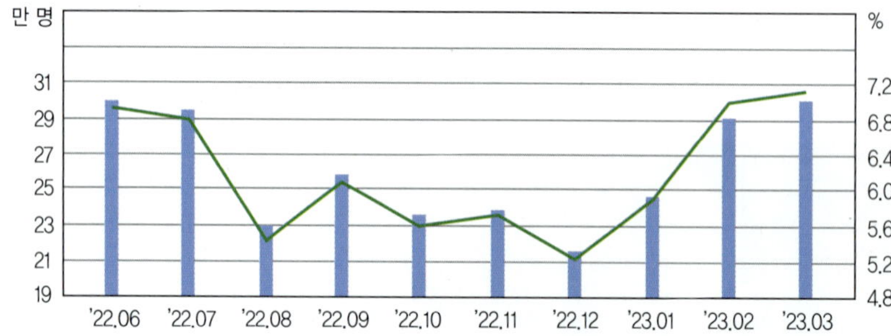

하지만 심각한 취업난에도 불구하고 중소기업에 취업하지 않겠다고 하는 청년은 10명 중 3명이다. 중소기업의 원활한 인력운영을 위해서는 어떤 방법들이 있을지 논의해보자.

구글의 역발상: 공정하지 않게 보상하기!

기업이 어떤 형태로 급여를 지불하는가는 근로자들의 업무능률에 큰 영향을 미친다. 가장 보편적인 급여 시스템은 에드워드 헤이(Edward Hay)에 의해 고안된 헤이 급여 시스템으로 업무 계층을 나누고, 각 계층에 따른 급여 범위를 정한다. 헤이의 급여 시스템은 업무에 대한 노하우, 문제해결 그리고 책임이라는 세 가지 핵심 요소를 기반으로 하여 만들어졌다.

연공서열제가 여전히 남아있는 대부분의 한국 기업들에서 신입사원들은 입사 초기에 적은 급여를 받다가 근속연수와 직급이 상승하면서 점차 더 많은 급여를 받게 된다. 이러한 트렌드는 꼭 한국만의 현상은 아니라서, 경제학자 에드워드 러지어(Edward Lazear)가 언급한 대로 "직장인들은 평균적으로 초기에는 자기가 기여한 몫에 비해서 상대적으로 적게 보상을 받고, 나중에는 상대적으로 많이 받는다."는 상황이 발생한다.

구글은 이와 같은 상황을 고려하여 보상의 차이를 크게 해주는(그래서 매우 불공정하게 보일 수 있는) 경우에 오히려 보상이 공정해진다는 역설에 입각하여 보상을 한다. 구글의 이러한 언뜻 불공정해 보이는 보상철학은 다음 연구에 근거한다.

O'Boyle & Aguinis(Personnel Psychology, 2012): 63만 3,263명의 연구자, 연예인, 운동선수들의 성과를 분석해본 결과 연구자의 66%는 출간 논문의 수가 평균 이하이며, 에이미상 후보로 지명된 배우의 84%는 지명된 횟수에서 평균 이하, 미국 의원의 68%가 연임 횟수에서 평균 이하, 그리고 NBA 선수의 71%가 득점에서 평균 이하의 성과를 보인다. 즉, 대부분의 사람들이 평균 이하의 성과를 내고 있는 것. 다시 말해 평균 수치를 쭉 올려주는 건 상위에 있는 소수들.

결국, 어떤 분야에서든 대략 반 정도의 사람들이 평균적인 성과를 낼 것이라는 믿음은 신화에 불과한 것이다. 따라서 개인의 성과는 우리들이 보통 생각하듯이 정규분포(normal distribution)를 따르는 것이 아니라 멱함수(power function)로 나타난다.

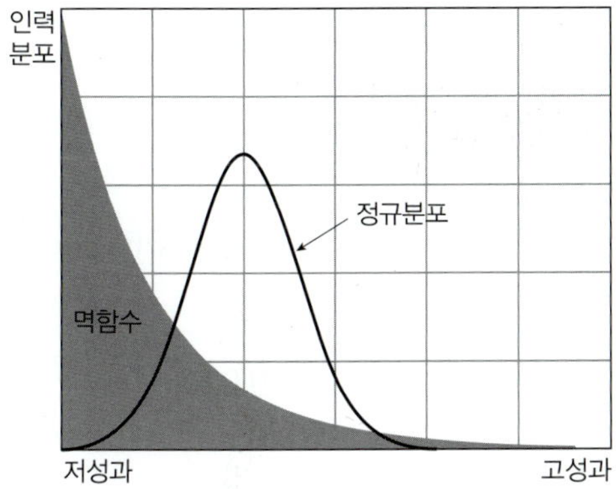

실제 대부분 평균성과자라고 하는 사람들의 성과는 낮은 수준에 머물고 있으며, 평균 이상의 성과를 내는 사람은 그 숫자가 급격히 줄어들게 된다. 숫자가 급격히 줄어드는 대신 성과가 대단하다는 것. 실제로 63만 명 이상의 개인들을 분석한 결과를 보면, 정규분포에 의거한 예측은 현실과는 큰 차이를 보이며, 실제의 개인성과는 멱함수에 보다 가깝다는 것이다.

[정규분포가 실제 성과를 제대로 예측하지 못 하는 사례]

구분	정규분포 예측치	실제 수
10편 이상의 논문을 발표한 연구자	35	460
11회 이상 그레미상 후보로 지명된 가수	5	64
14회 이상 미국 하원 배지를 단 정치인	13	172

출처: O'Boyle & Aguinis, Personnel Psychology, 2012

이 표에서 정규분포에 따라서 다수의 평균 성과자에 대한 기대에 근거하여 예측된 고성과자의 수보다 실제 고성과자의 수가 훨씬 많음을 알 수 있다. 정규분포에서 예측하듯이 논문발표이든 수상실적이든 대부분의 성과가 중간에 위치하는 대다수의 사람들에 의해서 고르게, 평균적으로 나타나는 것이 아니라 소수의(그러나 정규분포가 예측하는 것보다 훨씬 많은) 고성과자에 의해 독점되고 있음을 보여준다. 이는 앞에서 언급한 맥킨지의 인재전쟁(war for talent) 관련 자료에서 예시되었던 고성과자가 평균 성과자의 800% 이상의 성과를 보이고 있음과 일맥상통하는 패턴이다. 이는 마치 성과 측면에서의 파레토(Pareto) 법칙과 같은 것으로 어떤 기업 성과의 80%를 전체 직원의 20%가 창출하거나, 극단적으로는 기업성과의 90%를 10%의 직원이 만들어 낼 수도 있다는 것이다.

그룹토론문제

(1) 과연 구글의 매우 '불공정한' 보상은 실제로 불공정한 것인가, 혹은 이러한 형태의 보상이야말로 지극히 공정한 것인가? 이와 같은 '불공정한' 보상제도가 성공하려면 어떤 전제조건이 있어야 할지 논의해 보자.

5. 전략적 인적자원관리

기업고유의 자원(firm-specific resource)
전략적 인적자원관리(SHRM: Strategic Human Resource Management)

예전에는 단지 훌륭한 인재를 채용하고 관리하여 노동효율 및 성과향상에 중점을 두었다면 현대의 인적자원관리는 다양한 제도를 통해 근로자들의 업무에 대한 동기를 진작시키고, 직무능력과 기술을 향상시킴으로써 **기업고유의 자원(firm-specific resource)**으로 배양시키고, 이를 유지함으로써 기업의 목표달성과 조직원 성장을 동시에 추구하는 상생경향이 크게 대두되고 있다. 인적자원관리의 전략적 접근방법이 강조되면서 현대의 인적자원관리는 **전략적 인적자원관리(SHRM: Strategic Human Resource Management)**로 불리운다.

고성과작업관행(HPWP: High Performance Work Practices)

따라서 **고성과작업관행(HPWP: High Performance Work Practices)**이라는 이름 하에 인적자원관리를 위한 다양한 제도를 운영하며, 이 제도들 간의 시너지를 추구하고 있다. 다양한 인적자원관리제도들 간의 상호 시너지에 중점을 두는 이유로 고성과작업관행(HPWP)은 인적자원 시스템(HR System)이라고도 일컬어진다. 고성과작업관행은 채용/선발(recruitment/selection), 보상(compensation), 직원교육(employee training), 성과평가(performance appraisal), 업무순환(job rotation) 등 인적자원관리의 전통적 분야를 포괄하고 있다. 하지만 그 외에도 직원들의 의사결정참여(participative decision-making), 외부교육/등록금 지원(external training/tuition assistance), 성과에 따른 급여보상(pay/incentive for performance), 근무시간의 유연성(flexible work hours), 직원 제안제도(employee suggestion system), 정보기술/인트라넷 지식공유시스템(information technology/intranet knowledge sharing system), 집단/조직 차원의 보상(group/organization-based reward/pay), 협력중심 성과평가(performance assessment based on collaboration), 다기능팀(cross-functional teams) 등의 조직과 개인 성과에 기여하는 수많은 새로운 관행을 모두 포함하는 매우 광의의 개념이다.

엔데믹 블루(endemic blue)

엔데믹 블루(Endemic Blue)

코로나 팬데믹 때 사적 모임이 제한되면서 우울감을 느꼈던 사람들이 많았다. 이를 일컬어 '코로나 블루(corona blue)'. 그러나 이와 반대로 거리두기가 해제되면서 회식 등으로 스트레스를 받는 직장인들이 생기면서 이들이 겪는 우울감인 '엔데믹 블루(endemic blue)' 현상이 나타났다.

엔데믹 블루는 로이터통신 등 외신까지 다룰 정도로 심각한 사회적 현상이 되었다. HR 테크기업 인크루트가 2022년 직장인 1,013명을 대상으로 한 설문조사에 따르면 응답자의 94.5%가 코로나 팬데믹으로 인해 달라진 회식문화에 긍정적인 답변을 보였으며, 20~30대일수록 짧은 회식에 대한 강한 선호 경향을 보였다.

MZ세대 직장인들은 회식을 '업무의 연장'이라고 보는 기성 세대의 시각에 반발심이 크고 빠른 퇴근으로 저녁이 있는 삶을 사내복지로 꼽는다. 이에 기업들도 기존 사내문화 개편을 위한 노력을 하고 있다.

삼성전자 생활가전사업부는 한 달에 한 번 오후 5시 이전 퇴근을 보장하는 '기프트 데이(gift day)'를 도입하고, 이 날은 오후 4시 이후 단체행사 지양 및 부서별 회식을 금지시켰다. SK텔레콤은 2주 단위 선택근무제 정착을 위해서는 임원이나 팀장부터 근무시간을 줄이는 모습을 보여줘야 한다고 강조하여, 이를 위해 리더가 팀원들의 퇴근시간에 대해 관심을 갖고, 스스로 7시 전에 퇴근하는 모습을 보일 것을 강조하고 있다. 또한, 주말이나 휴일에 사무실 출근을 자제하고, 밤 10시가 넘은 야간이나 휴일에는 팀원들에게 메일이나 문자메시지를 보내지 말 것을 권유하는 등의 노력을 하고 있다. 인크루트 집계에 따르면 직장인 80% 이상이 근무시간 외 메신저를 받은 경험이 있다고 답했으며. 이에 앞서 2021년 발간된 '연결되지 않을 권리도 지켜져야 할 소중한 권리 보고서'에 따르면 응답자의 87.8%가 퇴근 후 업무 지시에 시달렸다고 답했다.

카톡!카톡!
카톡!카톡!

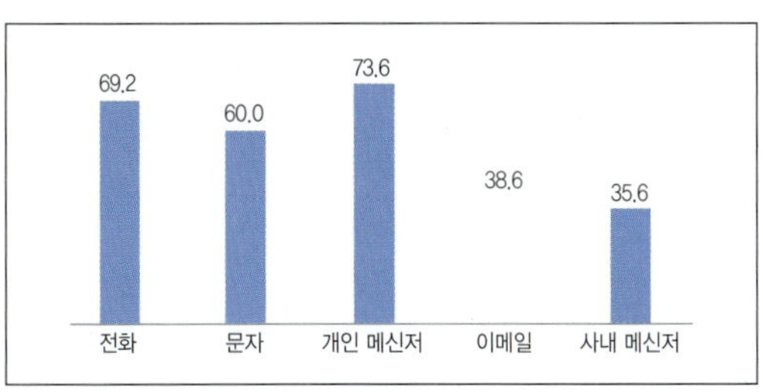

출처: HR 테크기업 인크루트; 경기연구원

근무시간의 유연성
선택 근무제
근로기준법

주 52시간 근무

근로기준법 근로시간

고성과작업관행 중 근무시간의 유연성은 한국에서 선택 근무제의 형태로 나타나고 있다. 2018년 7월부터 상시 근로자 300인 이상의 대기업 직원들은 1주일 40시간 이상 근무를 할 수 없는 법규가 마련된 것이 큰 이유이다. 근로기준법은 1일 근무시간 8시간, 1주 근무시간을 40시간으로 제한하고 있고, 연장, 휴일 근무를 해도 최대 주 52시간이다. 따라서 상당수 기업이 한 달 총 근무시간을 정해놓고, 근로자가 그 범위 내에서 자유롭게 출퇴근하는 선택근무제 방식의 유연근무제(flextime)를 도입하고 있다.

주 52시간 근무는 주(월~일) 40시간의 기준근로시간과 1주 최대 12시간 연장근로만 가능하게 하는 강제적 법규사항으로 52시간 초과 연장근무는 한마디로 불법이다.

개정법에서는 휴일근로를 포함해서 12시간을 초과하지 못하도록 규정했기 때문에 만약 월~금요일 매일 2시간 초과근무를 시키면 10시간 근무×5일=50시간.

휴일에 만약 부른다? 이때 2시간을 넘기면 법 위반이 되는 것이다. 2시간 더 근무시키겠다고 부를거면 제발 부르지 마라. 왔다갔다 출퇴근 시간이 더 걸린다.

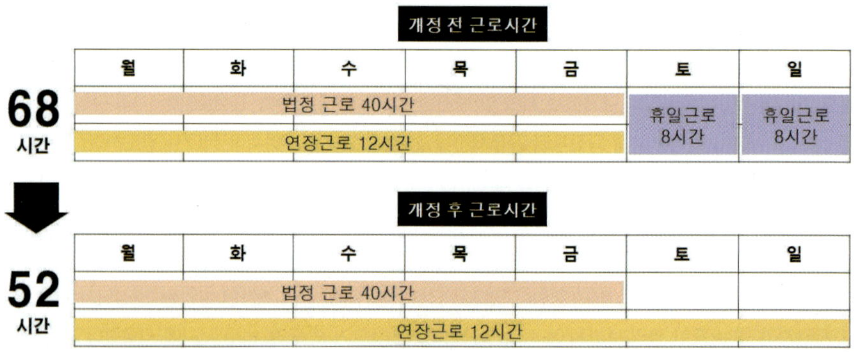

2018년 근로기준법 개정 내용(근로시간 단축 관련)
- 주당 최대 근로시간을 68시간에서 52시간으로 단축
- '1주'의 개념을 '휴일을 포함한 7일'로 명시(제2조 7항)

그러나 문제는 주 40시간 유연근무제로 명목적인 근무시간은 줄었지만 실제 근무해야 할 양은 그대로이기 때문에 암묵적인 혹은 노골적인 압력에 의해서 퇴근한 척하고 숨어서 일하거나 집에 가서 일하거나 근처 카페로 업무 장소를 옮겨서 일을 하는 폐해도 나오고 있어 한국의 기업환경에서 어떻게 다양한 고성과작업관행과 제도들을 적용할 것인가에 대한 고민들은 현재진행형이라고 할 수 있다.

그런데 여기서 근로시간이라는 것의 정확한 기준이 무엇인지 궁금하다. 근로시간의 사전적 의미는 근로자가 고용인의 감독 아래 종속되어 있는 시간을 말한다. 좀 살벌한 표현이긴 하지만, 고용인의 통제 속에 자신의 노동력이 실제로 구속된 시간이라는 것이다.

주요 사례	근로시간 여부	판단 근거
휴게시간	X	휴게시간은 사용자의 지휘 및 감독으로부터 해방되어 근로자가 자유로이 이용할 수 있는 시간이므로, 근로시간에 불포함
대기시간	O	대기시간은 자유로운 이용이 어려운 시간으로 실질적으로 사용자의 지휘 및 감독을 받고 있는 것으로 보아 근로시간으로 인정
교육시간	O	사용자가 의무적으로 실시해야 하는 각종 교육은 근로시간에 포함
	X	근로자가 개인적 차원에서 법정 의무 이행을 위해서 혹은 이수가 권고되는 정도의 교육을 받는 것은 근로시간에 불포함
출장시간	O	출장의 경우 '소정 근로시간' 또는 '통상 필요한 시간'을 근로시간으로 간주. 다만 출장 관련 '통상 필요한 시간'은 근로자대표와 서면 합의를 통해 정하는 것이 바람직함
접대	△	업무와 관련이 있는 제3자를 정해진 근로시간이 아닌 시간에 접대하는 경우에도, '사용자의 지시나 최소한 승인'이 있어야 근로시간으로 인정
워크숍 세미나	O	사용자의 지휘 및 감독 하에서 효과적인 업무 수행 등을 위한 집중 논의 목적의 워크숍이나 세미나 시간은 근로시간
	O	소정근로시간의 범위를 넘어서는 토의 등은 연장근로로 인정
	X	다만 직원 간 친목도모 시간은 근로시간으로 보기 어려움
회식	X	근로자의 기본적인 노무 제공과는 관련 없이 사업장 내 구성원의 사기 진작, 조직 결속 및 친목을 강화하기 위한 차원임을 고려할 때 근로시간으로 인정하기 어려움

그렇다면 다음과 같은 까리한 상황은 근무일까 아닐까?

Q1 직원이 자발적으로 출근 시간 이전에 출근하는 경우 추가임금을 지불할 의무가 있는가?

사용자의 조기 출근 강요나 지시가 없는데 직원이 자발적으로 일찍 출근한 경우라면 정식 근로시간으로 인정되지 않음. 따라서 사용자는 추가 임금을 지급할 의무가 없음

Q2 근로시간 중 손님이 없어서 직원이 일하지 않는 시간을 근로시간에서 제외할 수 있는가?

이 경우 대기시간으로 보아 근로시간으로 인정. 2012년 근로기준법에 '작업을 위하여 근로자가 사용자의 지휘, 감독 아래에 있는 대기시간 등은 근로시간으로 본다'고 명시

Q3 근로시간 중 직원이 개인적 용무를 보기 위해 자리를 비우는 경우 근로시간에 해당하는가?

정해진 근로시간에 개인적인 용무를 위해 자리를 비운 경우 근로시간이 아닌 휴식시간 또는 조퇴로 볼 수 있음

Q4 업무에 필요한 교육을 받는 시간은 근로시간에 해당하는가?

사용자의 지시에 따라 받는 업무 관련 교육 시간은 근로시간에 해당. 다만 직원이 스스로의 판단에 따라 업무능력 향상을 위한 교육을 받는다면 근로시간에 해당하지 않음

Q5 직원이 출장을 가는 경우 근로시간은 어떻게 산정되는가?

특별히 내부 규정이 마련되어 있지 않다면 정상 근무시간으로 인정. 다만 사전에 사용자와 직원이 출장 시간을 어떻게 처리할지에 대해 협의한 사항이 있다면 그 내용을 적용

출처: 디지털데일리

궁극적으로 인적자원관리의 핵심은 기업의 인적 자본(human capital; 직원 개개인이 소유한 지식, 기술, 능력)에 사회적 자본(social capital; 직원들 간의 사회적 관계를 활용한 이용 가능한 지식의 확장)을 더하여 조직 자본(organizational capital; 조직의 독특한 업무절차, 규칙, 프로세스 등에 내재된 지식과 역량)을 이끌어 냄으로써 한 기업의 성과를 극대화할 수 있는 독특한 경쟁 우위를 창출해내는 과정이라고 할 수 있다.

핵심용어

- 인적자원수요결정
- 직무분석(job analysis)
- 직무기술(job description)
- 직무명세(job specification)
- 채용(recruitment)
- 선발(selection)
- 직원교육훈련
- 성과 평가(performance appraisal)
- 다면평가제(360도 평가)
- 보상(reward)
- 고성과작업관행(HPWP: High Performance Work Practices)
- 전략적 인적자원관리(SHRM: Strategic Human Resource Management)

연습문제

01 직무분석의 정의와 형태를 간략히 논하라.

02 채용과 선발의 차이점은 무엇인가?

03 다면평가제란 무엇인가?

04 고성과작업관행이란 무엇인가?

05 성과평가의 다양한 방식과 그 장단점을 설명하라.

06 인적자원시스템에 속하는 제도를 열거해보라.

CHAPTER

11

마케팅관리

1. 마케팅관리의 개념
2. 마케팅의 발전
3. 마케팅 믹스
4. 시장 세분화

학습목표

- 마케팅관리란 무엇인지 명확하게 설명할 수 있어야 한다.
- 마케팅이 어떻게 발전되어 왔는지 시대적으로 체계적으로 설명할 수 있어야 한다.
- 마케팅 믹스란 무엇인지, 시장의 세분화란 어떤 것인지 설명할 수 있어야 한다.

1. 마케팅관리의 개념

당신의 마케팅 지수(MQ: Marketing Quotient)

마케팅이란 광고를 잘 해서 물건을 많이 파는 것!

정답은 X일까요, O일까요?

정답은 Δ

반은 맞고 반은 틀리다. X일까요, O일까요 하고 물어놓고, Δ라고 하면 반칙이라고? 음... 어쩔 수 없다. 정답은 그래도 Δ!

왜?

현대의 마케팅은 디자인 경영과 함께 매우 높은 창의성을 요구하는 분야로 발전하고 있다. 주어진 선택지 안에서, 남들이 하는 대로 따라하면 마케팅 하수(下手)니까.

출처: 온라인마케팅대행사 애니위드

공동가치창조(value cocreation)

광고, 판매? 당연히 마케팅이다! 그러나 과거의 마케팅이 판매자 입장에서 광고, 판매활동에 초점을 맞추었다면, 현대의 마케팅은 소비자의 관점을 흡수하며 기업과 소비자 간의 상호작용과 공동가치창조(value cocreation)를 지향하면서 소비자의 관점으로 중심이 이동하고 있다.

트렌드 코리아(Trend Korea) 2023

소비자 관점의 마케팅을 하려면 트렌드를 잘 읽어야 한다. 요즈음 주목해야 할 사회현상과 소비자들의 주요 특성을 살펴보자.

1. 평균의 실종(redistribution of the average)

- 양극화: 소득 높은 상위층 vs. 부채에 시달리는 하위층
- N극화: 평균 취향은 없다. N가지 취향으로 갈리는 N극화
- 단극화: 중간은 없다. 대중이 아닌 세분화된 고객에 맞는 타깃팅(targeting)!

2. 오피스 빅뱅(office big bang)

승진보다는 업무환경, 조직보다는 개인, 평생 직장보다는 경력과 연봉을 중시하는 개인주의적 가치관이 확산되고, 고액의 수당을 받는 프리랜서들이 증가하고 있는 현상

3. 실속 소비 체리슈머(cherry-sumer)

한정된 자원으로 알뜰살뜰 소비를 하는 소비자들로 무지출, 조각, 반반, 공동구매 및 무료 취소의 유연성을 보장해주는 말랑상품 구매. 케이크에서 체리만 쏙 빼먹는 체리피커(cherry picker)에서 진화된 개념

4. 인덱스 관계(index relationships: buddies with a purpose)

관계에 있어서 목적을 계산하게 되는 '목적지향적 만남'이 대세가 된 사회현상. 인덱스 관계를 유지해주는 통로는 바로 SNS. 넓어진 인간관계를 아주 편리하게 관리할 수 있다. 따라서 SNS의 효과적 활용은 마케팅 전략실행의 핵심!

인덱스(색인)를 붙여 전략적으로 인맥관리를 하는
현대인의 관계 맺기. 관계의 밀도보다는 스펙트럼.
즉, 얼마나 친한가보다는
얼마나 많은 사람과 알고 지내는가가 관건

5. 뉴디맨드 전략(new demand strategy)

우리는 상품의 과잉 시대에 살고 있다. 상품 유사성은 높아지고, 상품수준이 상향 표준화되면서 기업 간 경쟁은 치열하다. 그러나 팬데믹을 거치면서 소비심리는 위축되었다.

출처: Michael Kotick, 2017

기업 측면에서는 새로운 수요창출이 필요하고
여기에 필요한 것이 뉴디맨드 전략이다.
늘상 접하는 상품이 아닌
다른 기업과 경쟁하지 않을,
대체 불가능한 상품을 개발해야
소비자들을 움직일 수 있다.

6. 디깅모멘텀(digging momentum: thorough enjoyment)

'디깅러(digging-er)'는 자신의 관심 분야에 대해 끝까지 파고드는 데서 만족감을 느끼는 사람을 말한다. '덕후'와 '팬슈머(상품이나 브랜드의 생산 과정에 참여하는 소비자)'보다 더 적극적이기 때문에 기업들은 디깅러들을 제품개발과 홍보에 참여시킴으로써 더 큰 수요를 창출할 수 있다.

7. 몰려오는 알파세대(jumbly alpha generation)

알파세대는 베이비붐 세대 이래 인류 역사상 가장 큰 규모의 잠재고객으로 주목받고 있다. '틱톡'을 주로 사용하고, 코딩, 경제, 교육에 관심이 많기 때문에 이들에 주목해야 한다.

2010년 이후에 태어난 알파세대는
기존 X, Y, Z세대와 달리
디지털 세계에 사는 완전히 새로운 종족이다.

8. 선제적 대응기술(unveiling proactive technology)

과거에는 소비자의 요구가 있으면 사후적으로 제품을 생산 · 판매했다. 현대사회에서는 인공지능이 빅데이터를 분석해 소비자 스스로도 파악하지 못한 욕구를 먼저 파악하고 이를 충족시키는 선제적 방식으로 진화하고 있다. 예를 들어, 가전제품을 비롯한 집 안의 모든 장치들을 연결 · 제어하는 기술인 '스마트홈'. '울트라 편함'의 실현!

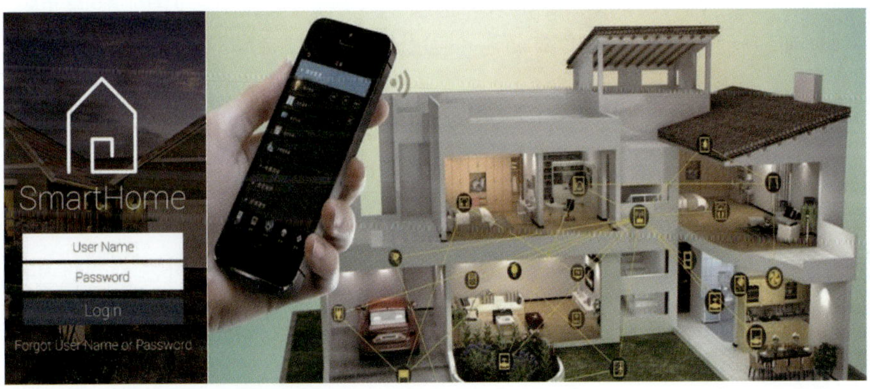

9. 공간의 마력(magic of real spaces)

공간은 사람을 모으고 머무르게 하는 힘을 가진다. 오늘날 공간은 온라인(on-line)과 오프라인(off-line) 두 영역을 모두 포함한다. 제품 전시와 판매 위주의 오프라인 매장이 현대 소비자들에게 매력을 잃고 있다는 것은 모두 아는 사실이다. 그러나 온라인에만 의존하는 것 역시 소비자와의 소통에 한계가 있다. 가장 효과적인 방법은 온라인에서 고객을 모은 후 오프라인 공간으로 끌어 모으는 것! 고객이 방문하고 싶은 공간을 만들어야 한다. 예를 들어, '더 현대'는 다양한 경험과 힐링을 원하는 현대사회 고객들의 눈높이에 맞춰 90개의 맛집, 자연 힐링공간, 스파 등 다양한 놀거리, 먹거리, 볼거리를 제공함으로써 사람들이 머물고 소비하고 싶은 공간, 소위 핫플레이스로 거듭나기 위한 노력을 하고 있다.

10. 네버랜드 신드롬(Neverland syndrome)

네버랜드 신드롬은 어른이 되기를 거부하는 피터 팬 신드롬의 확장 개념으로 어린 시절의 추억을 떠올릴 수 있는 레트로 상품, 키덜트(kid · 아이와 adult · 어른) 상품의 수요 증가로 이어지고 있다.

마케팅관리(marketing management)

마케팅관리(marketing management)의 사전적 의미는 기업이 생산, 판매하는 제품이 가장 적절한 경로를 통해 적절한 가격으로 소비자에 판매될 수 있도록 제품, 가격, 광고, 판매촉진, 판매경로, 물적 유통 등의 활동을 계획, 조정, 통제하는 경영관리의 한 분야이다.

과거의 마케팅이 판매자 위주였다면 오늘날의 마케팅은 구매자가 구매하는 것을 돕는 것에 초점을 맞추고 있다. 이는 3차 산업혁명인 정보화시대로의 변화에 기인한다. 예전에는 국내가 되었건 해외가 되었건 여행 한번 가는 게 보통 일이 아니었다. 하지만 요즈음에는 인터넷으로 호텔, 리조트, 온천, 펜션 등의 각종 정보를 검색할 수 있고, 숙소 사진, 숙소 편의시설, 리뷰부터 가격 비교까지 모든 것을 한 번에 해결할 수 있다. 인터넷에 호텔이라는 단어 하나만 쳐도 국내외 지역명, 호텔들이 쫙! 다양한 호텔 정보를 비교 중개하는 서비스 사이트가 바로 열거되어 나온다.

오늘날 **마케팅의 주 역할**은 기업의 제품과 서비스를 구매자들이 온라인에서 쉽게 찾고, 가장 좋은 가격을 찾아 구매를 결정할 수 있게 도와주는 것이다. 이를 위해서 오늘날의 기업들은 **메타서치 엔진**을 개발하고 고객들에게 더욱 편리한 서비스를 제공하는 데에 끊임없는 투자를 한다.

마케팅의 주 역할
메타서치 엔진

마케팅의 제1원칙!

구매자들의 구매활동을 돕는 것 = 판매자의 판매활동을 돕는 것!

마케팅은 영어다?

맞다! 마케팅은 영어다.

마켓(market=시장)에서 뭔가 진행 중(~ing)이라는… 그래서 시장에서 혹은 시장에 대한 무엇인가를 한다. 이것이 마케팅!

다른 경영관리 분야에 비하여 마케팅에서는 정말 영어가 넘쳐난다.

- 마케팅 활동의 시작은 자기 제품과 시장에 대한 3C(Company, Competitor, Customer) 분석!
- 3C 분석이 끝나면 시장에 대한 STP(Segmentation, Targeting, Positioning)! STP에서는 또 MECE(Mutually Exclusive Collectively Exhaustive: 상호배제와 전체포괄)로 시장세분화를 통해서 타겟 시장에 자사의 제품을 어떻게 포지셔닝할 것인가를 결정!
- 3C, STP를 거친 후, 그 유명한 4P(Product, Price, Promotion, Place)에 대한 전략 구성!

마케팅은 확실히 영어(!)가 맞다!

영어울렁증이 있다면 마케팅으로의 커리어는 심각하게 고민해 보아야 할 듯하다.

3C(Company, Competitor, Customer)
STP(Segmentation, Targeting, Positioning)
4P(Product, Price, Promotion, Place)

2. 마케팅의 발전

시장과 소비자는 어떻게 바뀌었을까?

마케팅 1.0 시대 = 제품 중심 "만들기만 하면 팔렸지!"
마케팅 2.0 시대 = 소비자 중심 "좋은세상은 끝나고, 경쟁을 해야 했어!"
마케팅 3.0 시대 = 인간 중심 "가치와 스토리로 소비자에게 어필해야 했지!"
마케팅 4.0 시대 = 첨단기술 "이제는 시장이 아닌 소비자 개인에게 주목하라고!"

마케팅의 아버지라 불리는 필립 코틀러(Philip Kotler, 1931~)

필립 코틀러(Philip Kotler)는 제품중심시장을 1.0 시장, 소비자지향시장을 2.0 시장, 가치주도시장을 3.0 시장, 그리고 첨단기술시장을 4.0 시장이라고 정의했다.

프로슈머(prosumer)

1.0 시장에서 마케팅이 단순히 제품 판매에 집중을 했다면, 2.0 시장에서는 소비자가 한 번 방문했던 매장에 다시 돌아와 더 많이 구매하도록 만드는 판매에 집중했다. 3.0 시장에서의 마케팅은 **프로슈머(prosumer)**와 함께하는 참여지향적 마케팅으로 소비자와의 소통에 중심을 두었다. 인터넷의 발달로 수많은 소셜미디어를 통해 소비자들은 상품을 평가하면서 상품을 추천할 수도, 비난할 수도 있게 되었다. 4.0 시장은 이제 더 이상 판매자, 시장 중심이 아닌 철저히 소비자 중심시장으로 개별 소비자의 구매를 도움으로써 판매자가 존립할 수 있는 시대가 되고 있다.

(1) 제품중심시장

제품중심시장

자본주의 국가 뿐 아니라 사회주의 국가에도 시장은 존재한다. 역사 속을 거슬러 올라가보면 사람들은 필요한 물건을 직접 만들어 사용하다가 이후 자신이 잘 만들 수 있는 것을 만들고, 필요한 것은 자신이 만든 것이나 돈으로 교환을 했다. 예전에는 생산이 수요에 미치지 못했기 때문에 과거에는 3일, 5일, 10일장 같은 시장에서 줄을 서서 물건을 구입하고는 했다.

생산능력

1769년 와트(Watt)의 증기기관발명으로 1차 산업혁명이 이루어졌고, 가내수공업 형태에서 인류는 기계화와 산업화 시대로 접어들었다. 그러나 1900년대 초반까지 생산능력은 제한되어 있었고, 제품에 대한 수요가 생산능력을 초과하였다. 따라서, 대부분의 제품은 시장에 나오는 대로 판매가 되었기 때문에 **생산능력**이 가장 중요했다. 결국, 당시의 기업경영 철학은 시장은 무한하므로 생산을 많이 할수록 좋다는 것이었고, 경영목표도 생산에 초점이 맞추어졌다. '**만드는 대로 팔리는 시대**'였다.

만드는 대로 팔리는 시대

마케팅? 그런게 필요한가요?

출처: https://m.post.naver.com/viewer/postView.nhn?volumeNo=6218463&memberNo=24850609&vType=VERTICAL

찰리 채플린: "마케팅? 우리 그런 거 몰라요. 그냥 돌리고 돌리고, 만들고 만들고!"

생산이 수요를 따라가지 못 하던 시대에 초기의 경영학이 주로 테일러의 과학적 관리(scientific management)라던가 대량생산을 가능하게 해주는 컨베이어 시스템에 근거한 포디즘(Fordism)에 입각하여 생산성 향상을 지향한 것은 당연한 일이다. 이 시기에 마케팅에 대한 개념은 극히 희박했다. 완전히 생산자 위주의, 없어서 못 팔았던 기업들의 천국! **마케팅 1.0 시대!**

마케팅 1.0 시대

(2) 소비자지향시장

1879년 에디슨(Edison)의 전구 발명으로 2차 산업혁명을 거치면서 전기를 활용한 컨베이어 벨트로 대량생산 시대로 접어들자 **만들어도 팔리지 않는 시대**가 도래하였고, 기업들이 서로 경쟁을 하기 시작하였다. 대부분의 기업들은 소비자들이 재고품을 구입하도록 하기 위한 판매와 광고에 노력을 기울였다. 생산을 강조하던 시대에서 판매를 강조하는 시대로 전환된 것이다.

소비자지향시장
만들어도 팔리지 않는 시대

만들기만 하면, 가격이 싸기만 하면 팔린다?

1900년대 초반 포드는 대량생산을 통해서 당시 몇천 달러에 이르던 자동차의 가격을 300달러 이하까지 낮추어 자동차 업계를 지배한다. 그러나 포드의 경우에도 초기에 엄청난 인기를 끌었던 모델 T가 결국 1920년 대에는 동일한 모양의 동일한 색상(블랙)에 식상해진 소비자들에게 외면을 받기에 이른다. 이에 따라 본격적인 마케팅의 필요성이 기업가들에게 인식되기 시작하고 경영학에 마케팅의 개념이 도입되기 시작한다. 싸고 좋음에도 불구하고, 극단의 생산성으로도 결국 시장의 외면을 받은 모델 T 자동차는 생산자, 기업 중심의 사고방식에 엄청난 충격으로 다가온다.

고객 중심의 마케팅 시대
마케팅 2.0 시대
마케팅 컨셉트(marketing concept)

1945년 제2차 세계대전 후 전쟁에 나가 있던 군인들이 돌아오고, 경제가 안정되면서 소비자들의 소득은 증가했고, 전쟁 전후시대의 베이비붐으로 인구가 늘어나면서 수요가 급진적으로 늘어났으며, 소비자들의 요구가 다변화되면서 기업들 간의 경쟁은 치열해졌다. 비로소 제품의 질과 상품의 가격에 대한 고려가 시작되었고, 고객의 필요와 요구를 파악하고, 이를 생산에 반영해야하는 **고객 중심의 마케팅 시대**, **마케팅 2.0 시대**가 도래했다. 이는 1950년대 **마케팅 컨셉트(marketing concept)**로 나타났다. 이러한 과정은 1960년대부터 1980년대까지 지속적으로 강화되었고, 기업들은 보다 더 공격적으로 마케팅 컨셉트를 적용해 갔다.

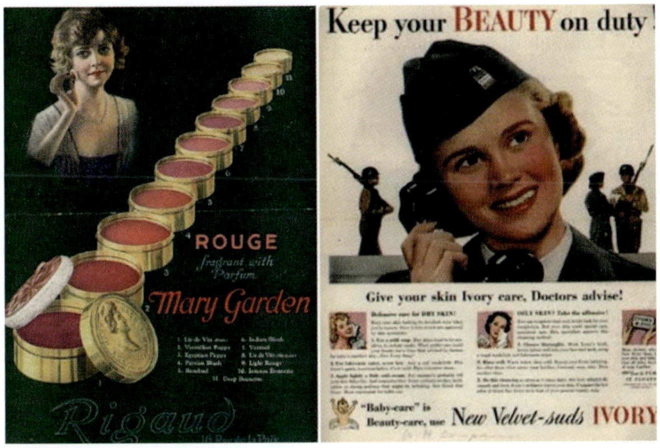

1920년대 미국 화장품 광고

- 고객 지향성: 소비자들이 원하는 것이 무엇인지 찾아서 제공하는 것
- 서비스 지향성: 고객만족을 위한 조직적 노력
- 이윤 지향성: 소비자의 욕구와 필요를 만족시킬 수 있는 제품과 서비스 제공

고객만족

고객 중심 마케팅

만들기만 하면 무조건 팔렸던 시장에서 소비자가 물건을 고르기 시작하는 고객 중심의 시장이 되면서 마케팅의 역할이 중요해졌다. 마케팅 전략에 활용되는 소비자 심리를 살펴보자.

디드로 효과(Diderot effect)

디드로 효과(Diderot effect)

물품의 기능적 효과보다는 정서적, 심미적 동질성을 자극해 새로운 소비를 유도하는 효과를 말한다. 심리학에서는 '충동구매행위'로 해석한다. 18세기 프랑스 철학자인 데니스 디드로(Denis Diderot)가 쓴 《나의 오래된 가운을 버림으로 인한 후회: regrets on parting with my old dressing gown》라는 에세이에서 유래한 단어이다. 한 친구로부터 붉은색 고급 가운을 선물로 받은 디드로는 자기 집의 낡은 가구들이 선물받은 고급 가운과 어울리지 않는다는 생각이 들었고, 낡은 가구들을 가운과 깔맞춤하여 전부 갈아치운다. 소비자들의 불필요한 구매를 비판할 때 자주 인용된다. 하지만 마케터들 입장에서는 손 안대고 코 푸는 최고의 전략 중 하나이다. 고객이 물건 하나를 사게만 만들면 그 다음은 고객이 알아~~서 관련 물건들을 굴비 엮듯 주렁주렁 사게 된다.

예를 들어보자.

나는 늘 후드티, 헐렁바지, 운동화, 백팩 패션이다. 어느 날 스타일리쉬한 수트를 선물받는다. 하~~!! 근데 안에 맞춰 입을 옷이 없네~~!! 저거 간지 나는데... 폭풍 검색을 하여 수트에 맞는 셔츠를 사고 자려고 눈을 딱! 감았는데 에잇! 수트에 맞는 신발이 없다. 벌떡 일어나 다시 폭풍 검색을 하여 가죽구두를 검색한다. 그러다 보니 고급시계도 있으면 좋겠고, 깔맞춤 가방도 있어야겠고… 정신줄을 차려보니 현타가 온다. 다음 3개월은 죽었다.

애플(Apple)의 경우 자사 제품 간 호환성을 통해 애플 제품 하나를 구입한 소비자가 지속적으로 다른 애플 제품들을 구매하도록 유도하고 있다.

출처: http://www.viva100.com/main/view.php?key=20201122010005550

베블런 효과(Veblen effect)

베블런 효과(Veblen effect)

값이 오르면 수요가 감소하고 값이 내리면 수요가 증가하는 것이 일반적인 현상이다. 그러나 가격이 오를수록 수요가 증가하는 별난 현상이 있으니 그게 바로 베블런 효과!

과시적 소비효과

고가격의 상품 소유는 우월감을 준다. 그래서 그 이름하여 '과시적 소비효과'이다.

상품 가격은 곧 구매자의 부와 지위를 과시하는 지표가 된다. "좋은 물건이니까 비싸다."는 일반적 논리가 "비싸니까 좋은 거다."로 변형되는 것.

오픈런(open run) 현상

샤넬은 코로나 팬데믹 이후 4차례에 걸쳐 가격을 인상하였다. 샤넬의 클래식 백 라인이 하룻밤 새 가격이 100만 원이 넘게 뛰며 전 제품이 1천만 원을 넘어섰으나 결과는 매출 하락이 아니라 오히려 오픈런(open run) 현상이 빚어졌다. 매장이 열리자마자 바로 뛰어 들어가겠다고 새벽부터 줄을 서서 기다리는 기괴한 현상이 벌어지고 있는 것이다.

출처: https://dbr.donga.com/article/view/1202/article_no/5202/ac/search

어디 샤넬 뿐이겠는가?

스몰 럭셔리
플렉스

2022년 2월 산업통상자원부 통계치에 따르면 명품업계들의 가격 인상이라는 배짱영업에도 불구하고 명품업체들의 매출이 80%, 영업이익은 2배나 증가한 것으로 집계되었다. 이러한 현상의 주 요인은 젊은 층의 '스몰 럭셔리' 트렌드가 꼽힌다. 명품에 소유욕을 과감하게 드러내는 '플렉스' 문화가 확산되면서 코로나 팬데믹 이후 20~30대의 보복 소비심리를 자극했다는 분석이다. 코로나 팬데믹 이후, 유럽의 오프라인 매장이 타격을 받자 명품업계들은 한국에서 대대적인 가격 인상을 했고, 이 가격 인상이 되려 한국 소비자들의 과시욕을 자극하여 사상 최대의 호황을 누리게 된 것. 한국은 '봉'이라는 말을 제대로 증명한 셈이다.

스놉 효과(Snob effect)

스놉 효과의 키워드는 희소성! 상품이 대중화되는 순간 상품가치는 급하락한다. 남들과 달라 보이고 싶은 과시욕이 작용한다는 점에서 베블런 효과와 공통점이 있으나 베블런 효과의 초점이 '상품가격'이라면 스놉 효과는 '타인의 소비량'이 관건이다. 이걸 나만 가지고 있는 것인지 x나 소나 다 가지고 있는지가 중요하다는 것. 이 때문에 명품업체들의 경우 재고가 남아도 세일을 하지 않고 전량 폐기해 버리는 현상이 나타나기도 하고, 극소량의 한정판(리미티드 에디션: limited edition)만 제공하기도 한다.

스놉 효과(Snob effect)

타인의 소비량

극소량의 한정판(리미티드 에디션: limited edition)

포드(Ford)가 대량생산으로 가격을 낮추고 '누구나 탈 수 있는 차'로 대중화 전략을 쓰는 반면,

페라리(Ferrari)는 전 세계에서 몇 대 없는 엄청 비싼 차로 이미지마케팅을 하면서 희소성전략을 선택하고 있다.

(3) 고객관계관리/가치주도시장

불량고객(blacklisted consumer)

3차 산업혁명은 1990년대 인터넷 정보화시대로 넘어가면서 시작되었다. 소비자들은 수많은 상품과 기업들을 경험하면서 자신이 가지고 있는 구매력이 일종의 투표권이라는 사실을 알게 되었다. 이뿐 아니라 인터넷을 통해 고객들은 상품에 대해 평가를 하고, 이를 다른 소비자들과 공유하고, 네이버 톡, 카톡 상담 등을 통해 판매자와 실시간으로 교류를 할 수 있게 되었다. 소비자의 힘이 커지면서 그 역작용으로 불량고객(blacklisted consumer) 혹은 진상고객이 등장하게 된 시기이기도 하다.

전쟁이다!! 진상고객과의 전쟁!!

카스하라(カスハラ)

일본에서 카스하라(カスハラ), '카스타마(customer)'와 '괴롭힘(harassment)'의 합성어로 고객이 불합리한 클레임을 걸며 직원을 괴롭히는 행위가 심각한 사회문제로 떠오르고 있는 가운데 2023년 3월, 버스 회사인 다이이치(第一) 관광버스가 지역신문에 대문짝만한 광고를 실었다.

"손님은 신이 아닙니다."

승차료를 안 낸 손님에게 수금하러 갔더니 "줄 것 같으냐?"면서 되레 빼랙거리고, 블랙박스를 확인해 보니 멀쩡하게 운전한 운전기사를 해고하라고 강요하는 인간들… 폭력, 폭언, 도게자를 강요하는 클레임. 진상들의 진상 짓에 기업들이 뿔났다!

여기서 잠깐!!

도게자

도게자란? 사죄하거나 간청할 때 하는 일본식 풍습으로 땅 위에 무릎을 꿇고 앉아 이마를 바닥에 처박고 엎드리는 행위

그럼 한국엔 진상이 없냐? 왠걸?? 진상 짓들도 아주 가지가지다!!

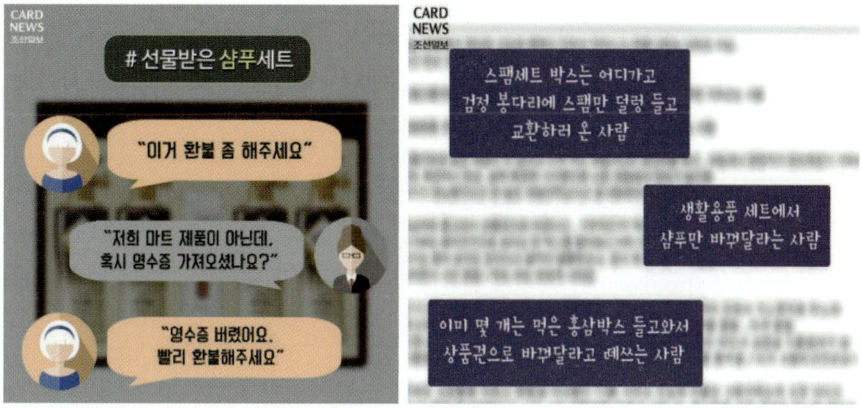

대형마트 진상고객 "해도 해도 너무한다. 진상, 진상, 이런 진상이 없다!!"

출처: https://post.naver.com/viewer/postView.nhn?volumeNo=9972381&memberNo=12312731

은행 ATM기에서 모기에 물렸다고 은행에 사은품을 달라고 진상을 떠는 고객

출처: https://blog.naver.com/doenjangkku/220384430741

진상! 진상! x진상들을 떨어들댄다!!

이것뿐이랴.

때는 2023년 1월. A씨가 한 백화점 매장에서 반말에 욕설에 신발 진열대를 부수고 바닥에 드러눕는 등 종합세트 진상을 부리다가 입건되었다.

- A씨: 정품 신발을 구매했는데 모조품이 와서 항의를 한 것
- 백화점: 신발 AS를 의뢰하고 새 신발을 요구해서 안 된다고 했더니 찾아와 난동

A씨의 소동은 경찰이 출동해 마무리되었다.

그나마 백화점, 대기업 등은 법적 대응이라도 할 수 있지만, 소규모 자영업자들은 보안팀은 고사하고 도

움을 요청할 곳도 마땅치 않은 데다 악성 리뷰 보복이 두려워 그저 당하기가 일쑤이다. 아르바이트 포털 알바몬이 2020년 알바생 2,279명을 대상으로 설문조사한 결과 75.5%가 근무 중 갑질을 경험한 적이 있으며, 가장 갑질을 많이 한 상대가 '고객'이라는 응답이 68.6%에 달했다. 일본 후생 노동성에 따르면 카스하라를 견디다 못해 일을 그만두는 사례도 적지 않다고 발표했다. 진상도 적당히 떨어야지 선 넘으면 쇠고랑 찬다!

- 폭언 및 주변 사물을 폭력적으로 두들기면? 위력업무 방해죄!!
- 무릎 꿇어라! 등의 과한 사과를 요구하면? 강요죄!!
- 인터넷상에 악플을 달거나 성의를 보이라며 다그치면? 공갈죄!!

사회와 국가 차원에서 문화 에티켓 교육을 해야 하려나… 남에게 겨눈 칼날은 언젠가 나에게 되돌아온다. 추접 떨지 말고 곱게 살자~~!!

출처: 서울경제

고객관계관리(CRM: Customer Relationship Management)

1990년대와 2000년대의 경영자들은 고객관계관리의 개념을 적용하면서 마케팅 컨셉트를 확장했다. **고객관계관리(CRM: Customer Relationship Management)**는 고객에

회원혜택	모닝캄	모닝캄 프리미엄	밀리언 마일러
예약 대기 시 우선권	✓	✓	✓
전용 탑승수속 카운터	✓	✓	✓
위탁 수하물 무료 추가	✓***	✓	✓
수하물 우선 처리	✓	✓	✓
라운지 이용	✓*	✓	✓
성수기 보너스 이용 시 평수기 공제마일 적용**		✓	✓
기념품 증정			✓
전용 전화 이용 (한국지역)			✓

대한 정보를 바탕으로 제품과 서비스로 고객의 기대에 부응할 뿐 아니라 기대를 초과하여 고객을 만족시키는 것을 말한다. 이같이 오늘날의 기업들은 **마케팅 3.0 시대**에서 소셜네트워크, 온라인 커뮤니티, 카카오톡, 트위터, 블로그 등의 다양한 활동을 통해 **고객과의 관계를 구축**하고, 마일리지 제도를 통한 회원에 대한 혜택 등을 통해 장기적인 **고객 충성도**를 구축하기 위한 노력을 하고 있다.

마케팅 3.0 시대
고객과의 관계를 구축
고객 충성도

고객관리와 함께 강조되는 감성마케팅

고객과의 관계, 그리고 충성스런 고객을 유지하는 것이 중요한 과제가 되면서 기업과 제품의 인간적인 측면을 부각시키고 감동적인 스토리로 고객의 감성을 자극하는 **감성마케팅**이 부각되고 있다. 특히 제품이나 서비스에 대한 구매설득이 아닌, 그래서 경제적 이익이나 장삿속이라는 부정적 이미지를 피하면서 기업에 대한 인간적, 심리적 의미부여을 통한 고객관계 개선을 중점적으로 추구하고 있다. 2017년에 시작되어 여러 기업으로 확산되고 있는 GS칼텍스의 '마음이음 연결음' 캠페인은 성공적인 감성마케팅의 사례이다.

감성마케팅

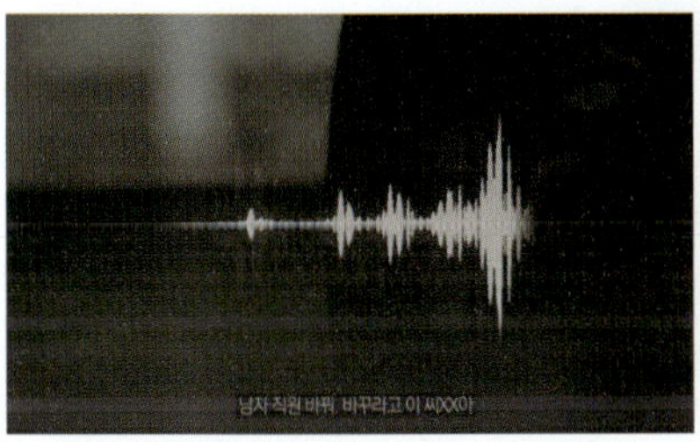

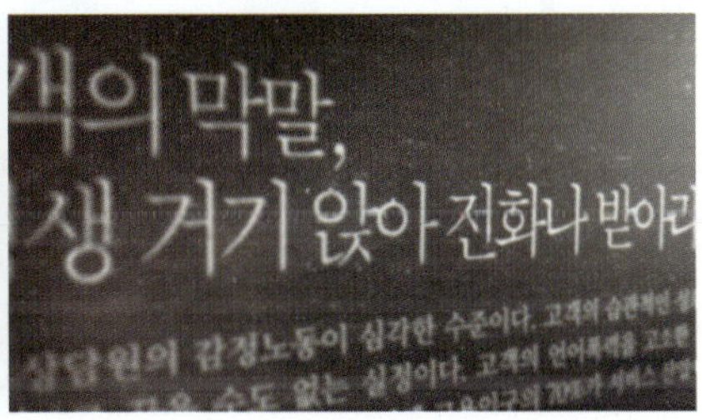

이 캠페인에서는 불만 고객의 주요 화풀이 대상이 되면서 상처를 받게 되는 전화상담원들도 누군가의 소중한 가족임을 상기시켜 주어 소비자들의 행동방식을 바꾸면서 전화상담원들의 서비스도 향상시키는 효과를 가져왔다.

바이럴(viral) 마케팅

"내가 사랑하는 우리 엄마, 내 딸, 제 집사람이 상담해드립니다."라는 멘트를 전화상담 대기시간에 듣게 하는 단순한 변화였지만 많은 사람들을 감동시키고 그런 멘트를 녹음하는 영상들이 네티즌 사이에 폭발적인 호응을 받으며 **바이럴(viral) 마케팅**의 효과도 톡톡히 보고 있다.

(4) 첨단기술시장

첨단기술시장
마케팅 4.0 시대

2016년 세계경제포럼(WEF: World Economic Forum)에서 향후 세계가 직면할 화두로 4차 산업혁명을 강조하면서 세계는 **첨단기술시장**으로 진입하였고, 마케팅 역시 **마케팅 4.0 시대**로 넘어가게 된다. 특히나 오늘날은 모바일시대로 일컬어진다.

출처: https://blog.naver.com/trueloveo/220971907463

스마트폰 알람으로 아침에 눈을 떠서 출근길 버스나 지하철에서 스마트폰으로 신문을 보거나, 동영상을 보거나, SNS, 이메일을 확인한다. 스마트폰으로 은행업무부터 쇼핑까지 안 되는 게 없다. 배달의 민족, 요기요, 배달통 등 배달앱으로 음식을 편리하게 시켜 먹을 수 있고, 야놀자, 여기어때, 호텔 나우, 세일 투나잇, 체크인 나우 등 다양한 숙박앱을 통해 즉흥적으로 여행을 떠나는 즉행족이 된다. 스마트폰으로 영화예매, 식당 예약 등 모든 것을 할 수 있는 세상이 되었다.

오늘날의 기업들은 기존의 고객관계관리에 더하여 디지털 첨단기술 세계 속에서 생활하는 소비자들의 구매를 돕는 역할을 해야 한다. 이를 위하여 제품과 서비스의 편리한 구매뿐 아니라 온라인, 오프라인 매장에서 고객들이 더욱 편하게 결제할 수 있는 시스템을 구축하고 있다. 계속 변화하고 발전하는 세상에서 소비자들의 필요와 요구도 변화하고 진화된다. 경쟁력을 갖추고 유지하기 위해서 기업들은 새로운 환경에 맞추어 소비자들을 재정의하고, 그들을 만족시키기 위해 끊임없이 노력해야 할 것이다.

디지털 시대에는 역시 디지털 마케팅!

디지털 마케팅

새로운 트렌드로 대변되는 제4차 산업혁명은 디지털 혁명과 함께 인공지능(AI), 빅데이터, 사물인터넷(IoT), 자율주행자동차 등의 다양한 현상을 통칭하며 사람들의 소비 관련 행동패턴에도 큰 변화를 가져왔다. 전통적 매체인 신문, TV에 실는 광고를 통해 소비자의 이목을 끌고 신제품 홍보를 하던 시대는 이미 지났다. 한국에서도 60대 이상의 소비자만이 TV를 가장 중요한 매체로 인식하고 있으며, 젊은 세대로 갈수록 노트북, 태블릿, 스마트폰 등의 개인화된 매체에 대부분의 시간을 보낸다. 2017년 기준 미국인들은 하루에 3시간 30분을 스마트폰에 소모하고 있으며 그 시간은 점점 늘고 있다. 인터넷과 스마트폰 강국인 한국에서도 이러한 트렌드는 어김없이, 오히려 더욱 강하게 나타나고 있다. 그래서 새로이 부각되는 디지털 마케팅의 중요성!

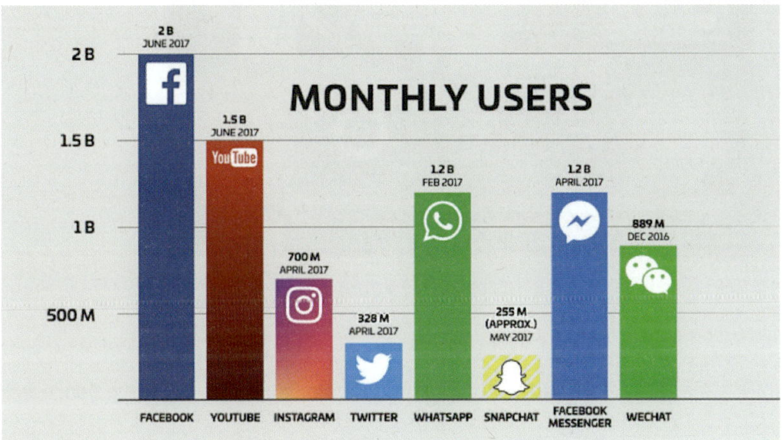

출처: https://www.singlegrain.com/digital-marketing/11-digital-marketing-trends-you-can-no-longer-ignore-in-2018/

세계적인 거대 SNS들은 5억에서 10억 정도의 사용자를 끌어들이고 있다. 그 중에서도 20억 이상의 월간 사용자를 보유하고 있는 페이스북은 세계에서 가장 인구가 많다는 중국의 거의 1.5배에 달하는 사람들이 모여있는 거대집합체이다. 그렇지만 실상 페이스북 사업수익의 98% 이상은 광고이며, 페이스북은 거대한 마케팅 회사라고 할 수 있다.

이러한 미디어와 소비환경의 변화는 마케팅에 어떤 영향을 주고 있을까? 가까운 미래에 주목해야 할 디지털 마케팅의 트렌드는 아래와 같다.

- 급격한 기술/사회 변화에도 불구하고 진정성(authenticity)이 승리한다. 소비자의 86%가 기업이나 광고의 진정성을 브랜드 선택의 핵심으로 꼽고 있다.
- 음성 서치(voice search)에 주목하라. 매일 발생하는 35억 회의 구글 서치 중 3분의 1이 음성으로 이뤄진다(예, 아마존 Alexa, 애플 Siri).

음성 서치(voice search)

- 인공지능(AI)에 의해서 인간으로서는 달성하기 어려운 서비스 향상이 이뤄진다. 특히 챗봇 등의 활용으로 비용 증가가 거의 없이 놀라운 서비스가 가능해진다.

순간의 경험(micro moments)

- 순간의 경험(micro moments)이 중요해진다. 이제 사람들은 수동적으로 보내지는 메시지에 관심이 없다. 본인이 스스로 뭔가 알고싶고, 보고싶고, 하고싶고, 사고싶어서 행동을 취할 때, 그 순간을 잡아야 한다.
- 증강현실과 가상현실(AR & VR: Augmented and Virtual Reality) 관련 시장은 급격히 확장하고 있으며, 막강한 마케팅의 잠재력을 가진다.

출처: http://www.quytech.com/blog/augmented-reality-redefining-hotel-and-travel-industries/augmented-reality_tourisum/

- 소셜미디어에 집중하라. 전 세계 인구의 42%에 해당하는 32억 명이 소셜미디어를 활용하고 있다.

시각 서치(visual search)

- 시각 서치(visual search)가 급증하고 있다. 93%의 소비자가 비주얼을 구매결정의 핵심으로 고려하고 있는 만큼 시각정보에 의한 서치는 마케팅환경을 완전히 바꿀 수 있다.

출처: https://voluum.com/blog/7-digital-marketing-trends-2019/

눈높이 마케팅

인스타그램(Instagram) 눈높이 마케팅!

'인스턴트(instant)'와 '텔레그램(telegram)'이 더해진 단어로 '세상의 순간들을 포착하고 공유한다(capturing and sharing the world's moments).' 세계 이용자 8억 명을 돌파한 인스타그램은 현재 한국에

서 가장 핫한 소셜미디어! 그래서 아주! 중요한 마케팅 수단! 물론 올라오는 사진들 중에 음식 사진들이 많아 먹스타그램이라는 놀림도 받긴 하지만 그렇다고 무시하면 큰코다친다.

자, 인스타그램에는 규칙이 있다!

인스타그램의 규칙!

1. 맞팔! 아주 중요! 확실한 give and take! 서로 팔로우해야 한다. 누군가가 나를 팔로우해 주면 바로 팔로우해야 하고, 누군가가 댓글을 달아주면 나도 바로 댓글을 달아주는 기본 매너를 지켜야 한다. 안 그러면 팔로우 바로 취소!

2. 언어 공감! 자기들만의 단어를 같이 써 주지 않으면 공감대가 형성되지 않아 팔로우를 해 주지 않는다. 예를 들어, #ootd는 '오늘의 패션(outfit of the day)'이라는 뜻. 이거 뭐지? 그랬다가 왕따 당한다! 트렌드에 민감하자!

3. 적당한 위장! 가입하자마자 마케팅을 위한 계정이라는 티를 팍팍 내는 건 절대 금지! 참아라!

4. 영상은 B급, 사진은 예쁜 걸로! 영상은 프로가 만든 것 같은 것이 아니라 일상 생활에서 경험할 만한 'B급' 느낌의 콘텐츠! 하지만 사진은 고퀄리티, 예쁜 것으로! 사람들은 예쁜 사진을 좋아한다. 거기에 개그코드가 가미되면 금상첨화!

   2017년 인스타그램에서 화제가 된 사진은 아침을 먹고 있는데 열린 창문으로 기린이 고개를 쑥 들이밀며 같이 밥을 먹는 것으로 아프리카 케냐에 위치한 '기린 장원 호텔(The Giraffe Manor)'.

   이 부부는 식탁에 기린이 등장하는 사진 한 장을 찍기 위해서 연출 준비를 하고 17시간을 기다렸다고 한다. 세상에 공짜는 없다!

5. 해시태그(#) 완전 중요!!! 해시태그는 '#'에 특정한 단어를 붙인 것으로 많은 사람들이 해시태그를 이용해 원하는 정보를 찾는다. 예를 들어, '#멍스타그램(개 관련)', '#먹스타그램(음식 관련)'. 인스타그램에선 해시태그만 팔로우하는 기능도 있어 '#ihavethisthingswithfloors'를 팔로우하면 땅바닥과 다른 사람의 발 사진만 계속 내 인스타그램에 뜬다.

2018년 5월 인스타그램이 사진 속 제품을 더 쉽게 살 수 있도록 한 쇼핑 기능을 국내에 도입하면서 비즈니스 플랫폼으로서 인스타그램의 가치가 더욱 높아졌다.

출처: http://economychosun.com/client/news/view.php?boardName=C00&t_num=13555&img_ho=

중국은 지금!

카피캣(copycat)이라고 중국을 얕잡아 보다가 큰코다친다. 최첨단이라는 스마트폰 생활에서 이미 한국을 앞서가고 있는 중국. 미투(me too)제품의 왕국인 중국이 디지털 왕국인 한국을 앞선다고? 말도 안 된다고? 거짓말이라고? 아니다! 완전 진짜다! 아직까지 체크카드, 신용카드 등의 실물카드를 더 많이 쓰고 있는 한국에 비해 중국은 이미 스마트폰 결제가 일상화되어 있다. 백화점, 대형마트뿐 아니라 손바닥만한 동네 슈퍼, 세탁소, 택시는 물론 심지어 노점상까지 전부 스마트폰으로 앱 결제를 한다. 지갑 개념이 사라진 지 이미 오래. 바코드만 보여주면 결제 완료! 길거리 부랑자마저도 바코드로 적선을 해달라고 한다. 헉!이다. 요즈음에는 공공기관, 학교 등에서도 카드 찍고 출입하는 모습들이 점차 사라지고, 얼굴을 인식하여 알아서 '열려라 참깨'를 하는 생체인식시스템이 빠르게 확산되고 있다.

중국의 대표적 결제 앱 웨이신(Weixin)과 쯔푸바오(Zhifubao)

특히 알리페이(AliPay)로 알려져 있는 쯔푸바오(Zhifubao)는 앱 하나에 공과금 결제, 핸드폰 사용료 결제, 기차표, 비행기표 예매, 음식배달, 송금 기능, 택시 호출까지 일상생활에 관련된 수많은 기능들이 전부 들어있어서 앱을 따로따로 깔지 않아도 된다. 한국보다도 더욱 활성화된 모바일 환경은 중국기업들에게 엄청난 디지털 마케팅의 기회를 제공하고 있다.

4차산업혁명 시대에 무서워지는 중국! 우리도 대비하자!

3. 마케팅 믹스

마케팅 믹스(marketing mix)란 마케팅 목표의 효과적 달성을 위하여 마케팅 활동들을 전체적으로 균형이 잡히도록 조정 · 구성하는 일이다.

마케팅 믹스(marketing mix)

마케팅 활동은 크게 네 가지 요소로 구분할 수 있다. 흔히 **마케팅의 4P**라고 불리는 요소들로 제품(product), 가격(price), 유통(place), 촉진(promotion)을 일컫는다.

마케팅의 4P

- **제품(Product)**은 소비자들의 욕구를 만족시키는 제품을 설계하는 것이고,
- **가격(Price)**은 제품의 적정 가격을 책정하는 것이며,
- **유통(Place)**은 소비자들이 제품을 최적으로 접하고 이용할 수 있도록 하는 것이고,
- **촉진(Promotion)**은 소비자들에게 제품 및 서비스에 대한 정보를 제공하고 이를 구매하도록 동기를 부여하기 위해 활용하는 모든 기법을 말한다.

제품(product)
가격(price)
유통(place)
촉진(promotion)

소비자의 입장에서는 제품도 좋고, 가격도 저렴하고, 유통조건도 편리한 상품을 충분한 구매동기를 통해 구입한다면 당연히 완벽한 구매가 될 것이다. 마케터들은 흔히 경쟁제품과의 차별화 강박증에 시달린다. 제품, 가격, 유통, 촉진 모든 부문에서 우월해야 경쟁제품을 밀어낼 수 있을 것이라고 생각하고, 경영자 또한 그것을 요구하기도 한다. 그러다보니 이도 저도 아닌 마케팅 믹스가 나오고, 오히려 어정쩡한 마케팅 전략을 구사하는 경우가 생긴다. 그러나 모든 부분에서의 시도보다는 파괴력 있는 하나의 장점을 살리는 것이 시장공략에는 유리하다.

빵집 4형제 이야기

옛날에 4형제가 살고 있었다. 그 아버지는 마을에서 30년 동안 빵집을 운영해 온 베이커 씨. 빵집을 운영하려면 빵을 만드는 일은 물론 재료를 구매하는 일이나 매장에서 판매를 하는 일, 손님을 단골로 만드는 일 등 어느 하나 중요하지 않은 게 없는데 아들 4형제는 그렇질 못했다.

빵 만드는 걸 좋아하는 큰아들은 주방에만 틀어박혀 있고, 셈이 빠른 둘째는 돈 관리와 재료 구매만 하려 하고, 가만히 앉아 있지 못하는 셋째는 가게 문만 열면 나돌아 다니기 바쁘고, 막내는 허구헌 날 가게에서 손님하고 노닥거리기만 했다. 고민 끝에 베이커 씨는 아들 4형제를 모두 불러 모아놓고 독립을 하라고 했다. 1년 후 그들은 베이커 씨의 빵집에 다시 모여 이야기를 나눈다.

아들 1: "저어, 사실은 아버지! 아직도 전 주방에만 있고, 매장엔 잘 나가질 않아요. 빵은 직원이 팔아요. 그래도 장사는 잘 돼요. 동네에 저희 집 빵맛이 가장 좋다는 소문이 퍼져서 멀리서도 소문을 듣고 찾아올 정도인데요. 맛있고, 좋은 재료만 쓰고, 다양한 메뉴로 취향대로 맞춰주니까 사람들이 너무 좋아해요." ▶ **제품!**

아들 2: "아버지. 제 가게는 형처럼 많은 종류는 못 팔고 몇 가지만 팔지만, 그래도 장사는 아주 잘 돼요. 동네에 제 가게만큼 빵을 싸게 파는 곳이 없거든요. 저는 워낙 재료를 싸게 사기 때문에 경쟁이 되질 않는 것이지요. 싸게 사고 싸게 파니까요." ▶ **가격!**

아들 3: "저도 장사가 아주 잘 돼요. 저는 잘하는 거라곤 나돌아 다니는 것밖에는 없잖아요. 그래서 아예 매장에서 파는 건 포기하고 직접 발로 뛰면서 팔았어요. 아주 이른 새벽부터 빵을 만들어서 아침에 집집마다 배달을 했는데, 그날 새벽에 갓 구운 빵을 매일같이 신선하게 먹을 수 있다는 게 완전 히트를 쳤어요." ▶ **유통!**

아들 4: "저도 잘 돼요, 아버지. 우리 가게가 동네에서 인기가 제일 많아요. 전 매장을 동화 속의 빵나라처럼 아주 재미있게 꾸몄어요. 처음부터 사람들의 눈길을 끌었죠. 그리고, 새로 만든 빵은 잘게 잘라서 가게 앞에 내놓고 지나가는 사람들이 맛을 보게도 하고, 주방의 환풍구를 길 쪽으로 내놓아 빵을 구울 때마다 향기로운 빵 냄새가 사람들을 자극하게 했어요. 그래서 우리 가게엔 맛있는 냄새가 나서 들어왔다며 빵을 사가는 사람들이 많아요." ▶ **촉진!**

출처: https://terms.naver.com/entry.nhn?docId=1394619&cid=42070&categoryId=42070

교훈: 균형에 몰두해서 밋밋하게 만드는 것보다 한 곳에 집중하는 마케팅 믹스가 유리하다. 마케팅도 전략적 선택과 집중을 통한 한방! 파괴력 확보가 중요!

그러나 정보화 사회에 들어서면서 산업사회 마케팅의 4P는 현대에서 마케팅의 4C로 변화하고 있다. 4C는 고객(customer), 소비자 비용(cost to customer), 편리성(convenience), 그리고 소통(communication)을 말한다. 마케팅의 4C

고객 (Customer)	소비자 비용 (Cost to Customer)
편리성 (Convenience)	소통 (Communication)

- **고객(Customer)**: 고객의 필요(needs), 요구(wants), 그리고 이에 따른 수요(demands)를 의미한다. 고객들의 필요(아, 배고파)가 요구로 구체화되고(짜장면이 먹고 싶네…), 이를 실현할 능력(5천 원 정도야 한끼 값으로 저렴하지!)을 가지고 있는지를 분석해야 한다. 고객(customer)

시장이 사라지고 있다! 그래도 손놓고 있을 수는 없다!!
"얘들아, 밥 좀 해먹어~~!! 응??"

밥 지어 먹는 청년 인구가 급감하고 있다. 통계청이 집계한 조사에 따르면 2022년 국민 1인당 쌀 소비량은 56.7kg, 1991년(116.3kg) 대비 반토막! 1인당 하루 쌀 소비량이 155g으로 '한 공기 반' 정도이다. 먹을 것이 넘쳐나는 세상! 밥 대신 빵, 면, 샐러드 등 먹을 것 투성이다. 게다가 탄수화물은 다이어트의 적! 1인가구도 늘어 밥을 해 먹는 것이 낭비가 된 세상. 햇반 같은 간편 즉석밥이 딱!이다.

근데 사람들이 쌀로 밥을 안 해먹으면 누구한테 문제가 생길~~까?

바로 밥솥 회사!

초소형밥솥, 저당밥솥, 5분만에 밥 만드는 밥솥!! 온갖 아이디어를 쥐어짜 제품을 만든다.

그런데 암만 만들면 뭐해. 밥을 안 해먹는데… 그러니 꼬득이는 수밖에…

밥솥회사 쿠첸! 뚱딴지 같이 유튜브에서 시트콤을 방영한다!!

매회 주인공들이 밥솥으로
밥을 지어 먹는 장면이 꼭!! 등장한다.
쌀알 모양 캐릭터까지 만들며,
'미(쌀; 米) 토피아'라는 세계관까지 만들었다.

사실 밥솥의 위기는 한국뿐만이 아니다. 식생활 변화, 라이프 변화, 인구 감소로 일본에서도 2023년 1월 파나소닉이 60년 만에 일본 내 전기밥솥 생산을 중단하고 중국으로 공장을 이전한다는 보도가 나왔다. 고객이 사라지고 있는 시장. 어떻게 해야 할까?

출처: 조선일보

소비자 비용(cost to customer)

- **소비자 비용(Cost to customer)**: 고객이 상품 및 서비스를 구입하는 데 지불해야 하는 유·무형의 총 비용으로 하나의 브랜드에서 다른 브랜드로 바꿀 때 발생하는 전환비용(switching cost)도 해당한다. 소비자는 전환비용이 낮을수록 새로운 브랜드가 제공하는 상품이나 서비스의 구매나 혹은 정체성의 동조가 쉽게 일어나며, 전환비용이 높을수록 현재 사용 중인 브랜드를 계속 사용할 확률이 높아진다.

- **편리성(Convenience)**: 유통과는 조금 다른 범주로 가치교환의 편의성을 의미한다. 예를 들면 고가의 상품 구매 시 무이자 할부 서비스가 제공되어 구매 시의 장벽을 낮추어 준다던지, 상품 사용설명서를 유튜브 동영상으로 제공하여 사용의 편의성을 높여줌으로써 가장 효율적으로 소비자의 비용을 낮춰주는 전략이다.

소비자 비용(cost to customer)

- **소통(Communication)**: 마케팅에서 의사소통은 초기 기업의 일방적 의사전달(예: 광고, 행사)에서 점차로 양방향 의사교환(예: 소비자 피드백, 온라인 투표)으로 발전해 왔고, 지금은 상호작용(interactive)이 중심이 되는 의사소통 단계에 와 있다.

소통(communication)

마케팅은 고객의 마음을 얻는 것!
출처: ICM 세계경영연구원 블로그

결국 4C의 핵심은 모든 것이 고객 위주로 돌아간다는 것이다. 이는 예전과 달리 주도권이 공급자에서 소비자로 넘어간 현실을 보여준다.

바이크의 전설, 할리데이비슨(Harley-Davidson)!
가성비 짱, 가심비 짱!

1903년 할리와 데이비슨이 함께 설립한 할리데이비슨은 오토바이(motorcycle) · 바이크의 전통 강자이다. 그러나 1970~1980년대에 일본의 스즈키(Suzuki), 혼다(Honda), 야마하(Yamaha) 등 훨씬 좋은 성능의, 그러면서 시끄럽지도 않은, 정말 쉬크한 디자인의 오토바이들이 대거 시장에 나오면서 궁지에 몰린다. 엔진 성능 떨어져, 소음 심해, 가격은 또 말도 안 되게 비싼 할리데이비슨. 1980년대 후반 문을 닫을 위기에 처한 할리데이비슨은 가성비로는 절대 승부가 안 되는 상황임을 인식하고 마케팅에 승부를 건다. 이른바 문화 마케팅!

문화 마케팅!

할리데이비슨을 타는 사람들의 특성을 시장세분화(market segmentation)를 통하여 미국에서 성공한 중년 남성들을 타깃으로 정하고(targeting), 할리데이비슨은 소위 사회적으로 인정받고 돈도 좀 있는 사람들이 타는 '폼나는' 바이크! 스즈키 뭐 이런 십대 폭주족들이나 타는 일제 싸구려와는 완전히 급이 다르다는 것으로 확실히 포지셔닝(positioning)한다.

더욱 영악했던 것은 기술적으로 골치덩어리였던 소음을 "할리데이비슨만의 낭만적 라이딩 경험의 필수요소!"로 재정의한 것! 헉! 이 소음을 Harley-Davison Sound라고 아예 특허까지 낸 할리데이비슨! 미국 전역에 라이더 클럽을 만들어 할리데이비슨을 일종의 공유 문화로 만든다. 결과는 대성공! 너네 참 대단하다!

할리데이비슨은 공동체 문화로 재탄생했고(이 아저씨들 맨날 이렇게 떼지어서 부릉부릉 엄청 시끄럽게 다닌다), 할리데이비슨은 말도 안 되는 한심한 기술적 성능과 비싼 가격에도 불구하고 주문해서 몇 달을 기다려서 타는 바이크가 되었다. 요즘 한국에도 이거 아주 자랑스럽게 타고 경춘가도를 신나게 달리는 '성공하신' 아저씨들 꽤 있다. 시장에 대한 STP(Segmentation, Targeting, Positioning) 마케팅 전략과 확실한 고객의 필요한 욕구(needs, wants) 분석, 그리고 소비자들을 묶어주는 문화마케팅의 성공.

가성비라는 것은 역시나 인간의 본원적 심리에 호소하는 가심비에 밀리는 걸까?

출처: http://www.businessfortnight.com/harley-davidson-losing-cool/

그룹토론문제

(1) 4P인 제품, 가격, 유통, 촉진 중 마케터들에게 있어 가장 중요한 요소는 무엇이라고 생각하는가? 그 이유에 대해 논의해보자. 본인의 제품, 서비스 구매에서 4P가 실제로 어떤 작용을 했는지 경험을 바탕으로 논의해보자.

4. 시장 세분화

할리데이비슨의 사례에서 보듯이 **시장 세분화(market segmentation)**는 비슷한 선호와 취향을 가진 소비자를 묶어서 이 중 특정 집단을 골라 기업의 마케팅 자원과 노력을 집중하는 것을 말하는 것으로 기업의 한정된 자원을 효율적으로 집행하는 데 필요한 전략이다. 마케팅에서 종종 사용하는 시장 세분화 방법 중 하나는 **코호트 분석(cohort analysis)**으로 코호트는 특정한 경험을 공유하는 소비자 세대를 말한다. 연령대별 분류가 약간씩 다르지만 1950~1960년대 태어난 '베이비부머', 1970~1980년대에 태어난 'X세대', 1990~2000년대에 태어난 '위제너레이션(WE generation)' 세대 등이 있다. 이외에 많이 쓰이는 시장 세분화 기법으로는 지역적, 인구통계학적, 심리적 세분화가 있다.

시장 세분화(market segmentation)
코호트 분석(cohort analysis)

- **지역적 세분화(geographic segmentation)**: 지역에 따라 시장을 나누는 것으로 서울, 경기도, 충청도, 경상도, 전라도, 강원도 등으로 시장을 구분
- **인구통계학적 세분화(demographic segmentation)**: 나이, 수입, 교육수준을 중심으로 시장을 구분

지역적 세분화(geographic segmentation)
인구통계학적 세분화(demographic segmentation)

시장 세분화와 브랜드 마케팅의 끝판왕: 동조소비현상
10대의 집단적 소비욕망 + 그에 휘둘리는 학부모의 합작품 '등골 브레이커'!

2010년대 들어 10대들 사이에 제2의 교복이라 불리운 '패딩' 열풍! 중·고등학생은 물론 초등학생까지 교복 위에 패딩을 입고 등교하였는데, 패딩의 가격대와 브랜드를 가지고 '찌질이'부터 '양아치', '대장'까지 걸치고 있는 옷에 따라 별명이 붙었다.

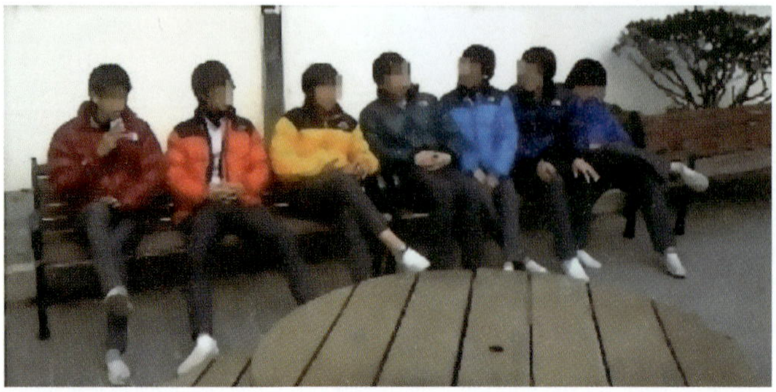

"저거 사줘! 저거 사줘! 저거 안 입고 가면 왕따 당해!"

"이거 말고! 저거! 이거 입고 가면 찌질이라고 해!"

울며 겨자 먹기로 최저 20만 원, 최고 100만 원에 육박하는 패딩을 사줘야 했던 부모들. 이런 고가의 아이템은 부모들의 등골을 빼먹는다고 하여 '등골 브레이커'라 불리웠다.

왼쪽부터: 1, 2, 3

1. 계급: 찌질이, 25만 원, 너나 할 것 없이 입고 다님. 꼴랑 하나 사는 찌질이들의 대표 모델.
2. 계급: 중상위권, 30~40만 원대, 가끔 찌질이들도 입지만 대다수는 일진들이 입는 모델.
3. 계급: 있는 집×날라리, 60만 원대, 있는 집 애가 입으면 있는 집×날라리, 없는 집 애가 입으면 등골브레이커.

패딩의 모델, 실제로는 가격에 의해 계층을 나눈 '노스페이스 계급도'는 청소년들 사이의 위화감 조성이라는 큰 사회문제로 인식되기도 하였다. 이 노스페이스 패딩의 10대 열풍이 가라앉자 부모와 조부모가 아까워서 입고 다닌다는 이유로 이후에는 엄빠옷(엄마, 아빠 옷), 할아버지, 할머니 옷으로 불리게 되었다.

노스페이스가 물러가니 이젠 또 연예인들의 화보, 공항패션, 인스타그램에 올라오는 롱패딩이 유행! 등골 브레이커의 계보를 이어가고 있다. 끝이 없다! 2017년부터 롱패딩은 신(新) 등골 브레이커로 등장!

http://www.gnnews.co.kr/news/articleView.html?idxno=345039#09xr

롱패딩은 10만 원대에서 100만 원 이상으로 가격이 천차만별. 평균 40~50만 원 선의 롱패딩이 인기를 끌면서 학부모들은 경제적 부담을 느끼고 있고, 롱패딩을 입을 수 있는 학생과 입을 수 없는 학생, 롱패딩을 입는 학생들 사이에서도 다시 계급을 나누고 있는 상황. 마케터들 정말 무지하게 바쁘다!

근데, 등골 브레이커는 2000년대에만 있었냐고? 지금 어른들은 자기 부모님 등골 안 빼먹었냐고?

"그래!! 우리도 빼먹었다!!"

"1980년대부터 1990년대는 아래에 있는 저거 사달라고 마구 졸랐다… 특히, 리바이스랑 게스 청바지는 꼭 입어야 했다!"

2000년대 이전에는 외국모델을 기용한 광고 그대로 고가의 외국브랜드 이미지로, 2000년대 이후에는 고가 브랜드를 중심으로 청소년들 사이에서 인기 있는 아이돌 등을 광고 모델로 기용해 판매전략을 펼치고 있다.

이외에도 가방, 운동화, 스마트폰, 테블릿 PC, 화장품 등이 속속 계급을 나누는 등골 브레이커가 되고 있다. 여고생 사이에는 젊은 층이 타깃인 싼 화장품을 바르면 '오크(괴물) 계급', 국산을 쓰면 '휴먼 계급', 외제 화장품을 쓰면 '엘프(요정) 계급'으로 불린다. 이 모든 등골 브레이커 아이템들은 다들 남이 빤히 보는 제품들! 안 보이면 마케터들이 남들이 알 수 있게 브랜드를 암시하는 신호를 보낸다!

병 모양, 색깔, 향기까지. 우리의 마케터들! 머리털을 쥐어 뜯으며 마케팅 전략을 짠다!

출처: http://www.civicnews.com/news/articleView.html?idxno=11671

http://www.breaknews.com/sub_read.html?uid=492133&section=sc3

그룹토론문제

(1) 비싼 가격임에도 불구하고 과거의 외국브랜드 게스, 리바이스, 나이키 등의 제품들, 그리고 2000년대의 노스페이스는 왜 잘 나갔을까? 4P(제품, 가격, 유통, 촉진)를 기준으로 분석해보자.

니치 마케팅(Niche Marketing)이란?

마케팅에서 시장을 더욱 더 작게 세분화하여 작지만 수익성 있는 시장의 한 부분을 찾아 그 부분을 위한 제품을 찾기니 개발히는 괴정을 니치 마케팅이라고 한다.

옛날 전통시장에서 흔히 뱀 등의 강장식품을 파는 아저씨(보약전문가?)들이 "애들은 가라!"를 연방 외치면서 성인들에게만 어필한 것은 성생활을 주기적으로 하는 고객들을 타깃으로 시장을 세분화시킨 예이다.

은행에서도 진돈을 맡기디리고 친절하게 대해주던 과거와 달리 오늘날은 VIP 마케팅에 치중하면서 거액을 신탁하는 자산가에게 별도의 접대 공간과 프라이빗 뱅킹을 제공하는 등의 고객차별화에 집중한다.

백화점이나 카드업계도 VIP를 넘어서 VVIP 마케팅에 열을 올리는 것은 그만큼 다수의 소액거래자들보다 소수의 고액거래자들이 큰 수익을 가져오기 때문이다. 이러한 소수 고객에 집중하는 니치 마케팅은 파레토(Pareto) 법칙(일명, 중요한 소수의 법칙)이 마케팅에 적용된 사례라고 할 수 있다.

니치 마케팅(niche marketing)

- **심리적 세분화(psychographic segmentation)**: 라이프스타일, 가치관, 태도, 관심분야를 중심으로 시장을 구분

심리적 세분화(psychographic segmentation)

싱글슈머(Single+Consumer)

■ **새로운 세부시장(Market Segment)의 출현**

일(1)코노미! 혼즐, 혼술, 혼밥, 혼영의 싱글슈머(Single+Consumer) 시대!

사회가 달라졌다!

대가족에서 핵가족으로, 핵가족에서 이제는 1인가구 싱글슈머 세대로.

불과 2000년대 초만 해도 혼자서 밥 먹고, 혼자서 영화를 보는 건 참으로 멋쩍은 일이었다. 저 사람은 친구도 없나, 왕따인가… 사람들의 시선이 부담스러워 굶으면 굶었지 식당에 앉아 혼자서 처량하게는 절대 밥을 먹지 않았다.

식당에서 1인분만은 절대 시킬 수 없었던, 1인분만 시키면 눈치가 보이던 그때.

그러나 지금은 혼밥을 하면서도 숯불에 당당하게 고기를 구워먹을 수 있는 세상!

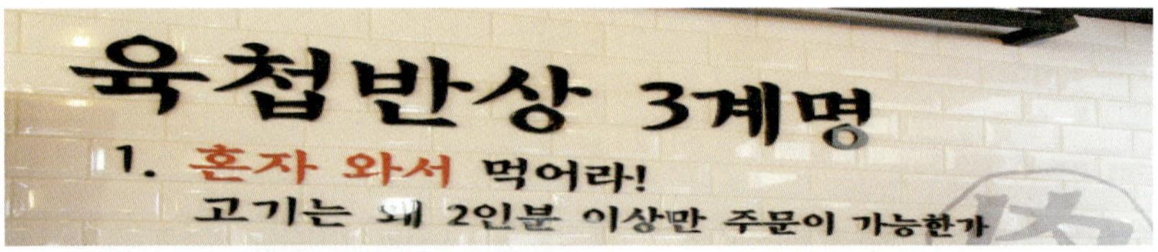

2000년대 이후 결혼을 하지 않거나 늦게 하는 사람들이 늘어나고, 이혼율 증가와 동시에 사회 전체가 고령화되면서 혼자 삶을 즐기는 사람들이 늘어나고 있다. 2017년 통계청 인구 총 조사에 의하면 1인가구 비중이 전체 인구의 28.6%, 1인가구 수는 561만 8,677가구에 달한다. 기업들도 변화하는 사회 분위기, 문화, 소비자들의 라이프 스타일, 소비 트렌드에 맞춰서 1인가구 시장을 타깃으로 다양한 제품을 기획, 출시하고 편의점부터 대형마트까지 1인 맞춤형 식품을 판매하고 있다. 식품뿐만 아니라 1인용 전기밥솥, 초소형 세탁기, 미니 식기세척기 등 혼자 쓰기 편리한 가전제품 등을 출시하며 새로운 환경과 시장, 고객들의 요구를 반영한 마케팅 활동을 하고 있다.

1~2인용 고기, 햇반

일반 수박의 1/4 크기로 껍질이 얇아서 사과처럼 깎아 먹을 수 있고, 편의점에서도 다양한 1인용 간편식을 구매할 수 있다.

또한, 맞벌이 가정과 1인가구 증가의 영향으로 식생활에서 편의성이 중시되며 가공식품에 대한 소비자들의 가계 지출이 늘자 기업들은 이에 맞춰 다양한 반조리 가공식품들을 연이어 출시하고 있다.

출처: https://blog.naver.com/mcnj/220380817650

욜로(YOLO)

요즈음은 혼자 밥과 술을 먹는 '혼밥족', '혼술족'에 이어 디저트도 혼자 즐기는 '혼디족'이 늘면서 디저트 시장 또한 커지고 있는데, '욜로(YOLO/You only live once: 인생은 한번 뿐이다. 현재 나의 행복을 가장 중요시 생각하고, 소비하자)'와 '소확행(작지만 확실한 행복)' 분위기가 확산되고 '나를 위한 작은 사치' 같은 가치 소비 트렌드가 등장했기 때문. 이에 대형마트의 디저트 관련 매출이 점점 증가하고 있고, 이런 추세에 맞춰 혼디족을 위한 디저트 상품군을 강화하고 있다.

욜로(YOLO)에서 갓생 플렉스(FLEX)!!
그리고 욜로와 플렉스를 넘은 짠테크 냉파족, 탕파족!!

시대가 변하고 있다. 그것도 아주 무서운 속도로 휙휙 변하고 있다.

"나는 1970년대에 태어난 X세대. 한 끼에 20~30만 원하는 고급 레스토랑에 갔는데 나보다 어려 보이는 고객들이 상당수를 차지한다. 뭐냐 쟤…"

"그 쟤?? 바로 나!! 난 2000년생 Z세대. 돈이 넘쳐나서가 아니라 여기를 방문하기 위해 허리띠를 쫄라매고 또 쫄라맸다. 도시락 싸서 다니고, 걸어다니면서 이를 악물고 돈을 모으고 또 모았다!! 바로 오늘! 이 순간! 이 플레엑~~~스(fle~~~~~~x)!!를 위해"

"욜로욜로 하다가 골로 간다."는 인식이 커지면서 MZ세대에게 진짜 플렉스는 마냥 흥청망청 즐기기만 하는 욜로랑은 차원이 다르다. 열심히 열심히 진~~~~짜 열심히 살다가 '플레엑~~~스!!'". 따라서 이 플렉스에는 '갓생'이 따른다.

그런데 그마저도 고물가시대에 또 변하고 있다. 욜로와 플렉스 대신 '무지출챌린지'를 선택하는 사람들이 늘어나고 있다.

점심 한 끼도 만 원이 넘을만큼 물가가 올랐다. 커피 값도 장난이 아니다.

그래서! 새로 탄생한! 그 이름하여 냉파족 & 탕파족!

냉파족이란? 냉장고 파먹는 족속

배달이나 외식 대신 냉장고에 있는 재료를 활용하여 식비를 줄이는 종족

탕파족이란? 탕비실 파먹는 족속

탕비실에 구비되어 있는 간식이나 커피 등을 최대한 활용하여 자잘하게 나가는 간식과 커피 지출을 줄이는 종족

출처: https://blog.naver.com/kbsavingsbk/222879515458

디마케팅(Demarketing): 기업이 항상 수요촉진을 위한 마케팅을 하는 것은 아니다!

기업의 과도한 마케팅은 때로 사회적 지탄의 대상이 되기도 한다. 특히 해당 상품과 서비스가 소비자에게 그리 이로운 것이 아니라면.

디마케팅(demarketing)

물론 앞에서 언급한 "애들은 가라!"고 외치는 뱀 장사 아저씨, 혹은 성인전용 영화(19금) 등은 자신의 제품을 특정그룹에 대해서 디마케팅하는 것이다. 그러나 일반적으로 해로울 수 있다고 생각되는 담배, 주류 등의 경우 기업이 자의로든 타의로든 수요 제한을 위한 노력(디마케팅)을 하도록 요구받고 또한 디마케팅을 하는 경우 오히려 소비자의 신뢰를 얻게 되기도 한다.

글로벌 주류기업의 한국지사인 디아지오코리아(Diageo korea)는 2009년부터 쿨드링커(cool drinker) 캠페인을 벌여 건전한 음주문화를 정착시키기 위한 디마케팅을 하고 있다. 그 노력의 일환으로 '대학생 건전음주 홍보대사'를 매년 선발하여, 대학가에서 바람직한 음주문화를 선도하며 다양한 언론매체의 관심도 함께 얻는, 마케팅인지 디마케팅인지 헷갈리는 전략을 펼치고 있다. 따라서 어떻게 보면 유해 제품이나 서비스를 제공하는 기업의 경우 디마케팅이 오히려 효과적인 마케팅이 되는 역설!

그룹토론문제

(1) 마케터가 시장을 세분화할 때 가장 중요한 요소는 무엇이라고 생각하는가? 왜 그런지 그 이유에 대해서 논의해 보자.

(2) 고객 맞춤형 마케팅이 가능해진 현대사회에서 니치 마케팅으로 어떤 시장을 개발할 수 있을지 생각해 보자.

핵심용어

- 제품중심시장
- 소비자지향시장
- 고객관계관리 시장
- 고객충성도
- 첨단기술시장/모바일 시대
- 마케팅의 4P
  - 제품(product)
  - 가격(price)
  - 유통(place)
  - 촉진(promotion)
- 마케팅의 4C
  - 고객(customer)
  - 소비자 비용(cost to customer)
  - 편리성(convenience)
  - 소통(communication)
- 시장 세분화
- 코호트 분석(cohort analysis)
- 니치 마케팅(niche marketing)

연 습 문 제

01 마케팅의 발전사를 간략히 서술하라.

02 마케팅의 4P란 무엇인가?

03 마케팅의 4C란 무엇인가?

04 시장 세분화란 무엇을 말하는가?

05 코호트란 무엇인가?

06 니치 마케팅은 무엇을 의미하는가?

CHAPTER

12

생산/서비스관리

1. 생산관리의 개념

2. 생산관리계획

3. 생산관리의 미래

학습목표

- 생산/서비스관리란 무엇인지 명확하게 설명할 수 있어야 한다.
- 생산/서비스관리계획에 있어서 반드시 고려해야 할 대표적인 사항들은 어떤 것인지 설명할 수 있어야 한다.
- 향후 생산/서비스관리가 어떻게 발전되어 나아갈지에 대해서 설명할 수 있어야 한다.

1. 생산관리의 개념

생산(production)
생산관리(production management)

생산(production)이란 토지, 노동, 자본, 기업가 정신, 지식 등의 요소로 완제품과 서비스를 생산하여 가치를 창출하는 행위로, 생산관리(production management)는 생산과 관련된 계획의 수립과 실행 및 통제와 같은 일련의 활동을 수행하는 것을 의미한다. 생산관리의 목적은 고객 요구에 대응하여, 고객이 원하는 시기에, 고객이 원하는 품질의 제품과 서비스를 고객이 만족할 수 있는 수준의 가격에 제공하는 것이다. 오늘날은 경영의 중심이 마케팅, 인사조직, 전략경영, 재무 · 회계로 옮겨간 추세이지만 생산관리는 경영학의 모태가 된 핵심 학문분야이며, 현실적으로 생산 없이는 기업이 존재할 수 없고, 생산이 있기 때문에 기업의 가치가 존재하는 것으로 생산관리는 여전히 경영의 기본적이고도 핵심적 기능을 담당하고 있다.

생산관리는 과거의 유물?

왠지 생산관리하면 1900년대 초반의 테일러리즘(Taylorism)의 삽질 효율화 연구, 포디즘(Fordism)에 의거한 컨베이어 시스템 등의 과거의 유산, 공장 가동 위주의 2차 산업혁명 시대에나 유용한 구태의연한 개념으로 생각된다. 과연 그럴까?

정답은 "전혀 아니다"이다.

다시 조명 받는 경쟁력의 원천 MSOM!

생산/서비스 경영과학(MSOM: Manufacturing and Service Operations Management)

오늘날 기업들이 제공하는 상품이 과거의 공산품과 같은 제품 위주에서 다양한 서비스로 확장되고, 디지털 혁명에 따라 카카오 택시, 온라인 게임 등 이전에는 없던 무형의 재화로 급격히 확장되면서, 다양한 제품과 서비스를 어떤 방식으로 생산하고 제공할 것인지가 기업경쟁력의 중요한 근간이 됨에 따라 생산/서비스 관리가 다시 주목받고 있다. 이에 과거에 생산관리(production management)라는 공장에 한정된 느낌의 명칭에서 보다 확장된 생산/서비스 경영과학(MSOM: Manufacturing and Service Operations Management)이라는 명칭이 사용되고, 생산관리는 중요한 경영의 영역으로 재조명되고 있다.

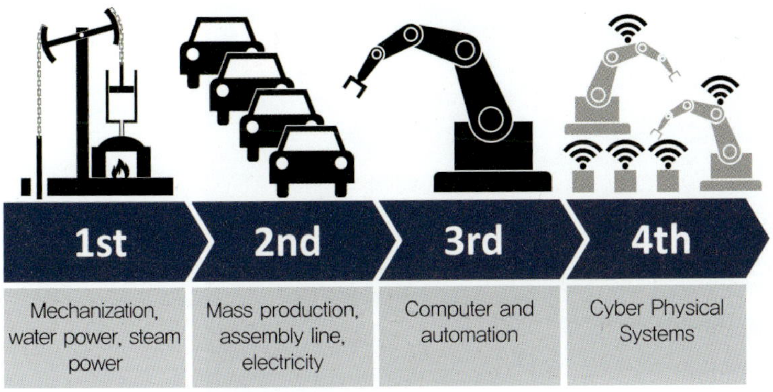

특히, 인공지능과 빅데이터 혁명으로 새로운 방식을 통한 극한의 효율적 생산관리, 서비스 제공이 가능해지면서 생산관리는 경영의 핵심과제로 부각되었다. 이러한 트렌드는 2011년 이후 독일정부와 기업들이 독일 고유의 전통적인 제조업의 경쟁력을 극적으로 향상시키기 위한 시도로 Industry 4.0을 범국가적으로 추진하고, 2016년 세계경제포럼(혹은 다보스 포럼)에서 4차 산업혁명에 의한 파괴적 혁신과 변화들에 주목하면서 전 세계 기업들을 4차 산업혁명의 블랙홀로 빨아들이면서 본격적으로 시작되었다.

Industry 4.0
4차 산업혁명

일본은 물론 미국도 낮은 생산비용을 찾아 해외로 보내던 오프쇼어링(offshoring)에서 생산기지를 다시 불러들이는 리쇼어링(reshoring)으로 정부차원의 적극적 노력을 전개하면서 전 세계가 제조업 경쟁력의 강화에 몰두하고 있는 형국이다. 이러한 추세는 20세기 후반 전략적 의사결정, 마케팅, 재무 등에 의해 주도되어 온 기업활동과 경영자의 관심을 다시 상품과 서비스의 제조과정으로 급격하게 되돌려놓고 있다. 기업의 본원적 경쟁력은 결국 소비자가 원하는 상품과 서비스를 적시, 적기, 적량으로 적정가에 공급해야 한다는 것! 기본으로 돌아가자(back to the basics)! MSOM(Manufacturing and Service Operations Management)이야 말로 결국 기업과 소비자 입장에서 MSOM(Making Sense of Money)을 하게 하는 근간이라는 얘기.

생산성

생산성(productivity)은 생산의 효율을 나타내는 지표로 생산요소를 얼마나 효율적으로 결합하였는가의 정도를 나타내는 것이다. 투입된 자원 대비 산출된 생산량(투입 대비 산출)이 어느 정도인가를 대변하는 척도로 제품을 생산하는 데 투입된 생산요소의 양에 대한 산출량의 비율로 구한다.

생산성(productivity)

생산성 = 산출량(output) / 투입량(input)

생산성이 높을수록 상대적으로 적은 양의 자원을 투입하여 많은 양의 제품이나 서비스를 생산한다는 것.

생산성에는 노동생산성 · 자본생산성 · 원재료생산성 등이 있는데, 가장 많이 사용되는 것이 노동생산성이다. 이는 노동이 모든 생산에 공통되는 데다가 측정하기 쉽기 때문이다.

노동생산성

2020년 기준 한국의 노동시간은 38개 OECD 국가 중 세계 3위로 OECD 회원국 평균보다 221시간이 많았다. 그런데, OECD 회원국의 노동생산성을 살펴보면 한국은 38개의 회원국 중 27위로 현저하게 노동생산성이 떨어진다.

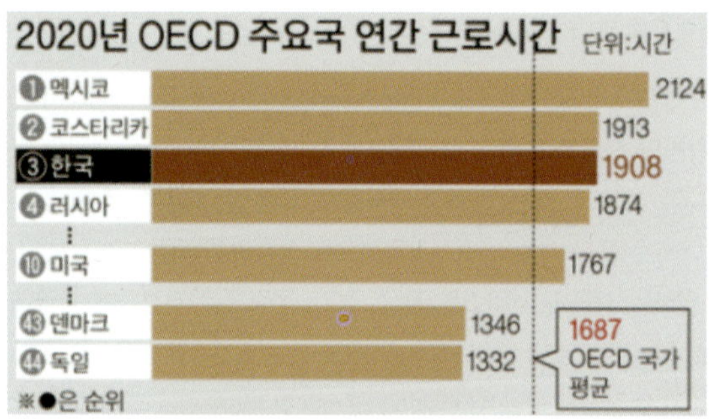

OECD 국가별 연평균 근로시간(단위: 시간/2020년 취업자 1인 기준)

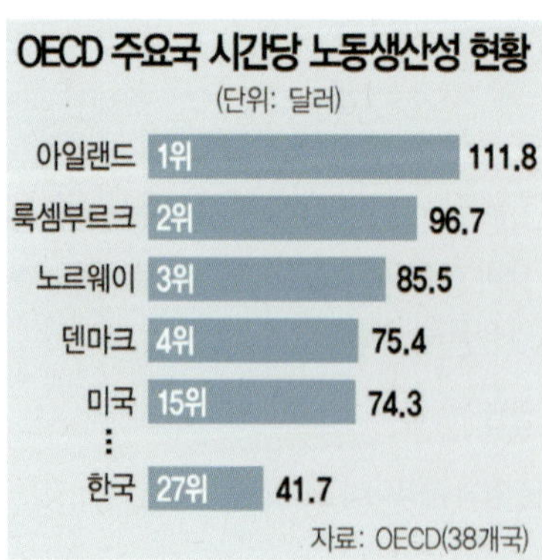

출처: https://blog.naver.com/pshlbs/221275478731

여기서 잠깐!

생산성 향상 운동, 노동자 착취하는 경영자들의 음모?

전략, 인사, 재무, 마케팅 등의 모든 경영활동에 대해서 노동조합이나 직원들 입장에서는 생산성 향상운동이라는 것이 경영자의 사익추구를 위한 노동자 착취인 것으로 보일 수도 있다. 생산성이란 용어 자체가 결국 쥐꼬리만한 임금을 주면서 근로자들을 더욱 옥죄고 쥐어짜려는 시도라는 생각이 들기도 하는데, 과연 그럴까?

물론 이 질문에 대한 답은 매우 주관적인 측면을 가지며 정치적 성향이나 세계관과도 연결된다. 그러나 상식적으로 생산성 향상의 결과가 어떻게 나타나는지를 고려해보면 생산성 향상이라는 것이 꼭 노동자를 착취하는 것, 혹은 경영자의 사익추구를 위한 것이 아니라는 것을 알 수 있다. 테일러(Taylor)의 시간/동작연구(time-motion study)는 인간을 도구 혹은 기계로 본다는 비판에도 불구하고 노동자들의 생산성을 몇 배로 증가시켰다. 이에 따라, 생산성 향상에 따른 성과급을 최초로 지급하였으며, 비록 생산성 향상을 위해서였지만 작업 중간중간 휴식시간도 공식화하였다. 비록 퇴사를 막기 위한 이유가 컸지만, 포드(Ford)의 컨베이어시스템 역시 비인간적이라는 비판에도 불구하고 노동자들의 임금을 하루아침에 두 배 이상으로 높였고, 자동차 가격은 기존 가격의 몇 분의 1로 떨어뜨려, 많은 사람들이 그 전에는 엄두도 못내던 자가용을 마련하게 되었다. 이는 급격한 생산성 향상의 결과였다.

선진국의 근로자들이 시간당 평균적으로 몇십 달러의 임금을 받는 반면 저개발국의 근로자들은 하루 종일 일하고 1~2달러를 벌기도 한다. 먹고 살기 정말 힘들다. 왜 이런 차이가 날까? 바로 생산성의 차이이다. 자본가의 착취, 불공정한 분배 등 이익에 대한 사후처리적, 정치적 이슈들에 대한 고려를 별개로 한다면, 생산성 향상 자체는 개인, 기업, 국가 모두에 많은 혜택을 준다고 할 수 있다.

따라서 생산성 향상은 일단 열심히 하자! 단지, 그 과실을 나누는 방식에 대해 불만이 있다면 그 부분은 정치권, 사주와의 대화를 통해서 해결하는 건설적인 접근이 필요하다!

그룹토론문제

(1) 한국의 경우 근로시간은 길면서 노동생산성은 현저히 떨어진다. 그 이유가 무엇이라고 생각하는가?

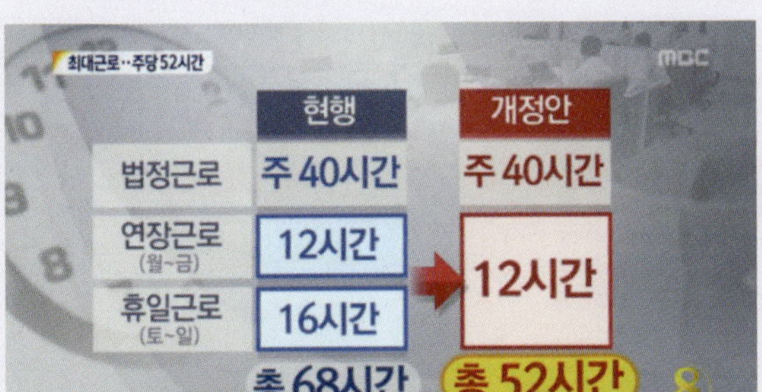

(2) 2018년도 근로기준법 개정으로 한국 근로자들의 주당 최대 근로시간은 68시간에서 52시간으로 줄었다. 개정안이 근로자 노동생산성을 향상시키는 데에 효용이 있을지 논의해보자, 그럴 것이라면 혹은 아니라면 그 이유에 대해서 논의해보자. 근로시간 단축이 노동생산성을 향상시키는 데 효용이 있기 위해서는 어떤 전제조건이 필요할까?

2장 경영학의 발전에서 언급되었듯이 시간과 동작 연구를 통해 과업관리와 차별적 성과급제를 주장한 테일러(Taylor)의 과학적 관리론(scientific management)은 생산관리 분야의 태동과 발전으로 이어졌다. 원래 생산관리라는 명칭으로 시작했으나, 미국의 산업구조가 제조업에서 서비스업으로 옮겨가면서 명칭이 생산관리에서 생산운영관리(production & operations management)로, 생산운영관리에서 보다 더 일반적인 운영관리(OM: Operations Management)로 변하는 추세에 있다.

미국에서는 운영관리로 일컬어진지 오래 되었지만, 국내에서는 operations라는 용어를 번역하기가 까다로워 그냥 생산관리라고 쓰던지 아니면 영어 그대로 '오퍼레이션 관리'라고 부른다. 특히 서비스업에서는 생산 자체를 하지 않기 때문에 서비스운영관리(service operations management)라고 한다. 이러한 변화를 거쳐 오늘날에는 제조와 서비스업을 포괄하는 MSOM(Manufacturing and Service Operations Management)이라는 용어가 정착되고 있다.

서비스업에서의 생산

제조업에서는 가시적인 완제품이 나온다. 서비스업에서의 생산은 어떤 것을 말하는 걸까? 서비스업의 최종 산출물은 고객이 가치를 느낄 수 있는 서비스이다.

예를 들어보자. 여행사는 다양한 여행 패키지를 준비한다. 여행할 장소를 정하고, 코스를 정하고, 일정을 설계한다. 이 일정에 따른 교통편, 숙박, 식사, 여행지를 정하고 가이드를 배정하고, 최종 여행단가를 뽑아 패키지 상품을 준비한다. 여행사에서는 바로 이 패키지가 제품이다. 따라서 여행사의 생산성은 교통편, 숙박, 식사, 여행지, 가이드 등의 생산요소들을 결합하여 고객의 만족도, 혹은 가심비를 최대로 하는 서비스를 개발하고 제공하는 능력에 좌우된다.

호텔에서의 제품은 어떤 것일까?

호텔은 숙박과 식음료의 종합적인 서비스를 제공하는 곳이다. 호텔에서의 생산관리는 쾌적한 환경과 편리하고 친절한 서비스로, 간편한 예약서비스, 친절하고 신속히 체크인과 체크아웃을 처리하는 프론트 데스크, 안락하고 쾌적한 객실, 호텔의 인테리어 및 편리한 시설, 친절한 객실 서비스, 만족스러운 식사메뉴 등이다. 이외에도 고객의 편의를 위한 비즈니스 센터, 객실에서 편리하게 사용할 수 있는 인터넷, 컴퓨터 장비, 객실 TV, 호텔 내의 쇼핑공간, 피트니스 센터, 스파 등의 부대시설을 통해 고객에게 서비스를 제공하는데 이 모든 것이 호텔의 생산관리 범위에 속한다.

2. 생산관리계획

생산관리는 자원을 제품이나 서비스로 변환하는 관리의 전문영역으로 여기에는 시설입지, 설비배치, 자재소요계획, 구매, 재고관리, 품질관리 등이 포함된다.

2.1 시설입지

시설입지(facility location)

시설입지(facility location)는 기업 운영을 위한 지리적 장소를 선택하는 것을 의미한다. 기업이 시설입지에 대한 의사결정을 할 때에는 노동비, 노동을 포함한 자원의 가용성, 운송수단에 대한 접근성, 공급자와의 근접성, 소비자와의 근접성 등을 고려한다. 예를 들어, 인건비가 저렴한 동남아시아나 중국에 공장을 두고 생산을 한다거나, 하이테크 산업의 경우 관련산업이 발달한 곳을 찾아 실리콘밸리(Silicon Valley)로 가기도 한다.

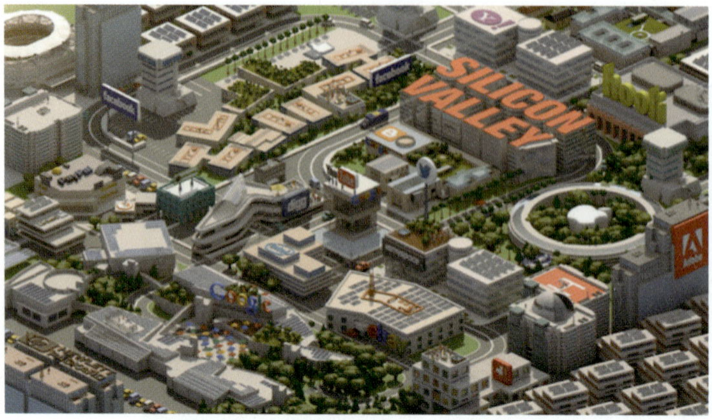

실리콘밸리는 미국의 캘리포니아주 샌프란시스코반도(San Francisco Bay) 초입에 위치하는 샌타클래라(Santa Clara) 일대의 첨단기술 연구단지로 첨단기술분야 산업복합체가 형성되어 있다. 이곳에서 급성장한 대표적 기업으로는 페어차일드(Fairchild), 인텔(Intel) 등 반도체 관련기업. 국내기업으로는 삼성 · 엘지 등의 전자회사가 진출하였으며, 한국인 운영 군소 관련 업체만도 20여 개가 된다. 이곳에 위치한 기업들의 사옥은 단독 빌딩이 아니라 넓은 정원 부지에 개별 건물들이 흩어져 있어 고층 빌딩은 찾아볼 수 없고 모든 회사가 대학교 캠퍼스와 같은 분위기를 풍긴다.

실리콘밸리의 성지와도 같은 명소, HP 차고.

휴렛팩커드(HP: Hewlett-Packard)는 현재 세계적 IT 기업이지만 시작은 허름한 차고였다. 스탠퍼드대학 출신의 윌리엄 휴렛(William Hewlett)과 데이비드 팩커드(David Packard)가 1939년 미국 캘리포니아주 팔로알토(Palo Alto)에 위치한 차고에서 538달러로 회사를 시작했다. 붉은색 벽돌로 지어진 아담한 주택의 구석진 차고에서 세계적 기업이 탄생한 것. 이곳은 실리콘밸리 성공 신화의 탄생지로 미 연방정부와 캘리포니아 주정부가 사적지로 지정했다.

출처: http://www.dt.co.kr/contents.html?article_no=2018052502101322814001&ref=naver

한국의 실리콘밸리, 판교 테크노밸리!

한국에서는 판교에 첨단산업단지가 밀집되어 테크노밸리를 이루고 있다.

출처: http://www.sisajournal-e.com/biz/article/192135

경기도 판교 신도시에 꾸린 연구개발단지로 정보통신기술(ICT), 생명공학기술(BT), 콘텐츠기술(CT), 나노기술(NT) 관련 기업과 연구기관을 모아 기술 간 융합을 꾀하는 곳이다. 카카오, 엔씨소프트, 블루홀, 메디포스트, 네이버, 넥슨, SK플래닛 등 국내 유수의 IT, 게임, 바이오 분야 기업들과 R&D센터, 차세대융합기술연구원과 카이스트 등 첨단 기술 관련 연구기관도 입주해 있어 한국의 실리콘밸리로 불리고 있다. 2017년 기준 입주 기업은 1,270개, 임직원은 62,575명, 매출액은 79.3조 원. 거대한 비즈니스 플랫폼의 역할을 하고 있다.

출처: http://www.kidd.co.kr/news/206260

물류비용 절감

입지 선정에 있어 생산/제조업의 경우 원자재의 입고와 완제품의 출고 등의 과정에서 이점을 갖는 대형 항구나 교통의 요충지에 공장을 짓게 된다. 특히 중화학, 조선, 자동차와 같이 대량의 원자재가 소요되는 산업의 경우 항구에 인접하는 것은 **물류비용 절감**에 매우 중요하다. 이런 이유로 한국의 경우, 포항, 울산, 부산/경남 지역, 진해, 마산, 거제도 등의 해안가 지역을 중심으로 대형 공단이 자리잡게 되었다.

출처: https://blog.naver.com/iswaman/220936593775

반면, 서비스업의 경우 소비자와의 접촉이 가능한 인구밀집지역과 유동인구가 많은 강남, 명동, 신촌 등의 도심지역을 선호하게 된다. 맥도날드나 스타벅스는 소비자가 찾기 좋은 위치를 잘 찾아내어 점포를 개설하는 것으로 유명한데, 이들 기업은 적절한 로케이션을 찾기 위한 전문 부서(location expert team)를 운용하고 있기도 하다. 한국에서도 전철역이나 복합상가의 요지에는 항상 스타벅스가 보이는 것도 이들 기업의 입지 선정의 전문성과 무관하지 않다.

그룹토론문제

(1) 기업은 생산비용이나 기타 입지의 필요에 따라 시설을 다른 지역으로 혹은 다른 국가로 옮길 수 있다. 시설을 옮기면서 다수의 실업자가 발생한다면 그래도 옮기는 것이 맞는지 생각해보자. 옮기는 것이 옳다면 혹은 그렇지 않다면 왜 그런지 논의해보자.

(2) 제조업과 서비스업의 경우 선호되는 입지가 매우 다르며 어떤 곳에 입지하느냐는 해당 기업의 경쟁력에도 큰 영향을 미친다. 현재의 디지털 혁명이 기존의 시설입지가 가지는 비용과 생산성에 대한 시사점을 어떻게 변화시킬지에 대해 생각해보자.

2.2 전사적 자원관리

전사적 자원관리(ERP: Enterprise Resource Planning)는 판매 예측에서 원재료 주문, 부품 및 완제품 재고관리, 물류유통 등의 모든 생산 과정을 포괄하는 오퍼레이션 관리시스템이다. 이는 자재소요계획(MRP: Material Requirement Planning)의 새로운 버전으로 기업의 모든 부서가 생산관리의 전 과정에 대한 하나의 통합된 데이터베이스를 사용할 수 있도록 하여 기업 내 자원활용의 효율성을 향상시키는 프로그램이다.

전사적 자원관리(ERP: Enterprise Resource Planning)
자재소요계획(MRP: Material Requirement Planning)

각 부서가 자신의 역할을 끝냈을 때 ERP시스템을 통해 자료가 다음 부서로 자동으로 넘어간다. 모든 직원이 공통의 데이터베이스로 현 상태를 파악할 수 있기 때문에 주문, 생산, 유통, 대금결재 등의 업무 간 연결이 촉진되고 시간이 단축될 뿐 아니라 주문 발주로부터 처리까지의 과정에서 소요인력과 재고를 감소시키고, 고객서비스를 개선하는 효과를 얻게 된다.

업무 간 연결

■ **애플의 경쟁력: 공급사슬관리(SCM: Supply Chain Management)**

공급사슬관리(SCM: Supply Chain Management)

전사적자원관리, 자재소요계획 등의 도구를 활용한 지속적인 생산관리에 대한 기업들의 노력은 결국 제품이나 서비스의 수요예측, 주문, 자재수급, 생산, 유통 및 배송, 재고관리 등의 생산관련 전체 과정을 최적화(optimization)하기 위한 것이다. 이러한 기업의 생산과 주문처리 전체 과정을 공급사슬관리(SCM: Supply Chain Management)라고 한다. SCM은 기업의 경쟁력과 시장지배력에 막대한 영향을 가지는 중요한 요소이다. 아이폰의 생산자인 애플(Apple)은 혁신적이고 디자인이 좋은 상품이 주요 경쟁력 요소라고 생각할 수도 있지만, 미국의 유명 IT 연구/컨설팅 업체 가트너(Gartner)에서 6년 연속 세계 최고의 SCM 경쟁력을 가지고 있다고 분석했을 정도로 SCM이 강한 회사이기도 하다.

최근에는 삼성전자도 Global SCM 구축에 엄청난 투자를 하면서 전세계 물류관리에서 애플 이상의 경쟁력을 확보한 것으로 평가 받고 있다.

2.3 구매관리

구매관리(purchasing management)

기업에 있어서 **구매관리(purchasing management)**는 제품생산에 필요한 품질 좋은 원재료를, 필요한 시기에, 가장 적합한 가격으로 최선의 공급자로부터 구입하여, 적정한 장소에 납품하도록 하는 데 그 목적이 있다. 구매관리의 기존 기능은 단순히 사용 부문의 요구에 따라 필요량을 적절한 시기에 유리한 가격으로 구입하고 이에 따르는 사무처리를 하는 것으로 이해되었으나, 오늘날에는 기술혁신 및 제품생산의 고도화로 구매업무의 내용이 복잡해지고 업무의 중요성 또한 증대되고 있다. 이에 따라 그 기능의 효과적 수행을 위해 소요자재의 단순 구매업무만을 취급하는 범주를 벗어나 경영활동 전반과 연결되어 보다 과학적인 구매관리활동이 요구되고 있다.

황소채찍효과

황소채찍효과: 생산관리 과정의 나비효과(Butterfly Effect)에 따른 공급사슬관리(SCM)의 실패

SCM은 고객, 소매점, 중간 유통체인, 공급자 등의 복잡한 과정으로 연결되는 특성으로 인해 문제를 일으키는 경우가 종종 있다. 이른바 황소채찍효과. 아래 그림에서처럼 고객 혹은 수요예측 단계에서 약간의 변화가 생기면 그 변화가 몇 배로 증폭되어 공급자의 생산활동에 큰 영향을 주기도 한다. 채찍의 손잡이 부분을 살짝만 튕겨주어도 채찍의 끝은 아주 큰 움직임을 보이는 것과 같다. SCM판 나비효과라고나 할까?

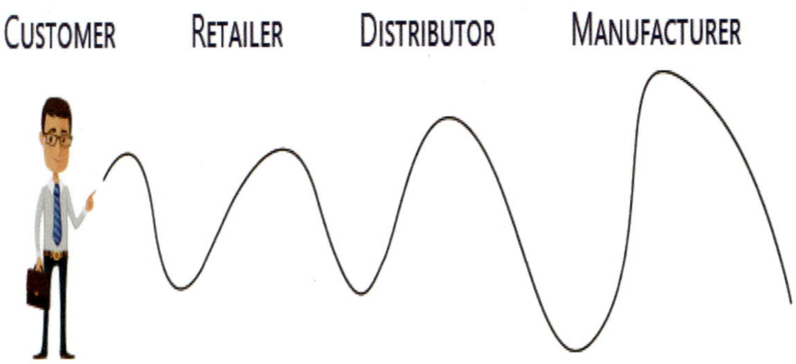

출처: https://blog.arkieva.com/what-is-bullwhip-effect/

예를 들어, 미국의 가전종합양판점 베스트바이(BestBuy). LG냉장고의 판매가 5% 신상되는 것을 보고 도매상 혹은 LG전자 미주지역본부 등의 중간 유통체인에 넉넉하게 10% 정도 늘려서 추가주문을 한다. 그러면 유통체인에서는 물량확보를 해야 한다는 신호로 받아들이고 20% 이상으로 물량을 늘려 선주문을 LG전자에 넣는다.

유통업체들은 제조업체들이 대량구매처에 물량을 우선 배정한다는 것을 알고 있기에 필요 이상으로 주문을 하게 되는 것이다. 이러한 확대재생산 과정은 제조업체인 LG전자로 오면 더욱 심해진다. 제조업체 입장에서 유통체인, 소매점, 고객이 원하는 물건이 없어서 못 판다? 너무 억울하다. 따라서 물량 확대 주문이 오면 충분히 물량 공급을 할 수 있도록 그것 이상으로 자재주문과 제품생산에 들어간다.

결국 베스트바이에서 조그맣게 시작된 추가주문이 LG전자에 오면 일파만파로 그 몇 배의 생산 증가로 이어지는 일종의 나비효과.

같은 방식으로, 미국 소매시장에서 한국 제품의 수요가 미세하게만 감소해도 수출에 의존하는 한국기업들은 갑자기 불황에 든 것 같은 초긴축에 들어가게 되기도 하는 것이다.

그룹토론문제

(1) 3장 경영전략을 배우면서 우리는 마이클 포터(Michael Porter)의 파이브포스 모델(five-force model)을 배웠다. 기억이 안 나면 다시 기억하자. 산업의 매력도를 평가하는 다섯가지 요인: 신규진입자 위협, 산업 내 경쟁, 대체제 위협, 공급자 교섭력, 구매자 교섭력.
자, 이제 다시 본론으로 돌아가서, 원자재 구매를 함에 있어서 공급자-구매자라는 관계가 형성되고 산업의 형태에 따라, 기업의 규모에 따라 공급자와 구매자 간에는 서로 다른 파워를 가지게 된다. 구매자가 특정 공급자에게 의존하는 경우 공급자의 힘이 커질테고, 구매자가 어느 공급자에게 가든 구입이 가능하거나 대량구매 능력이 있을 경우는 구매자의 힘이 커질 것이다. 이렇게 힘의 불균형이 생길 경우 어떤 문제가 발생할 수 있을지 생각해보자.

(2) 한국의 기업상황에서 자주 거론되는 하청업체에 대한 부당한 계약, 가격 후려치기, 물량 밀어내기 등의 다양한 형태의 소위 기업 간 '갑질'은 공급사슬관리(SCM) 상의 효율성을 저하시키고 기업의 생산관리에 문제점을 야기한다. B2B거래에서 공급자와 구매자의 힘의 불균형으로 인한 문제들을 어떻게 미리 예방하고 효과적으로 대처할 수 있을지 논의해보자.

2.4 적시 재고관리

적시 재고관리(JIT: Just-in-Time inventory control)

적시 재고관리(JIT: Just-in-Time inventory control) 시스템은 모든 생산과정에서 필요할 때에, 필요한 것만, 딱 필요한 만큼만 생산함으로써 재고율 0에 도전! 재고비용을 최소화하려는 것으로 일본의 도요타 자동차가 비용절감, 재고절감, 결함제거를 통해 생산성을 높이기 위해 만든 경영기법이다. 원자재가 제조라인에 투입될 때에 맞추어 납품업자로부터 공급되는 이상적인 상태에 접근하려는 것으로 제조공정의 소요시간을 단축하고 표준생산을 도모하기 위해 필요한 제품을 필요할 때 필요한 양만큼 공급한다. 그러나 부품조달에 차질이 생길 경우 생산라인 전체가 멈출 수 있기 때문에 ERP 시스템을 통한 부서 상호 간 긴밀한 소통과 조정이 필수적이다.

재고는 모든 기업의 적! 황소채찍효과를 피하라~!!

앞에 설명한대로 황소채찍효과는 SCM에 상당히 큰 노이즈와 오류를 만들어 기업에 과잉생산에 따른 엄청난 재고부담을 안기거나, 과소생산으로 소비자의 수요에도 불구하고 적기공급을 못해 판매기회를 놓치게 하기도 한다. 따라서 재고관리를 제대로 못하는 경우 기업은 어떤 형태로든 큰 손실을 보게 된다.

주문생산방식(BTO: Built-To-Order)

이런 연유로 어떤 기업들은 재고관리의 부담을 아예 없애고자 하는데, 한 가지 성공적인 접근은 델(Dell) 컴퓨터나 샤오미(Xiaomi) 등의 기업에서 채택해온 주문생산방식(BTO: Built-To-Order). 이들 기업에서는 노트북이나 스마트폰을 소비자들의 예약주문을 받고 나서 제작하여 배송해준다. 따라서 재고 제로!

델의 경우 컴퓨터의 완제품 재고가 없고 조립에 사용될 부품들만 가지고 있으며, 이 부품들마저도 꼭 필요한 만큼만 필요 시점에 발주한다.

출처: https://www.lazada.com.ph/dell/
https://m.post.naver.com/viewer/postView.nhn?volumeNo=4354725&memberNo=31543803&vType=VERTICAL

도요타(Toyota)의 생산시스템

TOYOTA

도요타의 생산시스템에는 네 가지 요소가 있다.

- 카이젠(kaizen): 생산 설비 개조, 공구개량 등 업무 효율의 향상과 작업안전의 확보, 불량의 방지 등 생산과 관련된 전방위적 개선
- 지도카(jidoka): 제품 생산 시 비정상적인 상황이 발생할 경우 전체 제조공정을 중단하는 원칙
- 적시재고관리(JIT): 필요할 때, 필요한 것만, 필요한 만큼만 생산
- 표준화(standardization): 생산은 표준화 원칙을 따름

린 생산(lean manufacturing)
도요타 생산 시스템(TPS: Toyota Production System)

■ **도요타의 대표적 생산기법은 역시 린 생산(Lean Manufacturing)!!**

대량생산보다 모든 것을 적게 사용하여 제품을 생산하는 것으로 인력, 생산설비 등 생산능력을 필요한 만큼만 유지하면서 생산효율을 극대화하는 생산 시스템을 말한다. 이 생산방식을 도요타 자동차의 이름을 따서 도요타 생산 시스템(TPS: Toyota Production System)이라고도 한다. 더 적은 인력, 더 작은 작업 공간, 더 적은 투자, 더 적은 엔지니어링 시간으로 더 적은 고정 자산 보유!

너무 과잉생산이야! 재고비용도 너무 높아! 어쩌지?
"아껴! 아껴! 아끼라구! 필요한만큼만 쓰라구!
최소! 최소! 최소! 알았지?
신입사원들은 무조건 3일만에 독립적 작업이 가능하도록 교육한다!
자원은 줄이고 제품생산 능력은 증가시킨다!"

도요타 생산 시스템(TPS) 창시자들, 타이치 오노(Taiichi Ohno, 1912~1990) & 시게오 신고(Shigeo Shingo, 1909~1990)

밀어내기 방식(push system)
당기기 방식(pull system)

이전에는 재료와 부품이 공급되는 만큼 생산하는 밀어내기 방식(push system)이 사용되었으나 린 생산방식이 정착된 이후에는 현장에서 필요한 제품의 종류와 수량 등을 결정한 다음 생산요소들이 적시에 공급될 수 있도록 하는 당기기 방식(pull system)으로 변화되었다. 1970년대 오일 쇼크로 인한 불황 속에서도 도요타 자동차는 린 생산방식을 이용해 원가 절감과 생산성 향상을 기록하였다.

2.5 품질관리

품질관리(quality control)

품질관리(quality control)란 제품이나 서비스에 대해 고객의 다양한 요구사항과 기대에 부응하는 생산 및 기술로 소비자에게 제품을 공급하기 전후에 일어나는 오류를 줄이면서 소비자가 원하는 것을 일관되게 생산하는 것을 의미한다.

품질관리의 발전을 보면,

(1) 제조산업의 초창기

생산라인의 마지막 단계에서 품질관리를 했다. 즉, 제품이 일단 완성되고 나서야 품질에 대한 검사가 이루어졌다. 그러나 이것은 여러가지 문제점이 있었다.

- 우선 품질검사를 위한 추가적인 인력과 자원이 필요했다.
- 또한, 결함이 발견될 경우 추가 인력을 투입해서 결함을 고치거나 혹은 제품을 폐기해야 했다.
- 가장 문제가 되는 경우는 고객이 결함을 발견하는 경우로, 이 경우 고객은 해당 기업의 제품에 실망하고 이후 다른 경쟁기업 제품을 구매하게 될 것이다.

이러한 문제점들은 품질이 결과가 아니라 기업이 생산하는 제품을 끊임없이 개선하는 프로세스이고, 품질관리는 생산라인의 마지막 단계가 아닌 오퍼레이션 과정 전체에서 이뤄지고 확보되어야 한다는 인식을 갖게 하였다.

(2) 통계적 품질/공정관리

통계적 품질관리(SQC: Statistical Quality Control)는 생산공정의 모든 단계를 지속적으로 감시하여 품질관리가 초기부터 제품에 구현되도록 하는 프로세스이다. 통계적 품질관리에서 한 걸음 더 나아간 **통계적 공정관리**(SPC: Statistical Process Control)는 생산의 매 단계에서 부품의 통계적 샘플을 취하여 그 검사 결과를 그래프 상에 나타내는 프로세스이다. 따라서 관리자는 품질 표준으로부터의 어떤 편차도 중간과정에서 미리 찾아서 고칠 수 있다.

통계적 품질관리(SQC: Statistical Quality Control)
통계적 공정관리(SPC: Statistical Process Control)

제품이 생산공정의 전 단계에 걸쳐 표준을 충족하도록 하는 것은 마지막 품질관리 검사에 대한 필요성을 줄여준다. 왜냐하면 실수가 공정의 훨씬 앞 단계에서 발견되기 때문이다. 따라서 통계적 품질관리와 통계적 공정관리는 기업에 많은 시간과 비용을 절약해준다.

(3) 종합적/전사적 품질관리 · 품질경영

전사적 품질관리(TQC: Total Quality Control)
전사적 품질경영(TQM: Total Quality Management) 운동

전사적 품질관리(TQC: Total Quality Control)란 소비자가 만족할 수 있는 제품 및 서비스를 경제적으로 생산하고 제공할 수 있도록 기업 내의 모든 부서와 구성원이 품질 통제를 이해하고 조직적으로 제품의 질을 높이는 과정에 참여하는 시스템을 말한다. 전사적 품질관리를 한층 업그레이드하여 1980년대에 **전사적 품질경영**(TQM: Total Quality Management) **운동**이 일어났는데, 이는 기업이 경쟁 우위를 확보하고 품질위주의 기업 문화를 창출하기 위하여 최고경영자를 중심으로 조직 구성원의 의식을 개혁하고, 고객 위주의 관리시스템을 전략적 과정으로 운영하고자 하는 품질관리 혁신 운동을 말한다.

전사적 품질관리의 기본원리

- ✓ 단기적인 이익보다는 품질이 제일 우선이다.
- ✓ 생산자가 아닌 소비자 관점에서 품질을 보아야 한다.
- ✓ 다음 공정은 바로 고객이다.
- ✓ 통계적인 기법을 사용한다.
- ✓ 경영철학으로 인간을 존중하여야 한다.
- ✓ 부서 간의 벽을 허물어야 한다.

(4) 식스 시그마

식스 시그마(six sigma)

식스 시그마(six sigma)는 현대적인 품질관리기준으로 백만 개당 3.4개 이하의 불량만을 허용하는 품질 혁신 운동을 말한다.

"시그마(σ)는 보통 통계학에서 오차 범위를 나타내며, 경영학에서는 제품의 불량률을 나타내는 데 사용된다. 1시그마는 68%, 3시그마는 99.7%의 제품이 만족스럽다는 의미이며, 시그마의 수치가 오를수록 제품의 품질만족도는 상승한다. 6시그마를 통계적으로 보면 99.99966%가 양품(良品)이라는 의미다. 예전의 100PPM 운동과 비교할 때 사실상 완벽을 추구하는 품질관리 운동으로 볼 수 있다."

출처: 네이버 지식백과

식스 시그마는 1987년 미국 모토롤라(Motorola)의 마이클 해리(Michael Harry)에 의해 처음 고안되었는데, 1990년대 초반 모토롤라는 5.5시그마를 달성해 22억 달러를 절감하는 성과를 올렸다. 이에 자극을 받은 제너럴 일렉트릭(General Electric) 회장 잭 웰치(Jack Welch)가 1996년 1월부터 6시그마 도입을 선언하고 모든 사업 분야에 적용하기 시작했다. 당시 일본은 시계, 텔레비전, 자동차, 카메라 등과 같은 전자와 정밀기계제품에서도 6시그마를 달성해 세계적으로 우수성을 인정받고 있는 상황이었다. GE는 제품의 생산라인은 물론 인사, 관리, 총무, 마케팅 등 비생산부분까지 6시그마 운동의 영역을 확대시켜 나갔다. 한국 기업들에서도 1990대 후반 이후로 6시그마가 품질관리 시스템으로 선풍적인 인기를 끌고 있다.

포스코의 퀵 식스 시그마(QSS: Quick Six Sigma)

포스코는 전 세계 최강의 제조경쟁력을 갖춘 도요타자동차 고유의 생산방식이자 개선문화인 도요타 린 생산방식(TPS)을 모델로 포스코 고유의 일하는 방식을 만들었다. 기존의 방법론에 의존한 문제해결 중심에서 직원들의 마인드 혁신을 목표로 전 임직원이 참여하여 매일 개선하고 매일 실천하는 문화를 정착시켜 전체적으로 '일하는 방식'을 개선하는 것이 목표.

포스코는 QSS의 전사확산에 앞서 2005년 9월부터 포항 열연, 제강, 후판공장, 광양 제선, 냉연 공장을 모델로 선정하고, 1, 2차 파일럿 과제를 수행하여 성공모델을 확보했다. 그리고 캐스케이드 방식에 따라 다른 부문으로 확산하며 변화관리에 역점을 두었다.

"제철소 설비를 내 자식처럼!"

QSS의 시작은 기본적으로 자기 업무에서 불필요하거나 가치가 낮은 업무를 제거 또는 간소화하는 '작은 개선활동'에서 출발했다. 기존의 식스 시그마가 집을 짓는 활동이라면, QSS는 망치(방법론)와 못(개선안)으로 필요한 곳을 보수하는 활동으로 포스코만의 독특한 식스 시그마를 개발한 것.

"일의 정의를 보면 낭비가 무엇인지 알 수 있습니다. 일이란 고객을 위해 부가가치를 창출하는 행위입니다. 이 정의에 따라 진정한 일을 찾아보니 5%만 일이고, 95%가 불필요한 일이었습니다. 이것이 낭비겠지요."

–인적자원관리부서 양병호 팀리더 인터뷰–

"전원이 지혜를 발휘하여 매일 개선, 실천하고 함께 학습하며 재미와 보람이 있는 제조현장을 만드는 것이 QSS의 최종 목표!"

ISO 9001과 ISO 14001

국제표준화기구(ISO: International Organization for Standardization)는 개별 제품의 품질에 대한 국제적인 척도를 설정하는 140개국 이상의 국가표준기구로 이루어진 세계적인 연합체로 ISO는 제품과 서비스의 국제적 교환을 쉽게 하기 위한 세계적인 표준의 개발을 촉진하기 위해 설립된 비정부 조직이다.

ISO 9001: 품질경영시스템에 관한 국제규격

제품 및 서비스에 이르는 전 생산 과정에 걸친 품질보증체계를 의미하는 것으로 제품 및 서비스 자체에 대한 품질인증이 아니라 제품을 생산 · 공급하는 품질경영시스템을 평가하여 인증하는 것이다.

ISO 14001: 환경경영시스템에 대한 국제규격

환경에 대한 영향을 관리하기 위한 적절한 기준을 모아 놓은 것으로 인증을 받기 위한 조건으로는

- 환경정책이 마련되어 있는지
- 환경에 대한 특정한 개선목표를 설정하고 있는지
- 환경 프로그램에 대한 감사를 수행하고 있는지
- 프로세스에 대한 최고경영자의 검토가 유지되고 있는지를 검증한다.

"환경인증제도는 무역규제를 목적으로 한 것은 아니지만, ISO 14001이 시행에 들어갈 경우 환경인증을 획득하지 못한 제품은 무역에서의 수입규제와 같은 불이익을 받을 가능성이 있어 실질적인 무역규제효과가 있다."
출처: 매일경제

ISO 9001과 ISO 14001을 동시 인증받는 것은 이 기업이 품질 그리고 환경표준 모두에 있어서 세계적인 관리 시스템을 갖추고 있다는 것을 보여주는 것으로, ISO는 기업의 사회적 책임에 대한 가이드라인을 만들고 있다.

한국에서 품질경영시스템인증(ISO 9001)을 받은 대표적인 기업으로는 에이스침대, 매일유업, 빙그레, 신세계 등이 있다.

환경경영시스템인증(ISO 14001)을 획득한 국내 대표기업으로는 유한킴벌리, 롯데칠성, 금호타이어 등이 있다.

우리강산푸르게푸르게

유한킴벌리(주)

롯데칠성음료(주) KUMHO TIRE

그룹토론문제

(1) 비슷한 물품을 판매하는 두 경쟁회사가 있다고 가정해보자. 한 기업은 ISO 인증을 받았고, 다른 기업은 ISO 인증을 받지 않았다. 이 사실이 구매자들의 구매성향과 행동에 영향을 줄 것이라고 생각하는가?

(2) ISO 인증을 받는 것이 기업들에게 어떤 의미가 있고, 어떤 실익을 가져다 줄 수 있을지 논의해보자.

3. 생산관리의 미래

3.1 스마트 공장

스마트 공장(smart factory)

4차 산업혁명 혹은 인더스트리 4.0이라는 명제하에 전 세계적으로 생산관리 혹은 생산/서비스 경영과학에 대한 관심이 증폭되고 있다. 독일 정부나 지멘스 등의 대기업들은 제조업의 경쟁력 향상을 위해 다양한 시도를 하고 있는데, 그 결과물로 **스마트 공장**(smart factory)을 실현하고자 한다. 스마트 공장은 앞에서 언급한 제품 기획, 주문, 자재수급, 제조, 유통, 재고관리 등의 모든 생산관리의 요소들이 최적의 조합으로 이루어지며, 최소의 비용으로 다품종 생산을 가능하게 해주는 이상적인 생산관리 시스템이라고 할 수 있다. 과연 가까운 미래에 스마트 공장을 만들 수 있을까?

출처: https://www.infineon.com/cms/en/discoveries/industrie-4.0-smart-factory/

한국에서도 삼성전자, 포스코 등 대부분의 대기업들이 스마트 공장을 다양한 형태로 구현하고 있다. 삼성전자의 경우 반도체 공정을 무인공장으로 운영하고 있으며, 포스코의 경우 철강생산의 각 공정에 대한 정보를 실시간으로 체크하고 공정에 미세조정을 하여 품질관리를 정교화하는 노력을 하고 있다. 정부에서도 스마트 공장을 8대 선도사업 중의 하나로 지정하여 적극적으로 지원하고 있다.

스마트 공장의 가능성: 아마존의 전자동 무인 물류센터

The Everything Store라고도 불리는 아마존(Amazon). 물류자동화에서 세계 최강의 경쟁력을 가지고 있는 기업이라고 할 수 있다. 미국 내에서만 1초에 35개의 주문을 받고, 매일 300만 개 이상의 물품을 배송한다. 이러한 물량을 처리하기 위해 아마존은 모든 것을 자동화했다. 아마존 물류센터 내부에는 사람이 없다. 키바(Kiva)라고 불리는 바코드로 된 길을 주행하는 힘 세고, 빠르며, 정확하게 주문을 처리하는 로봇만 있다. 아마존에서 15,000대 이상을 가동하고 있는 각각의 키바는 사람 7~8명 분의 물류작업을 할 수 있다는 평가. 이게 미래 스마트 공장의 모습이 아닐까?

키바는 물류창고에서 특정 물품을 찾아 포장한다. 700파운드(약 318kg) 무게의 용기들을 거뜬히 싣고, 바닥에 깔린 레일을 따라 지정해 준 경로로 이동한다. 높이는 16인치(약 40센티미터), 무게는 320파운드(약 145kg)이다.

출처: https://m.post.naver.com/viewer/postView.nhn?volumeNo=17192894&memberNo=6347519&vType=VERTICAL

"우리나라 물류 및 유통산업에서 자동화로 오늘날의 일자리가 80.8% 사라질 것이다. 2025년까지 운송관리자, 화물차 운전자, 하역 단순 종사원 등 137만 명의 일자리가 사라질 것이다."

– 한국고용정보원–

생산공장, 물류창고뿐이랴! 이젠 택배원도 필요 없다!

우리나라는 이런 거 왜 없나요? 한국은 아직 걸음마 단계래요.

무인화 시스템
드론(drone)

전 세계적으로 유통 · 물류시스템 전반에 걸쳐 무인화 시스템이 가속화! 이에 따라 드론(drone)이 뜨고 있다! 드론택배는 구글 · 아마존 같은 첨단 IT 기업은 물론 기존 유통 · 물류업계나 우편을 담당하는 공공기관에서도 적극 나서는 분야!

京东 JOY寻宝

1위 타오바오(淘宝)에 이어 중국 2위 전자상거래 업체 징동(京东)은 장쑤성(江苏省) 등 일부 지역에 물건을 배송할 땐 드론을 쓴다. 2016년 시범 실시 후 드론배송이 가능한 지역을 100여 곳으로 늘렸고 2년가량 운영하면서 2만 건 이상 배송에 성공했다. 징동은 드론이 기존 시스템보다 30%가량 비용을 줄일 수 있다며 최대 1t 화물까지 배송 가능한 드론을 개발하고 있다.

이뿐이랴? 징동에는 '로봇 택배오빠' 샤오거(小哥)도 있다.

신호등이 빨간불일 때에는 멈춘다. 파란불이 들어오면 로봇에 밝은 불이 들어오면서 지가 알아서 건너간다.

출처: https://baijiahao.baidu.com/s?id=1617015205553906307&wfr=spider&for=pc

다시 드론으로 돌아가서! 한국 역시 드론 택배 상용화를 위해 속도를 내고 있다. 우정사업본부는 2017년 11월 전남 고흥 내륙 선착장에서 3.9㎞ 떨어진 득량도에 우편물 8㎏을 드론으로 시범배송했다. 배송 후 드론이 귀환하기까지 걸린 시간은 왕복 16분. 원래 집배원이 선박으로 우편물을 배달하는 경우 이동하는 데에만 6시간 40분이 걸리던 곳.

출처: http://view.asiae.co.kr/news/view.htm?idxno=2018112110205115771

어라! 이젠 하다하다 로봇이 음식을 해서 가져다 주는 세상?

2018년 11월 10일. 중국 천진(티엔진) 시에 오픈한 "X미래식당"

이 식당은 주문, 조리, 서비스, 결제 전 과정이 로봇과 인공지능으로 해결된다. 조리 로봇들은 하루 400~500명 분의 음식을 만드는데, 40가지 메뉴가 입력되어 있다. 주문이 들어오면 음식을 조리해서 내보내는 데 걸리는 시간은 2~3분.

서빙 로봇들은 내비게이션을 통해 주문한 손님의 위치를 찾아내서 정확히 서빙하고, 다 먹은 그릇들을 치운다. 하루에 한 번 충전으로 하루종일 일을 하기 때문에 로봇들이 일하는 중간에 멈추지나 않을까 하는 걱정은 하지 않아도 된다.

신기하긴 한데 음식 맛은 뭐 대충 보통이라는 평. 그래도 로봇이 한 건데!

아마도 로봇 셰프가 많아지면 음식 맛도 조만간 호텔 수준이 되지 않을까?

출처: https://baijiahao.baidu.com/s?id=1617015205553906307&wfr=spider&for=pc

3.2 빅데이터 활용

인공지능(AI: Artificial Intelligence)
빅데이터(big data)

인공지능(AI: Artificial Intelligence)과 함께 4차 산업혁명의 핵심으로 거론되는 **빅데이터(big data)**. 아직까지 어떤 방식으로 기업의 생산/서비스 운영방식을 더 변화시킬 수 있을지 명확하지는 않지만, 무한한 잠재력을 가지고 있는 것으로 보인다. 빅데이터는 어떤 식으로 활용하느냐에 따라 현재까지 진행되어 온 생산성 향상과는 차원이 다른 생산성 향상을 유도할 수 있다. 컴퓨터의 활용이 기업활동에 큰 영향을 미치지만, 빅데이터에 의한 혁신적 변화는 3단계의 수준에서 발생할 것이다.

판매시점 정보시스템(POS: Point Of Sale system)

- 1단계: 손으로 하던 작업을 이젠 전부 컴퓨터로 한다. 지난 해의 매출과 비용, 수익 등 계산기를 눌러서 하던 것이 불과 오래되지 않았다. 이제는 모두 엑셀로 처리한다. 며칠 걸릴 계산이 단 몇 분에 자동으로 이뤄진다. 엄청난 효율 향상!
- 2단계: 기업활동 정보들이 실시간 입력되고 바로 집계된다. **판매시점 정보시스템(POS: Point Of Sale system)**이 잘 되어 있으면 바로바로 오늘의 매출이 확인

되고 전국적으로 집계된다. 기업성과의 실시간 측정이 가능! 지금 사업이 어떻게 진행되고 있는지 바로바로 알 수 있다.

- 3단계: 실시간 정보를 바탕으로 다양한 모델링과 알고리즘으로 미래 수요를 예측하고 이에 맞춰 원자재, 생산, 재고, 유통 등을 계획한다. 코카콜라의 경우, 모든 매장에 125가지 맛의 모든 청량음료를 구비하는 것은 낭비. 지역, 계절, 고객들의 선호 등을 모두 반영하여 선정된 10가지 맛을 제공하는 것으로 충분하다. 생산관리 측면에서 유통과 재고의 부담이 확실히 줄어든다. 낭비 없이 팔릴 것만 만들어서 유통한다.

자라(Zara)의 빅데이터 활용: 매주 새로운 트렌드를 만든다! Fast Fashion의 출현!

세계 최대의 의류업체인 자라. 매우 특이한 비즈니스 모델을 가지고 있다.

기존의 의류업체들이 보통 계절별 컬렉션을 내고 6개월 단위로 제품기획과 생산, 유통을 진행하는 반면 자라는 1주에서 2주 정도의 사이클로 새로운 컬렉션을 출시한다. 전 세계 패션 트렌드를 실시간 빅데이터로 수집하고, 이를 반영하여 제품을 기획하고 즉시 생산하는 시스템. 이것이 자라의 성공비결이다. 미국에서 911 테러 사태 직후 일주일 만에 미국 내 모든 자라 매상에 부재색 계열의 옷들민 진열된 것은 유명히다.

출처: https://digitalage.com.tr/zaradan-turkiye-pazarindan-cekiliyor-iddiasina-aciklama-geldi/

자라는 전 세계 매장에서 소비되는 의류의 패턴에 의거하여 팔릴만한 새로운 콜렉션을 기획, 제작한다. 그리고 충분치 않은 수량을 각 매장에 공급하여 제품의 희소성을 부각시키고 즉각적 소비를 촉진한다. 자라의 제품은 길어야 3주 정도만 매장에 진열되기 때문에 소비자들이 자주 재방문을 하게 된다. 자라는 급변하는 소비자의 선호를 바로 제품에 반영하는 빅데이터에 따른 생산관리의 성공 사례를 제시한다.

3.3 사물인터넷

사물인터넷(IoT: Internet of Things)

4차 산업혁명의 또 다른 핵심 키워드는 **사물인터넷(IoT: Internet of Things)**이다. 현대 기업의 생산관리, 특히 공급사슬관리에서 무선주파수시스템(RFID: Radio Frequency Identification) 칩 혹은 전자추적장치(tag)를 활용한 실시간 위치추적은 기업 물류관리를 혁신적으로 개선했다. 독일의 인더스트리 4.0에서도 물류를 완벽히 가상세계에 구현하여 최적화하는 것이 스마트 공장의 중요한 전제조건으로 인식되고 있다.

UPS(United Parcel Service)의 비밀무기: IoT(사물인터넷) 기반 텔레매틱스(Telematics)

아마존과 같은 거대 유통공룡의 위협에도 꿋꿋하게 미국 물류유통에서 자기 몫을 하고 있는 UPS의 경쟁력은 사물인터넷의 활용이다.

출처: https://www.trucks.com/2017/06/28/ups-slashes-gasoline-diesel-fuel-use/

UPS에서 물류배송을 담당하는 2만 5천대 이상의 트럭에는 모두 200개 이상의 센서가 부착되어 트럭의 현재 운행상태에 대한 정보를 실시간으로 UPS 정보센터로 보낸다. 각 트럭의 운행경로, 브레이크 사용 정도, 후진 여부, 엔진 상태, 공회전 여부 등의 차량 관련 정보들은 실시간으로 UPS의 '주행 중 통합 최적화 및 내비게이션(ORION: On-Road Integrated Optimization and Navigation)'이라는 소프트웨어(analysitic software)로 보내져 분석되고 각 차량에 대한 예방정비, 부품교체 시기, 운전습관에 대한 제안 등 다양한 방식으로 활용된다.

UPS에서는 트럭별로 하루에 1마일만 운행거리를 줄여도 연간 5,000만 달러의 경비가 절감된다. 공회전 시간을 하루 15분 감소시키면 연간 40만 리터의 연료가 절감되며 그만큼 공해물질도 덜 배출된다. 또한, 운행경로 최적화로 트럭의 후진을 감소시켜 사고 발생을 줄여주는 등의 효과도 얻게 된다. 초보적인 형태이기는 하지만 UPS는 사물인터넷과 빅데이터의 결합이 가질 수 있는 생산관리에서의 파괴력을 보여준다.

한국에서 온라인 쇼핑을 하면 택배가 어디까지 왔는지 추적이 가능한 것도 사물인터넷의 초보적 적용이라고 할 수 있다. 우버(Uber) 혹은 카카오 택시 등의 서비스에서 가까이 있는 차를 부르고 목적지까지 가장 빠른 경로를 찾아서 대략적인 요금을 계산해주는 것도 GPS를 통해서 각 차량들의 위치, 각 경로의 혼잡 정도를 계산할 수 있기에 가능하다. 중국의 경우 2019년부터 모든 차량에 RFID 부착을 의무화하여 교통혼잡 개선, 공해 감소, 공공안전 등의 효과를 기대하고 있다. 사물인터넷은 향후 기업들의 생산유통관리를 극도로 효율적으로 만들어 줄 수 있는 경쟁력의 원천이자 핵심기술로 활용될 것으로 보인다.

무인(無人)! 무인(無人)! 무인(無人)!

"맥주 한 캔, 오징어 포! 먹고 싶은데…

머리 안 감은 건 고사하고 세수도 안 했는데! 아 귀찮아"

오밤중에 맥주와 오징어를 먹으려면 모자라도 하나 눌러써야 한다! 왜? 계산하려면 점원이랑 눈 마주치잖아! 그런데 말이지, 자고로 목마른 놈이 우물 판다고… 우리의 고민을 해결해주는 4차 산업혁명! 물론 옆에 지나다니는 사람들까지는 신경 못쓴다. 그러나…

적어도 점원과 진지하게 마주칠 필요는 없다는 것! 역시 언택트(untact: untcontact)의 시대!

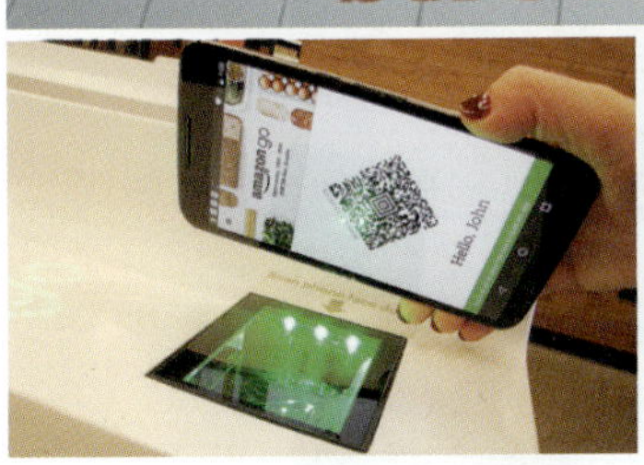

아마존은 2016년 12월 미국 시애틀에 '아마존 고(Amazon Go)'를 선보이며 진정한 무인점포 시대를 시작했다. 입장 전 스마트폰 QR코드로 신원 인증, 그리고 매장에서 원하는 상품을 집어 들고 그냥 나오면 된다. 눈치볼 것 없이 당당하게!! 사물인터넷을 활용한 자동결제!! 수백 개의 카메라와 센서가 구매한 물건을 인식해 자동결제를 한다.

중국의 알리바바는 2017년 7월, 항저우(杭州)에 무인점포 '타오카페(淘咖啡)'를 열었다. 처음 입장할 때 스마트폰 앱을 작동하여 QR코드를 스캔한다. 매장에서 물건을 고른 후 나오면 알아서 안면인식을 해서 결제 알림이 온다. 그리고 계산대를 그냥 통과하면 끝!! 안면인식을 위해서 소비자는 특정구역에 가서 촬영을 할 필요가 없다. 우리가 알고 있는 CCTV와는 차원이 다르다. 매장에 들어가는 순간부터 타오카페의 카메라들은 소비자의 생체정보를 파악하여 매장에 들어갈 때 확인한 신원정보와 매치시킨다. 또한 소비자의 모든 행동을 일거수일투족 추적하는데, 물건을 집어 들 때의 표정과 몸짓까지 분석하여 상품에 대한 호감도와 구매의향까지 파악한다. 이걸 좋은 세상이라고 해야 하나, 무서운 세상이라고 해야 하나?!!

이에 비해 이마트와 같은 우리나라 무인점포는 아직 반쪽짜리! 물건을 고른 후, 바코드 스캔하고, 결제. 사실 무인이라고 하기보다는 '셀프' 서비스! 갈 길이 멀다….

"이런 식으로 무인점포를 확대하는 것이 우리나라 무인점포 시대의 개막이라고 볼 순 없다. 전혀 소비자가 편리하지 않기 때문이다. 대형마트의 셀프 계산대와 다를 바가 없는데, 지금 아무도 셀프 계산대를 4차 산업혁명이라고 하지 않는다. 따라서 무인 편의점의 '셀프 계산'을 일컬어, '4차 산업혁명', '무인화 시대의 도래' 등으로 감히 우러를 수 없다. 우리나라 무인점포는 소비자의 편리성 관점에서 다시 거듭나야 한다."

출처: https://m.post.naver.com/viewer/postView.nhn?volumeNo=16776035&memberNo=15460786&vType=VERTICAL

인공지능(AI) 장착 스마트 쇼핑카트 케이퍼(Caper)

카메라와 센서를 이용해 고객이 물건을 들고 나가면 알아서 결제를 하는 아마존 고(Amazon Go). 그러나 평범한 마트도 아마존 고와 같은 스마트 마트로 변할 수 있는 방법이 있다?

바로 스마트 쇼핑카트!! 케이퍼!

마트에 도착해서 가장 먼저 하는 일은?

쇼핑카트 확보!! 쇼핑카트가 스마트해지면 마트도 스마트해진다!

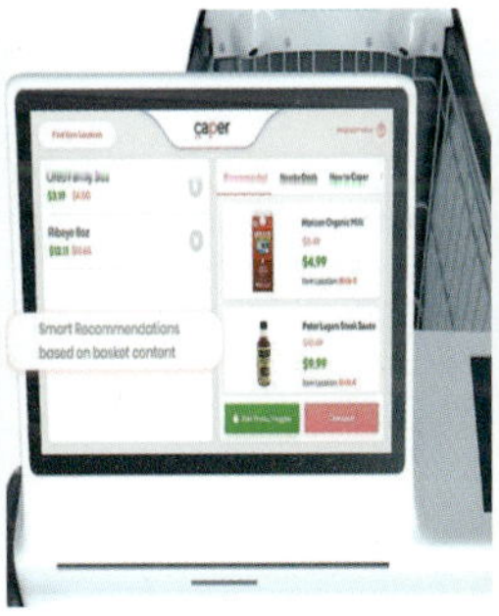

미국기업 케이퍼는 평범한 쇼핑카트에 새로운 기능을 추가해 쇼핑카트를 개발했다.

케이퍼! 너 뭐 할 줄 아니?

- 물건을 담지요!
- 카메라와 센서가 있어서 제품 정보를 인식하고, 화면으로 정보를 보여준답니다! 터치 스크린!
- 제품의 가격과 위치를 알려주고, 제품을 추천해줄 뿐 아니라 레시피까지 알려준답니다!
- 수량뿐 아니라 무게를 측정하는 센서도 있어요. 과일, 야채. 원하는 양만큼 담으면 제가 알아서 인식해요!
- 전 카드 리더기가 있어서 바로 결제를 도와드릴 수 있어요.

- 마지막으로 영수증은 스마트폰으로 전송해드려요!!

케이퍼는 2019년 2월 기준 뉴욕에 있는 2개의 매장에서 사용되고 있으며, 2019년 150개 체인점으로 확장할 계획이다. 가장 큰 장점은 어느 매장에든 적용이 가능하다는 것으로 오프라인 매장 혁신을 주도할 것으로 예측된다.

출처: https://blog.naver.com/jongscokr/221454604944

핵심용어

- 노동생산성
- 전사적 자원계획(ERP: Enterprise Resource Planning)
- 공급사슬관리(SCM: Supply Chain Management)
- 구매 관리(purchasing management)
- 적시 재고관리(JIT: Just-in-Time inventory control)
- 린 생산(lean manufacturing)/도요타 생산 시스템(TPS: Toyota Production System)
- 통계적 품질관리(SQC: Statistical Quality Control)
- 통계적 공정관리(SPC: Statistical Process Control)
- 종합적/전사적 품질관리(TQC: Total Quality Control)
- 종합적/전사적 품질경영(TQM: Total Quality Management)
- 식스 시그마(six sigma)
- ISO 9001/ISO 14001
- 4차 산업혁명
- 스마트 공장
- 빅데이터
- 사물인터넷

연 습 문 제

01 생산성은 무엇을 말하는가?

02 전사적 자원계획(ERP)은 무엇인가?

03 공급사슬관리(SCM)는 무엇을 말하는가?

04 구매관리의 목적을 간략히 기술하라.

05 적시 재고관리(JIT: Just-in-Time inventory control)는 무엇인가?

06 식스 시그마(six sigma)는 무엇인가?

07 향후 4차 산업혁명에 따라 생산/서비스관리가 어떤 변화를 겪게 될까?

CHAPTER

13

회계/재무관리

1. 회계관리의 개념
2. 재무제표
3. 재무관리의 개념
4. 증권시장의 이해

학습목표

- 회계관리란 무엇을 말하는지 명확하게 설명할 수 있어야 한다.
- 재무제표가 무엇인지 설명할 수 있어야 한다.
- 재무관리란 무엇이며, 회계관리와 어떻게 다른지 그 차이점을 설명할 수 있어야 한다.
- 증권시장의 기능은 무엇인지 설명할 수 있어야 한다.

1. 회계관리의 개념

회계(accounting)
회계 시스템(accounting system)

회계(accounting)란? 기업에서 발생하는 경제적 거래를 기록, 분류, 해석하는 일련의 과정이다. 기업에서 발생하는 경제적 거래는 원자재 구매, 보험비 지출, 급여 지급, 제품 판매에 따른 현금 수입 혹은 매출채권 발생, 주주에 대한 이익배당 등 매우 다양한 형태로 나타난다. 일단 거래가 발생하면 공통적인 특성을 가진 거래끼리 분류하고 이를 데이터화시키는데 여기에 쓰이는 방법을 **회계 시스템**(accounting system)이라고 한다.

회계의 주요 목적은?

- 관리자들이 기업의 재무상태와 운영성과를 명확히 평가, 판단하여 올바른 의사결정을 하게 해주는 것이고,
- 세금납부와 신규투자 유치 등으로 기업과 관련된 기타 이해관계자들에게 기업의 사업활동과 관련된 재무정보를 보여주는 것에도 그 목적이 있다.

숫자와 경영은 완전 베프! 경영자는 숫자에 강해야 살아남는다!

기업활동에서 숫자는 절대 빠질 수 없는 핵심적인 부분이다. 오죽하면 경영학의 아버지라고도 불리는 피터 드러커(Peter Drucker)가 "측정할 수 없는 것은 관리할 수 없다."라고 했을까. 즉, 수치화할 수 없다면 그것은 이미 경영관리의 영역이 아니라는 얘기.

고등학교를 다니며 어려운 수학을 포기할 수밖에 없었던 뼈 아픈 '수포(수학 포기)'의 악몽이 있더라도 앞으로의 직장생활, 혹은 창업을 통한 경영자로서의 역할을 꿈꾸고 있다면 수포자로 돌아가서는 안 된다. 기업활동을 숫자로 표현하고, 숫자에 기반한 의사결정을 하는 것은 성공적인 관리자, 경영자의 필수조건!

경영을 숫자로 표현하고, 해석하는 회계/재무에 대한 이해는 경영학의 핵심! 숫자로 경영하라!

출처: https://www.cygnet-infotech.com/blog/5-ways-data-analytics-is-disrupting-business-models

첨단 IT 기업인 구글(Google)에서는 "제 생각에는…(I think that…)"이라는 표현을 금기시한다. 모든 보고와 회의에서의 발언들은 "자료에 의하면…(The data suggest that…)"이라는 식으로 실제 수치정보에 근거해야 하는 것이다. 데이터가 넘쳐나는 시대에 감으로 "그럴 것 같습니다."라고 말하는 것은 당신의 무식함, 무책임함, 게으름을 고백하는 최상의 방법! 오늘날의 기업에서 수치(數値: number)를 모르는 것은 크나큰 수치(羞恥: disgrace)! 숫자에 강한 사람이 되자!

(1) 관리회계

관리회계(managerial accounting)는 경영자가 경영 의사결정을 내리는 데 필요한 회계정보를 제공하는 **내부보고** 및 활용을 위한 회계를 말한다. 따라서 **의사결정회계**라고도 한다.

관리회계(managerial accounting)
내부보고
의사결정회계

관리회계는 기업 내부의 요구에 따라 포함되는 회계정보나 집계방식이 기업별로 상이할 수 밖에 없다. 경영층이 원하는 정보가 시계열별 생산, 판매 현황의 변화라면 날짜별 집계에 초점을 맞춰 관리회계 작업을 하기도 하고, 혹은 제품별, 지역별 정보에 집중하기도 한다. 따라서 새로운 CEO가 선임되는 경우 관리회계 방식에 큰 변화가 생기기도 한다. 그러나 대부분의 경영자가 신경쓰는 가장 대표적인 정보는 **원가정보**(cost information)이다.

원가정보(cost information)

관리회계의 기능은

- 기업의 각종 비용을 책정 · 보고하고,
- 예산을 편성하여 주어진 예산 안에서 잘 통제되고 있는지 여부를 확인하며,
- 세금을 줄이는 전략을 모색하는 것이다.

(2) 재무회계

재무회계(financial accounting)
외부 이해관계자

재무회계(financial accounting)는 관리회계와는 달리 내부경영자가 아닌 **외부 이해관계자**를 위해 작성되는 것이다. 따라서 주주, 경영진, 직원뿐만 아니라 투자자, 고객, 공급자, 정부기관, 일반 대중에게도 공개된다. 재무회계정보로 기업의 수익성 및 성장성을 파악할 수 있다. 종합적 재무정보 보고서의 형태로 기업 규모에 따라서 1년에 1회 혹은 4회 외부에 공개된다.

다트(DART)
전자공시시스템

모든 기업들의 재무정보는 다트(DART)에!

투자적격 여부, 거래처 사업현황, 이직할 회사의 성장가능성 등에 대한 고민이 있어서 해당 기업에 대한 정보를 확인하고 싶다. 어디로 가야 할까?

금융감독원의 전자공시시스템(http://dart.fss.or.kr)에 가면 대한민국에 있는 중소규모 이상의 기업에 대한 다양한 내용들이 다 나온다. 이것이 DART(Data Analysis, Retrieval, and Transfer) 시스템.

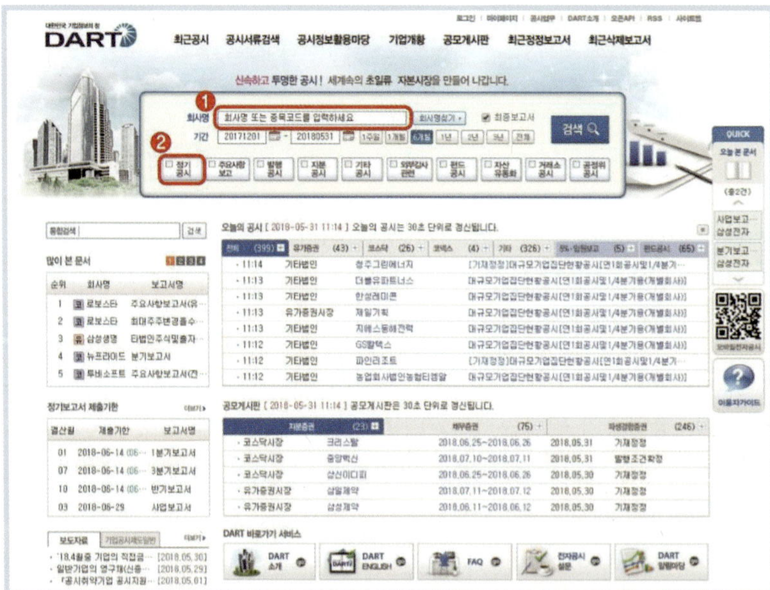

출처: https://m.post.naver.com/viewer/postView.nhn?volumeNo=17106764&memberNo=909494&vType=VERTICAL

DART에는 매년 3만 건 이상의 재무제표 등의 기업정보들이 공시된다. 이는 '주식회사의 외부감사에 관한 법률(일명 외감법)'에 따른 것으로 국내에서 활동하는 모든 주식회사들은 의무적으로 회계정보를 공시해야 한다.

그러나 2018년 11월 외감법 개정 이전 국내에서 활동하는 글로벌 기업들의 재무제표는 DART에 없었다!

2017년, 4조 7천억 원의 매출에 의거하여 4천억 원 이상의 세금을 납부한 네이버에 비하여 국내 매출액이 5조 원 이상일 것으로 추정되는 구글의 경우 꼴랑 200억 원 정도의 세금을 냈다는 것이 국회에서 분노를 일으키며 외감법 개정이 시행되었다.

(개정 전) '주식회사의 외부감사에 관한 법률'
(개정 후) '주식회사등의 외부감사에 관한 법률'

개정 전후의 차이점은? 바로 '등' 한 글자!! 이게 아주 중요하다. 왜??

유한회사

외감법의 허점을 파고들어 애플, 구글, 오라클, 루이뷔통, 샤넬, 이케아 등 대부분의 글로벌 기업들이 정보 공시의 대상이 아닌 '유한회사'의 형태로 한국에 진출하여 매출을 공개하지 않고 세금을 회피해 왔기 때문이다. 그래서 바로 이 '유한회사'도 포함되는 거다!라는 의미에서 '등'을 붙인 것!! x샘통!!

이렇게 고쳐놨더니만…

그런데 요것 봐라!!

2023년 공개된 구글코리아 감사보고서를 보니,

네이버, 카카오의 연 매출이 8~9조인데 구글 2022년 매출이 3,449억, 같은 기간 영업이익이 278억이라네? 게다가 영업이익이 5.4% 줄었다고 떡!!하니 보고를 해놓았다.

글로벌 빅테크라는 구글 한국법인 구글코리아가?

이유를 살펴본 즉, 주 수익원인 구글플레이 수수료 매출이 제외되어 있기 때문.

왜?

구글코리아 서버가 한국이 아닌 해외에 있어서 앱 마켓 수익이 구글코리아가 아닌 싱가포르 소재 구글아시아퍼시픽 매출로 기록되고 거기서 세금을 낸다. 구글이 인앱 결제 수수료로 얻은 매출을 구글 아시아퍼시픽으로 귀속시켜 매출을 또 숨기는 꼼수를 부리는 것! 킹 압쌉!!

법인세

2022년 네이버와 카카오가 지불한 법인세는 각각 4,105억 원, 2,418억 원.

구글코리아가 지불한 법인세는 170억 원. 미치고 환장할 노릇이다. 이에 2022년 방송통신위원회(방통위)가 사업자 부당행위 사실조사에 착수했다. 만약 방통위가 구글에 과징금을 물리면 구글이 한국에서 벌어들인 매출이 처음으로 공개될 전망이다.

참조: Newsis; m.post.naver.com/viewer/postView.nhn?volumeNo=16854067&memberNo=11567548&vType=VERTICAL

세무회계(tax accounting)
과세소득

(3) 세무회계

세무회계(tax accounting)는 기업회계기준에 따라서 측정된 기업이익에 대하여 세법의 규정에 따라 **과세소득**을 측정하는 과정을 말한다. 세무회계의 목적은 법인이 일정 사업연도 동안에 얼마만큼의 소득을 얻었는지를 계산하고, 법인이 내야할 법인세액을 계산하여 이를 토대로 국세청에 납세 자료를 제공하여 법인세를 납부하는 것이다. 이러한 업무는 보통 공인회계사나 세무사가 담당한다.

왠지 공인회계사(CPA) 하면 폼난다! 재무와 회계관련 업무의 전문가로 인정받는 CPA

공인회계사(CPA: Certified Public Accountant)는 회계, 세무, 재무 등 회계에 관한 모든 업무를 담당하는 전문가로 국가 자격시험을 통하여 매년 9백 명에서 천 명 정도를 선발한다.

CPA는?

회계자격증으로 CFO(Chief Financial Officer)로 진출이 가능하고, 자격 취득 즉시 회계전문가로 인정받는다. 연봉도 높은 데다가 연봉 상승 기대치 매년 15~20%.

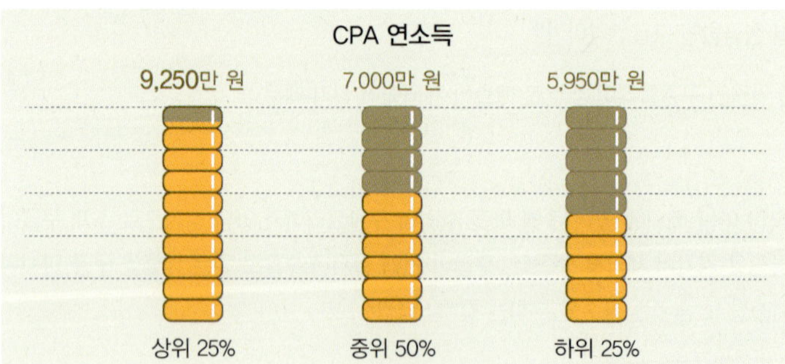

자료: 한국직업능력개발원

출처: https://blog.naver.com/bace83/220954859919

국내 4대 회계법인

CPA는 회계법인에서 커리어를 시작하게 되는 경우가 많다. 외감법에 의한 회계정보 공시, 감리 등이 개인을 통해서보다 회계법인을 통해서 이뤄지기 때문이다. 빅4라고도 하는 국내 4대 회계법인은 삼일PwC, 딜로이트 안진, 삼정KPMG, EY한영으로 세계적 컨설팅 회사들과 제휴되어 회계재무 관련 업무와 함께 경영자문도 제공한다.

CPA들은 이들 회계법인에서 회계감사(auditing service), 재무자문(FAS: Financial Advisory Service), 세무자문(TAS: Tax Advisory Service) 등의 업무를 수행한다.

회계감사사(auditing service)
재무자문(FAS)
세무자문(TAS)

그러나!

4차 산업혁명 시대의 도래로 20년 이내 사라질 가능성이 높은 직업에 든 회계사.

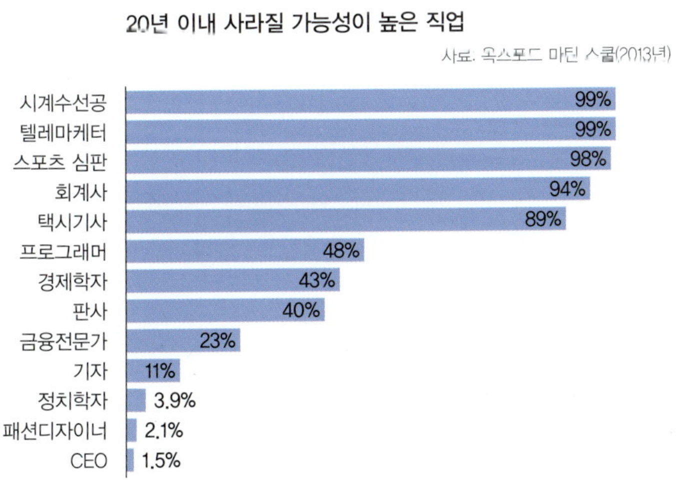

출처: http://news.mk.co.kr/newsRead.php?year=2018&no=170871

우리가 지금 죽자사자 목을 매고 하려고 하는 회계사도 없어질지 모른다니 우린 뭐 해 먹고 살아야 하나? 그런데 이 와중에 금융위는 2018년 11월 공인회계사자격제도 심의위원회를 거쳐 2019년도 공인회계사 최소 선발인원을 1,000명으로 증원 결정! CPA가 향후 어떤 커리어로 남을지는 조금 더 두고봐야 할 듯.

"5명씩 나가서 했던 재고조사를 드론이 대신하고, 영수증이 잘못된 것도 기계로 스캔하면 3초 안에 끝나는 시대다. 미래를 생각하면 회계사 증원은 결코 현명한 결정이 아니다"라며 회계사들은 정부의 공인회계사 증원 계획에 집단으로 반기를 들고 있다. 확실한 것은 미래의 회계사는 데이터의 흐름을 이해하고, 분석하고, 판단하는 능력도 필요하다는 것이다.

출처: http://news.kmib.co.kr/article/view.asp?arcid=0924042171&code=11151100&cp=nv

2. 재무제표

재무제표(financial statements)

재무제표(financial statements)는 영업보고서 혹은 사업보고서라고도 하는데 기업이 특정기간 동안 얼마나 영업을 잘 했는지를 나타낸다. 한 기업의 재무제표를 검토해보면 해당기업의 재무건전성, 수익성, 성장가능성 등을 파악할 수 있다.

기업의 건강진단서, 재무제표!

요즈음엔 결혼을 할 때 상대방의 건강진단서를 떼어오라는 요구를 하는 경우도 있다고 한다. 처음에는 황당하게 들릴지 모르지만 상대방의 건강상태는 향후 수십 년간 당신의 미래에 중요한 영향을 미친다. 기업에도 건강진단서가 있다. 바로 재무제표! 재무제표를 보면 기업의 건강상태를 판단할 수 있다!

신입사원 김모 군. 힘들게 A 기업에 들어간 지 일주일만에 숙제를 받았다. B 기업이랑 거래를 해도 될지 안 될지 보고하라는 것!

"내가 A 기업 직원이지 B 기업 직원인가? 거래를 할 만한 기업인지 아닌지 내가 어떻게 아냐고? 나보고 어쩌라고!"

고민고민해도 도저히 모르겠다. 에잇! ×팔리지만 작년에 회사생활을 먼저 시작한 여자친구 이모 양에게 전화를 걸었다.

김 군: 우리 팀장이 나한테 B 기업이랑 거래해도 될지 안 될지 보고하래. 어떻게 해야 하지?

이 양: 아직 그것도 모르냐? 재무제표!

김 군: 그거 어디서 찾는 거야? 전화 걸어서 달라고 하면 막 주나?

이 양: 금감원 사이트!

김 군: … (우씨, 이러다가 회사에서도 짤리고 여친한테도 짤리는 거 아냐?)

이 불쌍한 김모 군이 회계재무를 조금만 미리 공부했었다면 이렇게 모양새 빠지는 상황에 처하지는 않았을 것! 국내의 어떤 기업이라도 어느 정도 규모가 된다면 금감원의 DART(전자공시시스템)에 가보면 기업의 재무구조, 사업현황 등을 종합적으로 파악할 수 있다.

재무제표는 재무상태표(구 대차대조표), 손익계산서, 현금흐름표, 자본변동표, 주석으로 구성되는데, 회사의 기본적 재무구조나 사업현황은 재무상태표, 손익계산서, 현금흐름표를 보면 알 수 있다.

(1) 재무상태표

재무상태표(statement of financial position)가 예전에는 **대차대조표**(balance sheet)로 불리웠었다. 나이가 좀 든 관리자들은 지금도 대차대조표라고 부르니 바로 알아듣도록 하자. 특정시점 기업의 재무상태를 나타내는 것으로 기업이 얼마를 소유하고, 얼마를 빚지고 있는지 알려주는 보고서로 재무상태표를 보면 그 기업의 자산, 부채, 자본현황이 나온다.

재무상태표(statement of financial position)
대차대조표(balance sheet)

자산(assets) = 부채(liabilities) + 자본(owner's equity)

자산(assets)

● **자산: "기업의 재산"**

- 자산은 기업이 수익사업을 하기 위해 사용할 수 있는 유무형의 재산이다.
- 1년 이내에 현금으로 바꿀 수 있는 ① **유동자산**(current assets)과 현금으로 바꿀 수 없는 ② **비유동자산**(non-current assets)이 있다.

유동자산(current assets)
비유동자산(non-current assets)

• 유동자산의 예: 현금, 예금, 매출 채권, 유가증권
• 비유동자산의 예

- 고정자산(fixed assets): 토지, 건물, 금전신탁, 정기예금 등 장기자산
- 유형자산(tangible assets): 영업활동을 위해 소유하고 있는 자산, 토지, 건물, 선박 등
- 무형자산(intangible assets): 실물은 없지만 가치가 있는 장기자산으로 특허권, 상표, 저작권, 영업권 등

유동부채(current liabilities)
고정부채(fixed liabilities)

● **부채: "빚"**

- 부채(빚)도 자산에 속한다. 무슨 소리냐고? 자동차 할부금이 2년이 남았어도 내 차인 것과 같은 이치
- 1년 이내에 갚아야 하는 ① **유동부채**(current liabilities)와 1년이 지나서 갚아도 되는 ② **고정부채**(fixed liabilities)가 있다.
  - 유동부채의 예: 외상매입금, 단기차입금
  - 고정부채의 예: 장기 차입금

자본

● **자본: "내 돈"**

- ① 기본 밑천(자본금) + ② 사업하면서 생긴 이익금(이익잉여금) + ③ 기타 자본거래에서 발생한 이익금(자본잉여금) + ④ 자본금, 이익잉여금, 자본잉여금 중 한 가지에 결부시키기 곤란한 항목: 파생상품 손익, 해외사업 환산차 등(자본조정)

*해외사업 환산차란? 해외지점, 해외사업소의 외화표시 자산, 부채, 손익항목을 원화로 환산할 경우 발생하는 환산 손익

부채비율
재무건전성

- 기업의 주체인 내가 투자한 금액인 자본을 자기자본, 부채를 타인자본으로 부르기도 한다.
- 따라서 회사의 자산은 내 돈인 자기자본과 남의 돈인 타인자본의 합! 자기자본 대비 타인자본의 비율을 **부채비율**이라고 하며, 부채비율은 **재무건전성**의 척도가 된다.

재무상태표에서 체크해야 할 사항은?

- 빨리 현금화할 수 있는 유동자산 보유도가 얼마나 높은지 확인할 것!
- 부채가 얼마나 되는지, 증가하고 있는지 혹은 감소하고 있는지를 살필 것!
- 사업하면서 생긴 이익금인 이익잉여금의 비중을 확인할 것!

재무상태표 이해하기!

다음의 정보로 재무상태표를 만들어보자.

기업 A의 현재 재무상태: 자본금 100만 원, 현금 120만 원, 장기차입금 50만 원, 이익잉여금 40만 원, 외상매입금 80만 원, 자본잉여금 100만 원, 매출채권 100만 원, 금전신탁 100만 원, 특허권 50만 원.

재무상태표 작성법: 왼쪽에 유동자산, 비유동자산을 기록하고, 오른쪽에 유동부채, 고정부채, 자본 순으로 기록한다. 자산과 부채의 구성항목은 빠르게 현금화 할 수 있는 순서대로 배열한다. 왼쪽 자산을 기록하는 부분은 차변이라 일컫고, 오른쪽 부채 + 자본을 기록하는 부분은 대변이라고 칭한다. 차변(자산)과 대변(부채+자본)의 합계액은 일치해야 한다.

㈜ A 재무상태표

(단위: 원)

유동자산	**2,200,000**	**유동부채**	**800,000**
현금	1,200,000	외상매입금	800,000
예금	—	단기차입금	—
매출채권	1,000,000	**고정부채**	**500,000**
유가증권	—	장기차입금	500,000
비유동자산	**1,500,000**	**자본**	**2,400,000**
고정자산(금전신탁)	1,000,000	자본금	1,000,000
유형자산	—	자본잉여금	1,000,000
무형자산(특허권)	500,000	이익잉여금	400,000
합계	3,700,000		3,700,000

법인카드

법인카드는 법인에 발급되는 신용카드로서 기업에서 경비 사용의 투명성을 높이기 위해 도입되었다. 2001년부터 법인카드의 사용이 확대되어 물품 구매대금, 접대비, 복리후생비, 보험과 차량 관련 비용, 기타 교육비, 광고비 등을 결제할 수 있다.

회사에서는 거래처 선물, 임직원 포상 등을 위해서 상품권을 구입하는 일이 꽤 많다. 상품권은 원칙적으로 카드로 구매할 수 없는 상품이지만 가능한 카드가 있으니 그것은 바로 '법인카드!' 이는 기업의 접대비 때문에 특별히 내려진 조치이다. 접대비는 기업들이 사업활동을 하며 사업을 위해 지출하는 비용으로 상품권은 구매 시점에서 세금계산서 발행이 불가능하다. 따라서 법인 입장에서는 접대비용으로 상품권을 구매하면서 이를 증명하기가 힘들다. 이것을 해결해주는 것이 바로 신용카드 영수증. 세금계산서와 동일한 효력을 가지기 때문에 증빙자료로 활용이 가능하다.

세금계산서는 제품을 공급하고 이에 부가가치세를 포함하여 거래를 하였다는 것을 증빙할 수 있는 문서로 기업회계에서 반드시 필요한 문서이다.

회계의 시작은 증빙! 적격증빙이 없으면 회계처리 못한다!

우리의 신입사원 김 군 다시 등장! 법인카드가 없어서 사무용품을 사고 현금으로 결제한 후 소득공제용 현금영수증을 발급받아서 회계팀에 제출했다. 회계팀에 청구할 거라서 사무용품 많이 샀다. 신나게! 그리고 회계팀에 가서 당당하게 비용처리 해달라고 요청!

그런데…

안 해준다! 이 지출품의서는 거절!

아, 왜?

나한테 왜 이러는데? 그럼 피같은 내 돈은? 억울해서 돌아버릴 것 같은 김군.

"영수증 제출했지 말입니다! 제가 떼먹은 게 아니지 말입니다!"

도대체 왜 안 해주는 걸까? 뭐가 잘못된 걸까?

그것은 바로 우리의 어리버리 김군이 기업에서의 회계처리를 위한 적격증빙을 제출하지 못했기 때문!

기업의 회계처리를 위해서는 거래에 대한 명확한 증거가 있어야 한다. 법인카드나 개인카드의 신용카드 매출전표는 모두 회계처리가 가능한 적격증빙이다. 사업자가 발행한 세금계산서도 적격증빙. 그러나 현금영수증의 경우에는 기업을 위한 지출증빙 현금영수증만 기업의 회계에서 비용에 대한 증빙으로 인정된다. 우리가 흔히 커피숍 등에서 받는 소득공제 현금영수증은 개인의 세금공제를 위한 것이지 기업의 회계에는 포함될 수 없기에 부적격! 간이영수증이나 거래명세서도 마찬가지. 이런 거 제출하고 비용처리해달라고 했다가는 회계팀, 경리팀 가서 엄청 깨진다. 팀장에게는 또 찍힌다.

다시 한번 아는게 힘! 영수증 잘 챙기자!

무슨 영수증?

'기업을 위한 지출증빙 현금영수증!' 안 외워지면 그냥 속 편하게 신용카드 쓰자!

적격증빙

(2) 손익계산서

손익계산서(income statement)는 일정 기간 동안의 수익, 비용, 지출을 모두 나타낸 보고서로서 수익과 비용을 비교하여 기업의 이익과 손실이 얼마인지, 즉 기업이 장사를 얼마나 잘했는지 못했는지를 나타내 주는 경영성과표.

손익계산서(income statement)

- **매출액(sales, revenue)**: 상품, 서비스 판매로 벌어들인 돈. 기업 대부분의 수익은 매출에서 나온다.
- **영업이익(operating profit)**: 매출액에서 상품 제조에 들어간 원가를 뺀 것이 **매출총이익(gross profit)**. 그 매출총이익에서 판매비, 관리비(판관비)를 빼면 영업이익. 영업이익률은 기업의 경쟁력에 매우 중요한 요소이다. 삼성전자 갤럭시 시리즈의 영업이익률이 보통 매출 대비 10% 초반에 머무르는 반면 애플 아이폰의 경우 30%를 훌쩍 넘는다. 이것이 삼성이 글로벌 1위의 스마트폰 매출 대수를 보임에도 불구하고 애플보다 대접을 못 받는 이유!!
- **당기순이익(net income)**: 상품, 서비스 판매로 거둔 영업이익 + 건물을 팔고 받은 돈, 돈 빌려주고 이자로 받은 돈, 투자해서 받은 배당금 등 회사에서 거둔 영업 외 수익을 전부 더하면 **세전 순이익(net income before taxes)**, 여기에 정부에 낸 세금(법인세)을 빼면 당기순이익.

매출액(sales, revenue)
영업이익(operating profit)
매출총이익(gross profit)
당기순이익(net income)
세전 순이익(net income before taxes)

▶ 매출액은 상승했는데 영업이익은 감소했다?
→ 엥!! 팔아서 번 돈보다 팔려고 들인 돈이 더 크다는 의미!

"사업 때려치워야 하나? 삶의 고민이 시작된다."

▶ 영업이익은 많이 났는데 당기순이익이 감소했다?

→ 영업이익이 많아도 이자나 세금을 우장창 때려맞으면 당기순이익은 감소한다!

▶ 장사를 못 해서 영업이익이 바닥을 쳤는데 당기순이익이 늘었다?

→ 가지고 있던 건물 팔면 영업이익이 안 나도 당기순이익은 증가한다!! 그래서 장사 못하는 기업들이 가끔 본사 건물 팔고 서러운 셋방살이에 돌입한다.

손익계산서에서 체크해야 할 사항은?

- 매출액이 늘었나 줄었나를 보면 기업의 성장 여부를 알 수 있다!
- 영업이익은 실제로 장사를 해서 얼마나 남았나를 보여주는 것으로 기업 운영이 제대로 되고 있는지를 판단하는 기준이 된다!
- 당기순이익만 봐서는 실적이 좋아진건지 나빠진건지 알 수 없다! 매출액, 영업이익, 당기순이익 모두를 봐야 한다!

손익계산서 실전연습

다음의 정보로 손익계산서를 만들어보자.

기업 B의 현재 재무상태: 매출 2백만 원, 매출원가 80만 원, 판매관리비 90만 원, 영업외비용 10만 원, 세금 10만 원

㈜ B 손익계산서 (단위: 원)

매출액	2,000,000
매출원가	−800,000
매출총이익	1,200,000
판매관리비	−900,000
영업이익	300,000
− 영업외수익	−
− 영업외비용	−100,000
경상이익	200,000
세전순이익	200,000
세금	−100,000
당기순이익	100,000

*경상이익(ordinary profit)이란? 영업이익에 영업외수익(수입이자 및 할인료 등)을 가산하고 영업외비용(지급이자 및 할인료 등)을 공제하여 계산한다.

경상이익 = 영업이익 + 영업외수익 − 영업외비용

숫자 정보는 제대로! 프로답게! 간지나게! 전달하자.
직장인의 운명을 바꾸는 숫자 커뮤니케이션!!

팀장의 지시에 따라 B 기업과 거래해도 좋을지 알아보려다가 회사와 여친 모두를 잃을지도 모르는 위기에 처한 신입사원 김모 군. 어찌어찌하여 금감원 DART에 접속하여 B 기업의 재무제표를 확인할 수 있었다. 그러고는 팀장님께 자신 있게 보고!

김 군: 팀장님, 제가 방금 전자공시시스템, 디에이알티(DART)에 가서 확인해보니 B 기업이 돈도 엄청 많고, 요즘 돈도 잘 벌어서 망할 것 같지 않지 말입니다. 그냥 거래해도 될 것 같지 말입니다!

팀장: … (헉! 이걸 찔라 말아…)

재무제표의 정보를 이렇게 어리버리하게 전달하면 입사한지 얼마 안 되었지만 명퇴 일순위 대상으로 찍힌다. 이 무식함으로 인해 여친 이 양에게도 명퇴당한다. 회사생활에서는 숫자에 강하게! 그리고 아는 것을 아주 프로스럽게! 폼나게! 전달하는 것이 중요하다. 아래와 같이 성공적인 숫자 커뮤니케이션을 하자.

김 군: 금감원 DART에서 재무제표를 확인한 결과 B 기업은 부채비율이 35.7%로 재무건전성이 높은 안정적인 기업입니다. 이런 탄탄한 재무구조뿐 아니라 유동비율도 482.5%로 동종업계 최고의 수준을 유지하고 있으며, 최근 3년간 매출총액과 영업이익이 모두 매년 10% 이상의 수준으로 지속적 상승 패턴을 보이고 있어 수익성과 미래 성장가능성도 매우 양호합니다. B 기업과 거래를 하면 우리 회사 영업실적에도 큰 도움이 될 것으로 보입니다.

> 팀장: 아주 좋아! 신참이라 걱정했는데 수고했어! (팀장, 아주 흐뭇. 확실하게 눈도장 찍은 김 군)
>
> 사실 전자의 김 군과 후자의 김 군이 보고한 내용은 B 기업의 안정성, 수익성, 성장가능성에 대해서 동일한 정보를 제공하고 있다. 그러나 얼마나 정확한 수치와 제대로 된 재무회계 용어를 활용하느냐에 따라서 김 군에 대한 역량평가는 180도 달라진다. 경영은 숫자! 숫자 정보를 간지 나게! 커뮤니케이션하자!

(3) 현금흐름표

현금흐름표(statement of cash flows)

현금흐름표(statement of cash flows)는 기업에 들어오고 나가는 현금의 차이를 보여준다. 당기순이익이 좋아도 현금이 없으면 부도날 수 있다. 원활한 현금흐름은 기업의 운영상태를 판단할 수 있는 잣대! 기업의 현금흐름은 아래 세 가지 활동과 관련하여 발생한다.

- 영업: 사업을 운영하는 것과 관련된 현금 거래
- 투자: 기업의 투자 활동을 통해 사용되거나 유입되는 현금
- 재무: 채권/주식 발행으로 유입된 현금 혹은 과거 발행 채권의 상환, 배당 지급 등에 사용된 현금. 즉, 돈을 빌리고 갚은 항목

현금흐름이 플러스인지 마이너스인지 확인하면 된다. 돈이 들어오면 플러스, 돈이 나가면 마이너스.

영업현금흐름
투자현금흐름
재무현금흐름

- **영업현금흐름**이 플러스이면 영업을 잘 해서 돈을 벌어 현금이 술술 잘 들어오고 있다는 기분 좋은 신호!
- 투자를 꾸준히 하는 경우 현금이 나가기 때문에 마이너스로 표시. 기업의 상황이 안 좋아 보유하고 있는 자산을 팔면 현금이 들어와서 플러스. 따라서 **투자현금흐름**은 마이너스인 것이 좋다!
- 돈을 빌리면 현금이 들어오기 때문에 플러스, 빚을 갚으면 현금이 나가기 때문에 마이너스. 따라서 **재무현금흐름**도 마이너스가 좋다!

사람은 동맥경화, 기업은 돈맥경화 조심!

돈맥경화가 오면 기업은 흑자도산!

재무제표 중에서도 거래를 해도 좋을지, 매출채권 회수에 문제가 없을지를 판단하는 데 중요한 것이 현금흐름표이다. 여기에서 유동비율을 확인하고 이 기업이 과연 이자, 외상매입금, 단기 운영자금소요 등을 모두 감당할 자금여력이 있는지 확인해야 하는 것이다.

현금흐름이 안 좋은 경우, 소위 기업의 돈줄이 막히는 유동성 위기인 '돈맥경화'가 오면, 매출이 증가하고 사업실적이 좋은 기업도 들어오는 만기어음이나 지급이자를 내지 못해 도산하게 되기도 한다. 말 그대로 돈도 잘 벌고 있으면서 흑자상태로 도산을 맞게 되는 것이다. 마치 100억 원 상당의 건물을 가지고 매월 5천만 원씩의 임대료 수입을 올리는 건물주가 만기가 돌아온 은행대출 10억을 갚지 못해 100억짜리 건물이 경매에 넘어가는 황당한 상황을 맞는다. 따라서 기업은 항상 200% 이상의 유동비율을 유지하여 자금수요에 대비하고 현금흐름을 원활하게 만들어야 한다.

이외에 살펴 볼 것은

- **유동비율(Current Ratio)**: 1년 이내에 갚아야 되는 유동부채를 갚기 위해 자산을 현금화시킬 수 있는 기업의 능력
- **부채비율(Leverage(debt) Ratio)**: 영업활동을 할 때 다른 사람의 자본에 얼마나 의존하고 있는지를 측정하는 것으로 총부채/자기자본으로 계산한다.

유동비율(current ratio)
부채비율(leverage(debt) ratio)

– 유동비율은 높을수록, 부채비율은 낮을수록 좋다!
– 부채비율이 100을 훌쩍 넘어간다? 돈 빌려줬다가 못 받을 확률이 아주! 아주!! 높다.

숫자는 거짓말을 하지 않는다?

회계의 적: 분식회계의 유혹!

데이터에 기반, 숫자를 바탕으로 확률을 높이는 야구를 하는 SK의 트레이 힐만(Trey Hillman) 감독.

그는 말했다. "숫자는 거짓말을 하지 않는다."고. 시즌 중 메이저리그식의 극단적 수비 시프트, 투수 교체, 대타 기용 등 게임 전반에 걸쳐 데이터를 토대로 작전을 펼친다. 스포츠에서도 숫자경영은 된다!

그런데 기업에서의 숫자는 "숫자가 거짓말을 참 잘하더라."는 영 다른 불편한 진실을 보여준다. 분식회계를 통한 숫자의 거짓말!! 숫자는 거짓말을 안 해도 숫자를 적는 사람들은 거짓말을 한다.

분식회계

분식회계란? 분식이란 여자들이 화장을 할 때 분으로 예쁘게 얼굴을 꾸미는 것으로 분식회계란 회계장부에 화장을 시키는 것. 즉, 회사의 실적을 좋게 보이게 하기 위해 회사의 장부를 예쁘게 조작하는 것을 말한다. 이익을 고무줄처럼 쉽게 늘였다 줄였다 하는 것에 빗대어 '고무줄 회계'라는 말도 생겼다.

출처: https://m.post.naver.com/viewer/postView.nhn?volumeNo=15763604&memberNo=40258112&vType=VERTICAL

- 매출이 줄면 투자자들은 투자를 안 하고, 돈 빌려준 사람들은 돈 갚으라고 성화를 한다. 이때 기업은 유혹을 느낀다. 회계장부 숫자를 좀 고쳐볼까? 가공의 매출을 기록해서 사업을 잘한 것처럼 보이게 만들기 위해 숫자를 고치는 순간 바로 분식회계라는 늪으로 빠지게 된다. 그래서 재무제표에서 특히 과다하게 잡혀 있을 수 있는 매출채권과 재고자산을 주의해서 보라는 말도 나온다.

'역'분식회계

- 그럼 분식회계는 사업이 잘 안 될 때에만 발생할까? 사업이 너무 잘 돼서 이익이 많으면 세금이 아주 많이 나온다. 근로자들은 월급 올려달라고 난리를 친다. 눈엣가시 같은 직원들 짜르는 구조조정도 하고 싶

은데, 사업 실적이 좋으면 그러기도 좀 뭣하다. 이때 세금도 덜 내고 미래에 성과를 좋게 하기 위해서 숫자를 줄이는, 즉 손실을 한꺼번에 잡는 것도 분식회계이다. 이른바 빅배스(Big bath)회계. 우리 회사 완전 어렵거든요! 그러니까 세금도 깎고… 명퇴도 대량으로~ (완전 엄살, 눈가리고 아웅…)

빅배스(Big bath)회계

- 회사임원이 회사 자금을 빼돌리고 회계장부에 기업의 생산장비, 원자재 구매에 그 돈을 썼다고 장부에 적는다면? 그것도 분식회계이다.
- 때로는 조직적으로 가공의 회사인 페이퍼 컴퍼니(paper company)를 만들어 그 회사에 매출, 투자 등의 활동을 하기도 한다. 완전히 짜고치는 고스톱! 숫자로 거짓말을 하기 위해 엄청난 초인간적 팀워크를 발휘한다.

페이퍼 컴퍼니(paper company)

기발한 회계(creative accounting)! 엔론의 마법!

"엔론은 에너지를 종이 위 숫자로 만들어 선물시장에 내놓는 마법을 썼다. 여기에 미국 최고 회계법인 아서 앤더슨의 도움으로 분식회계의 요술 방망이를 두들겼다. 숫자만으로 에너지를 사고팔기 때문에 조작이 가능했다."

출처: https://kin.naver.com/qna/detail.nhn?d1id=6&dirId=61302&docId=46871836&qb=7JeU66Gg7YyM7IKw&enc=utf8&section=kin&rank=1&search_sort=0&spq=0&pid=T/Ez5wpVuF4ssu/Mag4sssssus-400798&sid=lvbh07bN84k7w92BM0zZsw%3D%3D

미국의 대표적 에너지 회사였던 엔론(Enron)은 전 세계 40개국에 2만 2천 명 직원 보유, 2000년 기준 시가총액 660조 원, 유명경제잡지 포춘(Fortune)이 1996년부터 6년 연속 미국에서 가장 혁신적인 기업으로 선정, 미국의 7대 대기업으로 '일하기 좋은 100대 회사'에 꼽히기도 했던 기업. 그러나 2001년 1조 5천억 원 규모의 분식회계가 드러나면서 그해 12월 파산! 당시 분식회계를 도와주었던 아서 앤더슨이라는 세계적인 회계법인도 함께 공중분해되고 말았다.

이때 유행했던 용어가 창조적 혹은 기발한 회계(creative accounting). 오늘날의 기업들에 창조와 혁신은 매우 중요하다. 그러나 회계에서 그 창조성을 발휘하면 큰일 난다! 기존의 룰을 지키는 듯하면서 알고 보면 변칙적, 반칙적으로 사기, 부정을 하게 만드는 회계상의 창의성? 옳지 않아! 옳지 않아~~!! 이거 잘못하면 감방으로 직행!

그룹토론문제

(1) 수많은 기업들이 분식회계 문제로 곤혹을 치뤘다. 그럼에도 불구하고 분식회계 문제는 끊임없이 나오고 있고, 눈가리고 아웅식으로 행해지고 있다. 걸리면 재수 없는 경우로 치부한다. 왜 분식회계는 계속 일어나는가? 분식회계 문제를 해결할 수 있는 실질적인 방안에는 어떤 것들이 있을지 논의해보자.

분식회계! 이거 도대체 왜 자꾸 일어나는 걸까??

- 물론 가장 큰 본질적인 이유는 인간의 욕심, 비윤리적 사익추구!
- 하지만 문제는 산업, 기업에 따라서 적용되는 회계기준이 다르다는 점에도 있다. 기준을 적용하고 해석하는 방식이 달라질 수 있으니 금감원은 분식회계라고 하고, 기업들은 아니라고 빡빡 우기는 것이다.
- 또한, 회계사는 회계전문가지 해당 산업의 전문가가 아니다. 예로 재고자산이나 공사 진행 정도를 부풀리는 경우 회계사가 이를 일일이 확인할 수는 없다. 그냥 그러려니 하고 믿는 수밖에.

분식회계는 다수를 속이는 범죄행위이다. 분식회계란 용어가 너무 포장되어 있다며 요즈음에는 '회계사기' 라는 용어를 많이 사용한다. 자본주의와 기업경영에서 게임의 룰이라고 할 수 있는 회계재무 정보를 조작하는 것은 상당히 심각한 범죄라는 인식의 전환이 필요하다.

3. 재무관리의 개념

재무관리(financial management)

재무관리(financial management)는 기업의 자금을 조달, 투자, 관리하는 기능으로 예산안을 준비하고, 현금흐름을 분석하고, 기업의 다양한 자금 지출을 계획하는 일을 포함한다. **재무관리**라 함은 이러한 일련의 활동을 통하여 기업 가치를 극대화하기 위해 기업재원을 관리하는 업무이며, 재무관리자(financial managers)는 회계사들이 준비한 재무 데이터를 검토하고, 고위 임원들에게 기업의 재무 성과를 개선할 전략을 조언한다.

3.1 재무계획

재무계획

재무계획은 기업에 유출, 유입되는 현금흐름을 분석하는 것으로 기업의 수익성을 극대화하고 자금을 효율적으로 이용하는 데 그 목적이 있다.

(1) 재무수요예측

- **단기예측(Short-term Forecast)**은 일 년 이내의 기대 판매량, 예상 판매수익 등을 예측하는 것 — 단기예측(short-term forecast)
- **장기예측(Long-term Forecast)**은 향후 5년에서 10년 기간 동안 발생할 수익, 원가 및 비용을 예측하여 이후 사업을 계속 할 것인지, 기술개발 및 설비에 얼마나 투자할 것인지를 결정한다. — 장기예측(long-term forecast)

(2) 예산책정

예산책정(budget)은 기대 수입을 예상하고, 그 예상에 따라 기업의 특정자원을 각 부문에 배분하는 것으로 재무상태표, 손익계산서, 현금흐름표 및 장단기 재무 예측지에 근거하여 자산, 현금, 운영예산을 책정한다. 재무계획과 사업예산책정 등이 보통 연말에 이뤄지기 때문에 기업의 재무팀들은 연말에 엄청 바쁘게 움직인다. — 예산책정(budget)

(3) 재무통제

재무통제(financial control)는 기업의 실제 수입, 비용, 지출을 예산안과 주기적으로 비교하는 것으로 이러한 통제 과정은 재무계획과 맞지 않는 부분을 감지하고 필요한 시정조치를 취할 수 있도록 해준다. 재무통제에서 감지되는 주요 문제들은 기업 자체의 문제보다는 외환문제, 주변국 경제성장 둔화, 정치문제 발생 등 기업에서 통제할 수 없는 문제들인 경우가 많다. — 재무통제(financial control)

한국을 덮친 IMF(International Monetary Fund: 국제통화기금) 외환위기

한국전쟁 이후 최악의 국가위기 사태로 불리운 'IMF'. 한국은 1,500억 달러가 넘는 외채를 갚을 능력이 없어 단기국제금융기관인 국제통화기금 IMF에 구제금융을 요청했다. 한 마디로 나라가 그냥 망했다. 쫄딱.

출처: https://blog.naver.com/ingangster/221073089989

IMF는 구제금융의 조건으로 금리 인상, 부실기업정리, 금융시장 개방 등을 요구하였다.

10%대였던 은행금리가 30%까지 치솟았고, 그렇지 않아도 부채가 많았던 기업들이 무더기로 쓰러지며 연쇄부도를 일으켰다. 부실기업들은 살생부(hit list)에 올라 온 나라가 대혼란에 빠졌다. 자본자유화 조치에 따라 외국자본이 들어오면서 국내 주요 기업의 지분 50% 이상을 사들이는 '한국기업 사냥'을 했고, 30대 대기업 집단 중 16곳이 무너졌으며, 26개 주요 은행 중 16곳이 쓰러졌다. 자영업자들은 집단 붕괴의 수렁에 빠지고, 10가구 중 4가구가 실직, 부도를 경험했다.

출처: http://shindonga.donga.com/3/all/13/1506622/1

도대체 왜 이런 일이 벌어진 걸까?

1996년 김영삼 정부는 경제협력개발기구인 OECD 가입을 서두르면서 OECD 가입조건인 금융개방을 허용했고, 금융기관들은 단기외채를 닥치는 대로 차입해 기업에 장기자금으로 대출을 해주었다. 당시 한국 30대 대기업 집단의 부채비율은 400%! 완전히 미쳤었다!!

외국자본이 상환을 요청하면 언제든지 국가부도가 날 수 있는 구조를 떡! 하니 만든 것!

개인은 물론 기업이나 국가 모두에게 건전한 재무관리는 정말로 중요하다는 교훈을 남겼다. 얼마나 대단했던 사건이었는지 최근에 영화로까지 만들어졌다.

영화 〈국가부도의 날〉, 2018년 11월 28일 개봉

타인자본은 단기적으로 아무리 달콤해도 빚으로 남고 나중에 개인의 신용불량, 기업의 도산, 국가부도 등의 사태로 이어질 수 있으니 남의 돈으로 잔치는 절대 하지 말자! 개인은 여차 하면 야반도주해서 튀기라도 하지, 국가는 야반도주도 못한다.

3.2 자금조달

자금조달

기업 활동에 있어 자금에 대한 수요는 끊임없이 발생하기 때문에 어떤 기업이든 재무관리 능력은 중요하다. 기업은 **자금조달**을 위해서 돈을 빌리거나(debt), 주식을 팔거나(equity) 또는 영업활동을 통해 이익잉여금(retained earnings)을 늘림으로써 자금을 조달할 수 있다.

기업의 자금조달은 크게 두 가지로 나뉘는데 직접과 간접 자금조달이다. 자본시장에서 자사 명의의 주식 혹은 채권을 발행하여 직접적으로 자금을 조달하기도 하고, 은행에서 보유하고 있는 자본을 차입하여 간접적으로 자금을 조달하기도 한다. 사업활동을 위한 자금을 직접 혹은 간접적인 방식으로 조달할 것인지는 해당 기업의 자본조달비용, 신용도, 경영지배권의 위협 여부, 장단기 자금 수급 상황 등 여러 가지 상황을 고려하여 결정하게 된다.

■ **재무관리에 실패하면 어떻게 될까?**

좀비기업(Zombie Company)의 출현!

좀비기업(Zombie Company)

공포영화의 단골 소재 좀비!! 퀭한 눈두덩이로 아무리 때려도 죽지도 않고 따라다니며 괴롭힌다. 영화 〈부산행〉에서 우리의 주인공 공유와 마동석을 죽자살자 쫓아다니던 그 좀비들!

출처: http://koreabizwire.com/zombie-companies-on-the-rise-weighing-on-korean-economy/43077

그런데 기업이 좀비가 되기도 한다! 무슨 소리냐고?

사업수익 안 좋아, 재무관리 안 돼, 기업활동 이익으로는 빌린 돈 이자도 못내!

최악이다. 이자보상비율이 1 미만인 기업이 이 상태를 3년 이상 유지하면 회생이 어려운 **한계기업**이라고 한다. 문제는 회생이 불가능한데도 정부나 은행의 지원, 공적자금 투입으로 파산을 겨우겨우 모면하면서 버틴다는 데에 있다. 우리는 이런 기업을 '좀비기업'이라고 칭한다. 공적자금과 세금 먹는 하마!!

한계기업

건전한 재무관리는 참 중요하다!

3.3 기업 인수합병

기업 성장과정에서 순수하게 내부자원을 투입해 신사업을 개척하기도 하지만, 많은 기업들이 **기업 인수합병**(M&A: Merger & Acquisition)을 통하여 사업을 확장하고 신사업과 신시장에 진출하는 전략을 구사한다.

기업 인수합병(M&A: Merger & Acquisition)

인수(acquisition)는 타 기업의 주식 및 기타 자산의 일부 혹은 전부를 매수해 해당 회사에 대한 경영권을 확보하고 취득한 자산에 대한 의사결정권을 획득하는 것을 말하며, 합병(merger)은 두 개의 회사를 하나의 새로운 회사로 통합하는 계약이다. M&A를 그대로 풀면 합병 · 인수인데 이게 입에 착 감기지 않아서 그런지 한국어로는 인수합병이라고 칭한다. 여튼 인수합병은 새로운 핵심 기술인력 확보, 신시장 · 신사업 진출, 공동 제품 개발 및 시설 통합을 통해 운영 비용의 절감, 시장 점유율 확대 등 다양한 목표를 달성하기 위하여 진행된다.

2006년 구글이 유튜브를 16억 5천만 달러(약 2조 원)에 인수하고, 2012년 메타(당시 페이스북)가 인스타그램을 10억 달러(약 1조3천억 원)에 인수할 당시, 말도 안 되는 거금을 들여 회사 자원을 낭비하는 바보 같은 결정이라는 비판이 쏟아졌었다. 결과는?

구글과 메타에게 새로운 사업 기반과 엄청난 수익을 가져다주었다.

어벤져스 왕국을 설립한 디즈니(Disney)!

1923년 월트 디즈니와 로이 디즈니 형제가 설립한 디즈니 브라더스 만화 스튜디오는 수 많은 미디어 기업들을 인수하며 몸집을 불리면서 세계에서 가장 거대한 미디어 제국으로 성장하였다.

자체적으로 생산하는 고품질 콘텐츠 외에도 블록버스터 영화, TV 프랜차이즈, 루카스필름(〈스타워즈〉 프랜차이즈의 소유자), 마블 엔터테인먼트('스파이더맨'과 '아이언맨'을 포함한 많은 마블 영웅들 목록의 소유자), 그리고 픽사(〈토이 스토리〉와 '카' 프랜차이즈와 다른 히트작들의 제작사) 및 ABC, ESPN, 21세기 폭스 등 주요 브랜드들을 인수하면서 오늘날 패밀리 엔터테인먼트의 대명사가 된 것!

Avengers illustration, Marvel Heroes 2016 Lego Marvel Super Heroes 2 Iron Man Quicksilver Captain America, heros, superhero, war Machine png

이제 디즈니는 다양한 캐릭터, 슈퍼히어로, 영화와 드라마 시리즈들의 연합군으로 원래의 디즈니와는 완전히 다른 회사가 되었다. 향후 어벤저스의 경우처럼 다양한 슈퍼히어로, 스토리들을 Mix & Match하는 것이 디즈니의 핵심 경쟁력이 될 것이다.

출처: https://whatsondisneyplus.com/does-disney-need-to-make-more-acquisitions/

4. 자본시장의 이해

4.1 연방준비제도

자본시장을 이해하기 위해서는 전 세계의 자본흐름을 좌지우지하는 **연방준비제도(Federal Reserve System)**의 기능을 이해해야 한다. 연방준비은행은 미국의 은행 및 금융 시스템의 안전과 건전성을 보장하기 위해 설립된 미국중앙은행으로 간단하게 **페드(Fed)**라고 부른다.

연방준비제도(Federal Reserve System)
페드(Fed)

연방준비제도의 가장 큰 역할은 물가와 고용을 안정시키는 방향으로 달러를 발행하고 통화정책을 시행하는 것!

출처: https://m.blog.naver.com/newjin90/221845429508

전 세계 경제가 달러로 움직이기에 페드의 영향력은 미국뿐 아니라 전 세계 국가들의 경제와 재무정책에 막대한 영향을 미친다. 한국은행 총재도 한국정부로부터는 독립성 확보가 가능하나, 페드로부터는 자유로울 수 없다고 말한다.

일반 은행들은 고객들로부터 예금을 받아 다른 개인 혹은 기업에 대출을 해주고 그 이자로부터 수익을 창출한다. 만약 은행들이 수익 극대화를 위해 무분별하게 대출을 한다면? 고객들이 예금을 회수하고자 할 때 예치금 부족으로 돈을 인출해주지 못하는 황당한 상황이 발생한다. 이것이 바로 **뱅크런(bankrun)**!

뱅크런(bankrun)

이에 은행들이 예금의 일정 비율을 보유하도록 하는 제도가 탄생하였고, 이를 통제하는 것이 연방준비제도의 주요 역할 중 하나이다. 페드의 핵심 목표는 미국 내 실업률 3%(사실상 완전고용시장 형성), 그리고 물가상승률 2%대를 유지하는 것이다. 페드는 세계 금융과 자금시장에 가장 큰 영향력을 미치는 기관으로 페드 의장은 세계의 경제 대통령이라고 불리며, 막강 파워를 행사한다.

세계경제를 쥐락펴락하는 페드(Fed)의 울트라 파워!!

페드(Fed)는 미국 중앙은행인데 우리가 왜 신경을 써? 안물안궁이거든!!

안 된다!! 알아야 한다! 왜??

무식하다는 소리 듣는다!!

돈 좀 만진다는 사람들이 2022년 내내 주시한 페드의 금리 결정과 의장 제롬 파월의 기자회견!! 이번에는 뭘까? 베이비 스텝(.25%), 빅 스텝(.5%), 아니면 자이언트 스텝(.75%)? 설마 울트라 스텝(1%)은 아니지? 그치?? 내 도~온!!

FOMC 후 기자회견에서 "아직 충분히 제약적인 수준 아냐"
기준금리 0.50%포인트 인상... 4.25~4.50%

페드의 실시간 발표를 보겠다고 새벽까지 잠도 못 자면서 노심초사!! 전 세계가 제롬 파월의 한 마디에 긴장했던 2022년

기축통화

기축통화 달러를 찍었다가~거뒀다가 하는 미국, 그 결정의 중심에 서 있는 페드!!

무슨 소 고삐도 아니고 풀었다~ 땡겼다~ 아니 말고삐인가? 여튼 그 고삐를 쥐어잡고 세계경제를 조정하는 페드의 막강 파워!!

2022년 페드는 7회나 금리 인상을 발표하며 전 세계 각국 금융투자기관들의 관심을 한몸에 받았다. 2022년 1월 0.00~0.25% 거의 제로금리였던 것이 5월 빅 스텝(0.5% 인상)에 이어 6월, 7월, 9월, 11월 4회 연속 충격적인 자이언트 스텝(0.75% 인상)을 이어가면서 2023년 3월 4.75~5.00%를 기록했다.

과거 인플레이션 파이터로 유명했던 폴 볼커 당시 페드 의장이 1979년 11월 11.5%에서 1981년 21.5%로 급격하게 금리를 인상한 역사가 있으나 당시 고금리 기준을 고려한다면 금리 인상이 두 배도 안 되는 수준이었다.

그런데! 2022년 1년 동안 0.25%에서 5%로 기준금리가 20배 가량 상승!! 오랜 저금리 기조에 익숙해져 있던 금융기관과 기업들은 완전 멘붕!!

1979년 급격한 금리 인상이 인플레이션에 대한 방어였던 것처럼 2022년의 금리 인상도 기대치 이상의 물가 상승률에 기인한다. 미국의 인플레이션은 사실 어느 정도 예상된 것이었다. 코로나 팬데믹 후 경제위기를 방어하기 위해 페드가 푼 유동성 자금이 8조 4천 4백억 달러(한화로 1경 1천 6백조 원). 뭐래니? 감도 안 오는 수치이다. 말도 안 되는 수준의 대규모 양적 완화(QE: Quantitative Easing)! 여튼, 시중에 달러가 넘쳐나니 물가 상승은 당연한 결과! 이에 또 그 인플레이션을 막겠다고 지가 풀어놓은 달러를 거두어들이며 충격적 수준의 금리인상을 단행!!

페드가 저렇게 북치구 장구치구 난리통을 만드는 꼬라지를 그럼 우리는 구경만 하면 되느냐? 안 된다!! 그러다 앞통수 제대로 맞는다!!

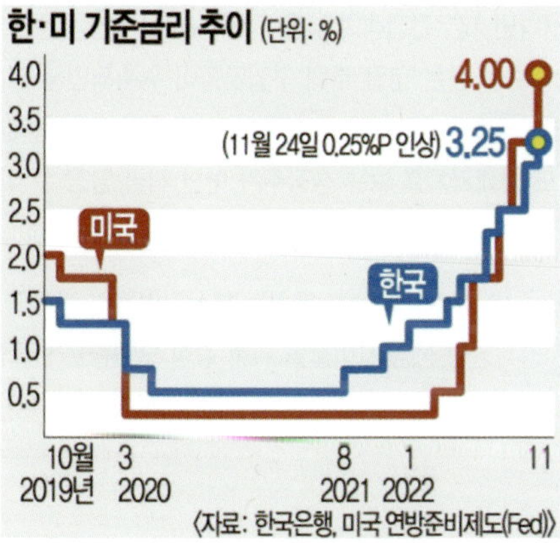

자국의 보유자본을 보호하고 외국인 투자자본을 유지하려면 페드와 비슷한 방향으로 움직여야 한다. 2022년 페드가 7차례 금리를 인상하자 세계 각국들 역시 그 행보를 따라할 수밖에 없었다. 한국도 예외는 아니었다.

기준금리

페드(Fed)가 기준금리를 인상하면?
우리는 애플망고를 못 먹는다! 망고 싫어? 그럼 블랙사파이어 못 먹는다!!

금리는 '돈의 값'을 말한다. 페드가 금리를 올리면?

- 자금은 값을 더 받을 수 있는 미국으로 쏠리게 된다. 높은 금리를 가진 나라에 유동자금을 투자하고 저축함으로써 더 큰 수익을 창출하려는 아주 합리적인 선택!
- 미국 달러에 대한 수요가 증가하니 달러 가치는 더욱 상승한다!

한국의 경우를 보자. 1,200원 중반 정도에서 계속 움직이던 환율이 2022년 후반 1,450원까지 급상승하는 달러 초강세를 보였다. 달러 가치가 상승하면 에너지, 원자재, 식량 등 수입제품 가격은 다 상승한다. 왜? 결제를 달러로 하니까!

2022년 말 수입 과일들의 가격이
전년 동기 대비 20% 이상 올랐다.
나 블랙사파이어 먹고 싶다고!!
왜 품절인데??
없다고!! 비싸서 못 들여온다고!!

페드의 금리 인상 효과는 단지 열대 수입과일을 못 먹게 되는 정도에 그치지 않는다. 충분한 준비와 적응 기간 없이 몇 달만에 이자 비용이 두 배, 세 배로 늘어난다면 재무건전성이 낮은 기업들은 심각한 유동성 위기에 처한다. 2022년 저금리를 믿고 과도한 주택담보대출을 받은 영끌 주택 구입자들이 위축되면서 부동산시장 역시 침체되었다. 이자 부담으로 신규투자가 축소되면 신규 사업, 기술혁신, 스타트업 지원 등에 영향을 주어 경기침체가 올 가능성도 커진다. 투자자들도 미래가치를 보는 성장주가 아닌 지금 당장 수익 창출을 하는 가치주에 집중한다.

물론, 부정적인 효과만 있는 것은 아니다. 시장의 소비가 줄면서 수익을 내지 못하는 부실기업들이 정리되고, 수요와 공급의 원칙에 따라 물가가 안정되어 새로운 경제성장 상승 사이클을 위한 강한 모멘텀을 만들어 내기도 한다.

4.2 증권시장의 기능

증권시장

증권시장의 주요 기능은:

- 초기 사업운영, 기존 사업 확장, 주요 재화와 서비스의 구입 등에 소요되는 자본의 장기적인 조달을 필요로 하는 기업을 도와주고,
- 개인투자자, 기관투자자들이 주식, 채권 등과 같은 증권을 사고팔 수 있는 장소를 제공해주는 것이다.

여기서 잠깐!

증권거래소(Stock Exchange)란?

기업이나 개인투자자들이 증권을 사고팔 수 있는 기관

뉴욕증권거래소

나스닥(NASDAQ: National Association of Securities Dealers Automated Quotations)이란?

증권거래소(Stock Exchange)

나스닥(NASDAQ)

나스닥은 세계 최초 전자상 주식거래소로 전자 네트워크 기반으로 운영됨으로써 거래 당사자들이 직접 만나지 않고 전자상에서 주식을 사고팔 수 있다. 원래는 규모가 작은 중소기업들의 주식을 주로 거래하는 시장이었는데 현재는 페이스북, 인텔, 마이크로소프트, 구글, 스타벅스와 같이 잘 알려진 기업들의 주식이 거래되고 있으며, 약 3,300개의 기업들이 나스닥에 등록되어 8조 달러 이상의 시장가치를 가지고 있다.

*나스닥 지수란?

나스닥에 상장되어 있는 주식들의 가치를 지수화한 것

기업공개(IPO: Initial Public Offering)

기업들은 자사주식을 발행함으로써 자금을 직접 조달할 수 있는데, 기업이 처음으로 대중을 상대로 주식을 판매하는 것을 **기업공개(IPO: Initial Public Offering)**라 일컫는다. 기업공개 이후에는 주식시장에서 해당 주식의 거래가 이루어진다. 혁신적인 제품을 만들어낸 벤처나 스타트업들의 창업자나 멤버들에게 수백 배의 주식 대박이 나고, 하루아침에 세계 몇대 갑부로 등극하게 되는 일은 바로 이 IPO의 시점에서 일어나는 경우가 많다.

주식투자의 늪: 모르면 하지 마라! 투자는 '감'이 아니라 숫자와 분석!

주식거래를 통해 '인생역전'을 했다는 사람들의 이야기를 듣고, 빚까지 내서 주식투자를 하다가 '폭망'했다는 이야기는 쉽게 들을 수 있다. 주가상승, 주가하락으로 천국와 지옥을 오가는 사람들! 대부분의 개인투자자들은 투자에 대한 큰 그림보다는 당장 계좌에 찍힌 몇 만원의 수익과 손실에 휘둘린다. 자신만의 투자 방법이 없거나 주식을 전혀 모르는 사람들도 많다. 그럼에도 불구하고…

그냥 주식을 산다.

그냥 오를 것 같은 기분에 산다.

이렇게 하면 반드시 망한다!

주식투자를 하고 싶다면 전자공시시스템(DART)을 찾아가서 적어도 해당기업들의 재무제표를 검토해보고 재무건전성, 안정성, 수익성, 성장가능성 등에 대한 객관적 판단을 할 수 있어야 한다. 신문기사를 보고, 혹은 친구들과 술자리에서 귀동냥한 정보로 주식투자를 한다면 언제 한방에 투자금 전부를 날릴지 모른다.

미국에서 최고의 투자자, 투자의 귀재라고 불리는 워런 버핏(Warren Buffet). 2018년 기준 97조 이상의 재산을 보유하고 있다.

출처: https://poetsandquants.com/2016/11/22/warren-buffett-tells-mba-students/

투자의 귀재라고 하는 워런 버핏처럼 전문가적인 가치투자를 위한 분석까지는 아니더라도 뻔하게 재무구조가 위험한 것이 보이는 회사나 현금흐름이 불안정한 회사에 투자하는 것은 자기 지갑에 휘발유 붓고 라이터로 불 붙이는 것과 조금도 다르지 않다.

다시 한번 경영은 숫자임을 잊지 말자. PER(Price-Earning Ratio)이 뭔지, PBR(Price Book-value Ratio)이 뭔지, 이떻게 계산하는 것인지, 그리고 투자대상 회사의 PBR, PER이 어느 수준인지도 모른다면 일단은 그냥 제발 참자. 여유자금이 있으면 그냥 안전한 적금에 넣자!! 투자도 공부! 공부 열심히 한 후에, 그리고 나서 투자에 도전하라!

출처: https://m.post.naver.com/viewer/postView.nhn?volumeNo=15089693&memberNo=3262611&vType=VERTICAL

기업의 재무건전성! 재무제표 이외에 확인할 수치들!

- 주당순이익(EPS: Earning Per Share) = 당기순이익/총 주식 수

  → 1주당 얼마의 이익을 창출했는가?

- 주가수익률(PER: Price-Earning Ratio) = 주가/주당순이익(EPS)

  → 주가가 주당 순이익의 몇 배로 거래되는가? 사실 이것만 봐도 주식투자할 때 이성적인 판단이 가능하다!

- 주당순자산(BPS: Book-value Per Share) = 순자산/총 주식 수

  → 해당 기업의 자산가치

주당순이익(EPS: Earning Per Share)
주가수익률(PER: Price-Earning Ratio)
주당순자산(BPS: Book-value Per Share)

주가순자산비율(PBR: Price Book-value Ratio)
유보율(reserve ratio)

- 주가순자산비율(PBR: Price Book-value Ratio) = 주가/주당 순자산(BPS)

  → 주가가 주당순자산의 몇 배인가?

- 유보율(Reserve Ratio) = (유보액/자본금) x 100

  → 기업의 현금 여력은 얼마인가?

이 정도는 확인하고 투자하자!!

다우존스지수(DJIA: Dow Jones Industrial Average)

다우존스지수(DJIA: Dow Jones Industrial Average)란?

미국의 다우존스 앤 컴퍼니(Dow Jones & Company)가 가장 신용 있고 안정된 주식 30개를 표본으로 시장가격을 평균산출한 주가지수로 미국의 증권거래소(뉴욕과 나스닥)에 상장되어 있는 종목들 중에서 우량기업 30개의 종목을 지수화한 것

다우지수는 산업재, 금융, 고객서비스, 기술, 헬스케어 등 각 분야에서 대표 기업 30개를 선정하는데, 증시를 대표하기 위해 만들어진 지수 특성상 주당 가격이 높은 '아마존(Amazon)' 등은 해당 기업 주가 등락폭에 따라 지수도 오르내릴 위험이 커서 다우지수에 포함되지 않을 정도로 까다롭게 관리한다.

가장 충격적인 것은 2018년 6월 미국 제조업의 대명사로 불렸던 제네럴 일렉트릭(GE)이 미국 대표 기업으로 구성된 다우존스 산업평균지수 산정 항목에서 제외된 것!

제네럴 일렉트릭은 1884년 다우지수 구성 기업에 포함되어 지금까지 유지되어 온 유일한 기업으로 미국 경제의 자존심이었다. GE의 몰락은 미국 경제가 더 이상 제조업 위주로 굴러가지 않는다는 것을 보여주는 상징적인 사건이다.

출처: 매일경제 2018.06.19
http://www.itooza.com/common/iview.php?no=2018070516254483781

4.3 주식발행을 통한 자기자본의 직접 조달

주식(stocks)은 기업의 **지분 소유권**으로 **주식발행**은 기업의 입장에서

지분 소유권
주식발행

- 주주들에게 원금을 갚지 않아도 되고,
- 기업의 이익잉여금을 향후 재투자할 수 있으며,
- 부채로 잡히지 않기 때문에 재무상태표의 개선이 가능하다는 장점이 있다.

그러나 주식발행의 단점도 있으니,

- 주주들은 한 주당 한 표씩 이사진(board of directors)을 선출하는 **의결권**을 갖기 때문에 추가적인 주식발행으로 회사의 **경영권**이 흔들릴 수 있고,
- 주주들의 이해와 경영진의 이해가 다를 경우 갈등이 생기기도 한다.

의결권
경영권

주주들의 의결권!

한국 드라마에 빠지지 않고 늘 등장하는 이야기가 있으니 바로 대기업집단, 재벌가 이야기. 신데렐라에 빠진 재벌 3세에게 이별을 강요하는 집안 어른, 집안 내 권력 싸움, 출생의 비밀로 복수를 하는 등의 식상한 이야기가 나올 때마다 빠지지 않는 게 있으니 그것은 바로

"해임권, 경영권 박탈!"

"너 OUT!"

의결권을 가지고 있는 주주들을 회유하던지 혹은 명령하던지, 몰래 주식을 사모아 스스로 대주주가 되던지… 여튼 주주의 의결권을 무기로 경영진을 흔드는 악의 세력!

길라임(하지원)과 헤어지라고 주주들을 종용, 아들의 해임안을 결의하게 한 어머니에 의해 백화점 대표이사직에서 해임될 뻔했던 김주원(현빈)

– 〈시크릿가든〉 –

이모와 이모부가 주식을 타인 명의로 몰래 매입해 해임안을 결의, 그룹 후계자 자리를 빼앗길 뻔!!했던 최도경(박시후)

– 〈황금빛 내 인생〉 –

주주로서의 의결권을 개인의 복수에 이용한 강필주(장혁)

– 〈돈꽃〉 –

치열살벌 재벌가 경쟁과 음모 속 경영 싸움에서 최후의 승리를 거두었으나 결국 살해당한 진도준(송중기)

– 〈재벌집 막내아들〉 –

이것이 바로 주식발행의 단점! 주식발행은 주주들에게 경영권 혹은 경영에 대한 간섭이라는 칼자루를 넘겨주는 것이다. 하지만 현실적으로 주식을 발행하지 않을 수도 없는 일. 주식발행을 통해 이자 부담이 없는 직접 자금조달을 할 것이냐, 이자 부담이 크더라도 은행 차입이나 사채를 써서 경영권을 방어할 것이냐. 경영자의 고민은 정말 끝이 없다. 경영은 그런 것이다!

4.4 공매도

공매도

주식 투자에서 자주 언급되고 논란도 많은 **공매도**! 이게 무엇일까?

공매도는 주식이나 기타 유가증권의 가격 하락에 베팅하는 투자전략이다. 공매도 투자자들은 가치가 감소할 것이라고 믿는 주식을 '빌려서' 다른 사람들에게 판매한다. 물론 갚아야 하는 주식이다. 그러다가 예측대로 주가가 하락하면 그 때 싸게 다시 구매해서 그 차익을 챙기는 것이다. 즉, 미래에 주가가 하락하는 쪽으로 내기를 하는 셈이다.

'빌린 주식'을 언제 반환할지는 투자자가 결정하지만, 빌린 주식 액수만큼 이자를 내야 하기 때문에 무한정으로 주가가 떨어질 때까지 기다릴 수는 없다. 만약 하락할 것이라는 예측이 틀리면? 남의 주식 빌렸으니 그 이자에, 되려 비싸진 주식을 사서 갚아야 하니 완전 폭망!!

공매도는 일반 주식거래와 달리 주가가 하락을 해야 수익을 내는 투자방법이기 때문에 인식이 좋지 않다. 그러나 공매도의 경우 대체적으로 실세 가치보다 주가가 과도하게 오른 종목에 집중되기 때문에 기업 주식이 제 가격을 찾을 수 있게 하는 '순기능'도 있다.

'숏쟁이'들을 응징하자!! 기관투자자들 제대로 물 먹인 개미들!!

공매도가 세간의 관심을 끌게 된 계기는 2021년 게임스탑 주식 폭등사건!

게임스탑은 미국에서 게임 카세트, 씨디 등을 판매하는 매장 체인이다.

2020년 3월 코로나 봉쇄가 시작되면서
대부분 매장이 문을 닫게 되었다.
이에 게임스탑 주가는 주당 2~4달러로
하락해 회사 역사상 최저치를 기록했다.

그러다가 2021년 1월 13일부터 27일까지 2주만에 게임스탑의 주가는 1,500% 상승했다. 어라? 별 가치도 없는 게임스탑의 주가가 어떻게 이런 말도 안 되는 수직 상승을??

당시 월스트리트 투자사들이 게임스탑의 주식을 공매도한다는 점을 포착한 개인투자자들은 증시를 조작하기로 한다. 개미들의 반격!!

r/WallStreetBets로 알려진 레딧의 하위 포럼에 있는 아마추어 트레이더들은 가능한 한 많은 게임스톱 주식을 구매하고 팔지 않기로 공모했다. 이렇게 되면 게임스톱 주식의 수가 줄어들어 공매도 투자자들이 매입할 주식을 찾기가 어려워진다.

월스트리트 투자사가 공매도를 할 때 일정 기간이 지나면 결국 주식을 사서 빌린 주식을 갚아야 한다. 그런데 해당 주식을 가지고 있는 개인투자자들이 주식을 팔지 않으면?

수요 > 공급! 가격 상승!!

쇼트 스퀴즈(short squeeze)

아마추어 트레이더들이 주식을 팔지 않은 결과, 공매도 투자자들은 손해를 보기 시작했고, 주식의 가치는 급등했다. 2주만에 1,500%!! 금융 역사상 가장 대표적인 쇼트 스퀴즈(short squeeze)가 되었다.

여기서 잠깐!!

쇼트 스퀴즈(short squeeze)란? 공매도를 한 투자자가 손실을 줄이기 위해 주식을 매수했을 때 발생하는 주가 상승!

과연 한국에서도 같은 일이 생길까? 2023년 상반기 한국 증시에서 비슷한 현상이 나타났다.

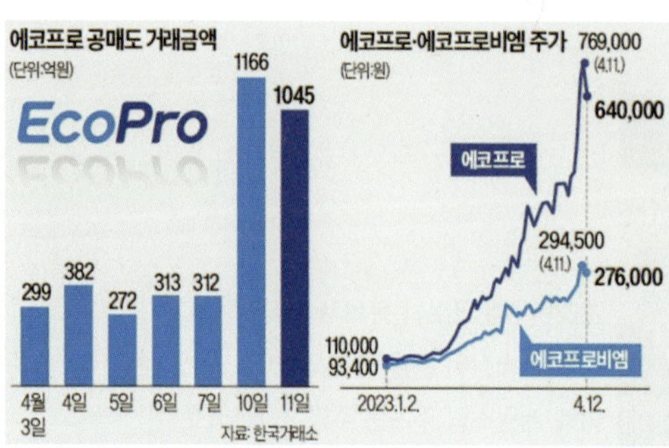

2차전지 업체인 에코프로.
연초에 10만 원 대이던 주가가
4월 초에 80만 원에 육박하는 수준으로
놀라운 급등!

대부분의 투자사들이 에코프로의 독자적 2차전지 기술력과 성장성을 인정하지만, 이렇게 단기간에 600% 이상 주가가 상승할 정도는 아니라고 보고 계속 공매도를 하고 있다.

그러나 한국 개미투자자들이 게임스탑과 비슷한 방식으로 쇼트 스퀴즈를 유도하면서 주가를 방어하고 있는 것으로 보인다. 이 난리통에 공매도에 실패한 홍콩과 싱가폴 투자사들의 펀드 매니저들 상당수는 "You're fired!!"

공매도로 계속 공격하는 외국계 헤지펀드와 '숏쟁이(공매도 세력)'들을 박살내겠다는 개미투자자들 간 존심을 건 대결!!

출처: https://www.hankyung.com/finance/article/2023041236601

5. Z세대의 재무관리

5.1 개인재무(personal finance)

개인재무(personal finance)

최근 도서 분야 베스트셀러를 보면 거의 대부분이 우울감, 외로움, 인간관계에서의 스트레스 극복 혹은 '부자되기'란 단어를 앞세운 주식 및 부동산 투자, 자산 형성, 자산 축석에 관한 책들이다. 요즘 사람들은 확실히 마음이 고프거나 돈이 고픈 것! 특히나 코로나 팬데믹 이후 사회생활의 개인화, 일코노미 등이 트렌드가 되면서 개인의 경제적 자유, 재무관리가 더욱 강조되고 있다.

YOLO? FIRE? 그것이 문제로다.

취업난, 감당하기 어려운 수준으로 급등하는 부동산 등의 자산가격을 맞닥뜨린 Z세대가 택하는 개인재무 전략은 극단적이다.

YOLO(You Only Live Once): 불확실한 미래를 위해 현재를 희생하고 싶지 않다.

그냥 현재를 즐기자! 지금 당장이 중요하다! 카르페 디엠(carpe diem)!

남보다는 나!! 건강보다 맛!! 20년 후에 10만 원 있으면 뭐할 건데?

YOLO(You Only Live Once)
카르페 디엠(carpe diem)

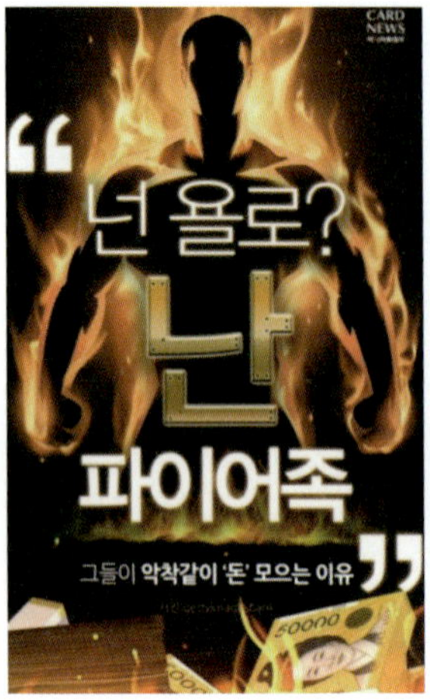

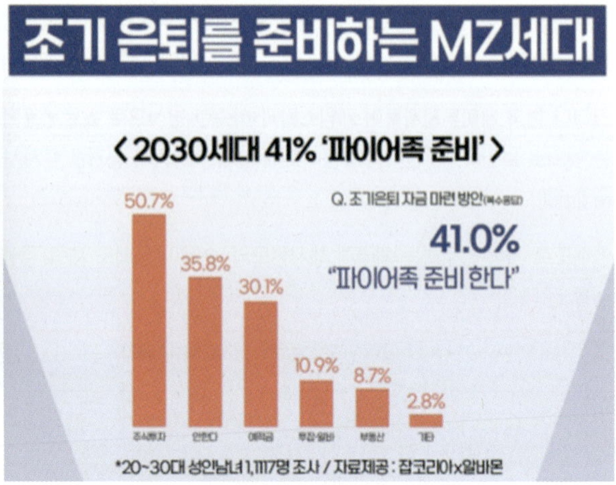

출처: https://blog.naver.com/washenjoy98/221759129486; https://blog.naver.com/1day1study/222780856539

FIRE(Financial Independence, Retire Early)

FIRE(Financial Independence, Retire Early): 경제적 자립+ 조기 은퇴

극단적 내핍주의와 철저한 재무투자로 20대에 노후를 준비한다. 100세 시대라고 하는데 나이 들어 믿을 건 돈밖에 없다! 젊을 때 절약하고 투자해서 노후자금 빨리 확보하고, 30대에, 늦어도 40대에는 은퇴해서 자유롭게 살리라~!! 몇십 년 후를 대비하는 장기적 관점.

욜로와 파이어! 옳고 그름의 문제가 아니라 그냥 다른 선택일 뿐이다!

대한민국 Z세대가 투자에 적극적인 원인은 불안한 미래가 가장 큰 원인이다. 미래를 담보할 양질의 일자리가 점점 줄어들고 있다. 통계청 고용동향 자료에 따르면 2023년 3월 기준, 취업자 총 수는 2,822만 3,000명으로 전년보다 46만 9,000명(1.7%) 증가하였다. 그러나 연령별로 나누어 보면 60세 이상이 54만 7,000명 증가했기 때문에 고령층 일자리를 제외하면 실상 7만 8,000명 감소했다. 특히 20대 취업자의 감소폭이 크다. 20대에게 점점 각박해지는 현실!!

취업에 성공한다 하더라도 Z세대가 받는 급여만으로 안정적인 삶을 위한 자산을 형성하기가 쉽지 않다. 국무조정실이 2023년 3월 발표한 '청년 삶 실태조사' 결과에 따르면 1인가구 청년의 저축 등 자산 축적 가용금액은 한 달에 90만 원. 세금 공제 전 월 평균 임금이 252만 원인데, 이 중 161만 원을 생활비로 사용한다. 물가 수준을 반영한 근로자의 실질임금이 정체 및 감소하는 반면, 물가는 급등하면서 현실적으로 Z세대의 자산 형성을 어렵게 하고 있다.

그런데 서울 집값은 월급만으로는 도~저히 살 수가 없는 수준. 2022년 하반기부터 집값 하락세가 보인다고는 하나 서울에서 집 한 채 구입하려면 평균적으로 근로자가 15년 혹은 그 이상 월급을 단 한 푼도 안 쓰고 모아야 한다. 그래! 그럼 단 한~푼도 안 쓰고 버틴다 치자. 그럼 그 사이 집값이 그대로 있느냐? 그게 아니란 말씀이다. 이러한 경제 여건들은 청년들로 하여금 투자에 나설 수밖에 없도록 등을 떠밀어댄다. 그러나! '영끌'이나 '빚투'는 하지 말자! 그러다 골로 간다!! 가족들까지 골로 끌고 들어간다!!

출처: https://blog.naver.com/loveblossom6/222261593773

우리는 어쩌다 연봉 3배의 빚을 지게 됐을까?

한국보건사회연구원이 2023년 상반기 공개한 '청년 미래의 삶을 위한 자산실태 및 대응방안' 보고서에 따르면 2021년 기준 19~39세 청년 가구주 중 소득 대비 부채비율(DTI)이 300% 이상으로 '위험' 지표에 해당하는 경우가 21.7%로 2012년 8.37% 대비 2.6배가 높아진 것으로 집계되었다. 10년도 채 안 되는 사이에 12명 중 1명 꼴에서 4~5명 중 1명 꼴로 증가한 셈이다.

청년 부채 증가의 원인으로 손꼽히는 요인들 중 하나는 2020년 한국 청년들을 휩쓸었던 '투자 열풍'!! 이때부터 '영끌(영혼까지 끌어모은다)', '빚투(빚을 내서 투자한다)'처럼 가용한 모든 자금을 동원해서 주식이나 부동산에 투자한다는 새로운 용어가 등장했다.

출처: https://blog.naver.com/kohcherish/222652785726; https://blog.naver.com/kohcherish/222652785726

부동산 시장을 보면 부동산 가격이 급상승해 최고점을 기록한 2020~2021년 20~30세대의 '영끌' 진입이 두드러졌다. 2021년 기준 주거 마련을 위한 청년부채는 1인당 평균 5,820만 원으로 당해 총 청년부채 8,455만 원의 약 69%를 차지했다. 2012년의 평균 2,016만 원과 비교했을 때 2.9배가 증가한 것이다.

패닉바잉(panic buying: 공황구매)
고립공포(FOMO: Fear of Missing Out)

영끌, 빚투, 패닉바잉(panic buying: 공황구매)은 고립공포(FOMO: Fear of Missing Out)증후군에 의해 나타나는 현상으로 조급한 시장 참여를 유도하여 젊은이들의 재정 상태를 심각하게 악화시키는 주범이 되고 있다.

출처: BBC NEWS 코리아

5.2 ZINANCE: Z세대의 슬기로운 투자와 금융생활

ZINANCE(Z+Finance)
리셀(resell)

ZINANCE(Z+Finance)는 Z세대와 금융(finance)의 합성어로 Z세대가 이끄는, Z세대를 위한 새로운 금융 트렌드를 의미한다. Z세대는 영끌, 빚투 등의 위험 추구적 성향과 함께 과감한 레버리지(대출)로 소비와 투자에 적극적이다. 스마트폰, 모바일 환경에 익숙하게 살아온 Z세대는 모바일 기반의 다양한 금융 서비스들을 자연스럽게 받아들이고 활용한다. 모바일 플랫폼에 익숙하고 '재미'와 '편리함'을 선호하는 Z세대의 성향이 재테크, 금융 생활에 고스란히 반영되고 있는 것이다. 이들은 지구를 지키는 착한 기업이나 좋아하는 콘텐츠에 소액을 투자해 혜택을 챙기고, 당근마켓 등을 통한 리셀(resell)을 통해 차익을 실현하는 등 취향에 따라 자기만의 ZINANCE를 구현한다. 물론 이들이 문화를 소비하듯 쉽게 투자와 금융에 접근하게 된 배경에는 카뱅, 토스와 같은 핀테크 플랫폼들의 출현에 따른 편리하고 손쉬운 금융 서비스의 역할이 큰 몫을 했다. 이전 세대들이 동네 은행, 증권사 영업소에 직접 가야 했던 것과 달리 금융의 모든 것이 손 안에 들어와 있다.

ZINANCE의 요구에 부응하기 위해 금융사들은 2030세대로 이뤄진 마케팅팀을 신설하기도 한다. 카드사들도 Z세대의 선호에 따라 BTS, 블랙핑크 등 아이돌 그룹의 팬덤을 겨냥한 카드를 출시하는 시장확대전략을 사용한다. 메타버스 등의 플랫폼에 익숙한 Z세대를 위해 신규 플랫폼을 구축하며 새로운 금융서비스를 출시하고 있다. 이러한 트렌드로 인해 다른 업종 간 콜라보와 완전히 새로운 기반(Zero Base)의 핀테크 금융산업 재편이 이어질 것으로 보인다.

핀테크 금융산업

Z세대는 코인이나 해외주식 투자에서도 모바일 플랫폼을 적극 활용한다. 해외 주요 기업 주식은 1주당 가격이 높아 자본금이 적은 경우 구매하기가 부담스럽다. 이에 토스 증권은 구글, 아마존 같은 우량주식을 1주 미만으로 구매할 수 있는 미국주식 소수점 거래 서비스를 제공하고 있다. 서비스 이용자의 34%가 Z세대일 만큼 좋은 반응을 이끌어내고 있다.

미국주식 소수점 거래 서비스

그러나 스마트폰 터치 몇 번으로 국내 · 외 투자가 가능하다는 것은 그만큼 투자의 리스크에 크게 노출되어 있다는 뜻이다. 너무 과감한 몰빵!은 안 하는 것이 좋다.

까리할 때에는 그냥 고수를 따라해라!

장기적인 자산 형성을 위해서 투자를 꼭 해야겠다면 세계적으로 투자에 성공한 투자 대가들의 조언을 참고하는 것도 방법!

워런 버핏 버크셔 해서웨이 회장. AP 뉴시스

"공포에 사서 탐욕에 팔아라."

- 워런 버핏 -

2008년 글로벌 금융위기, 2020년 코로나 팬데믹과 같은 상황은 투자자들에게 공포를 준다. 그러나 바로 이때가 주식을 매수해야 하는 시점이다. 반대로 모든 투자자들의 투자 심리가 과열된 탐욕의 시점에서는 주식을 매도해야 수익을 낼 수 있다.

"기업을 공부하지 않고 주식을 산다는 것은,
포커를 칠 때 패를 안 보고 돈을 거는 것과 같다."

- 피터 린치(월스트리스 주식 전문가) -

많은 투자가들이 철저한 기업 분석의 중요성을 강조한다. 주식 뒤에는 기업이 있으며, 그 기업에 대해 정확히 아는 것은 투자의 기본! 조사를 많이 하면 할수록 시장에 숨은 좋은 기업을 더 많이 발견할 수 있다.

"성공하려면 수면제를 먹고 푹 잠이 들어
몇 년 동안 주식시장의 움직임을 듣거나 보지 말아야 한다."

- 앙드레 코스톨라니(유럽의 워런 버핏) -

좋은 기업이라는 확신이 있다면, 단기적인 손실을 감수하더라도 장기적인 안목으로 기다려야 한다. 워런 버핏 역시 주식시장은 인내심이 많은 자에게 돈이 넘어가게 되어 있다고 말한다.

"대중과 뭔가 다르게 하지 않고 뛰어난 성과를 얻는 것은 불가능하다."

- 존 템플턴(영국의 투자가) -

대중을 따라하는 것, 인기 종목을 추종하는 것은 실패하는 투자의 대표적 원인이다. 철저한 공부와 경험을 통해 자신만의 원칙을 만들고 지켜야 한다.

"성공은 그 자체로 실패의 씨앗을 품고 있으며,
실패는 그 자체로 성공의 씨앗을 품고 있다."

– 하워드 막스(오크트리 캐피털 매니지먼트 공동의장) –

투자자에게는 실패에 따른 손실 역시 중요한 경험이여, 투자를 잘 하기 위해서는 이론과 공부만큼 직접 투자를 해보며 경험하는 것도 중요하다. 뼈저린 경험을 통해 자신만의 원칙을 수립하고 고수할 수 있기 때문이다.

Z세대라고 다같은 Z세대가 아니다!!

짠테크(짠돌이+재테크)족: 온라인 폐지줍기 및 적극적인 무이자할부 이용!

우리의 짠돌이! 오늘 저녁에도 사기 진에 한 시간 온라인 폐지줍기를 하러 다닌다. 각종 앱에 출석 체크를 하면서 1원, 2원씩 버는 짠돌이. 이 소액들을 매일 모으고 또 모으면서 뿌듯해한다. 우리의 짠돌이! 어제는 기존에 쓰던 신용카드를 해지하고 1만 원도 3개월 무이자할부가 되는 카드로 갈아탔다!! 카드사들은 그동안 대개 5만 원 이상의 거래에 대해 무이자할부 서비스를 제공해왔다. 물가 상승 및 경기 침체로 소액 할부 거래가 증가하면서 현대카드는 1만 원 이상 결제 시, 롯데카드는 3만 원 이상 결제 시 3개월 무이자할부가 가능한 상품을 내놓았다. 밥값 만 원 한 달에 3,333원씩 세 달 나눠낼께욥~!

연이율 3%. 매달 소액결제 무이자할부 30만 원을 하면 1,500원 절약!

일단 쓰고 봐 족: 일단 지금 사고, 돈은 나중에 내~!

할부 거래가 BNPL(Buy Now Pay Later) 서비스를 타고 10대 후반, 20대에게까지도 퍼져가고 있다. 소득 및 금융이력이 부족해 신용카드를 만들 수 없는 이들이 이용할 수 있는 후불결제 서비스로 만 18세 이상이면 이용 가능하다. 2022년 말 기준 네이버파이낸셜 · 카카오페이 · 토스의 BNPL 서비스 잔액은 406억 원으로 반 년 전과 비교해 143%나 증가했고, 가입자 수도 3사를 합해 222만 475명에 달했다.

BNPL(Buy Now Pay Later)
후불결제 서비스

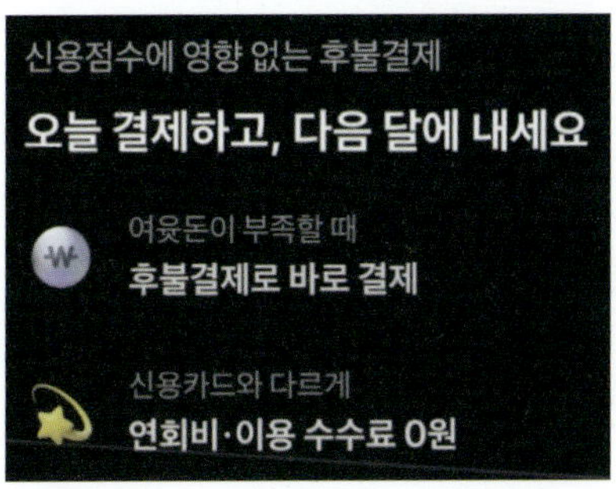

기존 할부 서비스에서 소외된 고객층에
서비스를 제공한다는 취지이지만,
문제는 경제적 능력이 없는 청년들의
과도하고 무분별한 소비를 조장할 수 있다는 것이다.

간단한 터치로 결제가 가능하니 소비욕구를 자극하고 일단 지르고 보는 소비행태를 불러일으킨다. 브레이크 없는 할부 소비! 일단 쓰고 봐 족이 위험하다!

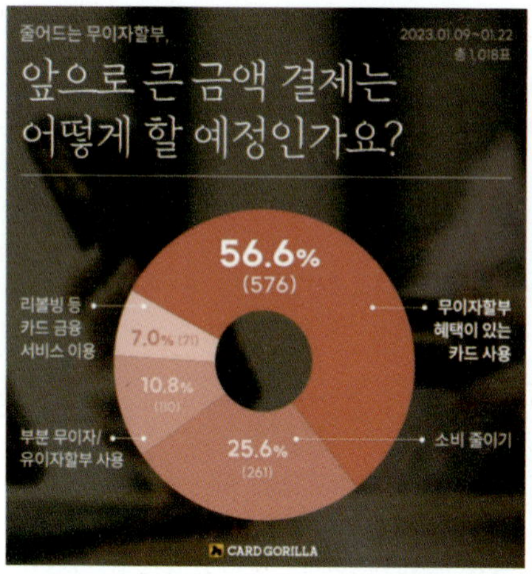

향후 결제에 대한 설문조사를 실시한 결과, 무이자할부 혜택이 있는 카드 사용이 56.6%, 소비 줄이기가 25.6%로 집계되었다.

리볼빙(revolving) 서비스
금융파산

문제는 소수 7.0%가 대답한 리볼빙(revolving) 서비스. 리볼빙은 할부금의 일부를 갚고 나머지 금액을 이월시키는, 즉 다음 달로 미루어 갚는 서비스이다. 문제는 리볼빙 수수료가 법정최고금리 20%에 가까운 18%라는 것. 연체는 피할 수 있지만, 수수료가 눈처럼 불어나기 시작하면 사채빚을 쓰는 것과 별반 다르지 않은 상황이 된다. 금융권에서 거의 한계에 다다른 사람들이 이용하는 상품이므로 리볼링은 절대 하면 안 된다. 금융파산으로 끝나는 것이 아니라 인생이 쫑난다.

출처: 헤럴드경제

핵심용어

- 관리회계(managerial accounting)
- 기업 인수합병(M&A: Merger & Acquisition)
- 공매도
- 뱅크런(bankrun)
- 재무회계(financial accounting)
- 세무회계(tax accounting)
- 재무상태표(statement of financial position)
- 유동자산(current assets)/고정자산(fixed assets)
- 유동부채(current liabilities)/고정부채(fixed liabilities)
- 연방준비제도(Federal Reserve System)
- 손익계산서(income statement)
- 쇼트 스퀴즈(short squeeze)
- 현금흐름표(statement of cash flows)
- 유동비율(current ratio)/부채비율(leverage(debt) ratio)
- 재무계획(재무수요예측, 예산책정, 재무통제)
- 분식회계
- 기업공개(IPO: Initial Public Offering)
- 주식(stocks)
- ZINANCE
- 공매도

연습문제

01 회계의 개념과 목적은 무엇인가?

02 회계의 주요 유형과 각 기능을 간략히 기술해보자.

03 재무제표란 무엇인가?

04 재무상태표에서 꼭 확인해야 할 사항에는 어떤 것이 있는가?

05 손익계산서에서 체크해야 할 사항은?

06 영업현금흐름은 플러스, 마이너스 중 어느 것이 좋은 신호인가?

07 투자현금흐름은 플러스, 마이너스 중 어느 것이 좋은 신호인가?

08 재무현금흐름은 플러스, 마이너스 중 어느 것이 좋은 신호인가?

09 분식회계란 무엇을 말하는가?

10 '역'분식회계란 무엇인가?

11 기업공개(IPO: Initial Public Offering)는 무엇인가?

12 주식발행의 장단점은 무엇인가?

13 기업 인수합병(M&A: Merger & Acquisition)의 개념에 대해 간략히 논하라.

14 연방준비제도(Federal Reserve System)의 주요 기능에 대해 논하라.

15 뱅크런(bankrun)이란 무엇인가?

16 공매도의 개념에 관해 간략히 논하라.

17 쇼트 스퀴즈(short squeeze)란 무엇인가?

PART

05

스타트업 창업

CHAPTER

14

창업과 스타트업의 이해

1. 스타트업의 개념과 특징
2. 스타트업의 다양한 형태
3. 스타트업 비즈니스 모델과 전략
4. 스타트업 팀 구성
5. 스타트업 펀딩

학습목표

- 스타트업과 창업가의 특징과 개념을 설명할 수 있어야 한다.
- 창업 아이디어를 도출하는 여러가지 방법들을 명확하게 알아야 한다.
- 비즈니스 모델이 무엇인지 설명할 수 있어야 한다.
- 사업계획서의 구성 요소와 작성방법을 설명할 수 있어야 한다.
- 스타트업에 투자하는 다양한 개인과 기관에 대해 이해해야 한다.

1. 스타트업의 개념과 특징

1.1 스타트업의 개념

창업

창업이란 사업체를 시작하고 운영하는 것을 의미한다. 오늘날 청년들은 취업에 성공했더라도 자신이 한 회사에서 정년까지 버틸 수 있을 것이라 생각하지 않는다. 100세 시대, 인생3모작, 조기 은퇴시대, 기승전 치킨집 등 개인의 미래에 대한 다양한 이야기가 회자되고 있다. 어떤 표현이 되었건 한 사람의 인생이 단 한번의 취업 그리고 단 한 번의 은퇴만으로는 끝나지 않을 것임을 내포하고 있다.

스타트업(startup)

창업 중에서도 혁신적 기술과 아이디어를 바탕으로 이제 막 설립된 신생 창업기업을 **스타트업(startup)**이라고 한다. 일반적으로 스타트업은 정보기술(IT) 기반의 회사를 지칭해 왔는데, 이는 1990년대 후반 인터넷 관련 분야가 폭발적인 성장을 거듭하며 창업 붐이 일었을 때 미국 실리콘밸리에서 처음 탄생한 용어이기 때문이다. 그러나 오늘날에는 IT 혹은 인터넷 기반이 아니더라도 새로운 비즈니스 모델에 근거한 가치창출로 사업을 시작하는 다양한 유형의 스타트업이 등장하고 있다.

벤처기업(venture business)

이에 반해 '모험사업', '도전사업'을 의미하는 **벤처기업(venture business)**은 고도의 전문지식과 첨단기술을 기반으로 새로운 사업을 추진하는 중소기업을 말한다. 자금사정이 열악한 일반 스타트업과 달리 비교적 안정적인 재무기반을 바탕으로 운영된다는 차이점이 있다. 벤처기업 인증을 받기 위해서는 다양한 기준을 충족해야 하는데 그 중심은 바로 '핵심기술'의 보유 여부이다.

취업? 창업? 난 폭망해도 창업!!!

사람들은 왜 창업이란 선택을 할까? 안정적 회사의 장점을 버리고 스스로의 운명을 개척해보고자 하는 이들이 창업을 결심한다. 조기명퇴를 당하고 창업을 하기도 한다. 최근의 경기 침체 이전부터 전 세계의 주요 이슈 중 하나는 바로 '일자리 부족'이었다. 대학 졸업장이 안정적인 취직을 보장해주던 베이비부머 세대와는 달리 오늘날 MZ세대들은 일자리난에 시달리는 세대이다. 설상가상 다가오는 인공지능(AI) 시대에는 일자리가 더욱 줄어들면서 창업이 더욱 늘어날 것으로 보인다.

2022년 채용플랫폼 캐치가 구직자 1,672명을 대상으로 설문한 결과 응답자의 34.7%가 '취업 대신 창업을 고려해 본 적이 있다.'고 답했다. 관심 창업 분야에 대한 설문에서는 34.3%가 모바일 애플리케이션(앱) 등 IT 관련 분야, 33.9%는 식당, 카페 등 요식업 분야로 집계되었다. 창업을 하고 싶은 이유로는 △도전해보고 싶은 창업 분야가 있어서(49.6%), △취업에 비해 돈을 많이 벌 수 있을 것 같아서(28.4%), △직장생활보다 창업이 적성에 맞을 것 같아서(16.5%) 순으로 나타났다.

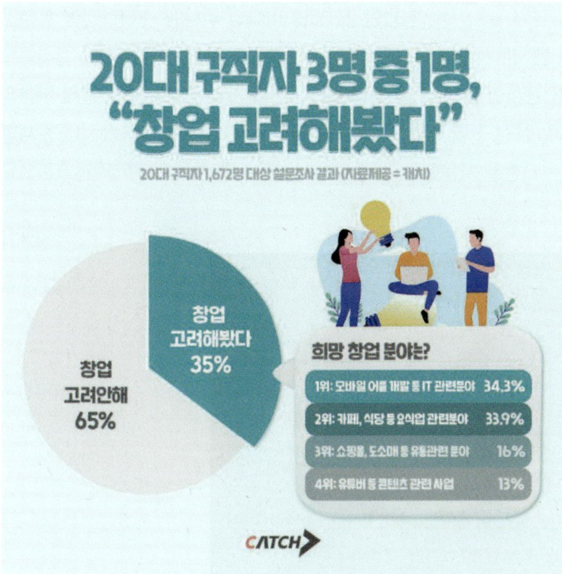

폭망의 위험에도 불구하고 창업을 하겠다고 결심하는 이유가 무엇일까?

- **기회**: 회사에서 주어진 업무를 하기보다는 자신의 장점과 능력을 최대로 발휘할 수 있는 나만의 새로운 기회를 개척할 수 있다.
- **수익**: 취업보다 큰 수익에 대한 기대감! 테슬라(Tesla)의 일론 머스크(Elon Musk)나, 아마존(Amazon)의 제프 베조스(Jeff Bezos)와 같이 세계에서 가장 부자로 손꼽히는 사람들은 창업자이지 월급쟁이가 아니다!
- **자유와 독립성**: 시키는 일만 하는 월급쟁이보다는 내가 주도적으로 하고 싶다.
- **도전**: 위험에 따르는 성취감을 추구! 성취감에 중독되면 연쇄창업자가 된다.
- **가치**: I have a dream(인권운동가 마틴 루터 킹의 명언)! 나도 뭔가 세상에 가치를 부여하는 인간이고 싶다!

스타트업들의 로망 유니콘(Unicorn), 데카콘(decacorn), 헥토콘(hectocorn)!!

유니콘(unicorn)

기업 가치가 10억 달러(한화 약 1조 3천억 원) 이상, 창업한 지 10년 이하인 비상장 스타트업을 유니콘(unicorn)이라 부른다. 엔젤투자자이자 벤처투자자인 에일린 리(Aileen Lee)는 2003~2012년 사이 실리콘밸리에서 투자를 받은 스타트업 6만 개를 분석한 결과 창업한지 10년도 안 된 기업 39개가 10억 달러 이상의 가치평가를 받고 있다는 것을 발견했고, 상장 전에 기업가치가 이렇게 높은 기업은 상상 속에서나 존재할 수 있다는 의미로 2013년 유니콘이라는 표현을 사용했다. 실제 6만 개 스타트업 중에서 39개라면 0.07%도 채 되지 않는다.

데카콘(decacorn)
헥토콘(hectocorn)

전 세계적으로 유니콘이 증가하자 블룸버그(Bloomberg)는 기업가치가 유니콘의 10배, 즉 100억 달러(한화 약 13조 원) 이상인 스타트업을 뿔이 10개 달린 상상 속 동물 데카콘(decacorn)에 비유해 부르기 시작했다. 이들은 유니콘보다 더 희소가치 있는 스타트업으로 스페이스X(SpaceX), 그랩(Grab), 디디추싱(滴滴出行) 등이 데카콘에 포함된다. 최근에는 기업가치가 유니콘의 100배(1,000억 달러, 한화 130조 원) 이상인 기업들이 등장하면서 이들을 헥토콘(hectocorn)이라고 부른다. 대표적으로, 중국의 앤트그룹(Ant Group), 바이트댄스(ByteDance) 등이다. 이러다 보니 스타트업은 각각 덩치가 다른 뿔 달린 '말들의 천국'이 되어 가고 있다!

2022년 말 기준 한국의 유니콘 기업은 22개 사. 불행히도 국내에 데카콘 기업은 아직 없으나, CB인사이츠 기준 '토스'가 기업가치 74억 달러로 데카콘에 가장 근접한 것으로 평가된다.

1.2 스타트업의 특징

린 스타트업(lean startup)

스타트업은 조직의 규모가 작기 때문에 실패에도 연연하지 않고 발 빠르게 다른 방향으로 사업 아이템이나 비즈니스 모델을 수정하고 적용하여 고객의 니즈와 시장의 변화에 대처할 수 있다. 이러한 대응능력은 의사결정과정이 대기업과 달리 관료주의적 행정절차에 구애받지 않는 린 스타트업(lean startup) 기법에 기인한다.

스타트업은 날씬하다.

기름기 쫙! 빼고 린(lean)하게! 그래서 린 스타트업!

'린(lean)'은 '군살이 없는' 또는 '기름기가 없는'이라는 뜻을 가진 단어로 에릭 리스(Eric Ries)가 제안한 스타트업 프로세스를 지칭한다. 에릭 리스는 린 생산방식(lean production)이라 불리던 도요타 생산 시스템(TPS: Toyota Production System)과 소프트웨어 개발 방식인 애자일 개발방법론(Agile Software Development)을 결합시켜 스타트업 창업과 성장을 위한 체계적 접근법을 제시했다.

린 스타트업은 2011년 에릭 리스(Eric Ries)가 극도로 불확실한 현대 비즈니스 환경에서 지속적 혁신을 실현할 수 있는 방법론으로 제안하였다.

대기업에서는 치밀한 시장조사를 거쳐 완성도 높은 제품을 개발하고 출시해 새로운 시장과 신사업을 시작한다. 그런데 이런 방식을 스타트업에서도 적용할 수 있을까? No! Never!! Ever!! 왜??

대답은 간단하다. 도~~온(money)이 없다!!

일반적으로 극히 제한된 인력과 자본으로 사업을 시작하는 스타트업에서는 택도 없다는 소리! 현실적으로 스타트업이 성공할 수 있는 방식은 빠른 피드백을 통한 제품 개발과 고객의 요구를 신속히 구현해내는 것이다. 그래서 스타트업은 소비자들의 최소 요구만 만족시키는 시제품(MVP: Minimum Viable Product)을 신속하게 만들어 선보이고, 무의미한 지표보다는 실제 성과를 정확히 측정하고, 피드백을 수집하여 실질적으로 학습한 후, 그 데이터를 제품 개발에 다시 반영해야 한다. 이러한 순환과정이 바로 '만들기-측정-학습(Build-Measure-Learn)'이다. 자본과 기술이 부족한 벤처기업들이 급변하는 상황에 민첩하게 대응하고 실패의 리스크를 최소화하면서 혁신을 통하여 사업을 확장할 수 있다는 개념은 도요타가 표방하는 비용 최소화를 위한 린 경영과 일맥상통한다고 볼 수 있다.

출처: 린 스타트업(에릭 리스)

스타트업 프로세스
도요타 생산 시스템(TPS: Toyota Production System)
애자일 개발방법론(Agile Software Development)

시제품(MVP: Minimum Viable Product)
만들기-측정-학습(Build-Measure-Learn)

신속한 제품개발이 가능한 환경
IT 자원의 보편화와 고사양화
기업 환경의 불확실성 고조

스타트업의 강점은 다음과 같은 환경에서 더욱 그 가치를 발한다.

- 신속한 제품개발이 가능한 환경: 특히 소프트웨어와 관련하여 오픈 소스가 빠르게 성장하여 저렴한 비용으로 소프트웨어 제품을 만들고 시장에 신속하게 출시할 수 있는 환경이 조성되었을 때
- IT 자원의 보편화와 고사양화: 클라우드 컴퓨팅, IT 인프라의 고도화 및 가격 하락으로 인해 낮은 비용으로 높은 수준의 제품과 서비스 개발이 가능해지고, 인터넷을 통한 새로운 고객 유치가 용이하며, 마케팅 효과를 실시간 확인하는 것이 가능하여 새로운 사업 아이디어의 가능성을 쉽게 탐색할 수 있는 여건이 마련되었을 때
- 기업 환경의 불확실성 고조: 특정 산업의 기존 트렌트에 집중하기보다는 다양한 분야에 걸쳐 새로운 아이디어를 발굴하고 시도해야 하는 불확실성이 높은 비즈니스 환경이 조성되었을 때

바로 이러한 환경들이 오늘날 청년들에게 스타트업을 하고자 하는 강한 동기를 부여하고 있다.

2. 스타트업의 다양한 형태

2.1 스타트업과 기업가

기업가(entrepreneur)

이제 막 사업을 시작한 기술중심 신생기업을 스타트업이라고 하고 이를 창업하는 사람을 기업가(entrepreneur)라고 한다. 여기서 창업은 회사 또는 사업체 설립 자체를 의미하는 창사와 반드시 일치한다고 할 수는 없다. 누구나 사업등록을 하고 새로운 업체를 만들 수 있지만, 혁신적 기술이나 새로운 아이디어를 바탕으로 높은 성장 가능성과 큰 잠재력을 갖추어 현재가치보다는 미래가치로 평가받을 수 있을 때 비로소 스타트업을 창업했다고 할 수 있다. 스타트업이라는 용어가 미국 실리콘밸리의 젊은 IT 업계에서 처음 생겨났기에 정보기술(IT) 기반의 회사들을 지칭해 왔으나, 이제는 여러 분야에서 새로운 시도를 통해 가치를 만들고자 하는 신생기업의 의미로 폭넓게 사용되고 있다. UC Berkeley 경영대학원의 스티브 블랭크(Steve Blank) 교수는 스타트업을 기업이라기보다는 반복과 탐색 가능한 비즈니스 모델을 찾아가는 조직이라고 정의하기도 한다.

2.2 사내 스타트업과 사내 기업가

사내 스타트업(in-house startup)
사내벤처(corporate venture)
사내 기업가(intrapreneur)

스타트업에 발을 들여놓았다고 해서 다니던 회사를 꼭 퇴사할 필요는 없다. **사내 스타트업**(in-house startup) 또는 **사내벤처**(corporate venture) 팀에 참여하면 직장생활의 안정성을 유지하면서도 자신의 아이디어에 기초한 새로운 제품과 서비스를 개발하고 사업화할 수 있다. 사내에서 창업하는 이들 **사내 기업가**(intrapreneur)들은 소속 조직의 인적, 재무적, 물리적 자원을 활용하여 새로운 제품을 개발하고 수익을 창출한다. 삼성은 C-Lab이라는 사내 스타트업 프로그램을 운영하고 있다. 최근에는 현대자동차, 롯데, 한화 등 많은 대기업들이 사내 스타트업 육성에 그치지 않고 외부 스타트업을 모집, 발굴하여 지원하고 있다.

2.3 1인 스타트업과 초소형 기업가

초소형 기업가(micropreneur)

모든 창업가들이 유니콘을 향해 달리는 것은 아니다. 일부 창업가들이 원하는 것은 혼자 자유롭게 일을 하면서 워라밸(work-life balance)을 즐기는 것이다. 이러한 사업가들을 **초소형 기업가**(micropreneur)라고 한다. 대부분 창업가들이 기업 성장에 사활을 거는 반면, 초소형 기업가들은 자신만의 일을 가지는 것만으로도 행복해한다. 다니엘 핑크(Daniel Pink)는 《프리에이전트의 시대가 오고 있다》라는 저서에서 지금까지는 대부분의 조직이 내부 자원을 주로 이용하여 일을 처리해 왔지만, 이제는 내·외부를 가리지 않고 독립 노동자를 동원하는 방향으로 노동의 형태가 바뀌고 있음을 지적했다. 경쟁력을 갖춘 개인이라면 조직에 소속되어 일하지 않더라도 일거리가 개인에게 찾아오는 세상이라는 것이다. 한국 초등학생들의 희망직업 1순위인 유튜브 크리에이터, 웹툰, 웹소설 작가도 초소형 기업가라고 할 수 있다. 컨설팅, 건축, 그래픽 디자인, 저술, 번역 등의 전문 인력들도 고객과 프리랜서를 연결해주는 사이트를 통해 초소형 기업가로 사업을 시작할 수 있다.

나는 창업가 체질인가? Are you ready?

스티븐 스필버그(Steven Spielberg)가 메타버스에서의 가상현실과 체험에 대한 미래비전을 보여준 2018년 영화 〈레디 플레이어 원(ready player one)〉.

Accept your reality?

OR

Fight for a better one?

주도성
열정
실행력
인내
체력관리
불확실성 감내

현실을 받아들이기보다는 보다 나은 세상으로 가기 위한 위험을 감수하는 기업가정신!

스타트업 창업 게임의 '플레이어 원'이 되기 위한 조건을 살펴보자.

- 주도성: 사업체를 경영하며 생길 수 있는 수많은 난관! 난 스스로 해결하고 모든 결과에 책임을 질 자신이 있다.
- 열정: 아무도 내 아이디어와 내 가치를 인정해주지 않아도 난 Go!!

"최고의 창업자는 미치광이와 같다. 다른 사람들이 쓸데없고, 불가능하고,
멍청하다며 무시하는 상황에서도 가치를 볼 줄 안다."

– 다니엘 아이젠버그(Daniel Isenberg) –

- 실행력: 난 꿈을 절대 꿈으로 두지 않는다. 무조건 현실화시킨다. 위대한 사업은 아이디어만으로 되지 않는다. 중요한 것은 아이디어를 실행하고 계획을 실천하는 것이다.
- 인내: 난 오뚜기! 아무리 실패해도 일어나고 또 일어난다. 창업의 길은 멀고도 험하다. 수없이 실패해도 절대 좌절하지 않는다.
- 체력관리: 내 꿈을 위해서라면 365일 24시간 일할 수 있다. 직원들은 퇴근과 주말과 휴가가 있지만, 창업가에게 그런 건 사치이다.
- 불확실성 감내: 사업은 불확실성 투성이이다. 난 감내할 것이다. 실패할 확률이 높아도 난 한다. 수많은 창업가들이 성공 전에 수많은 실패를 경험한다. 위험이 싫다면 아예 시작을 하면 안 된다.

난 아닌 것 같다? 그럼 그냥 Game Over!

출처: 《하버드 창업가 바이블》(다니엘 아이젠버그 외 1인 저), 《2030 창업 길라잡이》(홍진우 외 4인 저)

3. 스타트업 비즈니스 모델과 전략

3.1 아이디어 발굴

번뜩이는 아이디어가 있다고 그게 모두 사업 기회로 이어지는 것은 아니다. 잠재적 고객의 욕구를 충족시키지 못하면 그 사업은 절대 성공할 수 없다. **사업 기회**를 포착하려면 끊임없이 질문을 던져봐야 한다. 천재 과학자였던 알베르트 아인슈타인(Albert Einstein)은 "중요한 건 질문을 멈추지 않는 것이다."라고 말했고, 소아마비 백신을 개발한 조너스 소크(Jonas Salk) 또한 "사람들이 생각하는 발견의 순간은 실제로 질문의 발견이다."라고 주장하며 질문의 중요성을 강조하였다. 한국 사람들은 대체로 질문하는 것을 꺼린다. 그러나 아이디어는 질문에서 나온다는 것을 명심해야 한다.

사업 기회

《질문학개론》의 저자 주완은 '질문–문제–답'은 하나로 묶여 있다고 설명하며, **질문**은 우리가 문제인식을 하는 출발점이고, 해결방안을 찾는 열쇠라고 주장한다. 따라서 질문을 해야 문제가 보인다는 것! 질문하는 습관이 없다면 문제를 애초에 인식하지 못하게 된다. 예를 들어, 출장을 가면서 호텔을 잡아야 하는 데 예약이 어렵다. "예약하기가 왜 이렇게 어렵지?"라는 질문을 통해 문제를 인식한다. 이후 "근처에 사람들이 사용하지 않는 방을 숙소로 사용하면 어떨까?"라는 추가 질문을 통해 문제의 답을 찾을 수 있다. 에어비앤비(Airbnb)가 바로 그렇게 시작되었다.

질문

스타트업의 시작은 문제의 발견!!

창업 아이디어를 도출하기 위해서는 무엇보다 현재 경험하고 있는 현실(real)과 이루고 싶은 이상(ideal) 사이에 괴리(gap)가 있는지 확인하는 것이 필요하다. 고객이 문제해결에 대한 욕구를 가지고 있을 때, 현실과 이상 간의 괴리는 바로 문제(problem)로 정의될 수 있다. 문제를 해결할 수 있는 제품과 서비스가 구현될 때 고객이 이를 이용할 가능성은 당연히 커진다. 스타트업의 시작인 '문제의 발견'과 '해결책에 대한 고민'은 다양한 데서 출발한다.

문제(problem)

자신의 경험:

- 아~ 짜증나~!!

  시험 전 족보를 구하겠다고 누구나 한번쯤은 친구나 선배를 찾곤 한다. 근데, 아부하는 거 x피곤하다! 요래서 탄생한 것이 족보닷컴(zocbo.com)과 노트하우(KnoteHOW). '족보'를 원하는 학생들이 투명한 거래를 할 수 있는 서비스를 제공

- 아~ 귀찮아~!!

  이러한 경험은 기발 쌈박한 제품을 탄생시킨다.

  사람들의 편리함에 대한 욕구는 끝이 없다. 저녁 때 침대에 자빠져서 놀다가 자려면 불을 끄러 일어나야 하는데 일단 자빠져 누운 상태라면 절대 일어나고 싶지 않은 게 사람 마음! 누가 와서 대신 꺼주면 좋으련만~~

이래서 탄생한 것이 어설프긴 하지만 편리한
자동점등장치!! 첨단기술은 아니다.
점등스위치에 양면테이프로 장치 하나를 붙이고
침대에 자빠져 누워서 리모컨을 누르면
애가 손 대신 버튼을 눌러준다.
클릭 한 번에 불이 꺼지고 켜진다.
사실 게으른 저자가 사용하고 있다.
x 편하다!!

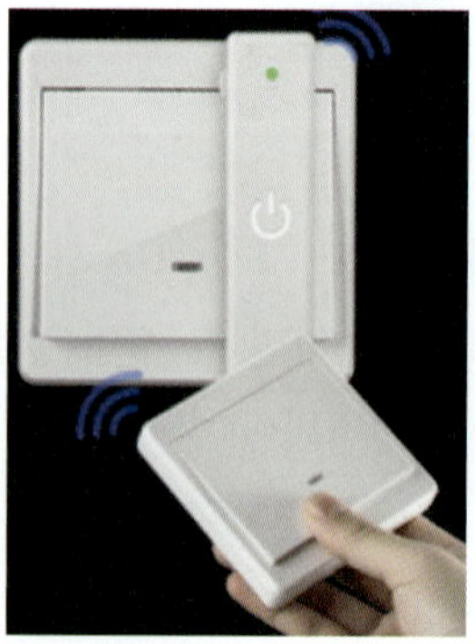

사진 속 버튼은 리모컨이 아니라 자기가 원하는 자리에 붙일 수 있는 스위치이다. 쬐끔 더 비싸다. 단순히 리모컨만 필요하다면 쬐끄만 버튼 리모콘이면 충분하다.

• 아~ 불편해~!!

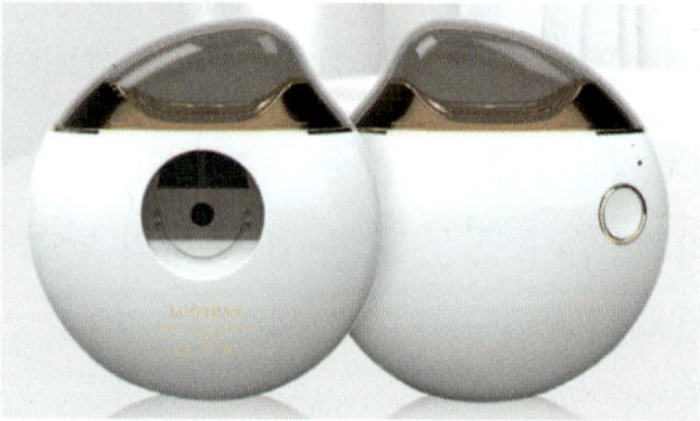

요건 샤오미의 자동손톱깎기

사진 출처: Taobao

깎기보다는 간다고 해야 하나... 우리 팔팔한 학생들은 전혀 필요가 없다. 그러나! 40대 중후반이 되면 노안이 오기 시작한다. 그러니 손톱 깎는 것이 불편해진다. 왜 불편하냐고? 가까운 게 안 보인다니까~~!! 평생 깎아온 가락이 있으니 대충 감으로 깎든지, 돋보기를 끼든지, 돋보기 끼고 LED등도 켜고 쭈그려서 모냥새 빠지게 깎아야 한다. 그 불편함으로부터 태어난 바로 요 상품!! 침대에 기대어 앉아 우아하게 움직이면 손톱이 갈아진다. 사실은 요 제품 저자도 사용한다... ㅠ.ㅠ

욕구와 현실 간 괴리

• **욕구와 현실 간 괴리에 대한 통찰**: 수많은 사람들이 고가의 디자이너 명품 옷을 입고 싶어 한다. 특히 오늘날 인스타 등을 통해 '자랑질'을 하려면 명품을 입고 사진을 찍어 올려야 하는데 문제는 또 도~~온이 없다는 것! '눈은 이태리, 주머니는 남대문' 이게 문제다. 2021년 나스닥 상장에 성공한 패션계의 넷플릭스 '렌트 더 런웨이(Rent the Runway)'는 고가의 디자이너 명품 옷을 저렴하게 빌려준다. 고객들은 월 구독료를 내고, 자신이 원하는 옷을 원하는 기간 동안 빌릴 수 있다. '명품 대여 멤버십 서비스'!!

과잉 충족된 욕구

• **과잉 충족된 욕구 찾기**: 1달러 면도날 하나로 면도기의 시장지배자 질레트(Gillette)를 긴장하게 만든 스타트업 기업, 달러 쉐이브 클럽(Dollar Shave Club).

간단한 면도날 한 개면 충분한데 10중 면도날에 진동 기능, 거기에 과도한 마케팅 비용까지 포함되어 값만 비싸진 면도기 시장의 문제점을 공략했다.

한 달에 1달러만 내면 면도날을 보내주는 구독서비스를 내세워 2011년에 서비스를 런칭

이후 수많은 구독자를 확보하고, 2016년 영국계 다국적 생활용품 기업인 유니레버(Unilever)에 10억 달러(우리 돈 1조 3천억 원가량)에 인수되었다. 유니콘 인정!

- **창조적 모방**: 독창적인 혁신이라고 하기는 다소 어려운 카피캣(copycat). 그러나 이 카피캣 비즈니스 모델도 엄청난 가치를 창출할 수 있다. 다른 기업의 혁신을 재빨리 모방하여 따라잡아 시장을 석권하기만 하면 되기 때문이다. 선도 업체의 창업 실패율은 47%인 반면, 후발 주자의 실패율은 8%에 지나지 않는다. 지적재산권 문제만 피해갈 수 있다면 해외에서 성공을 거둔 모델을 국내에 적용해 보는 것도 좋은 창업 방법이 될 수 있다. 와이즐리(wisely.com)는 달러 쉐이브 클럽 모델을 국내 고객 맞춤형으로 적용하였다.

카피캣(copycat)

이 외에도 스타트업을 준비하는 예비창업자가 아이디어를 만들어내기 위해 활용할 수 있는 방법들은 많다. 주변 문제나 트렌드를 분석할 수도 있고, 최신 기술이나 자신의 전문성을 활용해 기존의 해결책을 뛰어 넘는 새로운 제품이나 서비스 방식의 혁신을 끌어낼 수도 있다. 그러나 궁극적으로 스타트업을 시작하기 위해서는 용기와 실행력이 필요하다.

"아~~!! 저거 내가 1년 전에 생각했던 건데~~!!! 저게 유니콘 됐다고?? 아! 뒷골 땡겨!!"

후회는 아무리 빨라도 늦다. 스타트업의 성공은 '타이밍'이다.

출처: RTR 패션계의 넷플릭스가 될까?; 달러 쉐이브 클럽; 와이즐리

나는야 창업바라기(wantrepreneur)!!

'창업바라기'들은 스타트업 관련 세미나에 참석하고 각종 창업 관련 책들을 사들인다. 창업설명회도 부지런히 참석하고 성공한 창업가들을 만나 조언도 구한다. 그러나 몇 년이 지나고 또 지나도 실제로 사업을 시작하지는 못한다. 소위 창업바라기들은 욕심은 있지만, 실패가 두렵다. 차일피일 미루면서 '완벽한 아이디어', '완벽한 타이밍'이 찾아오기만을 기다리지만 그런 건 없다.

창업바라기(wantrepreneur)

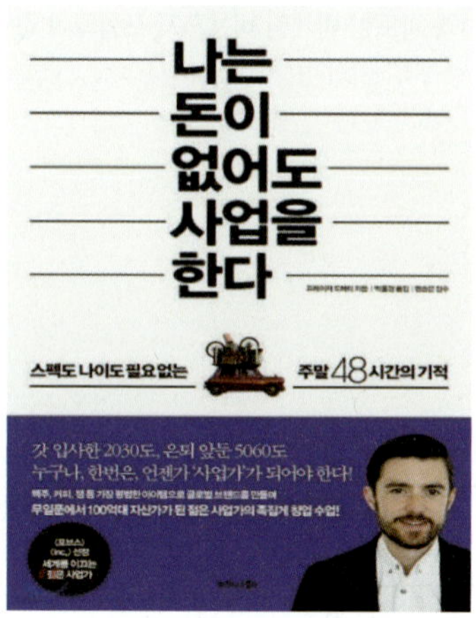

이들은 최근 떠올린 아이디어를 이야기하지만, 이를 실제로 실행에 옮기지 못한다. 혹은 아이디어를 자신만의 공간에 꽁꽁 숨겨 놓고 누구와도 상의하지 않는 경우도 허다하다. 왜? 아이디어 뺏길까봐! 그러다가 나중에서야 자신의 아이디어와 비슷한 아이디어로 성공한 스타트업을 보며 땅을 치고 한탄한다. 창업바라기들은 자신의 아이디어를 비즈니스로 발전시키는 과정을 스스로 막는다. 《나는 돈이 없어도 사업을 한다》의 저자 프레이저 도허티는 말한다. 주말 48시간의 기적을 만들어 보라고!

그룹토론문제

(1) 우리의 일상생활 중에도 자주 접하게 되는 대표적 스타트업으로 우아한형제들을 생각해볼 수 있다. '배달의민족'은 초기에 집 주변의 식당들이 배포하는 메뉴와 연락처가 기재되어 있는 광고전단지들을 모아 두었다가 먹고 싶은 메뉴의 식당을 찾아서 전화를 하는 것이 매우 번거롭다는 점에 착안하여 관련 정보를 하나의 앱에 정리해주는 것이 도움이 되겠다는 아이디어로 사업을 시작했다. 당신의 일상생활에서 주변을 둘러보면서 느끼는 불편함인 페인 포인트(pain point)에는 어떤 것이 있는가? 이런 불편함, 문제들을 어떻게 해결할 수 있을지 생각해보자. 이런 점에 의거하여 창업한다면 어떤 방식의 비즈니스가 가능할지 논의해보자.

(2) 많은 사람들이 사업화가 가능한 좋은 아이디어가 있음에도 실제로 창업을 하지는 않고, 나중에 후회를 하기도 한다. 당신의 아이디어로 창업을 기획한다면 어떤 면에서 가장 큰 어려움을 느낄 것인지 생각해보자. 창업의 장애물이 자신의 주저하는 마음일 수도 있으나 부모, 연인, 친구의 만류 등의 외부적 요인으로 막히는 경우도 많다. 창업을 막는 내적, 외적 장애요인들을 생각해보고 어떻게 이를 극복할 수 있을지 생각해보자.

3.2 고객개발과 가설검증

고객개발(customer development)
잠재고객(potential customer)
타깃고객(target customer)

사업 아이디어를 도출한 이후 아이디어가 실제로 제품, 서비스로 구현되었다면 시장성이 있는지 확인해야 한다. 시장이 없다면 비즈니스도 없다. 가장 먼저 **고객개발**(customer development)이 필요한데, **잠재고객**(potential customer) 또는 **타깃고객**(target customer)이라 일컬어지는 미래 고객을 명확히 하는 것을 말한다. 고객이 명확해야 시장분석도 가능하고 보다 면밀한 성장전략을 수립할 수 있다. 지속적 성장이 가능한 비즈니스 모델을 찾기 위해서는 고객이 제품과 서비스를 사용할 것이라는 가설을 세우고 이를 계속해서 검증하는 과정을 거쳐야 한다. 고객의 욕구, 문제, 해결책, 시장규모 등에 대해서 아무리 많은 예측을 했어도 실제 매출로 이어지기 전까지 그것들은 그저 검증되지 않은 가설에 불과하다.

스타트업이 실패하는 가장 큰 요인이 무엇일까? 101개의 실패한 스타트업에 대한 사후분석자료에 의하면 실패의 42%가 '시장의 수요가 없다(no market need).'라는 다소 황당한 이유이다. 거의 반 가까이 되는 스타트업들이 소비자들이 원하지도 않는 아이디어로 창업을 했다가 말아먹었다는 것이다. 물 한 방울 없는 콘크리트 바닥에 수영하겠다고 다이빙한 웃픈 상황 발생. 이런 말도 안 되는 이유로 사업을 접게 되는 불상사를 막으려면 철저한 고객 개발과 시장 확인이 필요하다. 시장이 없으면 사업도 없다!

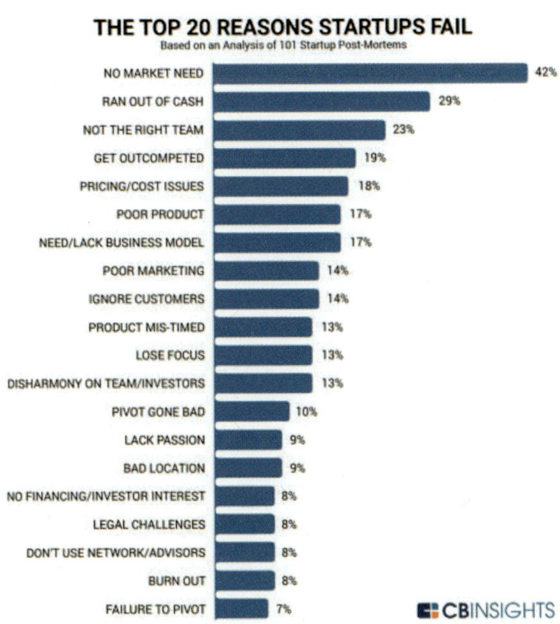

출처: Entrepreneur – infographic

될 놈은 되고 안될 놈은 안 된다!
옥석을 가려라!

스타트업의 성공과 실패는 이미 시작 단계에서 결정되는 경우가 많다.

그래서 될 놈(the right it: 시장에서 성공할 아이디어)을 찾아내는 것이 중요하다.

안 될 놈(the wrong it: 잘 해도 시장에서 실패할 아이디어)을 미리 걸러내지 못하면 아무리 제품 개발, 마케팅, 세일즈를 잘 해도 실패할 수밖에 없다.

그러면 어떻게 될 놈을 찾아낼 것인가?
자기만의 공상에 빠져서 시장의 반응을 추측하지 말고
직접 시장의 반응을 확인하라!
스타트업은 과학이다!
사업은 가설과 검증의 무한 반복 과정

혼자서 비즈니스 아이디어의 가능성을 생각하거나 다른 사람에게 얘기하고 어떻게 생각하는지를 묻는 것은 사실 별 의미가 없다. 실리콘밸리의 창업가들도 우버나 에어비앤비의 아이디어에 대해서 매우 부정적이었다고 한다.

"나보고 처음 보는 사람 차에 타라고??"
"뭐야? 남의 집 가서 돈 내고 자라고??"

아이디어를 단지 개념 수준에서 설명하거나 설문조사, 포커스그룹인터뷰(FGI)를 하기보다는 고객이 가장 필요로 하는 핵심 기능을 고객에게 직접 경험해보게 하는 것이 중요하다. 직접적인 상품 체험을 통해서 아이디어에 대한 가설(예: 이 상품에 대해서 목표고객집단의 30%는 관심을 보이고 구매의사를 표시할 것이다)이 맞는지를 검증해야 한다.

stage 1:

아이디어 초기 단계 프리토타입(pretotype = pretend + prototype)을 적용하여 실제로 없는 제품을 있는 것처럼 유튜브에 소개하거나 빈 껍데기 모델을 매점에 진열하여 얼마나 많은 소비자가 관심을 보이는지 확인해 본다.

stage 2:

프로토타입(prototype)은 본격적인 상품화에 앞서 제품이나 서비스의 성능을 검증하고 개선하기 위해 간단히 핵심 기능만 넣어 제작한 기본 모델을 말한다. 시제품이나 견본품이라고도 한다.

stage 3:

프로토타입에 대한 시장의 반응이 긍정적이라면 최소기능제품(MVP: Minimum Viable Product) 단계로 진행한다. 최소생존제품이라고도 하는데 고객으로부터 피드백과 비용을 받을 수 있는 최소 수준의 기능을 탑재한 제품이나 서비스를 의미한다. 프로토타입이 핵심 기능 구현에 집중했다면, 최소기능제품은 고객이 실제 비용을 지불하고 사용한 후에 피드백을 제공할 수 있는 정도로 수준을 업그레이드시킨 제품을 말한다. 린 스타트업 프로세스(Build – Measure – Learn)에서 활용되는 방법으로 고객의 피드백을 확인하면서 점차 부족한 부분을 보완한다.

출처: 《아이디어 불패의 법칙》(알베르토 사보이아), 인플루엔셜(2020))

프리토타입(pretotype = pretend + prototype)

프로토타입(prototype)

최소기능제품(MVP: Minimum Viable Product)

창업가 입장에서는 고객과 시장이 명확하게 규정되어야 비즈니스 아이디어가 존재 의미를 가지게 된다. 단지 아이디어, 제품이 좋다고 해서 시장에서 알아서 인정하고 알아서 사줄 것이라고 기대해서는 안 된다. 이는 마치 내 이쑤시개가 좋으니까 중국시장에 진출해서 한 사람당 한 개씩만 팔아도 14억 개는 그냥 팔릴 것이라고 '희망회로'를 돌리는 것과 다르지 않다. 스타트업은 이전에 없던 새로운 제품과 서비스로 시장을 공략하기 때문에 불확실성이 높을 수밖에 없다. 실패하지 않기 위해서는 고객을 명확하게 정의하고 검증해야 한다.

(1) **고객 발견(customer discovery)**: 누가 고객인지 정의하고 고객이 겪고 있는 문제와 욕구를 찾아내야 한다.
(2) **고객 검증(customer validation)**: 프로토타입이나 최소기능제품을 목표고객에게 테스트하여 고객이 실제로 원하고 구매의사가 있는지 확인해야 한다.
(3) **고객 창출(customer creation)**: 고객을 지속적으로 확보하고 시장을 확장할 수 있는 방안을 마케팅 채널, 고객확보 전략, 수익 모델 등의 관점에서 지속적으로 검토해야 한다.

고객 발견(customer discovery)
고객 검증(customer validation)
고객 창출(customer creation)

캐즘(chasm)
수요 정체 현상

캐즘(chasm)을 극복하라!

비즈니스 업계에서의 캐즘(chasm)은 선각수용자(early adopter)가 주도하는 초기시장에서 일반소비자들이 주류시장으로 진입하기 전까지의 수요 정체 현상이다. 초기시장에서의 성공이 주류시장으로의 안정적 진입을 보장하지는 못한다는 것이다. 첫 끗발이 x끗발이 될 수 있다는 것!

캐즘이란 단어는 원래 지질학에서 지각 변동 등으로 인해 지층 사이에 균열이 생겨 서로 단절된 것을 가리키는 말이다. 미국 실리콘밸리의 컨설턴트였던 제프리 무어(Geoffrey Moore)가 1991년 캐즘이라는 개념을 미국 벤처업계의 성장 과정을 설명하면서 처음 사용하였고 이후 비즈니스 · 마케팅 이론으로 발전하였다. 스타트업은 새로운 제품과 서비스로 새로운 트렌드를 만들고 시장을 창출한다. 스타트업에 대응하는 고객의 다양한 유형을 살펴보자.

선각 수용자(early adopters)
전기 다수 수용자(early majority)
후기 다수 수용자(late majority)
지각 수용자(laggards)

- 선각 수용자(early adopters): 넘치는 호기심으로 새로운 기술을 수용하는 데 가장 적극적인 소비자로 혁신 수용자(innovators)라고도 불린다.
- 전기 다수 수용자(early majority): 성능이 검증되고 A/S서비스가 가능한지 확인한다. 베스트셀러 제품을 선호하는 소비자이다.
- 후기 다수 수용자(late majority): 가격에 매우 민감하고 다수의 고객이 사용한 이후에야 뒤늦게 기술과 서비스를 받아들인다.
- 지각 수용자(laggards): 새로운 기술과 서비스를 매우 부정적으로 생각하여 가장 마지막에 대세에 밀려 할 수 없이, 마지 못해 고객이 되는 소비자이다.

■ 캐즘은 스타트업 시작의 가장 적절한 시기

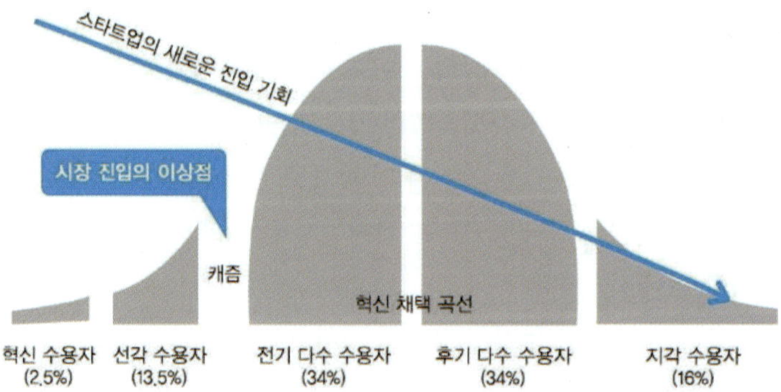

첨단기술로 무장하고 시장에 샛별처럼 떠오른 일부 벤처기업들이 시간이 지남에 따라 빛을 잃어가고 사라지는 경우를 종종 볼 수 있는데, 이는 캐즘을 극복했지 못했기 때문이다.

제프리 무어는 "캐즘 현상이 발생할 때가 스타트업을 시작하기에 가장 적절한 시기"라고 주장한다. 실제로 캐즘 현상 극복을 위해 해결방법을 모색하는 과정에서 새로운 사업모델과 스타트업들이 생겨난다. 벤처캐피털들도 캐즘이 극복되기 직전 시점을 스타트업 투자의 적기로 여긴다.

출처: 《데이터는 어떻게 자산이 되는가?》(김옥기 저)

3.3 비즈니스 모델과 실행

비즈니스 모델(business model)

비즈니스 모델(business model)이란 상품, 서비스, 정보의 흐름 등을 엮어 내는 사고의 틀로 다양한 이해관계자들의 역할, 잠재적 수익의 가능성과 원천 등에 대한 청사진이다. 쉽게 말해 내 아이디어를 가지고 어떻게 수익을 창출할 것인지에 대한 계획을 말한다. 가치창출을 통해 수익을 내는 것은 회사의 생존이 달린 문제이기 때문에 명확하고 구체적인 비즈니스 모델을 갖는 것이 매우 중요하다.

(1) 비즈니스 모델 캔버스

비즈니스 모델 캔버스(BMC: Business Model Canvas)

《비즈니스 모델 제너레이션(business model generation)》의 저자 알렉산더 오스터왈터(Alexander Osterwalder)는 기존의 방식보다 적은 비용과 시간을 투입하여 수익창출 원리를 간단·명료하게 정리할 수 있는 방법으로 **비즈니스 모델 캔버스**(BMC: Business Model Canvas)를 제시하였다. 비즈니스 모델 캔버스는 다음과 같이 9개의 블록으로 구성되어 있으며, 각 블록을 채워나가면서 비즈니스 모델을 구체화시킨다.

비즈니스 모델 캔버스(Business Model Canvas)

8. 핵심 파트너
누가 당신을 돕는가?
–핵심 파트너
–파트너가 실행하는 주요 활동

7. 핵심 활동
무슨 일을 하는가?
–가치제안을 위한 핵심 활동

6. 핵심자원
당신은 누구이며, 무엇을 가졌는가?
–가치제안을 위한 핵심자원

2. 가치제안
고객을 어떻게 돕는가?
–고객에게 전달할 가치

4. 고객관계
어떻게 고객과 상호작용하는가?
–고객관계의 유형
–형성, 유지 방법

3. 채널
자신의 가치를 어떻게 전달할 것인가?
–고객별 사용할 채널

1. 고객 세그먼트
우리가 창출하는 가치는 누구를 위한 것인가?
우리에게 가장 중요한 고객은 누구인가?
–돈이 되는 고객

9. 비용 구조
무엇을 지불하는가?
–우리의 BM에서 발생하는 비용(고정비용, 변동비용)

5. 수입원
무엇을 얻는가?
–고객이 기꺼이 지불할 가치
–현재 고객이 지불하고 있던 것

출처: https://blog.naver.com/seonspace/222101335183

비즈니스 모델 체크하기!

비즈니스 모델 캔버스(BMC)를 꽉꽉 채우고 해피해진 당신! 아~~ 나 너무 똑똑해~!! 스스로에게 감탄하고 있는 바로 그 순간! 〈재벌집 막내아들〉의 순양그룹 진양철 회장이 xx 쎄~하게 물어본다.

순간 '될까?'라는 생각이 머리를 빠르게 스치고 지나간다면 그건 아닌 거다.

자신있는 대답을 하기 위해서 다음 세 가지 항목을 먼저 체크해보자.

구체성
구현 가능성
확장 가능성

(1) 구체성

- 해결하고자 하는 문제를 겪고 있는 목표고객집단이 구체적인가?
- 현재 고객이 겪고 있는 불편함이 크고, 빈번하며, 구체적인가?
- 고객이 현재 사용하고 있는 해결 방식, 또는 경쟁사의 대체재와 비교하여 내 것이 가격, 성능, 디자인, 접근성, 편의성 등에서 차별화가 가능한가?
- 당신의 해결책에 고객이 어떤 비용을, 어떤 방식으로, 얼마나 지불할 것인가?

(2) 구현 가능성

- 사업 아이디어가 기존 특허나 지식재산권과 충돌할 가능성은 없는가?
- 해결책이 정부 규제 혹은 이익집단의 저항을 피할 수 있겠는가?
- 문제 해결을 위한 아이디어를 구현할 기술역량을 갖추고 있는가?
- 비즈니스 개발과 운영에 요구되는 다양한 업무를 수행할 내부 인적자원과 외부 협력 파트너를 확보할 수 있는가?

(3) 확장 가능성

- 목표고객집단의 시장 규모가 충분히 큰가?
- 낮은 비용으로 잠재고객을 구매고객으로 전환시킬 수 있는가?
- 일회성이 아닌 지속적 · 장기간 서비스가 가능한 아이템인가?
- 해외시장으로도 사업을 확장할 수 있는가?

(2) 사업계획서

사업계획서(business plan)

사업계획서(business plan)란 설정된 비즈니스 모델에 의거하여 사업의 방향과 목적을 체계적으로 제시하는 문서이다. 좋은 사업 계획서를 작성하는 데에는 오랜 시간이 걸리지만, 평가자가 검토하는 데에는 5분도 채 안 걸릴 수 있다. 외부 평가자나 투자자가 내 사업계획서에서 눈을 떼지 않도록 매력적으로 작성해야 한다. 이는 향후 투자유치를 통한 회사의 생존에 중요한 역할을 한다. 매력적인 사업계획서는 비즈니스 모델이 해결하려고 하는 문제와 솔루션(제품/서비스)의 중요성, 연결성, 차별성을 객관적인 자료에 근거하여 아주 명료하게 전달해야 한다. 사업계획서의 가장 기본적인 목적은 뭐다? 투자자를 설득하는 것! 그래서! 지갑을 열게 해야 한다.

방정식은 수학에만 있는 게 아니다! 비즈니스 모델에도 방정식이 있다!

세계적인 마케팅 전문가 세스 고딘(Seth Godin)은 《이것이 바로 마케팅이다(This is Marketing)》라는 저서를 통해 사업계획서의 구성요소로 사실, 주장, 대안, 사람, 돈을 핵심요소로 제시하였다.

세스 고딘의 사업계획서 방정식
사업계획서 = 사실 + 주장 + 대안 + 사람 + 돈

사실

(1) **사실**: 당신이 진입하려는 시장, 그 시장의 니즈와 문제점, 기술동향, 경쟁자 등을 사실에 근거하여 구체적이고 객관적으로 기술해야 한다. 내 가정에 대한 사람들의 동의를 얻기 위한 것인 만큼 어떠한 편파적 입장이나 선입견도 배제하고 있는 그대로의 사실을 명시해야 한다.

주장

(2) **주장**: 주장은 내가 상황을 어떻게 바꿀 수 있는지 설명한다. 예를 들어, A를 하면 B가 일어날 것이라던지, 얼마의 돈으로 얼마만에 C를 만들어낼 것이라던지, D를 출시하면 시장이 어떤 식으로 반응할 것이라는 등 비즈니스 모델에 대한 설득력 있는 논리를 제시하는 것이다.

대안

(3) 대안: 사업은 뜻하는 대로 진행되지 않을 때가 많다. 따라서 plan B를 준비해 놓아야 한다. "내 제품 · 서비스 그리고 운영팀이 얼마나 유연성을 가지고 있는가?", "예측대로 안 되었을 때 난 어떻게 할 것인가?"에 대한 답을 가지고 있어야 한다.

사람

(4) 사람: 스타트업의 팀 구성이 어떻게 되어 있고, 구성원 각각이 어떤 역할을 하게 될 것인지 명확하게 설명해야 한다. 특히, 스타트업 성공을 이끌 수 있는 경험, 역량, 성과 등을 강조해야 한다.

돈

(5) 돈: 자금 조달과 지출에 대한 명시. 현재 얼마만큼의 자금이 필요하고 구체적으로 어디에 쓸 것인지를 설명하면 된다.

사업계획서는 상황과 목적에 따라 다르게 작성해야 한다.

임직원 대상의 내부 소통용이라면, 사업 비전을 명확하게 전달하고 내부 인프라 현황과 가용자원을 공유해서 추진 중인 비즈니스 모델에 대한 동의와 추진력을 확보하는 데 주안점을 두어야 한다. 반면 외부 이해관계자를 위한 제안용 사업계획서는 스타트업 자금 확보를 위한 IR 자료로 활용되는 경우가 많다. 따라서 사업계획서를 평가하는 기관에 대한 충분한 조사를 바탕으로 그들이 눈여겨 보는 포인트를 반영하는 것이 필요하다.

사업계획서 심사에서 평가자가 중요하게 생각하는 기준을 살펴보자.

상품성
차별성
성장 가능성

- **상품성**: 제안하고 있는 사업 아이템이 적절한 해결책인지, 즉 팔릴만한 '될 놈'인지를 검토한다. 창업은 기술도 중요하지만, 시장에서 먹히는 상품인지가 더 중요하기 때문이다.
- **차별성**: 사업 아이템이 타사의 제품·서비스와 비교해서 어떤 차별성이 있는지, 기존 시장을 장악하고 있는 경쟁자를 이길 수 있을지를 결정하는 '경쟁우위', 요게 참 쉽지가 않다. 따라서 이 때 창업자와 팀원들의 경력을 중요하게 고려한다.
- **성장 가능성**: 향후 매출과 시장 확장 가능성에 대한 평가로 투자자에게는 가장 중요한 평가요소이다. 목표시장에 대한 규모와 성장률 자료에 근거하여 판단한다. 따라서 매출에 영향을 주는 고객들의 제품·서비스 구매, 지불, 추천의사 등 객관적인 시장조사 자료를 제시하여야 한다.

3.4 피봇팅

피봇팅(pivoting)은 농구에서 공을 잡은 선수가 상대선수를 속이기 위해 한쪽 발은 그대로 둔 채 다른 발을 움직여 방향을 전환한 후 슛을 하거나 패스를 하는 것을 말한다.

NBA의 전설인 시카고 불즈의 마이클 조던(Michael Jordan)은
항상 결정적인 슛을 하기 전에 바로 요 피봇을 하여
상대 선수의 방어를 피하면서
슈팅하기 좋은 위치와 공간을 확보하였다.

비즈니스 피봇팅(business pivoting)이란 사업에서의 방향 전환과 새로운 태세로의 변화를 의미한다. 비즈니스 피봇팅은 비즈니스 자체를 변경한다기보다는 시장저항을 피하면서 성공 가능성이 높은 방향으로 우회함으로써 새로운 기회를 모색하고, 적극적으로 새로운 시장을 만들어내는 것을 의미한다. 마이클 조던이 피봇팅으로 강한 수비벽을 돌파하고 찬스를 만들어내듯이 스타트업 역시 피봇팅을 유용한 전략으로 활용할 수 있다.

비즈니스 피봇팅(business pivoting)

기발 아이디어와 피보팅의 합작!! 카카오!!!

5천만이 사용하는 대한민국 대표 앱 카카오톡. 2014년 26개였던 카카오 계열사는 2022년 134개까지 급격하게 확장되었다. 2021년 한 해에만 33개사를 신설!

일단 아이디어가 떠오르고
괜찮다 싶으면 바로 새로운 회사를 만드는 카카오!
물론 이러한 계열사 증가를
문어발 확장이라고 비판하는
목소리도 없는 것은 아니다.

- 카카오톡: 경쟁자였던 마이피플이 완벽한 서비스를 위해 다양한 기능을 추가하면서 7개월이라는 시간을 소요하는 동안 카카오톡은 불완전 상태이지만 아이디어를 강점으로 내세워 메신저를 먼저 출시하였고 시장을 선점하였다.

카카오톡

- 카카오페이지: 대표적인 피봇 사례로 콘텐츠는 무료라는 상식을 뒤엎어 콘텐츠 가치를 통한 수익 달성을 목표로 콘텐츠 유료결제 시스템을 도입했지만, 콘텐츠 유료결제에 익숙하지 않은 사용자들은 유료결제를 하면서까지 콘텐츠를 이용하지 않았다. 그래서 결제 없이 일단 체험을 먼저 하도록 전략을 재빨리 수정하였고 결국 서비스를 안착시켰다.

카카오페이지

카카오티비

카카오뮤직

카닥

- 카카오티비: 영상 감상 중에도 대화를 할 수 있으면 좋겠다는 아이디어에서 시작한 카카오티비. 팝업 플레이모드로 영상을 플레이하면 작은 미니 플레이어가 항상 화면 위에 떠 있어서 영상을 보면서도 대화를 할 수 있는 서비스를 제공한다.
- 카카오뮤직: 카카오톡 프로필과 카카오스토리에서 음악을 같이 들으며 소통하는 소셜 기능을 핵심가치로 제안하였다.
- 카닥: 카닥은 자동차 외장수리 견적을 비교하고 수리 업체와 차주를 연결하는 앱이다. 사고 친 부분(찌그러진 문짝, 스크래치)을 찍어 앱에 올리면 다양한 공업사에서 견적서가 들어온다. 사진을 찍어 업로드할 수 있는 기능을 하루 만에 만들어서 서비스를 시작하였다. 성공 가능성이 보이자 이후 실제 앱을 개발하여 사업화하였다.

출처: 동아비즈니스 리뷰

에릭 리스(Eric Ries)의 '린 스타트업(lean startup)' 프로세스에서도 가설을 신속하게 검증하고 수정하는 피봇팅을 강조한다. 시장자료 분석을 통해 제품·서비스의 성공 여부를 재빨리 파악하고 애초 세웠던 가설에 문제가 있다는 걸 발견하면 신속하게 전략을 수정하고 비즈니스 모델을 업데이트하면서 방향 전환을 해야 한다. 특히, 초기 아이디어 검증 단계에서의 피봇팅은 스타트업의 성공 가능성을 높이는 중요한 역할을 한다. 비즈니스 피봇팅에는 두 가지 방식이 있다.

- 동일 목표고객군을 대상으로 솔루션을 수정하는 방식
- 동일 솔루션을 유지하면서 목표고객군을 변경하는 방식

2020년 코로나 팬데믹이 전 세계를 강타하면서 해외여행에 대한 수요가 사라지자 국내 항공업계는 기존 여객기를 화물기로 개조·운항함으로써 언택트 라이프, 사회적 거리 유지로 인한 항공여객 수요의 급격한 감소에 선제적으로 대응함으로써 피해를 최소화하였다. 비즈니스 피봇팅의 다양한 예를 살펴보자.

범주	피봇팅 유형	정의
제품	ZOOM-In	최초 계획된 제품의 일부분을 전체 제품으로 변경
	ZOOM-Out	최초 계획된 전체 제품을 더 큰 제품의 일부분으로 변경
	Technology	동일한 솔루션을 더 저렴하거나 생산이 더 용이한 다른 기술 사용으로 변경
	Platform	단일 애플리케이션에서 플랫폼으로 전환

시장	Customer Needs	기존에 파악하지 못한 더 중요한 고객 니즈를 발견하고 비즈니스 모델 수정
	Customer Segments	최초 설정된 목표고객을 새로운 타깃으로 변경
	Channel	유통의 채널 및 구조를 변경
전략	Value Capture	수익모델, 가치창출의 구조를 변경
	Business Architecture	사업설계 전반에 대한 방향성 수정
	Growth Engine	기업 성장을 위한 전략 수정

그러면 피봇팅은 무조건 좋은 것? 그건 아니다!!

다양한 성공사례를 접하면서 스타트업 창업가들은 당연히 피봇팅을 해야 하며, 그래야 성공한다고 생각하기 쉽다. 미국 295개 스타트업 기업들을 대상으로 한 조사에 따르면 스타트업은 평균적으로 5번의 피봇 과정을 거치는데 주요 분야에서의 피봇팅은 성공보다는 오히려 폐업으로 이어졌다는 것. 또 다른 연구에서 따르면 73%의 스타트업이 최소 한 번 이상의 피봇을 시도하는데 대부분 실패한다는 것이다.

피봇팅에는 위험이 따른다. 스타트업의 피봇팅 행위는 자칫 인내심 부족, 과잉반응, 동기 결여로 비추어지며, 신뢰에 치명타를 입힐 수도 있다. 창업가는 초기 비즈니스 모델에 대하여 융통성 있는 접근을 하되 이를 적정 수준에서 조절해야 한다. 비전달성을 위한 방식에는 변화가 생겼지만 창업의 초심을 잃지 않았음을, 그리고 비전을 더 효과적으로 달성하기 위한 융통성 있는 전략임을 내·외부 관계자들에게 적극적으로 피력함으로써 피봇팅의 정당성, 적합성, 효과성에 대한 합의를 도출해내야 한다.

그룹토론문제

(1) 당신이 발견한 문제와 해결방법에 근거한 새로운 제품 혹은 서비스, 앱 등에 대한 아이디어를 비즈니스 모델 캔버스(BMC: Business Model Canvas) 상에 구체적으로 기술해보자. BMC를 구성하는 9개의 블록 중에서 어떤 블록에서 어려움을 느끼는가? 실제 이에 근거하여 사업계획서를 작성한다면 어떤 반응이 기대되는가?

(2) 앞에서 제시한 것과 같이 실패한 스타트업의 42%가 시장 요구가 없음(No market need)이라는 어처구니 없는 이유로 창업에 실패했다고 한다. 당신의 창업 아이디어는 시장에서 확실히 원하는 것이고, 그래서 목표고객집단이 적극적으로 구매에 나서줄 것임을 어떻게 확인할 수 있을지 생각해보자.

(3) 창업을 시작하면서 생각했던 아이디어를 다른 시장, 문제, 해결방법으로 변경하는 피봇팅을 해야 한다면 이러한 비즈니스 모델 피봇팅이 필요함을 어떻게 확인할 수 있는지 고려사항들에 대해 논의해보자.

4. 스타트업 팀 구성

비즈니스 모델이 설득력 있는 방식으로 비즈니스 모델 캔버스(BMC)의 각 요소로 구체화되었다면, 이제는 창업을 함께할 동료와 조력자들을 구해야 한다. 공동창업자가 이미 존재하거나 창업 초기 유능한 팀원을 찾을 수 있다면 행운이겠지만, 너무 조급해할 필요는 없다. 섣부르게 공동창업자를 팀에 합류시키는 것은 금물이다.

4.1 스타트업 팀 구성의 중요성

창업 팀

'인사가 만사'라는 말이 있다. 어떤 일이든 사람이 중요하다는 말인데 이는 **창업 팀**에도 당연히 해당된다. 엔젤투자자나 벤처캐피털의 심사위원들은 투자 시 회사의 비즈니스 모델이나 사업계획서보다 창업 팀을 더 중요하게 생각하는 경우가 많다. 왜?

좋은 아이디어와 비즈니스 모델이 있더라도 사업성을 검증하고 이를 수행하는 것은 구성원들이기 때문이다. 2020년 대한상공회의소 조사에 따르면 국내 창업기업의 5년차 생존율은 29.2%로 창업기업 10개 중 7개는 5년을 채 버티지 못한다. 스타트업이 실패하는 이유를 보면 (1) 시장 없는 아이디어, (2) 자금 부족 그리고 그 뒤를 잇는 것이 바로 (3) 팀 구성이다. 스타트업 기업들의 팀 구성과 활동은 스타트업의 성장과 생존에 매우 중요한 부분을 차지한다.

이와 반대로 성공한 스타트업 사례를 보면 성공의 주요 인원이 (1) 사업 타이밍, (2) 팀의 실행력이다. 타이밍은 운에 영향을 많이 받는다. 따라서 이 '운'이라는 것을 제외한다면 스타트업의 성공은 팀 구성원들의 역량에 가장 크게 영향을 받는다고 할 수 있다.

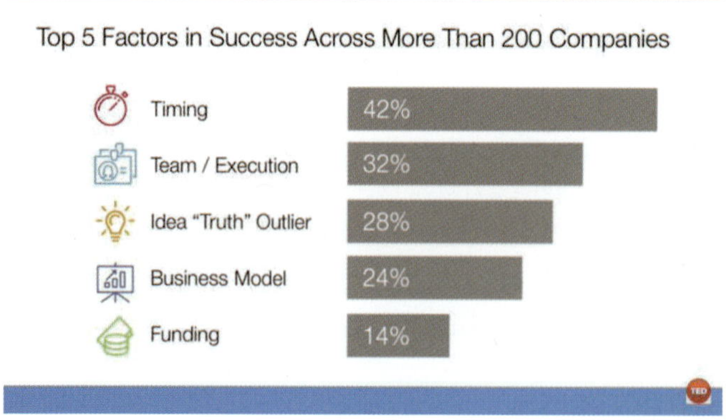

출처: SportUp – Bill Gross

4.2 스타트업 팀의 적정 규모

공동창업자

공동창업자와 팀원의 선택은 매우 신중을 기하는 일이지만, 백지장도 맞들면 낫다고 스타트업도 단독 창업보다는 공동 창업을 할 때 성과가 좋은 경우가 많다. 애플(Apple)의 경우도 스티브 잡스(Steve Jobs)가 카리스마적인 비전을 제시한 리더였음은 확실하지만, 그의 옆에 스티브 워즈니악(Steve Wozniak)이 있었기에 첫 개인용 컴퓨터(PC) 개발이 가능했고 지금의 애플(Apple)이 탄생할 수 있었다는 것은 부인할 수 없는 사실이다.

단독 창업

전 세계 100여 개의 유니콘 스타트업에 대한 조사 집계에 따르면 **단독 창업**은 27%에 불과했고, 대다수가 2명 이상의 공동창업자와 함께였다. 유니콘으로 성장하기 위해서는 혼자보다 다수의 능력 있는 공동창업자들과 시너지를 발휘하는 것이 유리하다. 창업 멤버들은 초기부터 참여하기 때문에 더 열정적이고 헌신적으로 일한다. 보상으로 지분이나 스톡옵션을 받기 때문에 낮은 임금으로도 적극적으로 일을 한다. 따라서 창업 초기 자금이 충분치 않은 상황에서 사업을 유지하는 데 큰 도움이 된다.

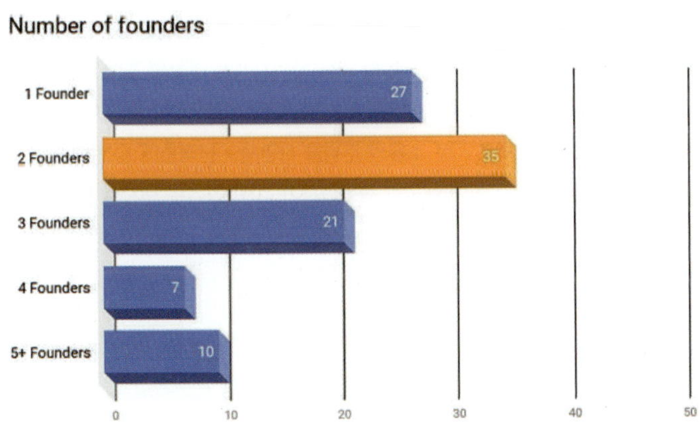

그러나!

너무 많은 창업자 증후군

단독 창업보다 공동 창업이 이점이 있다는 것은 분명한 사실이지만, 공동창업자들 간 의견이 잘 맞지 않거나 혹은 너무 많은 공동창업자와 함께 창업하면 사업 실행 과정과 그 결과에 심각한 손상을 입을 수 있다. 이를 '**너무 많은 창업자 증후군**'이라고 한다. 공동창업자의 역량도 중요하지만, 더 중요한 것은 바로 창업자 본인과의 적합성이다. 또한 공동창업자끼리는 반드시 서로 다른 분야를 책임질 수 있는 보완적 역량을 가져야 한다. 창업에서도 '양 (quantity)'보다는 '질(quality)'이 필요하다.

사공이 많으면 배가 산으로 간다!!

▶ 공동창업자는 너무 많아도 문제가 된다. 《생존을 넘어 번창으로》라는 저서는 실리콘밸리에서의 창업 경험을 공유하며, '너무 많은 창업자' 증후군의 희생양이 되지 말라고 경고한다.

스타트업 초기 창업자들은 향후 스타트업의 성공과 실패에 큰 영향을 미치는 수많은 의사결정을 한다. 그러나 공동창업자가 너무 많으면 의사결정과정이 복잡해진다. 또한, 공동창업자에게 역할을 주기 위해 꼭 필요하지도 않은 사업부서를 만드는 애먼 짓을 하기도 한다. 더 문제가 되는 것은 창업자들 간 역할과 기여에 대한 의견이 엇갈리게 되면 갈등이 생기고, 서로 지분 소유권 분쟁을 하면서 x 난리통에 철천지 웬수가 된다. 이제 막 시작하는 스타트업이 시작도 하기 전 지들끼리 싸우면서 난리통, 콩가루 회사를 만든다. 결과는 당연히 '폭망'!! 그래서 친구와 가족끼리는 동업하지 말라는 말이 생긴 것이다. 공동창업자 영입은 매우 신중하게 결정해야 한다. 공동창업자 선택 시 스스로에게 질문을 던져보자.

- 이 사람이 공동창업자로 정말 적합한가?
- 지금 당장 영입해야 할 만큼 꼭 필요한 사람인가?
- 기존 구성원들이나 창업 멘토/고문이 이 사람의 역할을 대신할 수는 없는가?

누군가 이 사람의 역할을 대신할 수 있다면 추후 적당한 시기에 공동창업자가 아닌 임원으로 채용하는 것이 낫다.

출처: 《생존을 넘어 번창으로》(남태희, 밥 팅커 저)

4.3 팀원 선발과 유지

창업자 혼자 모든 일을 처리하는 것은 불가능하다. 비즈니스 모델에 요구되는 다양한 역량을 가진 직원들을 모집하거나 외부 전문가의 도움을 받아 부족한 부분을 채워야 한다. 창업 초기에 꼭 필요한 역량을 가진 멤버들로만 팀 구성을 하면 딱 좋겠지만, 처음부터 완벽한 창업 팀을 구성하기 어렵다면 업무파트너, 자문그룹(멘토, 투자자) 선정을 통해 이를 보완할 수 있다.

MZ세대로 일컬어지는 최근 젊은 직장인들은 스타트업에서 근무하는 것을 선호한다. 어느 정도 검증된 스타트업의 경우는 대기업이나 공기업에 비해 근무시간이 유연할뿐 아니라 수평적이고 자율적인 문화로 MZ세대들의 성향과 부합하기 때문이다.

스타트업 취업하려는 이유

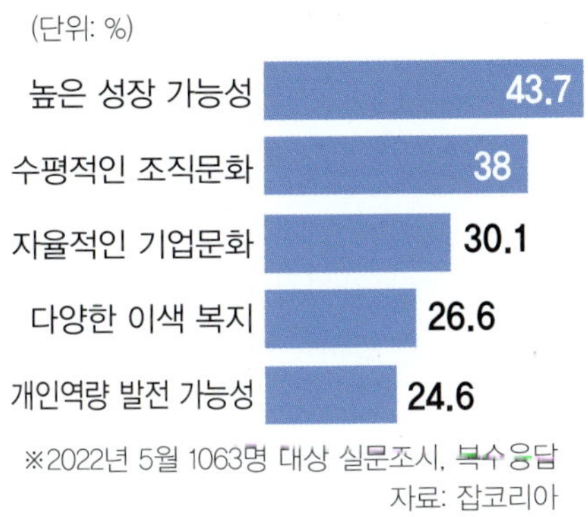

잡플래닛의 직원 평점 조사를 보면 1위는 스타트업 기업인 딜라이트룸(Delight Room)으로 5점 만점에 4.9점을 받으며 1위를 기록했다. 이 기업은 직원들에게 오전 11시~오후 5시 집중 근무시간(core time: 코어타임)만 지키면 되는 유연근무제, 무제한 휴가 제도, 아침 · 점심식사 제공, 가족 종합검진 지원 등 대기업 이상의 복지와 근무 여건을 제공한다. 그러나 일반적으로 스타트업의 경우 근로자 복지를 제공하고 싶어도 비용에 큰 부담을 느끼는 것이 사실이다. 2022년 말, 100명의 창업자들을 대상으로 스타트업 경영에서 인력과 관련된 가장 어려운 점을 조사한 결과, 인력 유지를 위한 '고정비 부담'(58%)으로 나타났다. 재정난은 사실 대부분의 스타트업들이 공통적으로 겪는 문제이다.

스타트업 대표 10명 중 4명은 우수한 직원을 유지하는 노하우로 (1) 사업 운영에 대한 직원들의 참여 촉진 (2) 식사 제공 및 유연근무제 등의 복지제도 (3) 연봉 인상을 들었다. 오늘날 많은 대기업들이 근로자 복지 향상 및 근무여건 개선을 통해 인적자원관리를 한다. 이러한 요소들은 스타트업에 있어서도 마찬가지로 적용된다.

그룹토론문제

(1) 스타트업은 단독창업보다는 공동창업으로 시작되는 경우가 많다. 당신의 창업 아이디어로 창업팀을 구성한다면 어떤 인적 구성이 좋을지 생각해보자. 공동창업자들의 역량, 전문분야, 네트워크, 인성 등의 다양한 측면에서 성공 가능성이 높은 창업팀을 구성할 수 있는 방안에 대해 논의해보자.

(2) 소규모 학생, 청년창업의 경우 친한 친구들, 선후배들이 의기투합하여 함께 창업하는 경우가 많다. 이와 같은 사적 관계에 기반한 스타트업 창업의 장단점을 고려해보자. 이 경우에 스타트업의 진행에 따라 혹시 발생할 수 있는 문제와 불협화음을 어떻게 하면 미연에 방지할 수 있는지에 대해서도 생각해보자.

5. 스타트업 펀딩

새로운 사업을 위한 아이디어를 도출하고, 시장조사를 통한 가설검증을 통해 비즈니스 모델이 구체화되었다면 이제 본격적으로 사업을 시작할 타이밍이다. 이제 필요한 것은?

도~~오온!!

그런데 사실 반짝거리는 아이디어로 창업을 했다고 해도 처음부터 투자를 턱!하니 받아내는 건 거의 불가능하다. 투자자 입장에서는 성공은 고사하고 이게 유지나 될지조차 불분명하기 때문에 선불리 투자에 나서지 않는다. 사실 대부분의 스타트업이 2~3년을 버티지 못하고 폐업하는 게 현실이기 때문이다.

4대 바보 투자자(4 foolish investors)

투자자가 그럼 뭘 믿고 투자를 하냐는 문제에 부딪친다. 이때 묻지도 따지지도 않고 자금줄을 대주는 가족, 친구 그리고 진짜 바보를 스타트업 업계에서는 '3대 바보'라 칭한다. 해외에서는 창업자 본인을 포함해서 '4대 바보 투자자(4 foolish investors)'라고 부른다. 이같이 스타트업 초기 단계에는 사적인 관계에 기반하여 웬수같은 자식 때문에 혹은 의리 때문에라는 허울 좋은 핑계로, 억지, 땡깡, 생떼 종합세트로 투자를 받아내는 경우가 많다. 그러나 이런 투자로 얼마나 버틸 수 있겠는가? 가족과 친구를 쥐어짜는 데에도 한계가 있다. 스타트업 펀딩에 대한 체계적인 이해와 사전계획이 필요하다.

5.1 스타트업의 주요 투자자

(1) 엔젤투자자

엔젤투자자(angel investor)

바보 투자자를 제외한 진정한 의미의 첫 투자는 보통 엔젤투자(angel investment)인 경우가 많다. 엔젤투자자(angel investor)는 기술력과 사업 아이디어는 있지만 자금이 부족한 스타트업들의 설립 초기단계에 투자를 하고 그 대가로 주식을 받는다. 이들은 창업자 본인, 친구, 가족 등의 비공식적 영역과 벤처캐피털과 같은 공식적 영역의 중간에서 활동한다.

회사 자체보다는 사람에 대한 믿음에 근거하여 투자 결정을 하며, 보통 창업 경험이 있는 선배 창업가들이 엔젤투자자로 나서는 경우가 많다. 자금 뿐만 아니라 사업관련 멘토링, 경영기술, 후속투자 연계 등 다양한 방면으로 지원해주기 때문에 창업자 입장에서는 천사!! 사실 엔젤투자라는 용어도 미국 브로드웨이에서 오페라 공연의 후원자들을 천사로 칭송한 것에서 유래되었다. 엔젤투자는 보통 사업 초기 기술 및 제품개발을 위한 '**시드(seed) 투자 단계**'라고 할 수 있다. 투자한 기업이 성공적으로 성장하여 기업가치가 상승하면 수십 배 이상의 이득을 얻을 수 있는 반면, 실패하는 경우에는 투자액 대부분을 홀라당 날리기 때문에 위험도가 가장 높은 투자이다.

시드(seed) 투자 단계

(2) 크라우드 펀딩

개인이 스타트업에 투자하는 가장 쉽고 편리한 방법으로 꼽히는 것이 **크라우드 펀딩(crowd funding)**이다. 크라우드 펀딩 사이트에서 회사의 주식을 나눠주는 지분 투자를 진행하기도 한다. 사업 내용, 비전, 타인의 투자약정 총액 등 구체적인 정보를 파악할 수 있기 때문에 사적인 관계에 의존한 투자와 달리 데이터를 기반으로 어느 정도는 확신을 가진 투자가 가능하다.

크라우드 펀딩(crowd funding)

돈 찾아 삼만리... 스타트업 펀딩은 어디서 찾아야 하나?

초기 스타트업에게 있어서 자금이 필요한 바로 그때!

투자유치를 할 수 있고 없고는 사느냐 죽느냐를 결정하는 아주 중요한 문제이다.

담보 없이 사업 아이디어만 보고, 스타트업 팀을 믿고 투자한다? 이게 쉬운 게 아니다. 그렇다면 투자유치가 멀고도 험하다는 것인데 참 막막하다.

그러나!

알고 보면 꽤 다양한 소스를 통해서 어떻게 투자유치를 하는지 학습하고, 더 나아가 자신의 비즈니스 모델을 소개함으로써 펀딩유치를 시도해볼 수 있다. 꼭 주변 바보들만 투자하는 것은 아니란 말씀!

데모데이(Demo Day)

• 데모데이(Demo Day): 스타트업 성공 사례를 공유하고 있는 EO(Entrepreneurs' Organization)나 스타트업 투자사가 진행하는 다양한 데모데이 행사를 통해 어떤 스타트업 기업들이 수상을 했고, 펀딩을 받았는지 비즈니스 모델을 배울 수 있다.

⇒ 프라이머, 스파크랩, 블루포인트파트너스 데모데이 등

⇒ EO(Entrepreneurs' Organization) https://hub.eonetwork.org/

여기서 잠깐!!

데모데이란? 창업팀이 사업자금을 투자받기 위해 5~10분 동안 자신들의 제품이나 서비스를 투자자들에게 발표하는 행사

더 브이씨(The VC)

• 더 브이씨(The VC): 국내 대부분의 스타트업 정보를 정리한 사이트로 섹터별로 필터링하면서 다양한 사업 모델을 검색해볼 수 있다.

⇒ https://thevc.kr/

스타트업 얼라이언스(Startup Alliance)

• 스타트업 얼라이언스(Startup Alliance): 국내 스타트업계의 네트워크 형성을 목적으로 운영되고 있으며, 스타트업 동향을 잘 정리해 놓았을 뿐 아니라 지금 바로 신청 가능한 행사, 펀딩 기회들에 대한 자세한 정보를 제공해준다.

⇒ https://www.startupall.kr/

크라우드 펀딩 플랫폼

• 크라우드 펀딩 플랫폼: 현재 어떤 문제점이 있고, 내 제품·서비스가 이를 어떻게 해결할 수 있는지 설명함으로써 일반 대중의 투자를 유도한다. 판매율, 펀딩 진행 내역을 보면서 사업성이 있는지의 여부도 확인 가능하다.

⇒ 와디즈(Wadiz) https://www.wadiz.kr/web/main
⇒ 텀블벅(Tumblbug) https://tumblbug.com/discover
⇒ 크라우디(Crowdy) https://www.ycrowdy.com/
⇒ 킥스타터(Kickstarter) https://www.kickstarter.com/
⇒ 인디고고(Indiegogo) https://www.indiegogo.com/

(3) 액셀러레이터

초기 창업기업을 발굴해서 벤처캐피털의 투자대상이 될 수 있을 정도로의 성장을 돕는 창업기획자 또는 기관을 **액셀러레이터**(accelerator)라고 한다. 액셀러레이터는 발굴–투자–재무적 회수–발굴이라는 사이클을 반복하며, **스타트업의 발굴과 성장**을 목표로 하는 조직이다. 스타트업에 초기자본, 사업공간, 코칭/멘토링, 인적 네트워크, 고객 및 시장 분석에 대한 인사이트와 컨설팅 등을 제공하고, 성장을 가속화하기 위한 공개 피칭 이벤트나 데모데이까지 아우르는 종합서비스를 제공한다.

액셀러레이터(accelerator)
스타트업의 발굴과 성장

액셀러레이터는 스타트업으로 시작해서 성공적인 기업 매각(exit)을 경험하고 자산가가 된 창업자들이 자신의 성공 경험을 살려 후배 창업가 육성을 위해 시작하는 경우가 많다. 액셀러레이터의 시초는 2005년 미국의 와이콤비네이터(Y-combinator)가 창업팀을 육성하고 이후 시드 투자(조건부 지분인수계약)를 결합한 형태의 액셀러레이션 프로그램(당시 프로그램명은 SFP: Summer Founders Program)을 선보인 것이 그 시작이다. 와이콤비네이터는 드랍박스(Dropbox), 에어비앤비(Airbnb), 코인베이스(Coinbase), 트위치(Twitch.tv) 등 수많은 스타트업을 글로벌 기업으로 육성한 것으로 유명하다.

국내에서도 2010년 권도균 대표(금융보안 전문기업 이니텍과 전자결제 분야 국내 1위 기업인 이니시스 창업자)가 국내 첫 액셀러레이터인 프라이머(Primer)를 설립하였다. 이후 국내에도 매쉬업엔젤스, 블루포인트파트너스, 퓨처플레이 등의 많은 회사들이 생겨 2022년 3월 기준 국내 액셀러레이터는 총 372개이다.

(4) 벤처캐피털

고도의 기술력과 사업의 장래성은 있으나 당장 수익기반이 약해 일반 금융기관으로부터 대출을 받기 어려운 스타트업이나 벤처기업에게 무담보 주식투자 형태로 투자하는 기업이나 기업의 자본을 **벤처캐피털**(VC: Venture Capital)이라고 한다. 리스크 관리 측면에서 위험 회피 성향이 강하고 대출담보를 요구하는 일반 금융사들과 구분지어 신기술금융사 혹은 **창업투자사**라고 부른다. 초기단계에 기술개발을 하면서 투자 받은 시드머니(seed money)가 소진되면 새로운 투자가 필요한 시점이 온다.

벤처캐피털(VC: Venture Capital)
창업투자사

벤처캐피털은 초기 경쟁에서 살아남아 사업성 측면에서 어느 정도 검증된 스타트업들에 투자하는데, 이 단계를 **시리즈 A(series A) 투자**라고 한다. 자금 지원 이후, 투자대상 기업이 성장하면 보유 주식을 제3자에게 매각하거나 기업공개를 통해 주식을 상장시켜 자본이익을 실현하는 것을 목적으로 한다.

시리즈 A(series A) 투자

한국벤처캐피털협회(KVCA)에 따르면 2022년 12월말 기준 231개의 벤처캐피털이 중소기업창업투자회사 공시에 등록되어 있다. 세계적인 벤처캐피털에는 세쿼이아 캐피탈(Sequoia Capital), 안드레센 호로비츠(Andreessen Horowitz), 클라이너 퍼킨스 코필드 앤 바이어스(KPCB: Kleiner Perkins Caufield Byers) 등이 있다. 벤터캐피탈의 경우 기업의 경영성과에 따라 큰 수익을 올리기도 하지만, 투자금 회수에 실패하는 경우도 당연히 있다.

기업주도형 벤처캐피털(CVC: Corporate Venture Capital) 대기업과 스타트업의 콜라보!

기업주도형 벤처캐피털 (CVC)

기업주도형 벤처캐피털 (CVC)은 사내 스타트업 운영뿐 아니라 외부 스타트업에 투자하는 활동을 한다. 그 이름처럼 일반기업(corporate)이 벤처캐피털(venture capital)의 기능을 하지만, 벤처캐피털의 투자자(LP: Liquidity Provider) 역할만 하는 것이라면 구태여 CVC라는 이름을 붙일 필요가 없다. 어차피 대기업은 지금까지 여유자금을 벤처캐피털에게 제공하는 주요 자금 공급원 중 하나였기 때문이다. 그럼 도대체 벤처캐피털의 투자자(LP)와 기업주도형 벤처캐피털(CVC)의 차이가 무엇인지 헷갈리기 시작한다.

우리는 그 결정적 차이점을 재무적 투자자이냐 혹은 전략적 투자자이냐라는 질문으로부터 답을 구할 수 있다.

재무적 투자자(financial investor)

- 재무적 투자자(financial investor)는 장단기 목표 수익률을 위해 금융투자를 하는 것으로 가치가 크지 않더라도 유망한 스타트업에 투자하여 차익을 실현하겠다는 목표를 가지고 있다. 스타트업과 연계해서 자기 사업을 키우기보다는 철저히 투자 대비 수익만을 추구한다. 대기업이 재무적 투자자라면 기업 내부에 전문인력을 두기보다는 외부 전문운용사에 여유자금을 맡기고, 그들의 투자 포트폴리오에 고수익을 위한 벤처투자를 포함시키게 하는 것이 현명하다.

전략적 투자자(strategic Investor)

- 전략적 투자자(strategic Investor)는 수익이나 자금 회수보다는 새로운 시장과 성장의 기회를 발굴하여 내부 인력과 조직에 활력을 제공하고 기존 사업과도 시너지를 창출하는 것이 목표이다. 이러한 목표는 대기업에서 자체적으로 달성할 수도 있겠지만, 대기업의 보수적이고 관료주의적인 성향 때문에 생각보다 쉽지 않은 것이 현실이다. 몇 백억 원을 투자해 신시장 진입을 직접 시도했다가 실패하면 담당자는 바로 xxx가 날아가지만, 스타트업 수십 곳에 투자했다가 실패하면 에이! 그렇지 뭐!라고 받아들여지기 때문이다. 전략적 투자는 단순히 외부 투자업체를 선정하여 위탁한다고 그 목적이 달성되지 않기에 기업 내부에 자체적으로 전략부서를 신설하여 진행해야 한다.

정리하자면, 기업주도형 벤처캐피털은 전략적 투자자이다. 스타트업의 경우 성장 잠재력이 있다는 것을 제외하면 거의 모든 영역에서 역량이 부족하다. 반대로 대기업은 모든 것을 갖추고 있지만 성장 정체에 놓여 있다. 기업주도형 벤처캐피털은 바로 이점을 활용한다. 대기업의 자금, 인력, 기술, 영업력 등 풍부한 경영자원과 스타트업의 성장 가능성·잠재력을 연계시켜 내부 직원들에게 새로운 기회 탐색의 길을 열어주고, 조직혁신과 성장을 꾀하는 전략적 선택인 것이다.

이 방식은 단순하게 내부 자원과 인력을 활용해 신사업을 기획하고 시도하는 것과는 분명한 차이점이 있다. 위험한 시장에 직접 들어가기는 상당히 부담될 때, 그러나 성장은 하고 싶을 때 새로운 시장의 가능성을 스타트업으로 타진해 보는 것이다. 설명하다 보니 왠지 스타트업을 이용하는 나쁜 xx처럼 보이긴 하는데, 아이디어랑 의지만 있지 그놈의 도~~~온이 없는 스타트업으로서는 또 대기업의 지원을 받는 게 나쁘지는 않다. 아니 사실 감지덕지다. 나중에 기술만 쏘옥 빼먹고 뒤통수만 치지 않는다면 말이다.

참조: 우리나라에서 사내 스타트업 운영이 잘 안 되는 이유

(5) 창업진흥원

창업진흥원은 2009년 창업촉진과 성장지원, 이를 통한 대한민국의 지속 가능한 미래 성장동력 확보를 위해 탄생한 중소벤처기업부 산하의 공공기관이다. 2019년 법정법인으로 전환된 국내 유일의 창업지원 전담 기관으로 창업기업을 성장단계별(예비, 초기, 도약)로 구분하여 수준별 맞춤형 지원을 제공한다.

창업진흥원

특히 기술창업 아이디어를 보유한 예비창업자를 지원하는 예비창업패키지, 창업 3년 이내의 유망 초기창업기업을 대상으로 자금 지원 및 아이템의 시장성 검증 등 창업프로그램을 지원하는 초기창업패키지가 유명하다.

초기 창업팀의 경우 기술력을 갖추고 있음에도 경영 및 자금조달 역량이 상대적으로 부족해 성장에 어려움을 겪는 경우가 많다. 이러한 문제를 해결하기 위해서 2013년부터 민간투자주도형 기술창업 지원(TIPS: Team Incubator Program for Startup)이 운영되고 있다. 전문성을 갖춘 민간부문이 예비창업교육, 창업 팀 구성, 초기투자 및 후속투자 유치까지 창업 팀에 실질적으로 필요한 다양한 지원을 통해 성공적인 사업화를 지원한다. 민간투자주도형 기술창업 지원의 역할은 앞서 설명한 액셀러레이터와 동일하다고 보면 된다.

민간투자주도형 기술창업 지원 (TIPS: Team Incubator Program for Startup)

5.2 스타트업 투자의 진행 단계

투자는 성장 단계, 투자회차 및 규모에 따라 그 유형이 나누어진다. 이를 투자 라운드라고 하는데 보통 시드 단계 → 시리즈 A → 시리즈 B → 시리즈 C → 시리즈 (X)…로 구분한다. 스타트업 펀딩에는 단계별로 다양한 투자주체들이 등장한다. 이들이 스타

투자 라운드

트업에 투자를 하는 이유는 각기 다르기에 투자주체에 따라 그에 맞는 차별화된 설득 전략을 써야 한다.

기업 성장 단계	주요 투자자
시드(seed)	엔젤투자자, 액셀러레이터, 마이크로 벤처캐피털, 초기전문 벤처캐피털
시리즈 A(series A)	엔젤투자자, 벤처캐피털
시리즈 B(series B)	벤처캐피털
시리즈 C(series C)	벤처캐피털, 헤지펀드, 투자은행, 사모펀드

살아남아야 한다!! 죽음의 계곡을 넘어가라! 스타트업의 서바이벌 게임!

스타트업은 창업 후 평균 3~7년 정도까지
매우 어려운 시기를 보내는데
이 시기를 죽음의 계곡(death valley)이라 부른다.

한국 벤처기업들도 대부분의 경우 초기 시드머니 투자 이후 벤처캐피털 자금이 시리즈 A, B, C 등으로 지원되기 전까지 심각한 재정난에 시달린다. 죽음의 계곡에서 버티고 넘기지 못하는 스타트업들은 바로 Out! 그냥 망한다! 흔히 말아먹었다고 한다. 혹자는 창업을 절벽에서 떨어지면서 비행기를 조립해서 날아오르는 일이라고까지 말한다. 그만큼 쉽지가 않다는 소리!

중소기업벤처부에서 OECD와 비교한 자료를 보면 창업 초기에 폐업하는 스타트업들이 상당히 많다는 것을 알 수 있다. 특히 한국의 경우 외국에 비해 죽음의 계곡을 넘지 못하고 사라진 스타트업들이 많~~다! 왜 그럴~~까??

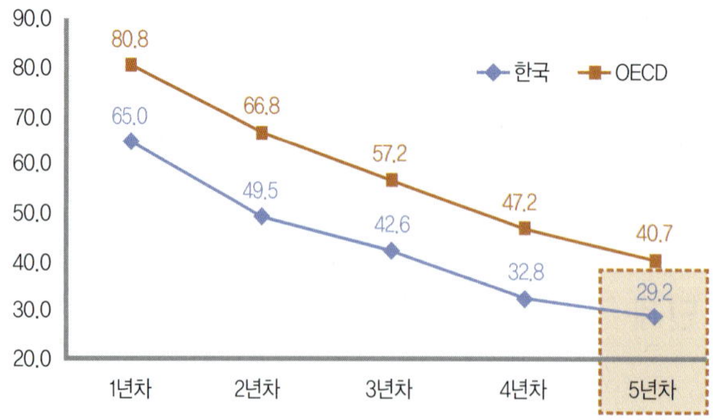

한국의 경우 시드 단계에 있는 스타트업들에 대한 정부지원 프로그램이 확대되면서 아이디어만으로도 초기 창업자금 확보가 용이해졌다. 문제는 이후 성장을 해야 하는데 성장단계에서는 자금을 지원받는 게 어렵다는 것이다.

엔젤투자 등 초기 창업자금을 지원받은 후 상품을 개발해서 마케팅까지 대략 1~3억 원의 자금이 추가적으로 필요하다. 때문에 스타트업들은 대개 창업 후 6~12개월이 지나면 재정난에 시달리게 된다. 바로 요때, 즉 스타트업이 벤처캐피털의 펀딩 자격을 갖추기 바로 전 상품·서비스 개발과 기술연구에 지속적으로 자본이 들어가는데, 한국의 경우 바로 이 초기 단계의 펀딩(예: 엔젤투자)이 특히 취약하다.

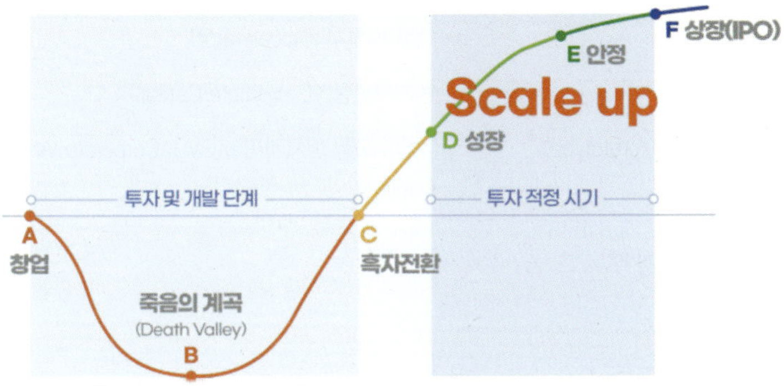

스타트업의 성장곡선에서 움푹 파인 구간을 '죽음의 계곡(Death Valley)'이라 함, 출처:클래스101, 인터비즈 재가공

미국의 경우 엔젤투자가 전체 창업투자의 약 44%를 차지하고, 나머지 56%를 벤처캐피털이 충당한다. 그런데 한국은 엔젤투자가 전체 투자의 약 4%밖에 안 된다. 왜 그럴까?

이는 Exit 시장이 활성화되어 있지 않기 때문이다. 무슨 소리냐고? 이건 뭐 물귀신도 아니고 한 번 발 담그면 발빼기가 아~~주 어렵다는 것이다.

한국에서 스타트업의 출구(exit)는 대부분의 경우 기업공모(IPO: Initial Public Offerings)이다. 창업에서 IPO까지 미국은 보통 6~7년이 걸린다. 이에 비해 한국은 발빼려면 평균 13년을 기다려야 한다. 강산이 한 번 통으로 바뀌어야 발을 뺄 수 있다는 것! 과연 그 때까지 이 기업이 살아는 있을까? 엔젤투자자의 투자의향은 약화될 수밖에 없는 구조라는 것!

기업공모(IPO: Initial Public Offerings)

핵심용어

- 스타트업(startup)
- 벤처기업(venture business)
- 유니콘(Unicorn)/데카콘(decacorn)/헥토콘(hectocorn)
- 린 스타트업(Lean Startup)
- 사내벤처(corporate venture)
- 사내 기업가(intrapreneur)
- 초소형 기업가(micropreneur)
- 프리토타입(pretotype = pretend + prototype)
- 프로토타입(prototype)
- 시제품(MVP: Minimum Viable Product)
- 캐즘(chasm)
- 비즈니스 모델 캔버스(BMC: Business Model Canvas)
- 비즈니스 피봇팅(business pivoting)
- 엔젤투자자(angel investor)
- 크라우드 펀딩(crowd funding)
- 액셀러레이터(accelerator)
- 벤처캐피털(VC: Venture Capital)
- 기업주도형 벤처캐피털(CVC: Corporate Venture Capital)

연습문제

01 창업과 스타트업(startup)의 차이점을 설명하라.

02 벤처기업(venture business)의 개념을 설명하라.

03 린 스타트업(Lean Startup)의 개념에 대해 설명하라.

04 프리토타입(pretotype)이란 무엇인가?

05 프로토타입(prototype)의 개념에 대해서 설명하라.

06 캐즘(chasm)이란 무엇인가?

07 스타트업에 대응하는 고객의 4가지 유형에 대해서 논하라.

08 비즈니스 모델 캔버스(BMC: Business Model Canvas)의 개념에 대해서 설명하라.

09 비즈니스 피봇팅(business pivoting)이란 무엇인가?

10 엔젤투자자(angel investor)의 개념과 특징에 대해 논하라.

11 크라우드 펀딩(crowd funding)이란?

12 액셀러레이터(accelerator)의 개념에 대해 설명하라.

13 벤처캐피털과 기업주도형 벤처캐피털의 차이점에 대해 논하라.

참고문헌

Adams, J. S. (1965). Inequity in social exchanges. In L. Berkowitz (Ed.), *Advances in experimental social psychology*, (pp. 267–300). New York: Academic Press.

Amabile, T. (1996). *Creativity in context*. Boulder, CO: Westview.

Ancona, D., & Caldwell, D. (1992). Bridging the boundary: External activity and performance in organizational teams. *Administrative Science Quarterly*, 37: 634–665.

Ancona, D., & Chong, C.L. (1999). Cycles and synchrony: The temporal role of context in team behavior. In R. Wageman (Ed.), *Research on managing groups and teams*, 33–48. Stamford, CT: JAI Press.

Argote, L., & McGrath, J. (1993). Group processes in organizations: continuity and change. In C. Cooper & I. Robertson (Eds.), *International review of industrial and organizational psychology*, 8: 333–389. London: Wiley.

Aronson, E., & Mills, J. (1959). The effects of severity of initiation on liking for a group. *Journal of Abnormal and Social Psychology*, 59: 177–181.

Arrow, H. (1998). Standing out and fitting in: Composition effects on newcomer socialization. In D. Gruenfeld (Ed.), *Research on managing groups and teams*, 1: 59–80. Stamford, CT: JAI Press.

Asch, S. (1952). *Social psychology*. Englewood Cliffs, NJ: Prentice–Hall.

Austin, Z., Gregory, P. A., & Galli, M. (2008). "I just don't know what I'm supposed to know": Evaluating self–assessment skills of international pharmacy graduates in Canada. Research in Social and Administrative Pharmacy, 4(2), 115–124.

Banaji, M., & Prentice, D. (1994). The self in social contexts. *Annual Review of Psychology*, 45: 297–332.

Bandura, A. (1977). Self–efficacy: Towards a unifying theory of behavioral change. *Psychological Review*, 84: 191 – 215.

Barker, J. (1993). Tightening the iron cage: Concertive control in self–managing groups. *Administrative Science Quarterly*, 38: 408–437.

Barney, J. B. (1991). Firm resource and sustained competitive advantage. *Journal of Management*, 17: 99–120.

Barney, J. B. (1995). Looking inside for competitive advantage. *Academy of Management Executive*, 9: 49–61.

Baron, R., Kerr, N., & Miller, N. (1992). *Group process, group decision, group action*. Pacific Grove, CA: Brooks/Cole Publishing.

Barsade, S. G., & Gibson, D. E. (2007). Why does affect matter in organizations? *Academy of Management Perspectives*, 36–59.

Bartlett, C. A. (1986). Building and managing the transactional: The new organizational challenge. In M. E. Porter (Ed.), *Competition in global industries*. Harvard Business School Press: Boston.

Bartlett, C. A., & Ghoshal, S. (1987). Managing across borders: New strategic requirements. *Sloan Management Review*, 7–17.

Bartlett, C. A., & Ghoshal, S. (1989). *Managing across borders: The transnational solution*. Boston: Harvard Business School Press.

Basch, J., & Fisher, C. D. (2000). Affective events–emotions matrix: A classification of work events and associated emotions. In N. M. Ashkanasy, C. E. J. Hartel, & W. J. Zerbe (Eds.), *Emotions in the Workplace* (pp. 36–48). Westport, CT: Quorum Books.

Bass, B. M. (1985). *Leadership and Performance beyond Expectations*. New York: Free Press.

Bass, B. M. (2002). Cognitive, social, and emotional intelligence of transformational leaders. In R. E. Riggio, S. E. Murphy, and F. J. Pirozzolo (Eds.), *Multiple Intelligences and Leadership* (pp. 113–114). Mahwah, NJ: Lawrence Erlbaum.

Bass, B., & Ryterbrand, E. (1979). *Organizational psychology* (2nd Ed.). Boston: Allyn & Bacon.

Bettenhausen, K., & Murnighan, J. (1985). The emergence of norms in competitive decision–making groups. *Administrative Science Quarterly*, 30: 350–372.

Bird, A. (1977). Team structure and success as related to cohesiveness and leadership. *Journal of Social Psychology*, 103: 217–223.

Bowers, C., Braun, C., & Morgan, B., Jr. (1997). Team workload: Its meaning and measurement. In M. Brannick, E. Salas, & C. Prince (Eds.), *Team performance and measurement: Theory, methods, and applications* (pp. 85–108). Mahwah, NJ: Lawrence Erlbaum Associates.

Brauer, M., Judd, C., & Gliner, M. (1995). The effects of repeated expression on attitude polarization during group discussions. *Journal of Personality and Social Psychology*, 68: 1014–1029.

Brophy, D. (1998). Understanding, measuring, and enhancing collective creative problem–solving efforts. *Creativity Research Journal*, 11: 199–229.

Brown, R. (1988). *Group processes: Dynamics within and between groups*. Oxford, UK: Blackwell.

Burns, J. M. (1978). *Leadership*. New York: Harper & Row.

Burnstein, E., & Vinokur, A. (1973). Testing two classes of theories about group induced shifts in individual choice. *Journal of Experimental Social Psychology*, 9: 123–137.

Butler, L. (1987). Anatomy of collusive behavior. *NTL Connections*, 4: 1–2.

Camacho, L., & Paulus, P. (1995). The role of social anxiousness in group brainstorming. *Journal of Personality and Social Psychology*, 68: 1071–1080.

Cameron, K. S., & Quinn, R. E. (2006). *Diagnosing and changing organizational culture: Based on the competing values framework*. San Francisco: Jossey–Bass.

Campion, M., Papper, E., & Medsker, G. (1996). Relations between work team characteristics and effectiveness: A replication and extension. *Personnel Psychology*, 49: 429–452.

Caruso, D. R., Mayer, J. D., & Salovey, P. (2002). Emotional intelligence and emotional leadership. In R. E. Riggio, S. E. Murphy, & F. J. Pirozzolo (Eds.), *Multiple intelligences and leadership*, Mahwah, NJ: Lawrence Erlbaum.

Chandler, A. D. (1962). *Strategy and structure: Chapters in the history of the industrial enterprise*. Cambridge, MA: MIT Press.

Charles, W. L., Hill Dr., Tomas, G., & Hult, M. (2016). *International business: Competing in the global marketplace* (11th Eds.), McGraw–Hill.

Chatman, J., Polzer, J., Barsade, S., & Neale, M. (1998). Being different yet feeling similar: The influence of demographic composition and organizational culture on work processes and outcomes. *Administrative Science Quarterly*, 43: 749–780.

Choi, J. N. (2002). External activities and team effectiveness: Review and theoretical development. *Small Group Research*, 33: 181–208.

Choi, J. N., & Kim, M. (1999). The organizational application of groupthink and its limitations in organizations. *Journal of Applied Psychology*, 84: 297–306.

Choi, J. N., Price, R., & Vinokur, D. (2002). *Self-efficacy changes in groups: Effects of membership diversity, leadership, and group climate*. Working paper: Institute for Social Research, The University of Michigan.

Cohen, S. (1994). Designing effective self–managing work teams. In M. Beyerlein (Ed.), *Advances in interdisciplinary studies of work teams: Theories of self-managing work teams* (pp. 67–102), Greenwich, CT: JAI Press.

Cohen, S., & Bailey, D. (1997). What makes teams work: Group effectiveness research from the shop floor to the executive suite. *Journal of Management*, 3: 239–290.

Crano, W., & Alvaro, E. (1998). Indirect minority influence: The leniency contract revisited. *Group Processes and Intergroup Relations*, 1: 99–115.

Cropanzano, R., Rupp, E., & Byrne, Z. S. (2003). The relationship of emotional exhaustion to work attitudes, job performance, and organizational citizenship behavior. *Journal of Applied Psychology, February*, 160 – 169.

Cummings, T., & Mohrman, S. (1987). Self–designing organizations: Towards implementing quality–of–work–life innovations. In R. Woodman & W. Pasmore (Eds.), *Research in organizational change and development* (pp. 275–310). Greenwich, CT: JAI Press.

Dansereau, F., Graen, G., & Haga, W. (1975). A vertical dyad linkage approach to leadership in formal organizations. *Organizational Behavior and Human Performance*, 13: 46–78.

Davis, J. (1964). *Group performance*. MA: Addison–Wesley.

Davis–Blake, A., Broschak, J. P., & George, E (2003). Happy together? How using nonstandard workers affects exit, voice, and loyalty among standard employees. *Academy of Management Journal*, 46: 475 – 485.

Day, D. V., Shleicher, D. J., Unckless, A. L., & Hiller, N. J. (2002). Self–monitoring personality at work: A meta–analytic investigation of construct validity. *Journal of Applied Psychology*, 87: 390 – 401.

Deci, E. L., & Ryan, R.M. (1985). *Intrinsic Motivation and Self-Determination in Human Behavior*. New York: Plenum Press.

Dentler, R., & Erikson, K. (1959). The functions of deviance in groups. *Social Problems*, 7: 98–107.

Diehl, M., & Strobe, W. (1987). Productivity loss in brainstorming groups: Toward a solution of a riddle. *Journal of Personality and Social Psychology*, 53: 497–509.

Diener, E., Sandvik, E., Seidlitz, L., & Diener, M. (1993). The relationship between income and subjective well–being: Relative or absolute? *Social Indicators Research*, 28: 195 – 223.

Diestel, S., & Schmidt, K. (2011). Costs of simultaneous coping with emotional dissonance and self–control demands at work: Results from two German samples. *Journal of Applied Psychology*, 96: 643 – 653.

Drachal, K. (2014). *What do we know from EPRG model?* Ecoforum, www. ideas.repec.org.

Dunning, D., Johnson, K., Ehrlinger, J., & Kruger, J. (2003). Why people fail to recognize their own incompetence. Current directions in psychological science, 12(3), 83–87.

Edmondson, A. (1999). A safe harbor: Social psychological conditions enabling boundary spanning in work teams. In R. Wageman (Ed.), *Research on managing groups and teams* (pp. 179–199), Stamford, CT: JAI Press.

Ehrlinger, J., Johnson, K., Banner, M., Dunning, D., & Kruger, J. (2008). Why the unskilled are unaware: Further explorations of (absent) self–insight among the incompetent. Organizational behavior and human decision processes, 105(1), 98–121.

Fayol, H. (1930). *General and industrial management*. Dunod Publishers.

Feldman, D. (1984). The development and enforcement of group norms. *Academy of Management Review*, 9: 47–53.

Festinger, L. (1954). A theory of social comparison processes. *Human Relations*, 7: 123–146.

Festinger, L. (1957). *A theory of cognitive dissonance*. Evanston, IL: Row Peterson.

Festinger, L. A. (1957). *Theory of cognitive dissonance*. Stanford, CA: Stanford University Press.

Festinger, L., Pepitone, A., and Newcomb, T. (1952). Some consequences of deindividuation in a group. *Journal of Abnormal Psychology*, 47: 382–389.

Fiedler, F. E. (1967). *A theory of leadership effectiveness*. New York: McGraw–Hill.

Fiske, S., & Goodwin, S. (1996). Introduction: Social cognition research and small group research, a West Side Story or…? In J. L. Nye & A. M. Brower (Eds.), *What's social about social cognition?*. Thousand Oaks, CA: Sage.

Fleeson, W., & Gallagher, P. (2009). The implications of big five standing for the distribution of trait manifestation in behavior: Fifteen experience–sampling studies and a meta–analysis. *Journal of Personality and Social Psychology*, 97: 1097 – 1114.

Forsyth, D. (1999). *Group Dynamics* (3rd Ed.). Belmont, CA: Wadsworth.

Freud, S. (1959). *Group psychology and the analysis of the ego*. New York: Norton.

Gagné, M., & Deci, E. L. (2005). Self–determination theory and work motivation. *Journal of Organizational Behavior*, 26: 331 – 362.

Galam, S., & Moscovici, S. (1994). Towards a theory of collective phenomena: Conformity and power. *European Journal of Social Psychology*, 24: 481–495.

Gersick, C. (1988). Time and transition in work teams: Toward a new model of group development. *Academy of Management Journal*, 31: 9–41.

Glynn, M. (1996). Innovative genius: A framework for relating individual and organizational intelligences to innovation. *Academy of Management Review*, 21: 1081–1111.

Goodman, P., Ravlin, E., & Schminke, M. (1987). Understanding groups in organizations.

In L. Cummings & B. Staw (Eds.) *Research in organizational behavior* (pp. 121–173). Stamford, CT: JAI Press.

Graen, G., & Scandura, T. (1987). Toward a psychology of dyadic organizing. In B. Staw & L. Cummings (Eds.), *Research in organizational behavior* (pp. 175–208). Greenwich, CT: JAI Press.

Grandey, A. A. (2003). When the show must go on: Surface acting and deep acting as determinants of emotional exhaustion and peer-rated service delivery. *Academy of Management Journal*, 86–96.

Granovetter, M. (1973). The strength of weak ties. *American Journal of Sociology*, 78: 1360–1380.

Guzzo, R., & Dickson, M. (1996). Teams in organizations: Recent research on performance and effectiveness. *Annual Review of Psychology*, 47: 307–338.

Guzzo, R., & Salas, E. (1995). *Team effectiveness and decision making in organizations.* San Francisco: Jossey Bass.

Hackman, J. (1987). The design of work teams. In J. Lorsch (Ed.), *Handbook of organizational behavior* (pp. 315–342). Englewood Cliffs, NJ: Prentice Hall.

Hackman, J. (1992). Group influences on individuals in organizations. In M. Dunnette & L. Hough (Eds.), *Handbook of industrial and organizational psychology*, (pp. 199–267). Palo Alto, CA: Consulting Psychologists Press.

Hall, E, T. (1976). *Beyond Culture*. Anchor Books.

Hall, R. H. (1992). Organizations: Structure and Process (7th ed.). Englewood Cliffs, New Jersey: Prentice-Hall, Inc.

Hammer, M., & Champy, J. (1993). *Reengineering the corporation: A manifesto for business revolution*. Collins Business Essentials.

Hayes, N. (1997). *Successful team management*. London: International Thomson Business Press.

Hepper, E. G., Gramzow, R. H., & Sedikides, C. (2010). Individual differences in self-enhancement and self-protection strategies: An integrative analysis. *Journal of Personality*, 78: 781–814.

Hersey, P., & Blanchard, K. H. (1977). *Management of Organizational Behavior: Utilizing Human Resources* (3rd Eds.), New Jersey: Prentice Hall.

Herzberg, F., Mausner, B., & Snyderman, B. (1959). *The motivation to work*. New York: Wiley.

Hirschman, A. O. (1970). Exit, voice, and loyalty: Responses to decline in firms, organizations, and states. Cambridge, MA: Harvard University Press.

Hoegl, M., & Gemuenden, H. (1999). *The determinants and effects of teamwork quality in innovative projects: A theoretical and empirical analysis*. Paper presented at the Annual Meeting of the Academy of Management, Chicago, IL.

Hofstede, G. (1980). *Culture's Consequences: International Differences in Work-Related Values*. Beverly Hills, CA: Sage.

Hollander, E. (1958). Conformity, status, and idiosyncrasy credit. *Psychological Review*, 65: 117–127.

Horwitz, S. K., & Horwitz, I. B. (2007). The effects of team diversity on team outcomes: A meta-analytic review of team demography. *Journal of Management*, 33: 987-1015.

House, R. J. (1971). A path–goal theory of leader effectiveness. *Administrative Science Quarterly*, 321-338.

House, R. J. (1996). Path–goal theory of leadership: Lessons, legacy, and a reformulated theory. *Leadership Quarterly*, 323-352.

Ilgen, D. (1994). Jobs and roles: Accepting and coping with the changing structure of organizations. In M. Rumsey, C. Walker, & J. Harris (Eds.), *Personnel selection and classification* (pp. 13–22). Hillsdale, NJ: Earlbaum.

Ilgen, D. (1999). Teams embedded in organizations. *American Psychologist*, 54: 129–139.

Ilgen, D., Major, D., Hollenbeck, J., & Sego, D. (1993). Team research in the 1990s. In M. Chemers & R. Aymon (Eds.), *Leadership theory and research: Perspectives and directions* (pp. 245–271). San Diego, CA: Academic Press.

Ilies, R., Fulmer, I. S., Spitzmuller, M., & Johnson, M. D. (2009). Personality and citizenship behavior: The mediating role of job satisfaction. *Journal of Applied Psychology*, 94: 945-95.

Ilies, R., Scott, B. A., & Judge, T.A.(2006). The interactive effects of personal traits and experienced states on intra–individual patterns of citizenship behavior. *Academy of Management Journal*, 49: 561-575.

Jackson, J. (1965). Structural characteristics of norms. In I. Steiner & M. Fishbein (Eds.), *Current studies in social psychology* (pp. 301–309). New York: Holt, Reinhart, & Winston.

Jackson, S. (1992). Consequences of group composition for the interpersonal dynamics of strategic issue processing. In P. Shrivastava, A. Huff, & J. Dutton (Eds.), *Advances in strategic management* (pp. 345–382). Greenwich, CN: JAI Press.

Janis, I. (1982). *Victims of groupthink: A psychological study of foreign policy decisions and fiascos* (2nd Ed.). Boston: Houghton Mifflin.

Jehn, K. (1995). A multimethod examination of the benefits and detriments of intragroup conflict. *Administrative Science Quarterly*, 40: 245–282.

Judge, T. A., & Bono, J. E. (2001). A rose by any other name : Are self–esteem, generalized self–efficacy, neuroticism, and locus of control indicators of a common construct?" In B. W. Roberts, & R. Hogan (Eds.), *Personality psychology in the workplace* (pp. 93–118). Washington, DC: American Psychological Association.

Katzenbach, J., & Santamaria, J. (1999). Firing up the front line. *Harvard Business Review*, May–June: 114.

Katzenbach, J., & Smith, D. (1993) *The wisdom of teams*. Cambridge, MA: Harvard Business School Press.

Kerr, N., MacCoun, R., Hansen, C., & Hymes, J. (1987). Gaining and losing social support: Momentum in decision–making groups. *Journal of Experimental Social Psychology*, 23:119–145.

Komaki, J. L., Coombs, T., & Schepman, S. (1996). Motivational implications of reinforcement theory. In R. M. Steers, L. W. Porter, & G. Bigley (Eds.), *Motivation and work behavior*, (pp. 87–107). New York: McGraw–Hill.

Kopelman, R. E., Prottas, D. J., & Falk, D. W. (2010). Construct validation of a theory X/Y behavior Scale. *Leadership and Organization Development Journal*, 31: 120 – 135.

Kotick, M (2017). Create brand attraction: A new strategy that uses the laws of human attraction to decode marketing in a digital and social media age, Archway Publishing.

Kotter, J. P. (1996). *Leading change*. Harvard Business Press.

Lacey, R., & Gruenfeld, D. (1999). Unwrapping the work group: How extra–organizational context affects group behavior. In R. Wageman (Ed.), *Research on managing groups and teams* (pp. 157–177). Stamford, CT: JAI Press.

Larey, T., & Paulus, P. (1999). Group preference and convergent tendencies in small groups: A content analysis of brainstorming performance. *Creativity Research Journal*, 12: 175–184.

Latane, B., & Wolf, S. (1981). The social impact of majorities and minorities. *Psychological Review*, 88: 438–453.

Latane, B., Williams, K., & Harkins, S. (1979). Many hands make light the work: The causes and consequences of social loafing. *Journal of Personality and Social Psychology*, 37: 823–832.

Le Bon, G. (1896). The crowd. London: Unwin.

LePine, J. A., Colquitt, J. A., & Erez, A. (2000). Adaptability to changing task contexts:

Effects of general cognitive ability, conscientiousness, and openness to experience. *Personnel Psychology*, 53: 563 - 595.

Levine, J. (1989). Reaction to opinion deviance in small groups. In P. Paulus (Ed.), *Psychology of group influence: New perspectives* (pp. 187-232). Hillsdale, NJ: Lawrence Earlbaum.

Levine, J., & Moreland, R. (1990). Progress in small group research. *Annual Review of Psychology*, 41: 585-634.

Levine, J., & Ruback, R. (1980). Reaction to opinion deviance: Impact of a fence straddler's rationale on majority evaluation. *Social Psychology Quarterly*, 43: 73-81.

Lewin K. (1943). Defining the "Field at a Given Time. *Psychological Review*, 50: 292-310.

Lewin, K (1947). Frontiers of group dynamics: Concept, method and reality in social science, social equilibria, and social change. *Human Relations*, 1: 5 - 41.

Lichtman, R., & Lane, I. (1983). Effects of group norms and goal setting on productivity. *Group & Organization Studies*, December: 406-420.

Lindberg, E., & Wilson, T. L. (2011). Management by objectives: The Swedish experience in upper secondary schools. *Journal of Educational Administration*, 49: 62 - 75.

Linholn, C. (1990). *Charisma*. Cambridge, MA: Basil Blackwell.

Locke, E. A. (1968). Toward a theory of task motivation and incentives. *Organizational Behavior and Human Performance*. 3: 157-189.

Locke, E. A., & Latham, G. P. (2006). New directions in goal-setting theory. *Current Directions in Psychological Science*, 15: 265 - 268.

Mackie, D. (1986). Social identification effects in group polarization. *Journal of Personal Social Psychology*, 50: 720-728.

Mackie, D. (1987). Systematic and nonsystematic processing of majority and minority persuasive communication. *Journal of Personal Social Psychology*, 53: 41-52.

Marks, M., Mathieu, J., & Zaccaro, S. (2001). A temporally based framework and taxonomy of team processes. *Academy of Management Review*, 26: 356-376.

Martin, R., & Hewstone, M. (2001). Conformity and independence in groups: Majorities and minorities. In M. Hogg and R. Tindale (Eds.), *Blackwell Handbook of Social Psychology: Group Processes* (pp. 209-234). Oxford: Blackwell.

Martinko, M. J., Harvey, P., & Dasborough, M. T. (2011). Attribution theory in the organizational sciences: A case of unrealized potential. *Journal of Organizational Behavior*, 32: 144 - 149.

Maslow, A. H. (1943). A theory of human motivation, *Psychological Review*, 50: 370-396.

Maslow, A. H. (1954). *Motivation and personality*. New York: Harper & Row.

McClelland, D. C. (1961). *The achieving society*. New York: Van Nostrand Reinhold.

McClelland, D. C., & Burnham, D. H. (1976). Power is the great motivator. *Harvard Business Review*, 100-110.

McGregor, D (1960). *The human side of enterprise*. New York: McGraw-Hill.

Milgram, S. (1963). Behavior study of obedience. *Journal of Abnormal and Social Psychology*, 67: 371-378.

Milgram, S. (1964). Group pressure and action against a person. *Journal of Abnormal and Social Psychology*, 69: 137-143.

Milgram, S. (1965). Liberating effects of group pressure. *Journal of Personality and Social Psychology*, 1: 127-134.

Mintzberg, H. (1993). Structure in fives: Designing effective organizations. Prentice-Hall, Inc.

Mohrman, A., Mohrman, S., & Lawler, E., III. (1992). The performance management of teams. In W. Bruns (Ed.), *Performance Measurement, Evaluation, and Incentives*. Cambridge, MA: Harvard Business School Press.

Montoya-Weiss, M., Massey, A., & Song, M. (2001). Getting it together: Temporal coordination and conflict management in global virtual teams. *Academy of Management Journal*, 44: 1251-1262.

Mori, D., Pliner, P., & Chaiken, S. (1987). Eating lightly and the self-presentation of femininity. *Journal of Personality and Social Psychology*, 53: 693-702.

Moscovici, S. (1980). Toward a theory of conversion behavior. In L. Berkowitz (Ed.), *Advances in experimental social psychology* (pp. 209-239). New York: Academic Press.

Moynihan, L., & Peterson, R. (2001). A contingent configuration approach to understanding the role of personality in organizational groups. *Research in Organizational Behavior*, 23: 327-378.

Mullen, B. (1986). Atrocity as a function of lynch mob composition. *Personality and Social Psychology Bulletin*, 12: 187-197.

Mullen, B., & Copper, C. (1994). The relation between group cohesiveness and performance: An integration. *Psychological Bulletin*, 115: 210-227.

Mullen, B., Johnson, C., & Salas, E. (1991). Productivity loss in brainstorming groups: A meta-analytic integration. *Basic and Applied Social Psychology*, 12: 3-23.

Napier, R. & Gershenfeld, M. (1999). *Groups: Theory and experience* (6th Ed.). Boston:

Houghton Mifflin.

Nemeth, C. (1986). Differential contributions of majority and minority influence. *Psychological Review*, 93: 23–32.

Nemeth, C., & Wachtler, J. (1974). Creating the perceptions of consistency and competence: A necessary condition for minority influence. *Sociometry*, 37: 529–540.

O'Boyle, E. H., & Aguinis, H. (2012). The best and the rest: Revisiting the norm of normality of individual performance. *Personnel Psychology*, 65: 79 – 119.

O'Reilly, C., Williams, K., & Barsade, S. (1998). Group demography and innovation: Does diversity help? In D. Gruenfeld & M. Neale (Eds.), *Research on Managing in Groups and Teams* (pp. 183–207). Greenwich, CT: JAI Press.

Offner, A., Kramer, T., & Winter, J. (1996). The effects of facilitation, recording, and pauses on group brainstorming. *Small Group Research*, 27: 283–298.

Oh, H., & Kilduff, M. (2008). The ripple effect of personality on social structure: Self-monitoring origins of network brokerage. *Journal of Applied Psychology*, 93: 1155 – 1164.

Osborn, R., Hunt, J. G., & Jauch, L. R. (1980). *Organization theory: An integrated approach*. New York: Wiley.

Osborne, A. (1957). *Applied imagination*. New York: Scribner.

Parks, C., & Sanna, L. (1999). *Group performance and interaction*. Boulder, CO: Westview Press.

Parnes, S., & Meadow, J. (1959). Effect of brainstorming instructions on creative problem-solving by trained and untrained subjects. *Journal of Educational Psychology*, 50: 171–176.

Paulus, P., & Dzindolet, M. (1993). Social influence processes in group brainstorming. *Journal of Personality and Social Psychology*, 64: 575–586.

Paulus, P., Larey, T., & Dzindolet, M. (2001). Creativity in groups and teams. In M Turner (Ed.), *Groups at work: Theory & Research*. Mahwah, NJ: Lawrence Earlbaum Associates.

Perez, J., & Mugny, G. (1996) The conflict elaboration theory of social influence. In E. Witte & J. Davis (Eds.) *Understanding group behavior: Small group Processes and Interpersonal Relations*. New Jersey: Lawrence Erlbaum and Associates.

Perlmutter, H. V. (1969). *The tortuous evolution of the multinational corporation*. Columbia, J, World Bus.

Porter, M.E. (1980). *Competitive strategy*. New York: Free Press.

Porter, M.E. (1985). *Competitive advantage: Creating and sustaining superior performance*. New York: Free Press.

Porter, M.E. (1990). *The competitive advantage of nations*. New York: Free Press.

Porter, M.E. (1996). What is Strategy. *Harvard Business Review*, Nov/Dec.

Rhoades, L., Eisenberger, R., & Armeli, S. (2001). Affective commitment to the organization: The contribution of perceived organizational support. *Journal of Applied Psychology*, 86: 825-836.

Riordan, C., & Shore, L. (1997). Demographic diversity and employee attitudes: An empirical examination of relational demography within work units. *Journal of Applied Psychology*, 82: 342-358.

Robbins, S. P., & Judge, T. A. (2012). *Organizational Behavior* (15th Global Eds.) Pearson Education.

Robbins, S. P., & Judge, T. A. (2014). *Organizational Behavior* (16th Global Eds.) Pearson Education.

Robock, S. F. & Simmonds, K. (1983). *International business and the multinational enterprise* (3rd Eds.), Homewood: R.D. Irwin.

Rokeach, M. (1971). Long-range experimental modification of values, attitudes, and behavior. *American Psychologist*, 26: 453-459.

Ross, L., Bierbrauer, G., & Hoffman, S. (1976). The role of attribution processes in conformity and dissent: Revisiting the Asch situation. *American Psychologist*, 31: 148-157.

Sanna, L., & Parks, C. (1997). Group research trends in social and organizational psychology: Whatever happened to intragroup research? *Psychological Science*, 8: 261-267.

Schein, E. (1988). *Process consultation: Its role in organizational development*. MA: Addison-Wesley.

Schein, E. H. (2010). Organizational culture and leadership. San Francisco: John Wiley & Sons.

Schein. E. H. (1985). *The corporate culture survival guide*. San Francisco: Jossey-Bass.

Schlenker, B., Dlugolecki, D., & Doherty, K. (1994). The impact of self-presentations on self-appraisals and behavior: The power of public commitment. *Personality and Social Psychology Bulletin*, 20: 20-33.

Schneider, D. (1991). Social cognition. *Annual Review of Psychology*, 42: 527-561.

Shaw, M. (1981). *Group dynamics: The psychology of small group behavior* (3rd Ed.). New

York: McGraw Hill.

Simons, T., Pelled, L. H., & Smith, K. A. (1999). Making use of difference: Diversity, debate, and decision comprehensiveness in top management teams. *Academy of Management Journal*, 42: 662–673.

Smith, K., Smith, K., Olian, J., Sims, H., O'Bannon, D., & Scully, J. (1994). Top management team demography and process: The role of social integration and communication. *Administrative Science Quarterly*, 39: 412–438.

Spirling, L. I., & Persaud, R. (2003). Extraversion as a risk factor. *Journal of the American Academy of Child & Adolescent Psychiatry*, 42: 130.

Stang, D. (1972). Conformity, ability, and self–esteem. *Representative Research in Social Psychology*, 3: 97–103.

Stasser, G., & Stewart, D. (1992). Discovery of hidden profiles by decision–making groups: Solving a problem versus making a judgment. *Journal of Personality and Social Psychology*, 63: 426–434.

Staw, B., Sandelands, L., & Dutton, J. (1981). Threat–rigidity effects in organizational behavior: A multilevel analysis. *Administrative Science Quarterly*, 26: 501–524.

Stewart, G., & Barrick, M. (2000). Team structure and team performance: Assessing the mediating role of intrateam process and the moderating role of task types. *Academy of Management Journal*, 43: 135–148.

Stroebe, W., Diehl, M, & Abakoumkin, G. (1992). The illusion of group effectivity. *Personality and Social Psychology Bulletin*, 18: 643–650.

Stryker, S. (1991). Exploring the relevance of social cognition for the relationship of self and society: Linking the cognitive perspective and identity theory. In J. Howard & P. Callero (Eds.), *The self-society dynamic: Cognition, emotion, and action* (pp. 19–41). Cambridge, UK: Cambridge University Press.

Sundstrom, E. (1999). The challenges of supporting work team effectiveness. In E. Sundstrom & Associates (Eds.), *Supporting work team effectiveness* (pp. 3–23). San Francisco: Jossey–Bass.

Sundstrom, E., DeMeuse, K., & Futrell, D. (1990). Work teams: Applications and effectiveness. *American Psychologist*, 45: 120–133.

Sung, S. Y., & Choi, J. N. (2014). Multiple dimensions of human resource development and organizational performance. *Journal of Organizational Behavior*, 35: 851–870.

Sung, S. Y., Choi, J. N., & Kang, S. C. (2017). Incentive pay and firm performance: Moderating role of procedural justice climate and environmental turbulence. *Human Resource Management*, 56: 287–305.

Sutton, R., & Hargadon, A. (1996). Brainstorming groups in context: Effectiveness in a product design firm. *Adminstrative Science Quarterly*, 41: 685–718.

Tanford, S., & Penrod, S. (1984). Social influence model: A formal integration of research on majority and minority influence processes. *Psychological Bulletin*, 95: 189–225.

Thatcher, S., & Jehn, K. (1998). Model of group diversity profiles and categorization processes in bicultural organizational teams. In D. Gruenfield (Ed.), *Research on managing groups and teams* (pp. 1–20). Stamford, CT: JAI Press.

Thompson, L. (2000). *Making the team*. Upper Saddle River, NJ: Prentice Hall.

Trice, H. M., & Beyer, J. M. (1993). *The cultures of work organizations*. Prentice–Hall, Inc.

Turban, E., & Volonino, L. (2010). *Information technology for management* (7th Eds.), John Wiley & Sons, Inc.

Turner, J. (1985). Social categorization and the self–concept: A social cognitive theory of group behavior. In J. Lawler (Ed.), *Advances in group processes* (pp. 77–122), Greenwich, CT: JAI Press.

Vroom, V. H. (1964). *Work and motivation*. New York: Wiley.

Wanous, J., Reichers, A., & Malik, S. (1984). Organizational socialization and group development: Toward an integrative perspective. *Academy of Management Review*, 9: 670–683.

Watson, W., Kumar, K., & Michaelsen, L. (1993). Cultural diversity's impact on interaction process and performance: Comparing homogeneous and diverse task groups. *Academy of Management Journal*, 36: 590–602.

Watson, W., Kumar, K., & Michaelson, L. (1993). Cultural diversity's impact on interaction process and performance: Comparing homogeneous and diverse task groups. *Academy of Management Journal*, 36: 590–602.

Webber, S. S., & Donahue, L. M. (2001). Impact of highly and less job–related diversity on work group cohesion and performance: A meta–analysis. *Journal of Management*, 27: 141–162.

Wegner, D. (1987). Transactive memory: A contemporary analysis of the group mind. In B. Mullen & G. Goethals (Eds.), *Theories of Group Behavior* (pp. 85–208). New York: Springer–Verlag.

Weiss, B., & Feldman, R. S. (2006). Looking good and lying to do it: Deception as an impression management strategy in job interviews. *Journal of Applied Social Psychology*, 36: 1070–1086.

Werther, W. B., & Chandler, D. (2006) *Strategic corporate social responsibility: Stakeholders in a global environment*. Thousand Oaks, CA: Sage.

Winter, D. G. (2002). The motivational dimensions of leadership: Power, achievement, and affiliation. In R. E. Riggio, S. E. Murphy, & F. J. Pirozzolo (Eds.), *Multiple intelligences and leadership*, (pp. 119–138). Mahwah, NJ: Lawrence Erlbaum.

Zajonc, R. (1965). Social facilitation. Science, 149: 269–274.

강석원 (2018). 창의를 창의하다: 스캠퍼(Scamper). 세계와 나.

공명달 (2011). 전사적 자원관리 ERP. 대명출판사.

김민주 (2011). 시장의 흐름이 보이는 경제 법칙 101. 위즈덤하우스.

김병희 (2015). 스마트 시대의 광고 문화. 커뮤니케이션북스.

김인수 (2007). 거시조직이론 (4판). 무역경영사.

노규성 (2014). 기업을 바꾼 10대 정보시스템. 커뮤니케이션북스.

노정란 (2010). 조직 문화 변화의 성공 요소에 관한 연구. 한국문헌정보학회지, 44: 427–445.

문충태 (2023). 프로는 리크루팅을 하고 아마추어는 영업을 한다: 리크루팅 실전 사례와 핵심 노하우. 중앙경제평론사.

박진희 (2011). 증기기관의 탄생 – 제임스 와트의 증기기관이 발명되기까지 (물리산책). 과학창의재단.

백기복 (2004). 조직행동연구(제3판). 창민사

신호진 (2019). 끌리는 아이디어의 비밀, 성안당.

윤경철 (2009). 대단한 바다여행. 푸른길

이생호 (2004). 성공적 합병을 위한 조직통합전략. 고려대학교 석사학위 논문

이철수 (2009). 사회복지학사전. 블루피쉬.

임석진, 윤용택, 황태연, 이성백 (2009). 철학사전. 중원문화.

전산용어사전편찬위원회 (2011). 컴퓨터인터넷IT용어대사전, 일진사

정성훈 (2011). 사람을 움직이는 100가지 심리법칙. 케이엔제이.

정혜원 (2004). 대한민국 희망보고서, 유한 킴벌리. 거름 출판사.

조동성 (2002). 21세기를 위한 전략경영. 서울경제경영.

조동성 (2004). 21세기를 위한 국제경영. 서울경제경영.

최진기 (2018). 한 권으로 정리하는 4차 산업혁명. 이지스퍼블리싱.

최진봉 (2014). 기업의 사회적책임. 커뮤니케이션북스.

클레이튼 크리스텐슨 (2009). 혁신기업의 딜레마 (The innovator's dilemma: When new technologies cause great firms to fail). 세종서적.

피터 드러커 (2006). 경영의 실제 (The practice of management). 이재규 역. 한국경제신문.

하동석 (2010). 이해하기 쉽게 쓴 행정학용어사전. 새정보미디어.

한국교육평가학회 (2004). 교육평가용어사전. 학지사.

한국기업교육학회 (2010). HRD 용어사전. 주(중앙경제).

한림학사 (2007). 통합논술 개념어 사전, 청서출판.

홍익희 (2012). 구글 창업자, 래리 페이지와 세르게이 브린

BBC NEWS 코리아

HRM Guide – What does it take to become a unicorn startup?

Newsis

The JoongAng

The PR Times (더피알타임스)

The 리스트

'멈추지 않는 창업 도전'…스타트업 선순환 생태계 이끄는 연쇄창업가들

2022 대한민국 액셀러레이터 현황 리포트

2030 창업 길라잡이(홍진우 외 4인 저)

경향신문

나무위키 '벤처 캐피털'

네이버 지식백과 '창업기획자'

네이버지식백과

네이처(Nature)지

뉴경제용어사전

뉴욕타임즈

대한상공회의소

동아비즈니스리뷰

두산백과

데일리안

디지털데일리

매일경제

머니투데이

사이다경제

서울경제

서울신문

아이디어 불패의 법칙 (2020). 알베르토 사보이아. 인플루엔셜.

연합뉴스

올리비에 시보니 (2021) 선택 설계자들. 인플루엔셜. 위키백과

원티드

위키피디아

잡코리아

중소기업창업투자회사전자공시: VC통계정보

조선일보

학문명백과

한경 경제용어사전

한국기업현황보고서

한국민족문화대백과

한국심리학회

한국정경신문

한국학 중앙연구원

헤럴드경제

가상팀 https://biz30.timedoctor.com/strategies-for-managing-virtual-teams/

가상팀 https://fcw.com/articles/2017/03/22/gao-telework-update-rockwell.aspx

감정쓰레기통 https://post.naver.com/viewer/postView.naver?volumeNo=31759529&memberNo=42198376

갑질 https://blog.naver.com/aboutabout1234/222321808766

경남제약 http://www.edaily.co.kr/news/read?newsId=01439926619438848&mediaCodeNo=257&OutLnkChk=Y

경력과 직장 https://contents.premium.naver.com/hbrkorea/essential/contents/221125163551838fo?from=news_arp_article

공감피로 https://m.thesingle.co.kr/article/707088/THESINGLE

공인회계사 https://terms.naver.com/entry.nhn?docId=523624&cid=46630&categoryId=46630

관리회계 https://terms.naver.com/entry.nhn?docId=2098115&cid=44412&categoryId=44412

구글 https://post.naver.com/viewer/postView.nhn?volumeNo=9188605&memberNo=4841206

구글 https://www.youtube.com/watch?v=3MV_9B-8V-U

구매관리 https://terms.naver.com/entry.nhn?docId=1066040&cid=40942&categoryId=31909

국내 치킨 브랜드 평판 순위 http://www.newskr.kr/news/articleView.html?idxno=13933

그 나라에서만 먹을 수 있는 이색 맥도날드 https://m.post.naver.com/viewer/postView.nhn?volumeNo=8530774&memberNo=12179716&vType=VERTICAL

근무 중 딴짓 https://post.naver.com/viewer/postView.nhn?volumeNo=17254956&memberNo=41396138

근무시간 내가 짜는 회사 https://m.post.naver.com/viewer/postView.nhn?volumeNo=15581228&memberNo=27908841&vType=VERTICAL

기프트카 캠페인 https://www.gift-car.kr/Intro

나비효과 https://blog.arkieva.com/what-is-bullwhip-effect/

남양유업 밀어내기 http://www.fnnews.com/news/201405071733410334?t=y

넷플릭스 https://www.inc.com/business-insider/tech-employees-anonymously-rate-companies-work-facebook-google-netflix-twitter.html

노동생산성 http://www.sedaily.com/NewsView/1S5XOET6XO

다우존스 http://news.mk.co.kr/newsRead.php?year=2018&no=390083

다우지수 http://www.itooza.com/common/iview.php?no=2018070516254483781

다트 https://m.post.naver.com/viewer/postView.nhn?volumeNo=17106764&memberNo=909494&vType=VERTICAL

당신의 인사평가를 평가한다 http://www.cnbnews.com/news/article.html?no=356276

대형마트 진상고객 https://post.naver.com/viewer/postView.nhn?volumeNo=9972381&memberNo=12312731

더 나은 혼밥 라이프를 위한 맞춤형 1인 식품 https://m.post.naver.com/viewer/postView.nhn?volumeNo=6864884&memberNo=15460571&vType=VERTICAL

더 현대 https://woman.donga.com/3/all/12/2463847/1

데이터 야구 http://search.naver.com/search.naver?sm=tab_hty.top&where=nexearch&

query=%EC%88%AB%EC%9E%90%EB%8A%94+%EA%B1%B0%EC%A7%93%EB%A7%90%EC%9D%84+%ED%95%98%EC%A7%80+%EC%95%8A%EB%8A%94%EB%8B%A4&oquery=%EC%9E%AC%EB%AC%B4%EC%A0%9C%ED%91%9C+%EB%B3%B4%EB%8A%94+%EB%B2%95&tqi=T%2FDXRlpySDNssaS8DRZsssstLN-505346&url=http%3A%2F%2Fwww.sportsworldi.com%2Fcontent%2Fhtml%2F2018%2F10%2F28%2F20181028683485.html&ucs=MLZEyqLEumuk

델 컴퓨터 https://www.lazada.com.ph/dell/

도요타 https://slideplayer.com/slide/9233134/

드론 http://view.asiae.co.kr/news/view.htm?idxno=2018112110205115771

등골브레이커 http://www.civicnews.com/news/articleView.html?idxno=11671

디드로 효과 http://www.viva100.com/main/view.php?key=20201122010005550

디자인경영 https://m.post.naver.com/viewer/postView.nhn?volumeNo=31437782&memberNo=31752908&vType=VERTICAL

디지털 마케팅 https://voluum.com/blog/7-digital-marketing-trends-2019

로봇경찰관 https://www.hani.co.kr/arti/science/science_general/1069906.html

로젠탈 효과 https://blog.naver.com/stranger234/221155215651

리더십 상황론 https://blog.naver.com/jackieyou/220979944875

리더십의 종류와 사례 조사 https://m.blog.naver.com/PostView.nhn?blogId=mr16ms1&logNo=220211414841&proxyReferer=https%3A%2F%2Fwww.google.co.kr%2F

린 생산 https://terms.naver.com/entry.nhn?docId=3385786&cid=43667&categoryId=43667

마윈 https://www.fnnews.com/news/202101051710148229

마켓 4.0 https://m.post.naver.com/viewer/postView.nhn?volumeNo=6218463&memberNo=24850609&vType=VERTICAL

매일유업 http://news.bizwatch.co.kr/article/consumer/2018/10/26/0001/naver

목표관리 https://blog.naver.com/ipassion2002/221065797942

무인점포 https://m.post.naver.com/viewer/postView.nhn?volumeNo=16776035&memberNo=15460786&vType=VERTICAL

문화유형 https://www.accaglobal.com/sg/en/student/exam-support-resources/fundamentals-exams-study-resources/f1/technical-articles/mintzberg-theory.html

미래 유망직종 https://terms.naver.com/entry.nhn?docId=3554953&cid=58584&categoryId=58683

미원 https://post.naver.com/viewer/postView.nhn?volumeNo=17058062

미중 무역전쟁 http://economychosun.com/client/news/view.php?boardName=C03&t_num=13234

밀그램 실험 https://youtu.be/yr5cjyokVUs

바이두 http://www.baidu.com

번아웃 https://blog.naver.com/eiderman/223033560872

법인카드 https://m.post.naver.com/viewer/postView.nhn?volumeNo=16568679&memberNo=38747808&vType=VERTICAL

베블런 효과 https://dbr.donga.com/article/view/1202/article_no/5202/ac/search

보물지도 http://www.cine21.com/movie/info/?movie_id=28251

보신원 http://news.naver.com/main/read.nhn?mode=LSD&mid=sec&sid1=102&oid=001&aid=0006868066

보어아웃 https://www.bbc.com/korean/features-58045517?xtor=AL-73-%5Bpartner%5D-%5Bnaver%5D-%5Bheadline%5D-%5Bkorean%5D-%5Bbizdev%5D-%5Bisapi%5D

분식회계 https://m.post.naver.com/viewer/postView.nhn?volumeNo=15763604&memberNo=40258112&vType=VERTICAL

브랜드 이미지 창출 https://m.post.naver.com/viewer/postView.naver?volumeNo=8490000&memberNo=202219

블루오션 전략 https://lloydmelnick.com/2016/03/30/why-blue-ocean-is-actually-the-safe-route/

블루오션 https://lloydmelnick.com/2016/03/30/why-blue-ocean-is-actually-the-safe-route/

빌 게이츠 https://blog.naver.com/sjinwon2/220530425922

빚내 주식투자 30조 원 http://www.yonhapnewstv.co.kr/MYH20181028002300038/?did=1825m

빵집 4형제 https://terms.naver.com/entry.nhn?docId=1394619&cid=42070&categoryId=42070

사라질 일자리 http://news.mk.co.kr/newsRead.php?year=2018&no=170871

사람인 https://m.post.naver.com/viewer/postView.nhn?volumeNo=3748675&memberNo=5661329&vType=VERTICAL

사슴사냥게임 https://www.sedaily.com/NewsView/2625Y78ZAU

산업혁명 https://post.naver.com/viewer/postView.nhn?volumeNo=17652105&memberNo=10728965

삼인성호 https://terms.naver.com/entry.nhn?docId=1669573&cid=50801&categoryId=50804

상소문사건 https://www.donga.com/news/article/all/20220905/115313522/1

샤넬 https://biz.chosun.com/site/data/html_dir/2021/01/25/2021012502339.html

샤오미 https://m.post.naver.com/viewer/postView.nhn?volumeNo=4354725&memberNo=31543803&vType=VERTICAL

선택이행 https://angellacasullo.wordpress.com/2015/10/11/group-polarization

성과평가 https://blog.naver.com/businessinsight/221427591297

세계 100대 기업 https://www.hani.co.kr/arti/economy/economy_general/1079271.html

세무회계 https://terms.naver.com/entry.nhn?docId=2098116&cid=44412&categoryId=44412

셀레스틱 https://www.cygnet-infotech.com/blog/5-ways-data-analytics-is-disrupting-business-models

스놉 효과

스마트공장 https://www.infineon.com/cms/en/discoveries/industrie-4.0-smart-factory/

스타벅스 호주 https://www.ajunews.com/view/20180810144828517

스티브 잡스의 리더십 http://www.ciokorea.com/news/9717

식스 시그마 https://terms.naver.com/entry.nhn?docId=2717973&cid=55551&categoryId=55551

신등골브레이커 http://www.gnnews.co.kr/news/articleView.html?idxno=345039#09xr

신세계 http://news.mk.co.kr/newsRead.php?year=2018&no=6375

실리콘밸리 http://www.dt.co.kr/contents.html?article_no=2018052502101322814001&ref=naver

아마존 고 https://m.post.naver.com/viewer/postView.nhn?volumeNo=17192894&memberNo=6347519&vType=VERTICAL

아버지와 다르다. 재벌 3세들의 경영 https://post.naver.com/viewer/postView.nhn?volumeNo=17206863

알파벳 https://goodsarah.tistory.com/entry/%EC%95%8C%ED%8C%8C%EB%B2%B3%EA%B3%BC-%EA%B5%AC%EA%B8%80%EC%9D%98-%EC%B0%A8%EC%9D%B4-%EC%95%8C%ED%8C%8C%EB%B2%B3-vs-%EA%B5%AC%EA%B8%80-%EC%95%8C%ED%8C%8C%EB%B2%B3-%EA%B5%AC%EA%B8%80-Alphabet%EA%B3%BC-Google-%EC%B0%A8%EC%9D%B4-GOOG%EA%B3%BC-GOOGL-%EC%B0%A8%EC%9D%B4

애플 SCM https://search.naver.com/search.naver?sm=tab_hty.top&where=image&query=%EC%95%A0%ED%94%8C+SCM&oquery=%EC%95%A0%ED%94%8C&tqi=T%2F0zulpySD8sscFbicwssssst60-464513#imgId=blog10875120%7C55%

7C220151122112_1219269279&vType=rollout

애플의 역사 http://www.apple-history.com

에코프로 https://www.hankyung.com/finance/article/2023041236601

엔론 https://m.post.naver.com/viewer/postView.nhn?volumeNo=17115881&memberNo=32530627&vType=VERTICAL

역사속으로 사라지는 노키아 http://sports.khan.co.kr/news/sk_index.html?cat=view&art_id=201410231626193&sec_id=561101&pt=nv

영끌 https://www.bbc.com/korean/features-64794663.

예스폼 https://m.post.naver.com/viewer/postView.nhn?volumeNo=16285629&memberNo=9353678&vType=VERTICAL

오비맥주 http://www.mediaic.co.kr/news/articleView.html?idxno=12657

옥시 https://m.post.naver.com/viewer/postView.nhn?volumeNo=4075654&memberNo=28983946&vType=VERTICAL

올스테이 https://www.insight.co.kr/news/167888

외감법 https://m.post.naver.com/viewer/postView.nhn?volumeNo=16854067&memberNo=11567548&vType=VERTICAL

욜로 https://blog.naver.com/mcnj/220380817650

우아한 형제들 https://www.chosun.com/economy/tech_it/2022/12/10/RJPEL7HJCJEDZLXEUJR7WALLNU/

워런 버핏 https://poetsandquants.com/2016/11/22/warren-buffett-tells-mba-students/

월마트 http://betanews.heraldcorp.com:8080/article/921644.html

유럽연합집행위원회 http://ec.europa.eu/enterprise/policies/sustainable-business/corporate-social-responsibility/index_en.htm

유럽을 집어삼킨 태풍 https://terms.naver.com/entry.nhn?docId=3353154&cid=47307&categoryId=47307

은행 진상고객 https://blog.naver.com/doenjangkku/220384430741

이부진 http://www.yeowonnews.com/sub_read.html?uid=7919&section=sc12#09J9

이색 맥도날드 https://m.post.naver.com/viewer/postView.nhn?volumeNo=8530774&memberNo=12179716&vType=VERTICAL

인도 https://n.news.naver.com/article/050/0000064108?cds=news_media_pc&type=editn

인스타 http://economychosun.com/client/news/view.php?boardName=C00&t_num=13555&img_ho=

인적자원역량 http://theleader.mt.co.kr/articleView.html?no=2018110709247881468

자신감과 성과 https://blog.naver.com/changjotrip/222405214762

자유광장 https://m.post.naver.com/viewer/postView.nhn?volumeNo=4507133&memberNo=4767540&vType=VERTICAL

재무관리 https://terms.naver.com/entry.nhn?docId=2083624&cid=44412&categoryId=44412

재무제표 https://m.post.naver.com/viewer/postView.nhn?volumeNo=16516079&memberNo=25828090&vType=VERTICAL

재미있는 광고 https://blog.naver.com/lovehouse1004/220455778131

재택근무 https://m.post.naver.com/viewer/postView.naver?volumeNo=30457377&memberNo=24828427&vType=VERTICAL

재택근무현황 https://search.naver.com/search.naver?where=nexearch&sm=top_hty&fbm=1&ie=utf8&query=%5B%EC%9C%84%ED%81%B4%EB%A6%AC+%EB%A6%AC%ED%8F%AC%ED%8A%B8%5D+%EC%BD%94%EB%A1%9C%EB%82%98+%EA%BA%BE%EC%9D%B4%EC%9E%90%E2%80%A6+IT%EC%97%85%EA%B3%84+%E2%80%98%EC%98%A4%ED%94%BC%EC%8A%A4+%ED%8D%BC%EC%8A%A4%ED%8A%B8%E2%80%99

전략수립 https://www.chosun.com/economy/industry-company/2022/06/17/TBOJCKZU2RFO5DNPACQVQ64JL4/

조직구조 https://www.accaglobal.com/sg/en/student/exam-support-resources/fundamentals-exams-study-resources/f1/technical-articles/mintzberg-theory.html

좀비기업 http://koreabizwire.com/zombie-companies-on-the-rise-weighing-on-korean-economy/43077

주식투자 https://m.post.naver.com/viewer/postView.nhn?volumeNo=15089693&memberNo=3262611&vType=VERTICAL 주식투자https://m.post.naver.com/viewer/postView.nhn?volumeNo=15089693&memberNo=3262611&vType=VERTICAL

중국로봇경찰 https://m.post.naver.com/viewer/postView.nhn?volumeNo=17705119&memberNo=32660183

중국 빅테크기업 https://www.donga.com/news/Inter/article/all/20221123/116653442/1

중국 치맥 열풍 http://news.donga.com/3/all/20140302/61377528/1

중부매일, 청년실신시대 http://www.jbnews.com/news/articleView.html?idxno=1220921

지문인식시스템 http://www.etnews.com/20150521000325

지식월드 http://www.jisikworld.com/paper/4054127

직무분석 시 설문지법 https://blog.naver.com/anchorus

직장-상사 부하관계도 https://blog.naver.com/amoursyj/221028144738

직장생활을 힘들게 하는 상사 유형 http://www.maybugs.com/news/articleView.html?idxno=561473

직책 없이 1-8 https://post.naver.com/viewer/postView.nhn?volumeNo=17254247

진화하는 사회적 책임 https://blog.hyosung.com/5740

집단극화 https://depositphotos.com/13979553/stock-illustration-cartoon-man-and-megaphone.html

집단사고 https://psychologenie.com/understanding-psychological-phenomenon-of-groupthink-with-examples

짠테크 시대 https://blog.naver.com/kbsavingsbk/222879515458

찰리 채플린 https://m.post.naver.com/viewer/postView.nhn?volumeNo=6218463&memberNo=24850609&vType=VERTICAL

창의성 https://siddharthgargblog.wordpress.com/2017/03/03/how-to-avoid-psychological-risk-in-financial-decisions-made-by-groups/

청년은 투자를 좋아해 https://www.kukinews.com/newsView/kuk202303160195.

챗GPT https://www.the-pr.co.kr/news/articleView.html?idxno=49855

챗GPT 블라인드실험 https://www.donga.com/news/Society/article/all/20230317/118384581/1

첨단기술시장 https://blog.naver.com/trueloveo/220971907463

취준생들의 고백 https://m.post.naver.com/viewer/postView.nhn?volumeNo=16738173&memberNo=15305315&vType=VERTICAL

케이퍼 https://blog.naver.com/jongscokr/221454604944

코카콜라 https://kin.naver.com/qna/detail.nhn?d1id=8&dirId=8020301&docId=30956458&qb=7L2U7Lm07L2c6528IOuvuOq1reusuO2ZlA==&enc=utf8&section=kin&rank=1&search_sort=0&spq=0&pid=T8nj9lpySDlssZ/WVessssst08-413155&sid=tHKgRBW8eEVkkyKljYahgw%3D%3D

타오카페이 https://www.huxiu.com/article/204333.html

통계적 품질관리 https://blog.naver.com/james_parku/110160586629

퇴사 https://post.naver.com/viewer/postView.naver?volumeNo=34171484&memberNo=27908841

트위터 고용 해고 https://n.news.naver.com/article/011/0004121649?cds=news_media_pc&type=editn

티몬 http://www.babytimes.co.kr/news/articleView.html?idxno=21992

판교테크노밸리 http://www.sisajournal-e.com/biz/article/192135

패딩계급도 https://n.news.naver.com/mnews/article/025/0003156063?sid=102

페이욜 https://kin.naver.com/open100/detail.nhn?d1id=4&dirId=40403&docId=90242&qb=MS4yLgntjpjsnbTsmpwgKEZheW9sKSDsnZgg6rSA66as7J2066GgIChBZG1pbmlzdHJhdGVpdmUgTWFuYWdlbWVudCk=&enc=utf8&section=kin&rank=3&search_sort=0&spq=0&pid=UsqQPspVuFKssa3%2BRudssssssS0-449462&sid=NEpP267czVabnRiY0ySOuQ%3D%3D

포괄임금제

표정지도 http://news.naver.com/main/read.nhn?mode=LSD&mid=sec&sid1=104&oid=014&aid=0003130855

품질관리 https://blog.naver.com/enrich00/220473340741

프랜차이즈 https://m.post.naver.com/viewer/postView.nhn?volumeNo=10803788&memberNo=4292911&vType=VERTICAL

플렉스 https://blog.naver.com/yasminy/222621757105

피그말리온 효과 https://terms.naver.com/entry.nhn?docId=3377383&cid=58345&categoryId=58345

피그말리온 효과 https://terms.naver.com/entry.nhn?docId=3377383&mobile&cid=58345&categoryId=58345

한때 최고였던 기업의 몰락 https://blog.naver.com/businessinsight/221309417564

한여름에 얼어 죽은 남자 이야기 https://cafe.naver.com/kog222/1179

할리 데이비슨 http://www.businessfortnight.com/harley-davidson-losing-cool/

헨리 포드와 포드자동차 T모델의 발전 변화 https://blog.naver.com/iop8445/70163149088

행태과학론 https://ko.wikipedia.org/wiki/%EC%A1%B0%EC%A7%81%EC%9D%B4%EB%A1%A0

현대 아반떼 https://post.naver.com/viewer/postView.naver?volumeNo=35443605&memberNo=31245283

현대기프트카 http://www.greenpostkorea.co.kr

현대자동차 https://blog.naver.com/iswaman/220936593775

형설출판사 http://www.hyungseul.co.kr

호주 플랫화이트 https://ppss.kr/archives/171991

혼디 http://www.msn.com/ko-kr/money/topstories/%ed%98%bc%eb%b0%a5%c2%b7%ed%98%bc%ec%88%a0-%ec%9d%b4%ec%96%b4-%ed%98%bc%eb%94%94%ec%a1%b1%e2%80%a6%eb%a1%af%eb%8d%b0%eb%a7%88%ed%8a%b8-

-%eb%94%94%ec%a0%80%ed%8a%b8-%eb%a7%a4%ec%b6%9c-123percent-%ec%a6%9d%ea%b0%80/ar-BBR3xvq?ocid=ientp

홀라크라시 https://m.post.naver.com/viewer/postView.nhn?volumeNo=6608735&memberNo=18103913&vType=VERTICAL

홉스테드의 문화모형 https://blog.naver.com/son652/150166385770

홉스테드의 문화차원이론 https://firerisk.blog.me/220906798976

회계사 비교 https://kin.naver.com/open100/detail.nhn?d1id=11&dirId=110704&docId=1469421&qb=Q1BBIENNQQ==&enc=utf8&section=kin&rank=3&search_sort=0&spq=0&pid=T9M%2BkwpVuFKssbRQBt0ssssstAZ-226685&sid=sIRrOHjwP67hfI9C8bW0fQ%3D%3D

회계사 증원 http://news.kmib.co.kr/article/view.asp?arcid=0924042171&code=11151100&cp=nv

후광효과 http://biz.khan.co.kr/khan_art_view.html?artid=201708070945021&code=920100

AI https://www.hankyung.com/it/article/202209147863i

Chat GPT https://n.news.naver.com/mnews/article/001/0013770986?rc=N&ntype=RANKING

Fed https://m.blog.naver.com/newjin90/221845429508

IMF http://shindonga.donga.com/3/all/13/1506622/1

ISO 14000 https://terms.naver.com/entry.nhn?docId=18599&cid=43659&categoryId=43659

ISO 14001 https://terms.naver.com/entry.nhn?docId=74619&cid=43667&categoryId=43667

ISO 9001 https://terms.naver.com/entry.nhn?docId=1987148&cid=43667&categoryId=43667

MBTI https://blog.naver.com/ink2777/222735744902?isInf=true

https://ppss.kr/archives/24889

https://www.vox.com/2014/7/15/5881947/myers-briggs-personality-test-meaningless

M&A https://whatsondisneyplus.com/does-disney-need-to-make-more-acquisitions

MZ세대의 3요 https://www.nocutnews.co.kr/news/5904924

SNS https://www.singlegrain.com/digital-marketing/11-digital-marketing-trends-you-can-no-longer-ignore-in-2018/

UPS https://www.trucks.com/2017/06/28/ups-slashes-gasoline-diesel-fuel-use/

X 식당 https://www.gamersky.com/tech/201811/1122210.shtml

Zara https://digitalage.com.tr/zaradan-turkiye-pazarindan-cekiliyor-iddiasina-aciklama-geldi/

Z세대의 자이낸스라이프 https://magazine.hankyung.com/business/article/202206202843b.

http://blog.fastcampus.co.kr/220953975309

http://blog.naver.com/baekduri/220013307395

http://blog.naver.com/kops_blog?Redirect=Log&logNo=220378661018

http://blog.naver.com/studio5m/140143439358

http://cafe.naver.com/birdwings/51095

http://www.myheartsisters.org

http://www.breaknews.com/sub_read.html?uid=492133&section=sc3

http://www.econovill.com/archives/130687

http://www.hani.co.kr/arti/economy/economy_general/870729.html

http://www.kidd.co.kr/news/206260

http://www.kukinews.com/news/article.html?no=447829

http://www.news2day.co.kr/95884

https://baijiahao.baidu.com/s?id=1610134088812970557&wfr=spider&for=pc

https://baijiahao.baidu.com/s?id=1617015205553906307&wfr=spider&for=pc

https://blog.naver.com/1day1study/222780856539

https://blog.naver.com/bace83/220954859919

https://blog.naver.com/businessinsight/221309417564

https://blog.naver.com/ingangster/221073089989

https://blog.naver.com/kohcherish/222652785726

https://blog.naver.com/loveblossom6/222261593773

https://blog.naver.com/washenjoy98/221759129486

https://happybean.naver.com/donations/H000000188312?p=p&s=nmlp

https://kin.naver.com/qna/detail.nhn?d1id=6&dirId=61302&docId=46871836&qb=7JeU66Gg7YyM7IKw&enc=utf8&section=kin&rank=1&search_sort=0&spq=0&pid=T/Ez5wpVuF4ssu/Mag4sssssus-400798&sid=lvbh07bN84k7w92BM0zZsw%3D%3D

https://ko.wikipedia.org/wiki

https://m.blog.naver.com/PostView.nhn?blogId=mr16ms1&logNo=220211414841&proxyRe

ferer=https%3A%2F%2Fwww.google.co.kr%2F

https://m.post.naver.com/viewer/postView.nhn?volumeNo=12448371&memberNo=31709319&vType=VERTICAL

https://m.post.naver.com/viewer/postView.nhn?volumeNo=16684402&memberNo=37154959&vType=VERTICAL

https://m.post.naver.com/viewer/postView.nhn?volumeNo=17192548&memberNo=38678906&vType=VERTICAL

https://m.post.naver.com/viewer/postView.nhn?volumeNo=4176255&memberNo=11011506&vType=VERTICAL

https://n.news.naver.com/article/032/0003187584?sid=102&cds=news_media_pc

https://n.news.naver.com/mnews/article/016/0002069481?sid=105

https://n.news.naver.com/mnews/article/025/0003156063?sid=102

https://openlectures.naver.com/contents?contentsId=143838&rid=253

https://post.naver.com/viewer/postView.naver?volumeNo=34171484&memberNo=27908841

https://post.naver.com/viewer/postView.naver?volumeNo=35486946&memberNo=141012

https://www.mk.co.kr/news/economy/8325896

https://www.visitvictoria.com/

https://www.yna.co.kr/view/AKR20230102063400797?input=1195z

https://www.youtube.com/watch?v=biRZtmWZFrE

https://zitus.blog.me/221312581052

찾아보기

ㄱ

ㄴ

ㄷ

ㅇ